港城宁波转型发展

——人居环境学视角

Port-City Ningbo in Transition

——Moving Towards More Sustainable Human Settlement

马仁锋　冯秀丽　任丽燕　乔观民 著

ZHEJIANG UNIVERSITY PRESS
浙江大学出版社

图书在版编目（CIP）数据

港城宁波转型发展：人居环境学视角 / 马仁锋等著
. —杭州：浙江大学出版社，2020.9
ISBN 978-7-308-20046-2

Ⅰ. ①港… Ⅱ. ①马… Ⅲ. ①城市经济－转型经济－
研究－宁波 Ⅳ. ①F299.275.53

中国版本图书馆 CIP 数据核字（2020）第 031297 号

港城宁波转型发展——人居环境学视角

马仁锋　冯秀丽　任丽燕　乔观民 著

责任编辑	杜希武	
责任校对	黄梦瑶	
封面设计	刘依群	
出版发行	浙江大学出版社	
	（杭州市天目山路 148 号　邮政编码 310007）	
	（网址：http://www.zjupress.com）	
排　　版	杭州好友排版工作室	
印　　刷	广东虎彩云印刷有限公司绍兴分公司	
开　　本	710mm×1000mm　1/16	
印　　张	20.25	
字　　数	408 千	
版 印 次	2020 年 9 月第 1 版　2020 年 9 月第 1 次印刷	
书　　号	ISBN 978-7-308-20046-2	
定　　价	69.00 元	

基金项目：

2017 年度宁波市与中国社科院战略合作研究课题

重点项目：绿色发展与宁波城市转型研究：城市设计视角

（课题编号：NZKT201707）

国家自然科学基金面上项目：沿海城市产业重构背景下人居环境演变机理研究：宁波、舟山为例（批准号：41771174）

国家自然科学基金面上项目：开发区工业用地退出机制研究（批准号：71203108）

前　言

　　2019年是第一艘蒸汽船穿越美国、英国之间大西洋的200周年,距现代多式联运集装箱的发明仅60多年,这推动着海运和港口行业变革,更深刻影响港口及其所在城市的变迁。

　　世界上许多城市都是港口城市,作为城市一部分的海港,在其所处城市的文化、社会和经济生活中,以及通过它们与外界的联系,发挥着重要作用。从历史看,许多城市与港口并驾齐驱,从货物流动、寻求工作的移民、经济状况改善中获得发展机遇。港口城市是世界上最具实力与竞争力的城市。然而,近几十年来,人们发现港口与其所在城市之间的联系正在减弱。(1)港口活动的工业化和港口运营的集装箱化导致城市与港口之间的分离越来越明显。一些港口已经远离城市化地区,而另一些港口则建立起栅栏和安全屏障,将城市与海域分隔开。(2)港口活动带给其所在城市再发展的特殊挑战,诸如空气或噪声污染、温室气体排放、基础设施挑战(包括能源供应和内陆运输)、旅客旅行(邮轮、渡轮、客船等)有关各种挑战、废物和废水及化学药品的使用,港口和港口周边与城市的空间竞争,加上用于减轻负面影响或解决与这些挑战有关问题的正式和非正式机制或手段。(3)过去的三十年中,大多数港口管理机构在制度上已经发展成为一个(半)独立的港口行政机构。这是基于港口行政机构能够对变化的海运公司的后勤和空间偏好做出更快的反应,从而提高港口竞争力的基本原理。虽然港口行政机构已被证明在很大程度上取得了成功,但新的经济、社会和环境挑战正在改变此类港口治理模式,特别是导致港口和城市之间的(空间)政策"冲突"。(4)直到19世纪初,港口一直是城市的功能和空间单位。20世纪60年代以来,去工业化和集装箱化使港口远离城市,离开了旧滨水地区。20世纪80年代开始,港口与其所在城市开始进入分离阶段,这对地方利益相关者重新整合城市功能和港口的空间包容、分离和重新整合提出了挑战,尤其是相关的治理结构如何精确地适应城市与港口之间不断变化的相互依存关系。

　　宁波港口用了70年实现了从内河港到河口港再到海港的三次历史性大跨跃,并连续十年荣登全球货物吞吐量第一大港,集装箱吞吐量于2018年首次跻身全球前三。(1)20世纪50年代到70年代,宁波港还是一个囿于甬江口的内河小港。1973年,宁波港由甬江港区向东拓展,开始建设镇海港区。(2)1978年12月,万吨级煤炭专用码头在镇海港区建成投产,这是当时浙江省第一个万吨级码头。1979

年1月,由秦皇岛港直驶镇海港区的"战斗39号"轮满载着5609吨原煤靠上镇海煤炭码头。1988年,镇海港区货物吞吐量首次突破1000万吨,步入千万吨级港区行列。镇海港区的投用,标志着宁波从内河港走向了河口港,并为之后成为国际大港打下了坚实的基础。(3)1979年1月,作为上海宝钢配套码头,中国首座10万吨级矿石中转码头——北仑港区矿石中转码头在北仑山旁的海面上打下第一根桩。同年6月,经国务院批准宁波港口正式对外开放。1981年2月,宁波港务管理局北仑作业区成立;1994年9月,北仑港区20万吨级(兼靠30万吨级)矿石卸船码头竣工。1989年,北仑港区率先建设全市首个集装箱专用码头。2019年,宁波舟山港累计完成货物吞吐量11.19亿吨,连续11年位居全球港口第一;同时,全年累计完成集装箱吞吐量超2753万标准箱,排名蝉联全球第三。这对于浙江海洋港口一体化高质量发展、长三角港航一体化发展具有重要意义。

与此同时,70年来宁波城市从商埠小城蜕变成现代化国际港城,建成区从建国初期18.3平方公里拓展至345.5平方公里,城镇化率上升至72.9%。宁波以全国千分之一的土地面积贡献了全国1.19%的GDP和1.45%的财政收入,以占全省9%的土地面积创造了浙江19.1%的GDP和20.9%的财政收入。宁波的经济总量、一般公共预算收入和城乡居民收入分别位居副省级城市第八、第七和第二、第一位。宁波市自然资源和规划局于2017年初委托中国城市规划设计研究院为核心编制团队启动编制《宁波2049城市发展战略》,2018年7月11日发布相关研究成果《宁波2049城市发展战略》(简本,征询意见稿),显示在过去十多年里,宁波经历了经济和城镇化的快速发展,经济总量有了长足进步。但整体而言,宁波与上海、深圳、杭州、南京等核心城市相比,转型的速度慢了,发展差距有进一步拉大的趋势。尤其是当下全球格局不断变化,科技创新日新月异,宁波处在转型的十字路口,机遇与挑战共存,城市发展不进则退。总体看,宁波的发展面临开放链接不强、传统路径依赖、创新动力不足、生态瓶颈显现、品质营造滞后、空间低效错配等6大方面的问题与挑战。

为此,着眼城市人居环境系统,综合运用人居环境学原理与空间计量方法,重点分析宁波城市转型的产业组织升级、土地利用优化、基础设施可达性,以及它们之间的协调性,得到如下主要观点:

(1)宁波城市转型发展要求城市发展动力的各要素进行系统升级与结构重组,总体诉求于城市人居环境系统的关键要素,如创新或人才、产业结构及其空间组织、土地利用、基础设施网络以及它们之间的协调。

(2)宁波市产业结构严重依赖临港工业与物流服务业,港口功能对城市生产性服务业、文化创意产业与海洋新兴产业的衍生、培育带动不足,尤其是产业发展路径惯性缺乏充裕的研发主体和产业风险投资基金激活。

(3)土地利用碎片化,低效土地利益模式难以为继。全市共有工业集聚区141

个,规划总面积1418平方公里,规划占地总量远大于市域规划城镇建设用地总面积,且市区50％工业用地在总规确定的工业园区之外。宁波市各类城镇低效用地分布广泛,局部相对集中,旧厂矿在余姚中部出现一个高度集聚中心,呈现出"一核一带"分布格局;旧城镇与旧村庄在余慈—中心城区—鄞奉轴线上出现若干高度集聚中心,并在市域范围内存在众多次级集聚中心,呈现出"多核多点"的分布格局。制约低效用地回购的关键问题是用地企业和地方政府的经济利益损失,深层次的原因是不完善的市场机制和不适当的政府干预,应从土地二级市场监管、用途管制、增量控制、成本约束、组织领导及考核等方面构建激励约束机制,对用地企业和地方政府同时进行管制,促进各类低效用地退出。

　　(4)宁波城市对外交通与城市发展水平 Pearson 相关系数高达 0.988,两者协调度由严重失衡逐步转型至初级协调;随着经济活动向高精尖生产倾斜,未来以港口为主导的城市发展模式将逐步退化,港口功能逐渐减弱,空港上升至交通主导地位;城市对外交通与城市关系需向优质协调转型,优化对外交通结构,放缓港口建设并加快空港发展。宁波市(海曙区)医疗设施、义务教育设施、轨道交通接驳可达性分布不均衡,中心城区和新城区可达性较高,行政区边界街区可达性非常低,这将制约宁波城市高质量发展。

　　(5)宁波经济发展、工业水平与环境质量的环境库兹涅茨曲线(EKC)特征呈现市域及各县环境质量水平均滞后于经济发展水平,整体 EKC 拟合曲线拐点比 EKC 模型理论拐点的来临晚4～5年;县域环境污染在空间分布上存在明显的正自相关关系,表现出相似值之间的空间集聚,县域污染的环境空间效应亦不容忽视。对环境质量影响程度排名前三的产业分别为纺织服装业、造纸印刷业、橡胶和塑料制品业;而机械设备制造业、计算机通信和电子产业次之,影响较小的依次为钢铁冶金业、石化产业、能源电力产业。城市人居环境与经济发展的协调状态总体由双系统低水平的高度协调向双系统提质的高度协调演进,其中奉化、宁海协调程度向高水平趋近,宁波中心城区、象山协调程度呈波动状的逆向演进,余姚、慈溪的协调程度无显著变化;宁波市县级人居环境与经济发展的协调程度空间分异显著,协调状态呈现显著的下降态势。临港化工企业集聚导致生态环境型邻避冲突不断涌现,石化企业集聚的潜在危险与环境排放构成的居住安全、环境污染是集聚区环境外部性的首要负外部性,是影响城市人居环境的重要方面;本地居民认知的石化集聚区环境外部性对人居环境影响的空间特征符合地理学第一定律,且青年、中青年、老年群体的感知差异初现文化集团性;城市产业功能区升级与城镇人居环境建设需求及阶层偏好的空间冲突亟待破解。

　　(6)宁波城市转型发展治理要紧扣水资源与水环境、海湾海岸利用优化、教育空间生产与城市创新源三方面短板要素。①水资源与水环境治理应优化政府在"五水共治"中的职责权限,完善"水市场",平衡"水利益",引入第三方参与"五水共治"的监控机制,建立"五水共治"的水生态补偿机制等,实施涵盖源头防控与减量排放、河道综合整治与生态修复、河道水景观休闲带建设、治水监测管理保障、应急工程保障等方面的举措。②海湾海岸利用应瞄准国际湾区经济战略枢纽,围绕塑造宜居宜业宜游都市、培植嵌入全球并根植地方发展的特色产业、持续集聚创新型人才与企业等目标,解决空间管制能力、海岸海湾生态环境质量改善、市场力度等方面的重大挑战,实施海岸带的资源环境—经济结构—空间治理构成"三位一体"有机治理体系,通过主体协同、规划运行机制有序、规划编制与监管空间信息系统化等路径予以破解。③城市转型发展面临人才储备的相对短缺、高校毕业生的吸引力不够双重瓶颈,应加速培育现代高等教育空间,催化城市营销群集各种风险性与创造性资本以发展创新经济(业态),触发城市(企业园)—高校(群)—(家庭)社区的联动,催生新型教育空间载体与消费业态。紧扣湾区海洋科技,构筑海洋知识枢纽,围绕国家海洋工程技术、资源环境、经济、灾害、地缘政治、法制等关键问题,提升地方高校特色发展,建立面向"应用情景"海洋知识生产,帮助地方高校通过内外资源联动撬动市场,拓展学科群创新创业空间,提升学校特色学科品牌与国际影响力,促进人才培养—科技研发—社会服务的三螺旋耦合。

　　本书由宁波大学地理与空间信息技术系马仁锋负责组织提纲研讨、拟定、撰写与统稿工作,本书是 2017 年度宁波市与中国社科院战略合作研究课题重点项目"绿色发展与宁波城市转型研究:城市设计视角(课题编号:NZKT201707)"的研究成果,出版过程得到了国家自然科学基金面上项目"沿海城市产业重构背景下人居环境演变机理研究:宁波、舟山为例(批准号:41771174)经费资助。本书撰写过程得到了宁波市高等学校协同创新中心(宁波陆海国土空间利用与治理协同创新中心)、浙江省新型重点专业智库(宁波大学东海研究院)的大力支持,得到了我工作单位同事王益澄、邹逸江的帮助,得到了我任班主任的宁波大学 2014 级人文地理学硕士研究生张赛赛、晏慧忠、尹昌霞、江汪奇、徐本安、陈帷胜、赵文花、崔小鹏、石小伟以及我指导硕士研究生张悦、窦思敏、王静敏的有力帮助,在此一并致谢。

　　港口城市转型,是一个跨学科的交叉论题,本书的相关探索有助于科学认识港口城市发展过程中人居环境要素演化规律,帮助港口城市确定了他们可以采取哪些措施来提高可持续性。书中不足之处敬请同行专家和读者朋友批评指正。

马仁锋

2019 年暑假于宁波大学真诚图书馆

目　　录

第一章　城市转型发展研究新思维 ……………………………………… 1

　第一节　历史文脉导控宁波城市发展方向 ……………………………… 1
　　一、城市剖面特性研究方法 ………………………………………… 1
　　二、宁波城市剖面特征 ……………………………………………… 2
　　三、宁波城市剖面的文脉演化 ……………………………………… 5
　　四、宁波城市剖面的文化景观层累特性 …………………………… 6
　　五、城市文脉品质提升指引 ………………………………………… 8
　第二节　创新集群的知识生产主导城市产业转型 …………………… 9
　　一、区域产业结构优化的解析范式 ………………………………… 9
　　二、区域技术进步与知识生产组织形式的关联 …………………… 13
　　三、城市内部知识溢出与创新集群的成长 ………………………… 17
　　四、城市内部创新集群的知识生产催化产业结构优化的路径 …… 18
　　五、城市创新集群知识生产催化产业转型逻辑 …………………… 19
　第三节　城市绿色转型的人居环境学研究架构 ……………………… 20
　　一、绿色发展与港口城市转型的因应 ……………………………… 20
　　二、趋向国际湾区的宁波创新转型指引 …………………………… 23
　　三、港口城市转型发展的人居环境学解析逻辑 …………………… 25

第二章　产业升级与宁波转型发展 ……………………………………… 28

　第一节　宁波市产业结构分析与趋势研判 …………………………… 28
　　一、研究方法与数据源 ……………………………………………… 29
　　二、宁波市产业现状与 SSM 分析 ………………………………… 30
　　三、绘制 shift-share 分析图研判宁波市产业优势部门 ………… 30
　　四、宁波市产业结构特征与主导部门 ……………………………… 34
　第二节　宁波市工业主导部门甄别 …………………………………… 34
　　一、主导产业选择方法与研究数据源 ……………………………… 35
　　二、偏离份额分析法识别宁波市主导产业 ………………………… 40
　　三、基于区位熵方法甄别宁波市工业主导产业 …………………… 43

　　四、宁波市工业部门结构特征与态势 ·············· 44

第三节　宁波时尚服装设计业发展基础与提升模式 ·············· 45

　　一、研究区、数据源与研究方法 ·············· 46

　　二、时尚服装设计产业生态圈内涵、元素及国际经验 ·············· 47

　　三、宁波构建时尚服装设计业生态圈基础评估 ·············· 49

　　四、培育宁波时尚服装设计业生态圈的模式与路径 ·············· 52

第四节　宁波市文化创意产业园分布与形成模式优化 ·············· 54

　　一、研究区、数据源及研究方法 ·············· 56

　　二、宁波文化创意产业园空间特征 ·············· 56

　　三、宁波市文化创意产业园的形成模式及其优化途径 ·············· 61

　　四、宁波市文化创意产业群集特征与态势 ·············· 62

第五节　宁波湾区海洋经济发展差异及其影响因素 ·············· 62

　　一、湾区海洋经济发展差异分析方法 ·············· 63

　　二、宁波湾区海洋经济发展指数测算与分析 ·············· 65

　　三、战略导控宁波湾区海洋经济发展解析 ·············· 66

　　四、宁波湾区海洋经济发展及其中心城区关联态势 ·············· 70

第六节　宁波湾区产业创新发展的困境与破解之策 ·············· 71

　　一、宁波"三湾"产业提升的困境 ·············· 71

　　二、推进宁波湾区产业创新发展的科学路径 ·············· 73

　　三、趋向湾区发展的宁波城市—产业科技的空间互动路径 ·············· 75

第七节　宁波城市产业风投基金发展质量评估与障碍突破 ·············· 75

　　一、城市产业风投基金发展质量评估模型构建 ·············· 76

　　二、宁波产业风投基金发展质量评估 ·············· 77

　　三、宁波产业风投基金发展障碍与突破路径 ·············· 81

　　四、宁波城市新兴产业风投孵化态势 ·············· 84

第八节　宁波产业研发主体质量与格局 ·············· 84

　　一、宁波市知识生产载体体系 ·············· 85

　　二、宁波市知识生产载体集聚格局的测量方法 ·············· 90

　　三、宁波市本土知识生产载体集聚格局及其行业属性变迁 ·············· 91

　　四、宁波市本土知识生产载体集聚态势 ·············· 93

第三章　土地利用优化与宁波转型发展 ·············· 95

第一节　宁波城市土地利用综合效益变化计量 ·············· 95

　　一、研究数据与城市土地利用综合效益评价体系构建 ·············· 96

　　二、城市土地综合利用效益的纵向评价与分析 ·············· 99

三、宁波城市土地利用综合效益横向评价与分析 ……………………… 101
四、宁波城市土地利用综合效益状态与趋势 …………………………… 103
第二节　宁波市镇域尺度城镇低效用地空间格局 ………………………… 103
一、研究区域与数据来源 ………………………………………………… 104
二、研究方法 ……………………………………………………………… 105
三、宁波市城镇低效用地空间格局特征 ………………………………… 106
四、宁波市镇域城镇低效用地格局趋势 ………………………………… 110
第三节　基于点模式的宁波市城镇低效用地空间格局计量 ……………… 111
一、研究区、数据来源与研究方法 ……………………………………… 112
二、空间格局特征计量分析 ……………………………………………… 114
三、宁波市城镇低效用地点集聚格局及其态势 ………………………… 117
第四节　宁波鄞州撤县设区过程城镇扩张与耕地压力协调 ……………… 118
一、研究区与研究方法 …………………………………………………… 119
二、镇（街）尺度鄞州城镇化水平与耕地压力的空间匹配分异
　　…………………………………………………………………………… 120
三、鄞州城镇化与耕地压力的空间耦合及启示 ………………………… 125
第五节　宁波保税区土地回购实践的产业用地退出机制 ………………… 126
一、宁波市开发区低效用地回购现状 …………………………………… 127
二、影响低效用地退出的根本原因 ……………………………………… 130
三、宁波保税区产业用地回购背景 ……………………………………… 132
四、低效用地退出机制的构建 …………………………………………… 134
第四章　基础设施可达性与宁波转型发展 ………………………………… 137
第一节　海港门户宁波对外交通与城市发展耦合演变 …………………… 137
一、城市对外交通与城市发展的协调原理及评价模型构建 …………… 138
二、宁波对外交通与城市发展综合水平评价 …………………………… 141
三、宁波对外交通与城市发展相关性及耦合协调 ……………………… 142
四、宁波对外交通与城市发展关联阶段趋势 …………………………… 146
第二节　宁波市海曙区医疗设施可达性测量 ……………………………… 147
一、研究方法 ……………………………………………………………… 149
二、研究区域和数据 ……………………………………………………… 150
三、宁波海曙区医疗设施可达性及其公平性分析 ……………………… 151
四、宁波海曙区医疗设施可达性格局与空间公正趋势 ………………… 155
第三节　宁波市海曙区基础教育设施可达性测量 ………………………… 156
一、核心概念与国内外研究动态 ………………………………………… 156

二、海曙区教育基础设施可达性评价 ………………………………… 160

三、海曙区教育基础设施可达性的空间公平及其趋势 ……………… 171

第四节　宁波市外资与合资超市区位演化及可达性 ………………… 171

一、理论方法与数据来源 ……………………………………………… 172

二、宁波市商业环境与外资超市发展现状 …………………………… 174

三、外资超市区位及演化特征 ………………………………………… 175

四、宁波市外资超市区位供给可达性格局与启示 …………………… 179

第五节　全域规划视角宁波城市轨道交通与其他交通方式衔接计量 … 179

一、城市交通全域规划与城市轨道接驳研究动态 …………………… 180

二、宁波轨道交通 2 号线与其他交通衔接方式优化研究 …………… 185

三、宁波轨道交通接驳公交线网的计量模型设计及实证 …………… 189

四、市域交通换乘衔接优化与空间可达公正趋势 …………………… 201

第五章　宁波转型发展动力的多维协同 ………………………………… 202

第一节　宁波港口与城市协调发展度分析 …………………………… 202

一、宁波港与宁波城的发展历程与现状 ……………………………… 203

二、宁波港与宁波城市的协调度分析 ………………………………… 206

三、宁波市的港口—城市的协调发展趋势 …………………………… 211

第二节　宁波市经济发展的环境效应研究 …………………………… 212

一、经济发展和环境质量关系的研究方法 …………………………… 213

二、多尺度视角的宁波案例研究 ……………………………………… 214

三、宁波市经济发展与环境排放关系的趋势 ………………………… 219

第三节　宁波市工业发展与环境质量耦合关系的定量分析 ………… 220

一、研究区及其工业发展态势 ………………………………………… 221

二、测度模型及关联关系计量判识 …………………………………… 222

三、灰色关联度分析 …………………………………………………… 224

四、宁波市工业发展与环境质量关系的态势 ………………………… 225

第四节　宁波市环保产业与经济发展的时空耦合 …………………… 226

一、研究区、研究方法与数据源 ……………………………………… 227

二、宁波市环保产业与经济发展耦合影响因素的作用特征 ………… 231

三、宁波市环保产业与经济发展耦合分析 …………………………… 233

四、宁波市经济发展与环境保护产业关系的态势 …………………… 235

第五节　宁波县际人居环境与经济发展协调度分异 ………………… 236

一、人居环境与经济发展协调测度模型 ……………………………… 237

二、宁波各县人居环境、经济发展的评价 …………………………… 239

三、县际人居环境与经济发展协调度的时空分异 …………………… 244

四、宁波市县际经济发展与人居环境的空间耦合关系发展态势 ……… 245

第六节　宁波镇海临港石化集聚对城镇人居环境影响的居民感知 ……… 246

一、研究区域与研究方法 …………………………………………… 248

二、石化区对镇海人居环境影响的居民感知分析 ………………… 251

三、镇海临港石化集聚的人居环境影响微观感知态势 …………… 257

第六章　宁波转型发展的关键人居问题治理 ………………………… 259

第一节　水资源、水环境与水管理的长效治理机制 …………………… 259

一、基于外部性理论的"五水共治"体制机制创新研究 ………… 260

二、宁波市镇海区水环境保护面临的形势与关键问题 …………… 265

三、保育与提升镇海水资源环境的理念、切入点与推进机制 …… 266

四、提升镇海区水资源与水环境的具体举措 ……………………… 270

第二节　宁波发展愿景的海岸海湾治理方略与海岸带利用优化策略 …… 273

一、面向城市愿景的宁波海岸海湾空间治理方向 ………………… 273

二、面向不确定性的宁波海岸海湾利用响应重点 ………………… 274

三、面向本土居民的宁波海岸海湾品质塑造路径 ………………… 275

四、宁波海洋经济转型的海岸带多规合一策略 …………………… 276

第三节　教育空间生产与宁波创新发展路径 …………………………… 280

一、生产与消费视域教育空间的概念与逻辑 ……………………… 281

二、宁波市教育空间的变迁与扩张 ………………………………… 284

三、宁波市教育空间的生产与消费 ………………………………… 287

四、教育空间生产与城市发展的作用逻辑 ………………………… 291

五、打造海洋智库名校建设宁波城市大脑 ………………………… 292

参考文献 ………………………………………………………………… 305

第一章　城市转型发展研究新思维

城市转型发展本质上是随着技术—经济—社会系统演化诱发的城市动力要素升级与结构性重组,形成城市发展新状态、新结构与新功能。中国城市转型发展面临着诸多困境,其中,技术难题、资源短缺、环境恶化、人口老龄化、社会贫富差距增大等障碍尤为紧迫。作为中国首批对外开放的东南沿海港口城市,宁波面临着经济全球化繁荣或滞胀带来的航运业主导城市经济周期性增长或萧条。这既有海港城市产业结构先天性依赖航运业主导的临港产业群形成的单调性造成的经济发展韧性较低,又有海港城市产业结构严重缺乏创新动力注入造成的产业升级滞后效应。此外,与全球海港城市相比,宁波城市发展还受高科技人才及其培育平台短缺的严重制约。显然,宁波城市转型抓手是集聚创新人才或创新平台(科研院所或企业 R&D 平台),催化产业结构升级或孕育新产业,塑造多样化产业结构,提升城市经济社会韧性。然而,集聚创新人才或创新平台,都需要适宜的居住环境、工作环境和生活环境,这既要求城市有文脉和特色,又要求城市人居环境要素系统协调发展。因此,绿色发展视域下宁波城市转型发展主线在于建设宜居城市,集聚人才激活城市技术—产业创新与管理创新能级,释放城市发展新动能。

第一节　历史文脉导控宁波城市发展方向

学界和政府已认识到文化、文脉对城市发展的重要作用。文脉是城市发展永不褪色的灵魂,城市文脉的传承与塑造可以直接或间接提升城市发展品质与凝聚力。城市文脉的刻画指标与方法多元,基于文化层累(Cultural layers)的城市剖面度量方法可视化城市文脉的空间特征与传承主次,能够清晰地标度城市发展方向。

一、城市剖面特性研究方法

表征城市剖面地方性的要素(指标)日益多样,鉴于城市历史文化的层累过程,可优先选用文物保护单位作为样点,并分析其密集程度与空间组织特征,提取城市地方性的点、线、面状精华区域,作为刻画城市人文与经济社会的标志物。

研究数据源于宁波文化遗产保护网(http://www.nbwb.net/),筛选出宁波市 6 区(海曙、鄞州、江北、镇海、北仑、奉化)国家级文化保护单位。表征城市地方性的样点提取方法:选取文物保护单位规模、文物保护单位存在历史年份、现存完好程度以及现今经济历史价值等 4 类评价指标对宁波市 62 处国家级文物保护单位进行专家赋值,运用 SPSS 22.0 主成分分析法计算形成文物保护单位表征的城市剖面地方性指数。

专家赋值原则:(1)文保单位规模:1000 平方米/米及以下赋值 1,1000~2000 平方米/米赋值 2,2000~3000 平方米/米赋值 3,以此类推进行赋值;(2)文保单位存在的历史年份:以(2018-修建年份)/10 的公式进行计算赋值;(3)现存完好程度:现存较好赋值 20,有部分损毁并重建赋值 10,有部分损毁且无重建赋值 5,现已无存赋值 0;(4)现今经济历史价值:有重大经济历史价值赋值 20,无重大经济历史价值赋值 5。同时根据历史文献查阅,厘清单个国家级文物保护单位历史脉络,运用 ArcGIS 10.0 可视化功能解析城市剖面的文化价值演绎,进一步遴选最具表征城市剖面地方性的文物保护单位作为标志样点。

二、宁波城市剖面特征

切分城市三维空间形成城市剖面①,便于从微观视角遴选城市文化以及城市发展的表征要素及其综合诠释。将宁波 6 区沿三江(余姚江、甬江、奉化江)进行城市剖面切分,形成宁波独具特色的"三江六岸"景观带。基于宁波国家级文物保护单位数据,采用 SPSS 22.0 软件主成分得如表 1-1-1 的刻画宁波城市"三江六岸"剖面的地方性指数,以便甄别出表征宁波城市文脉的样点。

表 1-1-1　宁波中心城区"三江六岸"剖面地方性指数

名称	指数	名称	指数	名称	指数	名称	指数
小西坝旧址(大运河宁波部分)	−0.59	丰镐房(蒋氏故居)	−0.19	吴杰故居(镇海口海防遗址)	0.1	镇远炮台(镇海口海防遗址)	−0.22
大西坝旧址(大运河宁波部分)	−0.59	余天任墓道石刻(东钱湖墓葬群)	−0.16	钱业会馆	0.11	压赛堰遗址(大运河宁波部分)	−0.22
平远炮台(镇海口海防遗址)	−0.49	安远炮台(镇海口海防遗址)	−0.15	全祖望墓(浙东学派史迹)	0.12	摩诃殿(蒋氏故居)	−0.22

---

① 李雪铭,杜晶玉.城市剖面分析的方法和实证[J].地理研究,2008(5):973-981.

续表

名称	指数	名称	指数	名称	指数	名称	指数
宏远炮台（镇海口海防遗址）	−0.49	孔庙（慈城古建筑群）	−0.15	庆安会馆	0.13	蒋氏宗祠（蒋氏故居）	−0.22
明代金字山石牌坊群（东钱湖墓葬群）	−0.41	福字门头（慈城古建筑群）	−0.14	天宁寺	0.13	万斯同墓（浙东学派史迹）	−0.19
威家山营垒（镇海口海防遗址）	−0.4	布政房（慈城古建筑群）	−0.13	明清碑刻（镇海口海防遗址）	0.14	林宅	−0.05
史渐墓道（东钱湖墓葬群）	−0.34	余有丁墓道（东钱湖墓葬群）	−0.12	天主教堂	0.14	宁波段（大运河宁波部分）	−0.04
包桢墓道（东钱湖墓葬群）	−0.34	金忠家族墓葬群（东钱湖墓葬群）	−0.12	俞大猷生祠碑记（镇海口海防遗址）	0.16	吴公纪功碑亭（镇海口海防遗址）	0.08
燕子窝墓道石刻（东钱湖墓葬群）	−0.33	庙沟后石牌坊	−0.1	甲第世家（慈城古建筑群）	0.17	月城（镇海口海防遗址）	0.09
文昌阁（蒋氏故居）	−0.3	横省石牌坊	−0.1	冯宅（慈城古建筑群）	0.17	金鸡山瞭台（镇海口海防遗址）	0.09
玉泰盐铺（蒋氏故居）	−0.24	白云庄（浙东学派史迹）	−0.09	威远城（镇海口海防遗址）	0.21	天一阁	0.41
小洋房（蒋氏故居）	−0.23	史弥远墓道（东钱湖墓葬群）	−0.09	水则碑（大运河宁波部分）	0.23	保国寺	0.43
武山庙（蒋氏故居）	−0.23	冯岳彩绘台门（慈城古建筑群）	−0.09	泮池（镇海口海防遗址）	0.25	天童寺	1.19
蒋母墓（蒋氏故居）	−0.23	史渐墓道（东钱湖墓葬群）	−0.08	宁波三江口（大运河宁波部分）	0.26	阿育王寺	1.67

续表

名称	指数	名称	指数	名称	指数	名称	指数
冀国夫人叶氏太君墓道（东钱湖墓葬群）	−0.23	史诏墓道（东钱湖墓葬群）	−0.06	它山堰	0.31		
靖远炮台（镇海口海防遗址）	−0.22	二灵塔	−0.06	永丰库遗址	0.33		

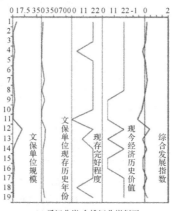

(a) 甬江北岸-余姚江北岸剖面

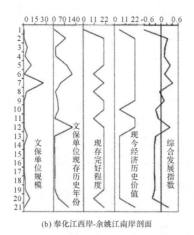

(b) 奉化江西岸-余姚江南岸剖面

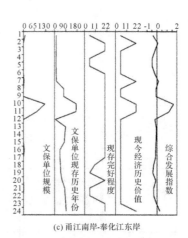

(c) 甬江南岸-奉化江东岸

图 1-1-1　宁波三江六岸城市剖面地方性指数

注释:宁波三江口(大运河宁波部分)区域位置可归属于所有的剖面中,故在每个剖面中都进行计算。

　　图 1-1-1(a)甬江北岸—余姚江北岸剖面地方性指数图中 1-19 所代表的文保单位分别是：威远城、明清碑刻、月城、安远炮台、吴公纪功碑亭、俞大猷生祠碑记、泮池、吴杰故居、浙东运河宁波段(大运河宁波部分)、压赛堰遗址、小西坝旧址、保国寺、孔庙、甲第世家、福字门头、布政房、冯宅、冯岳彩绘台门、宁波三江口(大运河宁波部分)；

　　图 1-1-1(b)奉化江西岸—余姚江南岸剖面地方性指数图中 1-21 所代表的文保单位分别是：大西坝旧址、水则碑、天主教堂、钱业会馆、永丰库遗址、天宁寺、天一阁、林宅、全祖望墓、万斯同墓、白云庄、它山堰、丰镐房、玉泰盐铺、小洋房、武山庙、蒋母墓、摩诃殿、蒋氏宗祠、文昌阁、宁波三江口(大运河宁波部分)；

　　图 1-1-1(c)甬江南岸—奉化江东岸剖面地方性指数图中 1-24 所代表的文保单位分别是：戚家山营垒、金鸡山瞭台、靖远炮台、平远炮台、宏远炮台、镇远炮台、庆安会馆、庙沟后石牌坊、横省石牌坊、阿育王寺、天童寺、冀国夫人叶氏太君神道、史诏墓道、史渐墓道、史弥远墓道、余有丁墓道、余天任墓道石刻、燕子窝墓道石刻、明代金字山石牌坊群、金忠家族墓葬群、史涓墓道、包桢墓道、二灵塔、宁波三江口(大运河宁波部分)。

　　计算宁波三江六岸城市剖面地方性指数发现：(1)表征城市剖面地方性较高的文保单位多集中于甬江北岸—奉化江东岸以及奉化江西岸—余姚江南岸的区域，宁波城西区域历史文化遗迹保护与文脉传承较好；(2)表征地方性指数较高的文保单位多集中于海曙、鄞州、江北以及镇海，以三江口街区为中心，呈辐射状向外扩散；(3)图 1-1-1 中 5 项指标都较为突出的文保单位是戚远城、泮池、保国寺、天一阁、它山堰、宁波三江口(大运河宁波部分)、水则碑、永丰库遗址、阿育王寺以及天童寺。

三、宁波城市剖面的文脉演化

　　城市是文化堆砌，文化是城市血脉，不同城市风貌不仅仅是建筑与规划等人类生活，更是人类活动的文化智慧升华，是城市魅力与个性的所在。宁波拥有诸如河姆渡遗址、田螺山遗址、付家山遗址、童家岙遗址、鲻山遗址等史前文化，早在新石器时期宁波地区就有了以狩猎和农业为主的人类活动。作为通商口岸，史料记载汉代宁波就与东南亚地区开展通商贸易①。唐宋代，宁波港口成为东亚重要商品交换的中转码头与货物的集散中心；16 世纪中叶，宁波成为全球最大的自由贸易港口之一，是中国最早的四大海关之一。这些历史丰碑化为如今的文化古迹等碎片，如何理解宁波城市港址变迁、城区扩展与产业结构响应，亟待厘清。如表 1-1-2 的城市剖面样点，成为拼贴历史、填补记忆、探究城市文脉的演绎主线与脉络。

---

①　俞福海，方平.浙东名城——宁波[M].北京：海洋出版社，1985.

表 1-1-2　宁波城市经典历史文化遗迹名录

所属区县及水系	宁波历史文化遗迹之经典
海曙、奉化江西岸—余姚江南岸	水则碑、天主教堂、钱业会馆、永丰库遗址、天宁寺、天一阁、林宅、全祖望墓、白云庄、它山堰
鄞州、甬江南岸—奉化江东岸	庆安会馆、庙沟后石牌坊、横省石牌坊、阿育王寺、天童寺、冀国夫人叶氏太君墓道、史诏墓道、史渐墓道、史弥远墓道、余有丁墓道、余天任墓道石刻、燕子窝墓道石刻、明代金字山石牌坊群、金忠家族墓葬群、史涓墓道、包桢墓道、二灵塔
江北、甬江北岸—余姚江北岸	宁波段(大运河宁波部分)、压赛堰遗址、小西坝旧址、保国寺、孔庙、甲第世家、福字门头、布政房、冯宅、冯岳彩绘台门
江北、奉化江西岸—余姚江南岸	大西坝旧址
镇海、甬江北岸—余姚江北岸	威远城、明清碑刻、月城、安远炮台、吴公纪功碑亭、俞大猷生祠碑记、泮池、吴杰故居
北仑、甬江南岸、奉化江东岸	戚家山营垒、金鸡山瞭台、靖远炮台、平远炮台、宏远炮台、镇远炮台
奉化、奉化江西岸—余姚江南岸	万斯同墓、丰镐房、玉泰盐铺、小洋房、武山庙、蒋母墓、摩诃殿、蒋氏宗祠、文昌阁
三江口交汇处	宁波三江口(大运河宁波部分)

四、宁波城市剖面的文化景观层累特性

宁波城市历经三次总体规划(图 1-1-2),现行《宁波市城市总体规划(2006—2020 年)(2015 年修订)》明确宁波城市职能是国际贸易物流港、东北亚航运中心深水枢纽港、华东地区重要的先进制造业基地、长江三角洲南翼重要的对外贸易口岸以及浙江海洋经济发展示范区核心[①]。宁波市利用港口及开放优势,将宁波—舟山港的全球—地方链接特色发挥到极致,形成了独具特色的港口城市。在总体规划方向导控下,宁波在不同时期制定了城市文化发展与保护规划(表 1-1-3),传承与创新了城市文脉及其现代城市文化景观。结合宁波城市发展史以及城市总体规划与城市文化发展规划,将宁波中心 6 区文化景观利用 ArcGIS10.0 软件可视化层累[②]得:(1)宁波中心 6 区从晋代开始兴建阿育王寺、天童寺,集中在鄞州区;唐

---

① 宁波市人民政府.宁波市城市总体规划(2006—2020 年)(2015 年修订)[EB/OL].(2017/06/12)[2017/09/15] http://gtog.ningbo.gov.cn/art/2017/6/2/art_18_810349.html

② 唐顺英,周尚意,刘丰祥.孔子故里文化景观发展的历史层累及其机制效应[J].热带地理,2016,36(2):166-173.

宋年间陆续涌现了多处庙宇、水利工程、海防设施及墓葬群,宁波现今许多建筑及地名都源于这一时期,较多文化遗址经过历代修缮或重建得以保留;至明清时期,海外贸易大幅增加,使得海防设施逐渐加强。同期,富裕起来的浙东居民日益重视教育,促成宁波考取进士人数在明清浙江各府最多,学术繁荣昌盛,藏书阁等文化收藏馆陆续出现,涌现时至今日都极具代表性的天一阁、庆安会馆以及中西文化冲突与融合的天主教堂,奠定了宁波城市"书藏古今、港通天下"的国际形象;中华民国期间,受时代影响,奉化区"蒋氏故居"得以保存并成了现代浙东建筑群与文化景观的典型。(2)总体而论,宁波中心六区国家级文化景观形成了四大密集区——三江口老城区、镇海口海防遗址群、鄞州东钱湖墓葬群、奉化蒋氏故居群等,总计22处国家级文化遗址51个分布点,约占全市70.97%的数量比例。可以说这既是历史遗址遗迹的层累贡献,又是地方文化认同强化保护的结果,现今宁波城市"三江六岸"剖面及其样点能够较好地表达宁波城市拥有的国家级历史文物保护单位及其城市意象。

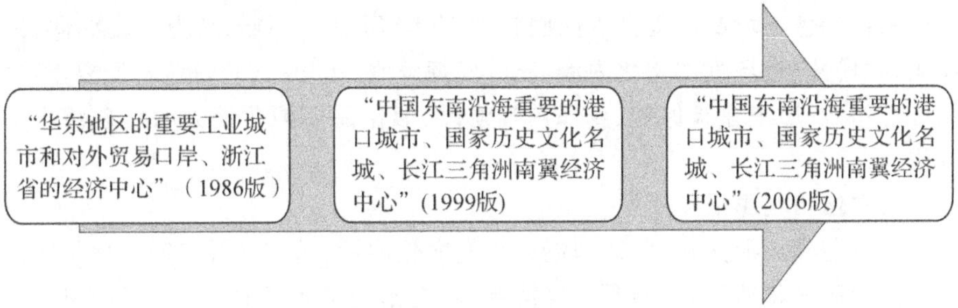

| "华东地区的重要工业城市和对外贸易口岸、浙江省的经济中心"（1986版） | "中国东南沿海重要的港口城市、国家历史文化名城、长江三角洲南翼经济中心"(1999版) | "中国东南沿海重要的港口城市、国家历史文化名城、长江三角洲南翼经济中心"(2006版) |

图 1-1-2　宁波市三次总体规划变迁

表 1-1-3　宁波城市发展的文化发展与保护规划

宁波文化发展规划	规划重点内容	规划重点片区及发展方向
宁波市"十一五"时期文化发展规划	强化历史文化街区保护利用和开发,加大文物保护工作力度,加强非物质文化遗产保护	月湖西区、郁家巷、伏跗室永寿街、大遗址保护、文物保护单位、历史文化街区保护、古镇古村保护
宁波市"十二五"时期文化发展规划	标志性文化设施提升计划,动员社会力量,组织开展群众性文化活动,推进文物保护和名称保护	建成宁波文化广场、宁波·中国港口博物馆、十里红妆博物馆,改建宁波艺术剧院(凤凰剧场),改造天一阁博物馆、保国寺古建筑博物馆,重点办好中国国际港口文化节、宁波海上丝绸之路文化节、象山开渔节

续表

宁波文化发展规划	规划重点内容	规划重点片区及发展方向
宁波市"十三五"时期文化发展规划	强调历史文化名城名镇名村保护,推进珍贵古籍的普查、保护、整理、修复及数字化工作	保护古桥、古祠堂、名人故居、地标性文化景观,做好鱼山遗址、河姆渡文化核心区、上林湖越窑遗址等重大考古发掘项目

资料来源:宁波市人民政府.宁波市"十一五、十二五、十三五"时期文化发展规划[R].宁波市人民政府官网.

五、城市文脉品质提升指引

城市特色环境品质是反映城市外在形象和城市内在精神文化的统一体,拥有独特城市文化是城市发展的最终诉求。提升特色品质对增强城市竞争力、实现区域可持续发展具有重要战略意义,需结合资源禀赋塑造城市特色,展现宁波文化和特色形象。特色环境品质提升以回归自然、传承历史、面向未来为发展导向,体现国际化、时代性、地域性的文化内涵,充分发挥滨水、历史、文化特色资源要素,通过文化特色彰显、历史建筑保护、乡郊景观建设、形象品质强化等方面体现活力港城的特质。

(一)文化特色彰显

围绕海港和运河文化,弘扬因港而兴的文化内涵,重塑文脉空间。保护宁波段浙东运河沿线文化遗产,延伸既有运河脉络,打造凭江向海的运河古镇文化走廊,重点展示沿线古城镇、三江口海上丝绸之路遗存等历史遗迹,开发甬江口,提升老外滩品质,重整甬江两岸,塑造沿江融水景观的城市标志。强化空间特色体现,包括东钱湖区域的浙东佛教、商贸、儒孝、渔农文化特色,雪窦山弥勒佛教特色,蒋氏故里民国风情。镇海老城空间应强化对历史文化遗产的重视程度,避免文化空间被临港生产建设空间挤占,可通过对南大街等历史街巷的恢复进行老城有机更新。提升塘河沿岸文化,通过挖掘和保护塘河遗存,展现空间历史的接续,表达乡土和地方特色。

(二)历史建筑保护

在保护的基础上,提升历史建筑利用价值。着重保护八大历史街区、三处历史地段,挖掘老城区的历史文化渊源和文化价值。历史街区、历史地段内的历史建筑数量众多,可通过分级评价进行使用价值评估和适当改造,对知名度不高、房屋缺乏修缮、基础设施差的历史文化资源,通过改善周边环境,提升市民感知度。推动历史资源融入城市公共空间,赋予展览陈列、文化休闲、创意产业等新的使用功能,焕发建筑活力,吸引城市居民和游人前来参观交流,使历史建筑真正成为城市居民的公共资产。如月湖地区加强人文博览文化活动功能,复兴月湖作为城市文化中心的特色,通过组织文化活动、文化论坛、文化节庆等方式来强化月湖历史街区的文化内涵。

(三)乡郊景观建设

引导历史文化名镇名村按特色保留、重新分类进行有序化建设,控制建设用地的快速扩张,保护村庄山林水系,打造美丽乡郊功能区。对于平原河网地区的村镇,引导集聚建设,清理工业作坊,加强社区化服务配套;对于四明山、天台山区的历史村镇,结合林湖资源,积极引入农家乐、乡村体验等旅游功能,以生态文化为导向,打造都市魅力山乡。

(四)形象品质强化

提升城市形象品质,塑造特色品牌影响力。构建具有良好美学观念与系统性的城市意象,注重与地方传统特色衔接,形成保留历史记忆的文化景观,创造优质的生活环境。空间环境上强调以人为本,美化城市道路、传统街巷空间,注重人口集聚区的改善与设计;自然环境上依托滨水景观界面及环城山体轮廓线,突出三江六塘河水网体系的可达性和空间吸引度,通过特色节点地区的景观风貌强化特色地标的识别,增强城市印象;历史文化环境方面,在保护地区特色文化环境的基础上,更新改造传统街区空间,注重历史文脉的空间接续与原风貌特色的重塑;现代景观环境方面,通过建筑外立面和小品体系,突出特色风格设计,体现现代文明建设。特色空间建设离不开广大民众的参与支持,因此要发挥广播、电视、报刊、网络等新闻媒体的舆论引导作用,开展形式多样的群众性参与活动,共同营造特色空间建设氛围。

第二节　创新集群的知识生产主导城市产业转型

创新集群的动力为知识生产活动,产业结构优化如何通过创新和创新集群的创新行为发生转变,需要从理论角度围绕要素到因素、微观主体到集群探讨创新集群推动产业结构优化的可能路径。

一、区域产业结构优化的解析范式

(一)经济学视域区域产业结构优化的要素驱动分析逻辑

产业结构优化研究最早可以追溯到 17 世纪的配第-克拉克定理,20 世纪 30—40 年代经济学家刻画国家或区域产业结构提出了雁行形态理论、部门结构变动理论等[1],20 世纪 50—60 年代涌现了霍夫曼定理、动态比较费用理论等[2]。相关学

---

[1]　苏东水. 产业经济学[M]. 北京:高等教育出版社,2008.
[2]　孙献贞. 基于新结构经济学的产业结构生态化演进研究[D]. 天津:天津商业大学,2018.

说都在追求产业结构升级的刻画方法与关键指标,这些学说主要根据发达国家经济发展过程总结得出,但对于发展中国家实际情况及其产业结构演化有一定局限。新结构经济学更适用于发展中国家[①],其强调要素禀赋结构与产业结构的相互作用,可以较好解释产业结构向高层次演进要素驱动逻辑,即从劳动力要素推动(劳动力密集型产业)转向资本要素推动(资本密集型产业),进一步升级过程又会向以技术创新为主要动力(技术或知识密集型产业)转变[②]。产业结构变化在能够适应需求变化情况下,提升技术创新贡献可使劳动力、资本由低效率部门转向高效率部门,使要素配置更加合理,即实现要素投入驱动转变为要素效率驱动[③]。这在制造业发展过程中尤为重要,加强科技研发、提升产品附加值是制造业结构转变的重点[④]。

产业结构优化的驱动要素中创新要素成效显著,创新要素的创新资本与创新人力要素驱动产业结构优化机制不同[⑤]:(1)创新资本通过影响需求和供给结构改变产业结构。对于需求侧影响,一是创新资本要素投入加快技术进步,使得生产成本降低,促进产品价格下降,改变了需求结构;二是生产企业规模扩张后,需要运用信息技术进行管理,从而带动了信息产业需求情况。对于供给侧影响,一是创新资本要素的投入提升了生产效率从而影响供给结构;二是资本创新要素的提高影响了生产要素价格,要素投入相对回报率较高,吸引更多要素集聚导致产业间产出比例变动,也影响了供给情况[⑥]。即某一产业研发资本投入(创新要素资本)提升了生产要素的质量和配置,进而影响产量带动产业结构升级,由此诱导区域主导产业演替。(2)创新人力要素主要通过人才的知识生产和知识溢出提升劳动效率,若产业或区域的创新人力要素存量增加影响,创新成果也将增加,该区域或产业的企业生产率将提高,反之亦会刺激创新人力要素需求,区域或产业内部人力资本异质性增强,高差异导致知识溢出效应随之增强,使区域或产业技术创新能力整体提升,从而影响产业结构趋向更优[⑦]。

① 林毅夫,李永军.比较优势、竞争优势与发展中国家的经济发展[J].管理世界,2003(7):21-28;吴垠.中国经济的结构性调整方式与政策设计——基于新、旧结构经济学对比的视角[J].复旦学报(社会科学版),2016,58(3):126-139.

② 林毅夫.新结构经济学[M].北京:北京大学出版社,2012.

③ 何武,林桂军,程健.中国经济结构调整与升级——基于新结构经济学方法[J].现代管理科学,2015(6):12-14;黄群慧.中国产业结构演进的动力与要素[J].中国经济报告,2018(12):63-66.

④ 李跃,蒙永胜.比较优势与地区制造业升级研究——以新疆为例[J].企业经济,2014(4):137-142.

⑤ 王欣亮,刘飞.创新要素空间配置促进产业结构升级路径研究[J].经济体制改革,2018(6):51-56.

⑥ 席艳玲,吉生保,王小艳.要素相对价格对产业结构调整的倒逼效应分析——基于省际动态面板数据的系统 GMM 估计[J].财贸研究,2013(5):18-24.

⑦ 孙永平,张平,叶初升.资源收益、创新要素与创新能力[J].南京社会科学,2016(11):17-24.

（二）经济地理视域区域产业结构优化的主导因素：技术创新及其空间溢出

导致区域产业结构变化的因素很多且相互作用比较复杂，经济地理学主要关注资源禀赋、需求结构与区际贸易、技术创新和政策等。从区域长期发展看，区域产业结构演变是由技术创新和技术扩散决定的，技术革命将会带来产业革命①。产品生命周期与区域生命周期理论认为关键性技术创新与扩散会导致区域产业结构变化。产品生命周期理论认为随着技术的进步，产品生产会发生区际转移，不同阶段的产品生产优势存在区域差异②（图 1-2-1）。（1）创新阶段是产品的研发和改进，主要影响因素是技术与集聚经济，而集聚经济需要具备人才集中、信息中心、基础设施配套等优势，因此该阶段企业或创新活动一般布局在相关优势密集的大城市等；（2）创新扩散阶段是新产品走向市场过程，主要影响因素是资本和管理，受产品市场销售量增加影响，企业生产规模必须扩大，产品的技术依赖性开始减弱，且规模化生产降低了劳动力素质要求，创新活动发生区位转移，大城市周边城镇及中等城市成为主要产生地，同时创新开始衰退；（3）创新的成熟与后期阶段，该时期产品已经趋向饱和，廉价劳动力是关键因素，产品在创新地甚至会消亡，此时还有再创新和稳定两种可能性，但是该产品必然会走向成熟并发生区际转移③。

汤普森 1966 年提出区域生命周期理论，认为工业区建立像一个生命体在不同阶段面临不同问题，处于不同竞争地位。工业区年轻时具有明显竞争优势，而技术创新一般是源自域外输入和自我开发；发展到成熟期面临竞争开始激烈，工厂雇员以人才流动方式进行技术传播；进入老年阶段原有优势丧失殆尽，市场转移显著，高级人才可能被其他行业吸引，当然处于老年期工业区还可以通过再创新进入新一轮生命周期循环④。综合产品（生命周期）与区域生命周期理论可以发现，技术创新和扩散会导致区域产业结构发生优化。

经济学视角的创新要素驱动产业结构演变忽视地理空间的作用与创新要素的流动性等⑤。区域企业创新活动需要资本、人力、政策等投入，相关投入增加会提高区域知识生产质量和效率，形成创新优势生态位，继而吸引更富有创新能力的人力、企业家等向该区域或企业集聚。此外，区域或企业创新活动具有一定的溢出效应，也受企业规模效应驱动其他相关类具有创新能力的企业群集于本地，进而影响

① 陈秀山，张可云. 区域经济理论[M]. 北京：商务印书馆，2003.

② VERNON R. International Investment and International Trade in the Product Cycle[J]. Quarterly Journal of Economics，1966，80：190-207.

③ 周起业，刘再兴，祝诚，等. 区域经济学[M]. 北京：中国人民大学出版社，1989；WHEELER J O，MULLER P O. Economic Geography[M]. New York：John Wiley & Sons，1998.

④ VEMON R. International investment and international trade in the product cycle [J]. Quarterly Journal of Economics，1966，80：190-207.

⑤ 余泳泽. 创新要素集聚、政府支持与科技创新效率——基于省域数据的空间面板计量分析[J]. 经济评论，2011（2）：93-101.

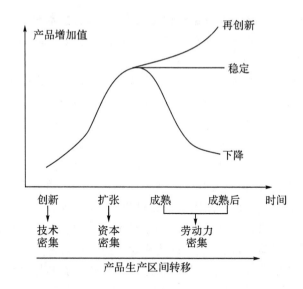

图 1-2-1　产品生命周期

资料来源:修改自陈秀山,张可云.区域经济理论[M].北京:商务印书馆,2003.

了产业结构及其空间组织。显然,具有流动性的创新要素,如资本、人力、企业家等要素存量增加会使本区域人力与资本快速累积,从而使得创新活动向该区域集聚,进而催生该区域创新比较优势,各类创新要素不断向该区域转移,促使产业结构升级加速。可见,创新要素的流动性是区域新兴产业和高新技术企业发展的动力源。其中创新人力要素的地方积累和区际流动,必定会提升企业创新优势和知识溢出;吸引同产业或相关产业的其他相对弱势创新企业集聚,形成规模效应,产生产业结构演变后效。

综上可知,创新会带来产业结构转型与升级,创新活动导致企业产品发生质变后,催化产业部门及其产业关联出现了新形式与新结构,继而催生新兴产业替代原有产业,新兴产业的持续培育可以升级原有产业结构,呈现出螺旋式上升趋势[1],亦即诱发了产业结构演化。

(三)人类科学技术革命的产业发展周期分析

人类文明史中先后历经农耕时代、工业时代,进入知识社会。知识的生产、传播和应用推动了人类生产模式的革命性变化[2]。(1)农业知识的创新使人类从食物采集者变成了食物生产者。在农业社会,文字发明是人类最伟大的知识生产创新。农业社会生产模式基本依靠土地和人口两个核心生产要素,通过以种植

---

① 孙军,高彦彦.产业结构演变的逻辑及其比较优势:基于传统产业升级与战略性新兴产业互动的视角[J].经济学动态,2012(7):70-76.

② 顾朝林.人文地理学导论[M].北京:科学出版社,2012.

和养殖为主的手工生产来完成自给自足的小农经济。(2)工业时代生产方式发生急剧变化,新知识的生产与应用改变了生产模式,"人类社会进入以机器手段为基点"的大工业生产方式①时代,机器工业上升为重要的国民经济部门。产业结构中第二产业比重迅速上升,农业生产也从传统体力主导生产模式转为机械化模式;工业社会生产模式是以资本、有形资产和劳动力通过机械化、电气化、自动化等生产方式进行高效率、低成本、利润最大化的发展。新兴工业部门的发展,加速了人类对生活质量的追求,促进服务业发展,服务业业已分化为生产性服务业与生活性服务业等组分,但是知识生产是主导相关产业的重要发展特征。(3)人类满足了有限的物质生活后,开启追求无限的精神生活,这决定了知识生产是没有止境的。1980年以来,西方部分国家开始进入知识主导社会经济发展的时代,技术创新成为国家经济社会运行方式的基本特征。知识生产既改变了国家和地方产业结构,又改变了自身的生产方式。现代知识生产更加注重多主体的合作与协同,形成了诸如"政产学研""知识杨浦",甚至创新集群等模式。知识生产过程需要内部主体与外部网络,以及知识流的通道。21世纪以来的信息技术革命改变了知识生产过程的信息流通道和传播方式,形成了新型创新集群运作模式,如地方生产网络嵌入全球生产网络,同样影响了集群的空间组织形态,削弱了地理邻近性作用,生成了知识生产促进产业升级的新路径。

二、区域技术进步与知识生产组织形式的关联

(一)区域技术进步的主要来源

创新要素投入驱动了技术进步,而创新源头是知识生产活动的主体——创新人力资本,当然创新资本要素是重要支撑条件。经济社会现实中有许多种知识生产活动主体及其组织形式,如:独立的自然人或其自由组织,不依赖于任何其他机构;有依法独立享有民事权利和承担民事义务的组织——法人及其联合体。此外,知识生产具有外溢性,同时也会发生技术扩散,即通过技术贸易扩大技术影响;不同主体随着技术发明到生产应用进程也会发生地位变化。

1. 基于自然人的发明创造

人是知识生产的最基本主体,大部分发明人都受雇于企业、高校/科研院所等不同类型机构,还有少部分是独立发明人,他们往往独立进行研发活动,独立地将自己的专利推入市场,其独立发明资金依靠自身。独立发明人的相关主题多源于自身生活和感兴趣的内容,从想法到专利再到商品常独立完成,自由地按照自身意愿从事开拓性的工作。独立发明人在进行研发活动时,有时需要与其他人进行交流以解决问题,所以有可能会不自觉地组成小团队,他们的研发活动往往是在私人

---

① 陈秀山,张可云.区域经济理论[M].北京:商务印书馆,2003.

场所完成。19 世纪末期之前,独立发明人一直是主要技术创新的承担者①,当时技术与科学研究的经济社会需求矛盾初现,理论和技术设备无法承担重大创新任务。那时社会中确实有许多的个人发明家创造发明了许多重要的技术,推动了社会经济快速发展。进入 20 世纪,企业和政府实验室的研究快速崛起②,标志着独立发明人黄金时代的终结③,越来越多对经济效益影响大的发明从企业和科研机构中产生。企业对创新重视程度上升,研发活动高资本投入,研发机构共享资源、平台与成果等等都是独立发明人持续减少的原因。2000 年独立发明人专利占总数的比例不到 50%④,但如今其占比仅有约 10%。可见大部分有影响力的独立发明人都被吸纳到企业、高校或科研院所,这一变化导致他们的发明更难以被市场采纳⑤。此外,独立发明从诞生到市场化和批量生产过程自然人无法完成,更无法对产业结构产生影响。虽然独立发明人影响力不够大且比重下降,但其在发明数量上仍占有一定比重,在某些领域(尤其是机械发明)还是发挥着重要作用⑥,鼓励大众创新活动可以培养城市创新氛围。

独立发明人相比受雇发明人有一些有利条件:(1)不受组织化制度束缚,有自由的思想、自由的环境,不需要被刻板的规章制度所局限;(2)不受专业限制,独立发明人可以在不同领域探索;(3)不受时间制约,独立发明人不需要带着任务完成发明,可以长期探索或偶然获得灵感。

2. 基于法人的研发活动

我国《民法通则》规定法人是具有民事权利能力和民事行为能力,依法独立享有民事权利和承担民事义务的组织,其分为营利法人、非营利法人和特别法人。研发活动主体中法人占绝大多数,包括属于营利法人的企业,非营利法人的事业单位、社会团体、社会服务机构等。

企业创新是提高生产力、提升竞争力的主体。初创企业的新技术主要依靠外界供给,但引进技术有时并不能完全与需要解决的问题无缝对接,依靠外界供给并不能满足企业自身发展需求。因此,企业必须要建立研发部门,投入资本和人才开展有效的研发活动。企业研发部门可以有效合理地使研发、生产、市场契合,保证每一个阶段的匹配性、连续性。企业开展研发活动具有竞争优势,如拥有雄厚的资

① WALDEMAR K. Invention and society[M]. Chicago:American library association,1930.
② 星野芳郎. 发明的源泉[M]. 陶建明,译. 上海:科学技术文献出版社,1981.
③ MOWERY D,ROSENBERG N. Paths of Innovation:Technological Change in 20th-Century America[M]. Cambridge,MA:Cambridge University Press,1998.
④ 吴红. 二十世纪以来发明人群体变化研究[J]. 自然辩证法研究,2018,34(9):15-20.
⑤ 龚建立,闫海燕,王飞绒. 高校科技创新能力与区域经济的互动关系探讨[J]. 科技与管理,2001(4):76-77.
⑥ 王建萍. 论中国高校在技术创新中的地位和策略[J]. 研究与发展管理,1997(3):1-3.

本且风险承受力较强、了解市场能有效实现新产品的市场化、能够吸引高层次人才；但是企业以生产效益为主要目的[①]，创新能力与需求在短期战略中不匹配，需要与高校或科研院所合作或进行技术贸易。同时，一些风险较大、难度较大的共性技术研发，也是企业自身无法承担的。

高校职能随着社会经济发展增加了社会服务功能，形成传播知识、培养人才、创造知识和技术等[②]，中外各类大学已经被卷入社会经济各方面，与产业、政府形成了复杂网络，与市场的边界越来越模糊[③]。高校是国家研发主体的重要组成，市场经济中逐渐被企业看中形成政产学研联盟。如果把研发活动作为一个线性模式"基础研究—应用研究—试验发展研究—生产开发—市场"[④]，那么高校是基础研究和应用研究的主要完成者。高校具有人才资源优势、专业优势和知识交流优势，高校的研发工作包括了基础研究、应用研究和试验研究三类。其中第二类为针对特定目标用途探索科学解决方法，这类成果以论文、专利、专著等为主；第三类试验研究是为了某新产品或新工艺而进行系统性研究工作，成果可能包括专利、产品原型和样机等。将基础研究和应用研究转化为生产力需要高校与企业合作，经典转化模式包括自助转化、合作转化、技术交易、人才流动等[⑤]。但随着企业研发需求日益增加，需要高校、企业合作研发，甚至会有跨国研发机构合作，相关研发流程会从转化环节向前至基础和应用环节。国内外实证表明高校的研发活动和知识溢出效应显著影响了地区的产业结构，其与产业相互作用是创新系统的核心。[⑥]

科研院所是具有较强专业性的科研单位，是依托已有的科研资源优势围绕某些科学或实践问题展开研究，不断开拓新领域和新技术的科学院、研究院（研究所）等。科研院所按研究内容或职能不同，分为基础研究、应用基础研究和开发、社会研究等类型；和大学一样他们更偏重于基础研究和应用研究，但科研院所的应用研究要强于高校，研发活动与市场联系更加紧密，但科研院所并不是一开始就以此为定位。在中国，随着国民经济的发展，市场对产品需求的质、量、形等增加导致了科

---

①　MARTIN F. The Economic Impact of Canadian University R&D[J]. Research Policy，1998，27(7)：677-687.

②　曹彬.科研院所社会责任担当研究[D].苏州：苏州大学，2015.

③　汤菊平.中国科学体制化历程及启示[J].决策探索(下半月)，2007(8)：88-89.

④　叶宝忠.基于技术转移集合体模式的工业技术研究院创新模式研究[D].西安：西安交通大学，2011.

⑤　林志坚.政府主导型产业技术研究院运作模式的创新思考[J].科技管理研究，2013,33(21)：37-40；熊文明，顾新，赵长轶.产业技术研究院建设模式与途径研究[J].决策咨询，2015(3)：75-78；付俊超.产学研合作运行机制与绩效评价研究[D].武汉：中国地质大学，2013；RIPLEY B D. Modelling Spatial Patterns[J]. Journal of the Royal Statistical Society. Series B (Methodological)，1977，39(2)：172-212；BESAG J E. Comments on Ripley's paper[J]. Journal of the Royal Statistical Society B，1977，39(2)，193-195.

⑥　贺灿飞，潘峰华.产业地理集中、产业集聚与产业集群：测量与辨识[J].地理科学进展，2007,26(2)：1-13.

研院所研发活动必须面向市场,旧体制弊端凸显。① 自 1999 年开始,大部分科研院所完成了企业化治理,改制成具有企业性质及完全面向市场的科研机构,转制以来全国技术市场交易额显著增加。② 科研院所虽然拥有高素质的人才,但是尚不能完全克服新产品/工艺/材料从研发到市场推广的漫长过程,因此许多研发环节都需要与企业合作,合作深度或合作阶段不同会产生许多种研发合作模式,不同城市会根据产业基础与科技创新源基础选择或创造最适合自己的模式。

非营利法人中除了高校和科研院所,行业协会或企业围绕研发活动组建的技术联盟等在推动城市与区域创新中也有突出效用。行业协会或企业技术联盟是基于自组织、自律性和非营利性的社会团体,是市场经济背景下一种连接政府、企业、市场的纽带。首先可以对行业内在研发潜力企业与共性研发难题筛选,挖掘行业共性科技难题,组织企业、高校和科研院所联合攻关。其次,他们可为各研发主体牵线,实现资源的高效配置。当然,他们还可为其他主体提供各种研发咨询服务,对维护行业共同利益,约束行业规范,维护市场秩序发挥重要作用。

3. 基于法人联合体的研发活动

研发主体间存在相互联系,不同主体可以形成多种类型的联合体。有两个及两个以上企业成立的产业技术创新联盟,其致力于某项研发活动,可以实现资源的互补与加强,也能够减少企业的研发风险和成本,共同获得竞争优势。但此类联盟容易造成目标不协调、文化差异、信任缺失和合作关系不融洽等问题;联盟内部,主体间隐性知识的流动是培育核心能力、巩固关联,通过发挥各自研发功能来激发联盟整体的创造性。通常联盟中会有一个龙头企业,一般是具有一定影响力的大中型企业,是联盟的领导者。

一般纯企业组成的技术联盟比较少,大多都是企业、高校和科研院所为主体组合的产学研联盟,中国政府和一些中介组织也会参与其中,通常组建虚拟的产业技术研究院。(1)企业主导型产业技术研究院,企业主动与高校、科研院所合作,且居于主导地位;该类产业技术研究院具有目标明确、资本有保障、成果转化效率高等优势,定位应用研发、成果转化与技术服务等③。(2)高校/科研院所主导型产业技术研究院,以高校或科研院所为主要依托和建设主体,借助了高校或科研院所的知识基础、高层次人才、学科结构等优势,主要目标是为区域产业升级和经济发展做贡献,大部分是与政府共建的,由双方共同实施决策。(3)政府主导型产业技术研究院多从战略角度进行顶层设计,根据当地产业发展规律决定研究内容、共性和关

---

① CHARNES A, COOPER W W, RHODES E. Measuring the efficiency of decision making units[J]. European Journal of Operationas Research, 1978, 2(6): 429-444.

② 许云.北京地区高校、科研机构技术转移模式研究[D].北京:北京理工大学,2016.

③ FRIED H O, LOVELL C A K, SCHMIDT S S, et al. Accounting for environmental effects and statistical noise in Data Envelopment Analysis[J]. Journal of productivity Analysis, 2002, 17(1-2): 157-174.

键技术研发方向①,此类研究院弥补了技术应用研究(企业主导型主要研究方向)和基础研究(高校/科研院所主导型主要研究方向)间的缺位。总体而论,政府、企业、高校和研究院都以不同主导地位参与产业技术研究院运行,三方各有突出优势,政府是政策引导与资金支持,企业是准确的市场信息,高校是高层次人才集聚地。政产学研合作过程非常复杂,会产生各种问题,学界业已重视如利益分配、协同、学习、风险控制、创业孵化等运行机制②。除了建立长期合作的组织,还有些企业和高校/科研院所针对某一项目建立的临时合作,这种合作非常多,受地理因素影响显著,遇到的问题也比较多。

(二)法人及其联合体创新活动在城市内部组织形式

世界各国都鼓励企业自主创新,占领本行业的全球创新制高点,所以企业为自身实现可持续发展,都会去申请成立各类各级研发机构,以获得政府的创新支持。当然,多数企业不具备创新能力或者为降低创新过程的风险性,都会顺势寻求区域内相关联企业和同类企业,甚至非营利的法人(独立发明人、大学或科研院所)合作进行技术研发。在城市内部,功能区式发展导致研发主体的空间集聚与企业集聚的高度错位,高校/科研院所服务于地方社会经济发展必然谋求科技创新产品的转化市场,可以通过政府或相关行业协会寻求企业孵化自身科研成果,或者直接鼓励雇员利用市场交易方式转让职务发明。显然对于企业而言,不论何种技术获得渠道,研发主体的空间错位便促成了产学研的联动。当然,同行业受地理邻近性及行业互补性影响,亦可群集发展形成内部的研发互动,这是更为高效的研发活动组织形式。然而,在不同研发难度情景下,大型骨干企业会非常重视自身产品的领军或垄断地位,必然会极力推进企业研发本行业的垄断性前沿技术,但是风险非常高,必须通过行业协会/技术联盟进行技术研发活动。对于城市拟培育的新兴产业,政府政策通常考虑该产业起步阶段必需的基础性、共性的技术供给,以帮助该产业的弱小企业成长,因此市场经济理性中政府通常仅考虑区域新兴产业及其成长为主导产业过程的共性技术研发扶持,对于个别领军型企业研发垄断技术较少关注,以避免陷入市场不公之局面。

三、城市内部知识溢出与创新集群的成长

创新多是成簇发生,一般集聚在某些部门或邻近部门,知识生产的专利或技术被行业个体运用,也可以被其他行业运用,所以知识生产具有极强的外部效应。一个企业进行知识生产时,其非竞争性和非排他性对自身和其他企业同时具有积极作用,此时知识生产的社会效益远超过了生产者的收益。创新的最主要动力就是

---

① 严北战.基于空间整合视角的宁波服装产业集群升级[J].纺织学报,2011,32(9):130-135.

② 许继琴.基于产业集群的区域创新系统研究[D].武汉:武汉理工大学,2006.

知识溢出,在集聚区内部知识溢出较快,其边际效益大于获取知识的边际成本,进一步吸引要素集聚,溢出效应也随之增强。知识的扩散会受到地理距离的影响,有些显性知识可以通过数字编码或实体进行传播,而隐性知识需要面对面地获取,远距离传播会使其发生变形。换言之,距离越近知识溢出质量和速率越高。所以,企业一般选择与高校或科研院所,或上下游企业和竞争对手邻近的地方。空间溢出的距离局限导致了创新的集聚,而创新集聚也会反过来强化知识溢出,存在正反馈回路。地理邻近性为知识溢出提供了优势条件(高素质人才交流、风险共担、服务共享),知识溢出变得容易,会刺激创新主体进一步进行创新活动,也会吸引更多的主体或要素。

从创新活动过程看,研发到市场化是一个非线性过程,知识溢出存在于每一阶段。技术的复杂性越高,市场需求就越多样,转变也就越快,同一主体完成所有环节越困难,所以不同主体间在不同阶段都会发生合作。尤其是一个能够引起技术变革的重大项目,肯定是通过技术研发群体实现的。此外,创新风险性也决定了创新主体间的联盟和网络需要共同承担风险,节约时间和资金成本。创新主体间的互补性和行业异质性使创新集聚能够更有弹性,适应区域产业转型的市场反馈。创新主体集聚,彼此间知识共享、相互协作,形成了一个复杂的、动态的、多功能的、多部门的网络,亦即形成了创新集群。创新集群是一种非常有效的网络组织形式,强调了研发与市场融合的过程,网络节点涵盖了几乎所有类型创新主体,如企业、高校和科研院所、行业协会、政府、风投机构等,集群形成过程还有政府之外的诸多中介服务机构支撑。

四、城市内部创新集群的知识生产催化产业结构优化的路径

知识生产往往会直接创造新的生产活动需求或者满足某些中间需求和最终需求,并且通过连锁反应对需求规模与结构产生更广泛的深远影响,这些变动都会直接推动产业结构优化。

(1)通过知识产品改变需求结构。知识生产将市场需求转化为新产品,通过产业对市场、消费者的需求识别,来满足直接或潜在的需求产品。这些产品除了直接面向消费者的终端产品,也包括面向下游企业或产业的中间产品。同时,通过研发得出的新产品也在刺激潜在需求的显现,不但满足了需求者,同时也带动其他相关产业发展。知识生产不但刺激了消费需求同时也引发了新的需求,从而改变和带动了关联产业发展,推动了产业结构优化。此外,需求结构变动也会反作用于知识生产,一般创新需求迫切、产品附加值高和对经济影响重大的产业部门创新发展很快。

(2)新兴产品(业)成长将带动关联产业的发展。当某个新产品出现并在该领域引起很大反响,会刺激其他企业的关注与加入。初期,先是认知与模仿,在原有

技术的基础上进行改进并形成规模,这一知识在不断的知识溢出与技术扩散中达到生产高峰。而这个过程会是知识生产集群的形成,也是产业不断创新的过程。总体来说,创新集群的知识生产使得新兴产业不断发展,淘汰或者改造产业,发展中的知识扩散通过产业间的知识互补,重组产业关联或直接带动关联产业的发展,最终集群内部及外部的知识创新和溢出促使产业结构优化。

(3)创新活动是一个巨大的网络,包括研发主体内部员工、各部门,研发主体间,研发主体与政府间都存在知识流且相互交织。创新集群中创新活动并非是集群内企业的创新推动自身价值链和产业链高端化简单过程的相加,而是一个复杂动态的网络系统。创新集群形成阶段,随着技术动态性、复杂性的加剧,单一企业无法独立完成创新活动,受有限理性约束必须开始寻求外部合作,受地域限制或其所处产业领域束缚,企业能够选择的合作主体是有限的,地理空间范围内搜寻合作主体的同时,高校与科研院所为了提高其科技创新对区域发展支撑力度,也寻求与企业之间的合作,于是企业之间、企业与高校/科研院所之间达成合作、联盟、协同创新的共识,彼此结成创新网络,形成较强的集聚力和自组织能力。新研发主体加入,多择优选择高度连通节点,选择网络核心节点,使网络节点类型和数量规模不断增加,在调整适应中形成创新集群。

综上可知,通过研发网络将各种专利技术与各自发明主体所在地点进行空间关联,由此创新网络根据专利活动显示了地点的相对位置。同时可以观测一个地区创新集群内部及集群之间、不同知识生产载体间的研发合作状态,继而生成创新集群促进产业结构优化的微观路径。

五、城市创新集群知识生产催化产业转型逻辑

区域产业发展以劳动力、资本和技术要素为主要动力,从劳动力驱动到创新驱动的转变,是产业结构优化的主要动力。创新可使劳动力和资本由低效率部门转向高效率部门,实现了要素投入驱动转变为要素效率驱动。创新要素的投入能够显著推动产业结构优化,技术创新和知识溢出则是区域产业结构优化的主导动力。技术创新带来的技术革命引发了产业革命,推动了人类文明从农耕时代到工业时代再到信息时代。区域知识生产主体及其联合体是创新的源头,他们通过自主或合作研发,激发知识生产。对于一个区域来说,创新往往会因为知识溢出效应和规模经济效应而成簇出现,集群内部的创新网络推动产业的升级,新兴产业得到发展,传统产业内部驱动要素逐渐转变,促使区域产业结构向高级化、合理化方向演进。

第三节   城市绿色转型的人居环境学研究架构

人居环境也称人类住区(habitat),20 世纪 50～60 年代希腊城市规划学者道萨迪亚斯(C. A. Doxiadis)创建人类聚居学(Science of Human Settlements),吴良镛院士于 20 世纪 90 年代初基于此提出人居环境科学。广义的人居环境指人类生存聚居环境的总和,即与人类各种活动密切相关的地表空间;狭义的人居环境是指人类聚居活动的空间,是自然环境与人工建造环境的总和[①]。中华人民共和国成立 70 年来,中国快速城市化与工业化的同时,城市人居环境也在发生剧烈变化,体现在五方面:一是全球气候变化和地缘政治环境动荡显著,传统和非传统的滨海城市安全挑战形势严峻;二是各种自然和人为引发的灾害事件频发,如城市热岛、滑坡、泥石流等;三是资源环境约束和生态环境压力不断加大,洁净水、土地资源与清洁能源日益短缺;四是城市居民各阶层的基础设施可达性和服务水平保障差距日益扩大等;五是城市经济—社会—管理的创新乏力,导致光鲜靓丽的物理环境与都市景观的日常运作陈腐不堪。为此,科学认识绿色发展与城市转型因应逻辑,阐释城市转型的人居环境学解析框架,有助于全面理解和系统评估城市的经济—社会—基础设施—公共管理—公私关系治理,可为城市转型与形态—结构—功能协同升级提供解决方案。

一、绿色发展与港口城市转型的因应

"绿色经济"一词是由皮尔斯在 1989 年首先提出的,绿色经济相对于循环经济强调资源循环利用、低碳经济强调碳减排而言,更偏向生态环境的安全性[②]。全球变化及人类活动超载造成多数城市生态环境不断恶化,生态环境恶化催生了绿色经济理念。《中华人民共和国国民经济和社会发展第十二个五年规划纲要》中用的是"绿色发展",所以,"绿色发展"这一词汇在中国应用较多。党的十八大以来,习近平总书记在国内外重要会议、考察调研等场合就新常态下坚持绿色发展、破解发展难题发表了一系列重要讲话,系统阐释了其绿色发展思想。城市作为人们生产生活的重要场所和经济社会发展的综合体,其发展模式从高消耗、高污染向生态化、可持续性演变,面临转型发展的重要时期。伴随经济进入新常态,以城市绿色发展为引领,需求侧创新升级与供给侧改革成为城市发展的新标向。中国在生态保护和资源利用方面采取了一系列措施,有一定成效。《国家新型城镇化规划

---

① 张文忠,余建辉,湛东升,等.中国宜居城市研究报告[M].北京:科学出版社,2016.
② 胡岳岷,刘甲库.绿色发展转型:文献检视与理论辨析[J].当代经济研究,2013(6):33-42.

(2014—2020年)》提出,将生态文明全面融入城市发展,深入贯彻绿色、循环、低碳发展理念,为城市绿色发展拓展了政策空间,为理论及实践研究奠定基础。从实践上看,绿色北京、绿色广州、绿色大连等一系列绿色城市建设的提出,也标志着中国对绿色城市建设方面的重视。

宁波市"十二五""十三五"期间,扎实推进经济社会转型发展,为基本建成现代化国际港口城市打下了坚实基础。全市经济保持稳定增长,人均生产总值超过10万元人民币,宁波杭州湾产业集聚区和梅山物流产业集聚区建设成效明显,新材料科技城、国际海洋生态科技城等重大创新平台启动建设。扎实开展美丽宁波建设、"五水共治"和"三改一拆",着力提升城乡品质,城市轨道交通进入网络化运营,人民生活水平持续提高,城乡居民收入保持全国领先,城乡居民收入比缩小到1.81:1。在"十四五"发展机遇中,宁波市既面临加快产业技术变革、构筑"一带一路"战略支点、统筹宁波都市区建设等重大历史机遇,又面临不少长期积累的结构性、素质性矛盾,保持稳定增长动力不够足,自主创新能力不够强,环境承载压力比较大,经济社会领域潜在风险较多,公共服务和民生保障存在一些短板,加快经济社会转型发展比以往任何时候都更为紧迫。宁波城市转型发展,必须加强供给侧结构性改革,积极培育新的经济增长点;必须提升中心城市功能;必须坚持走"绿水青山就是金山银山"的路子。

绿色发展相关问题研究正在引起国内外学术界的高度关注,研究成果主要涉及绿色发展的概念框架和实践路径、特定行业绿色发展的战略和体制障碍、区域和流域绿色发展相关问题讨论、绿色发展与生态文明之间的关系(人类、省、城市、工业)、绿色发展(绩效、水平、效率)评估等。在西方,公司、政府和个体共同致力于绿色发展与创新[①]。中国学者的研究更具广谱性:(1)行业绿色发展。工业绿色转型、绿色农业,进一步行业细分,分析了能源绿色转型问题、绿色建筑问题。(2)基于研究者专业背景的相关研究,专注于绿色经济的某一分支。如分析中国绿色经济发展中的诸方博弈,指出中国绿色经济的制度困境与制度创新思路,提出生态文明建设价值论基础和制度基础。(3)全局性的对策性思考。中科院自2006年以来连续发布《中国可持续发展战略报告》,认为中国的绿色发展仍然面临技术创新、制度安排、基础设施、市场培育、系统整合与商业运作六大障碍(中科院,2011);胡鞍钢(2012)则提出了通过增长与不可再生资源要素脱钩、提高资源生产率等举措创新绿色发展之道。(4)绿色发展与城市转型的相关研究聚焦于城市转型的内涵与

---

　　① REARDON J. Comments on "Green economics: Setting the Scene, Aims, Context, and Philosophical Underpinnings of the Distinctive New Solutions Offered By Green Economics"[J]. International Journal of Green Economics, 2007,1(3/4):532-538; KESTING S. What is "green" in the green new deal-criteria from ecofeminist and post Keynesian economics[J]. International Journal of Green Economics,2011 (5):49-64.

评价方法(诸大建,2006),资源型城市的转型发展研究(张文忠等,2014),个别省份和城市的绿色转型发展(李彦军等,2012;卢强等,2013;杜栋等,2014;张攀攀,2016)。(5)"绿色城市"设计,如英国学者霍华德(Howard)在1898年提出"花园城市",其后学者陆续提出的"田园城市""生态城市"均是对绿色城市概念的补充和延伸;美国学者卡尔索(1983)以美国丹佛市为例,指出绿色城市是基于自然环境,充分合理地利用现有生态,集经济效益、观赏效益和社会效益为一体的方式。国内学者余猛(2008)从强调绿色城市包含运行模式、生活方式、环境保护和生产效率四方面内涵,直接评价绿色城市文献鲜见。在绿色城市发展路径方面,学者建议主要包括加强政府的主导作用、推动经济发展方式转型升级、完善制度设计、支持绿色科技创新等。如TEI Unit构建了绿色城市指数(Green City Index,简称GCI),包括环境健康、资源节约、低碳发展和生活宜居四个方面;陈静等(2012)采用灰色关联分析法构建基于城市支持系统和协调系统的城市绿色转型评价体系,运用上海2001—2007年的数据进行实证研究,提出如何从生态门槛降低人均物质消耗是城市发展的主要问题。付允等(2017)指出评估城市低碳水平的方法有主要指标法和复合指标法,并构建了包括经济、社会和环境三方面的指标体系,提出从产业结构、基础设施、消费、政策和技术五方面促进低碳城市发展。王婉晶等(2012)从转型发展、社会建设、资源利用和环境保护四个方面选取26个指标,构建了绿色城市建设评价指标体系,对南京城市发展进行评价并对城市"十二五"建设提出改进方法。

综上可知,学界深入研究与探讨了绿色发展的概念、理论与评价体系,但是理论上尚未形成系统框架,存在诸多不确定性和不足:①绿色发展从指标体系的建立来看依然沿用了因子综合评价思路,指标体系无法适应当前研究的关注点;②对城市绿色发展评价多为孤立研究,缺乏对空间依存关系的深入分析;③研究评价的尺度多集中在单一的区域尺度,多反映区域绿色发展的时间特点,忽视对于绿色城市发展存在的空间依赖的结构性问题。总体而言,城市绿色发展的研究多为孤立分析①,难以适应新形势下沿海大城市网络化发展、陆海统筹发展和生态发展的要求。对于绿色发展与城市转型研究,仍局限在城市产业结构和城市管理技术等方面的绿色化,在城市绿色发展制度与技术支撑、城市社会经济活动的落地过程管控等方面还有待深入。为此,宁波城市转型发展研究,亟待深入探究绿色发展之于城市转型的机遇与挑战、绿色产业培育、技术创新体系、空间结构组织等的诉求—响应—路径,系统识别面向绿色发展的宁波城市转型关键与突破重点,筹谋宁波城市绿色发展设计指引。其中,首要任务是明确城市产业结构升级与空间组织动向,确

---

① 石敏俊.中国经济绿色发展理论研究的若干问题[J].环境经济研究,2017,2(4):1-6;石敏俊,范宪伟,逄瑞.透视中国城市的绿色发展——基于新资源经济城市指数的评价[J].环境经济研究,2016,1(2):46-59.

定产业技术需求、资源环境承载力阈值、环境污染风险等;二是积极构建适宜宁波产业升级与空间组织的绿色技术,有机组织城市产业生态系统与空间布局;三是寻找宁波科技文化灵魂,推进市域科技、文化与管理等领域全面创新,建设新一代可持续发展的海洋创新之都;四是科学研判历史文物保护与城市文化艺术发展的和谐之法,探索海港城市人文生态特色传承与海陆港城风貌塑造之路。

二、趋向国际湾区的宁波创新转型指引

国外诸如纽约湾区、旧金山湾区、东京湾区等一流湾区的发展驱动力具有塑造宜居宜业都市、培育嵌入全球并根植地方的特色产业、持续集聚创新型人才与企业等典型特征。

(一)宜居宜业是湾区经济起步的门槛

1. 优良生态环境是集聚各类人才的本底条件

在地理位置上,与直线型或外突的弧形滨海地区相比,湾区三面环陆,从而成就了"拥海抱湾"的独特地理形态,并因此具备了比一般沿海地区更优越的生态和区位,如避风、水深和防冻等优点,从而适于建造大小不一的港口,形成港口群。湾区经济的发展通常倚靠港口城市最先吸纳外商直接投资,引进国外先进技术和管理经验,连接本国市场和国际市场。另外,由于湾区靠近海洋、海湾,环绕大面积水域,温差较小,由此形成了怡人的自然环境和优良的生态环境。

2. 便捷现代设施是集聚各类人才的生活基线

从配套设施上看,湾区经济发达地区往往十分着重构建交通便利、宜居宜业的城市环境。一个成型的经济区域,是靠完善的市场网络、交通网络和信息网络这三层网络来支撑的。湾区海岸线长、腹地广,使得湾区能在面积相对小的空间孕育多个港口城市,同时湾区通道建设使得湾区港口城市之间的通勤距离降到最短,使整个湾区的经济联系更加紧密。作为湾区经济基本单元,港口城市既是对外开放的重要门户,又是连接本国市场和国际市场的重要节点。湾区内外市场、交通、信息三层网络的有机聚合,使得湾区的产业集聚和城市集聚出现"放大效应"。

3. 包容创新氛围是服务各类人才的创业汤剂

从对外开放上看,成熟湾区多具有多元包容的文化氛围,湾区城市往往孕育出开放包容、多极多元的移民文化。高度开放的市场环境及宜人的居住生态,丰饶的创业土壤和充满竞争性的工作机会,使得湾区成为大量外来人口的聚集地,来自世界各地的多民族文化荟萃,而多元文化又进一步促进了湾区开放,激发与反哺湾区城市的创新发展。从发展引擎上看,湾区多拥有完善的区域创新体系。湾区内多集聚具有技术研发功能的大企业和研究所,以及大批高等学府。政府通常积极促进科研成果的转化,各高校与企业开展科研合作,建立专业的产、学、研协作平台,

建立竞争型创新体系,突出企业的科研主体地位。

(二)嵌入全球并根植地方发展特色产业是湾区经济成长的关键

1. 融入全球生产网络培育地方特色产业集群

湾区经济自身具备对外开放度高的特点,如何利用好这一特点并使之成为湾区经济发展的重要途径是极为值得思考的问题之一。如马忠新(2016)研究所述,经济增长速度、文化包容性、人力资本水平以及基础设施便利性等因素决定了湾区经济的开放格局,经济增长速度、文化包容度和对外开放度对产业发展有着显著的影响效应。以往的对外开放理念更多落实在"对外"之上,现阶段的发展需要突出"对外"与"对内"的相互结合,在做好对外积极开放的基础上,湾区内部应当合作协调,建立有效合作平台和竞争机制,通过差异化定位与错位互补,并同时注重发挥湾区经济增长极的辐射带动作用,从而引领整个湾区的发展,此类"对内"实质上也是湾区内部自身的"对外"。而环境作为湾区经济的发展前提和重要资源,同时也是凸显湾区发展等级的关键,在发展中亟须重视将宁波湾区打造成集经济发展、安全宜居、人文休闲等多重优点的生态型湾区。

2. 根植地方特色产业集群提升产业创新能力

发展湾区经济是宁波市抢抓国家建设 21 世纪海上丝绸之路战略机遇的重大举措,因此湾区在管理上需要加大重视。传统意义上的管理理念强调对区域社会、经济发展上的统筹,容易忽视对环境的治理。因此,研制一个科学正确的湾区经济发展定位对于湾区发展有着至关重要的作用。若想使宁波湾区早日迈入创新经济时代,需要加快提升湾区的整体创新能力,重点发展高新技术产业,大力发展杭州湾和梅山两大产业集聚区,继续做大做强汽车制造、进出口贸易等产业,引进新兴高端服务业态,加速产城融合,提升城市品质。

3. 打造独特的产业区块链与价值链引导创新

全球 60% 的经济总量集中在入海口,75% 的大城市、70% 的工业资本和人口集中在距海岸 100 公里的海岸带,当今世界经济形态的"龙头"多数都是地处湾区的大都市,在全球排名前 50 的特大城市中,港口城市占到 90% 以上。港口城市作为湾区经济的重要依托和载体,是湾区经济发展优劣的直接体现。要加快推进涉海产业功能区块建设,重点推动梅山新区、国际海洋生态科技城、象山临港重装备产业园、宁波南部滨海新区等湾区经济功能区块特色发展、错位发展,推动经济社会发展从"要素驱动"向"创新驱动"转变,真正打造一个开放和谐、公平有序、科技引领、低碳宜居的新型湾区。

(三)持续集聚创新型人才、企业是湾区经济可持续发展的根本动力

1. 构造全球性竞争优势的人才集聚与创业孵化政策

在经济全球化和地方化交互作用的背景下,广泛分布于世界各地的产业集群日益进入人们的视野,并成为各界关注的热点。产业集群在经济发展中扮演着越来越重要的角色,充分发挥地方化和根植性的优势,已成为提升区域竞争力的动力系统和推动各地繁荣的创新源泉。在推进区域产业企业发展的大背景下,如何使区域内产业集群迸发出新的活力,实现经济效益的最大化,在湾区这样一个特定地理区位下显得十分重要,同时产业集群政策的实施对区域内企业的创新发展也具有相当重要的影响。

2. 培育地方特色的引领型创新企业与公共研发机构

21世纪的创新出现了一些新的变化,竞争已从单个企业之争演变为供应链之争,进而演变为创新生态系统之争。产业长期竞争优势的保持,需要超越产业自身的视角,关注于整个产业创新生态系统的协同演进。湾区经济的发展更是如此,产业技术的创新对能源效率的提高具有重要影响。众所周知,湾区经济是港口城市都市圈与湾区独特地理形态相结合聚变而成的一种独特的经济形态,它的发展对资源具有较强的依赖性。国际上许多先进湾区早已摆脱"工业经济"阶段,转而提升产业技术,以期早日迈入"创新经济"阶段。如旧金山湾区,在20世纪50年代后随着硅谷高新技术群的快速发展才逐渐形成,继而发展成为国际著名湾区。有这样的典型例子,宁波湾区经济应当适时采取适当措施,帮助企业实现企业技术的创新。

3. 群集与地方特色产业相适应的创新、创业型机构

20世纪90年代以来,中国区域间出现经济增长失衡、资源配置不合理、收入差距拉大、利益冲突增加、环境污染严重等一系列问题,区域经济协调发展日益成为经济、社会、政治领域的焦点和热点。这些经济与社会、地区与地区、人与自然之间的问题,越来越制约着中国经济社会的可持续发展。大到国家层面,小至一个区域都会出现发展不平衡的问题。在湾区经济发展过程中,也存在不同区域发展不平衡以及区域之间的协调发展问题,例如在宁波湾区经济发展中,就存在着3个湾区内部之间、湾区与主城区之间、各湾区内部村镇之间等区域发展不平衡问题,所以应当从该角度着手,效仿其他地区的成功方法,适当开展湾区协调创新体系建设,从而推动湾区内部的平衡发展。

三、港口城市转型发展的人居环境学解析逻辑

(一)绿色发展视域城市转型的衡量指标

绿色发展理念要求城市转型过程确保产业技术趋向绿色、居民生活趋向绿色、空间治理趋向绿色,显然这必然要求城市发展动力的各要素进行系统升级与结构重组,总体取决于城市活力的关键要素,如创新或人才、产业结构与空间组织、土地利用效益、基础设施及其网络以及它们之间的协调。城市人居环境指标,既能客观刻画区域自然环境、经济社会、基础设施网络等对人类居住、工作与游憩的供给程

度,又能揭示不同群体对区域人居环境构成要素的可获性或满意度等。因此,城市人居环境分析能够诠释绿色发展视域城市转型发展,尤其是系统分析技术—经济—社会之间的相互关系,可以初步刻画和阐释城市发展中自然与设施、社会、经济子要素的新动能与配置结构。具体而言,自然环境可简化为土地利用、工业三废排放等反映;社会可由人口结构、从业者等简化指标刻画;经济可由经济的增长速度、增长质量及空间结构等描述;基础设施可简化为各种服务设施数量及质量测度,对于城市而言公共交通、医疗、中小学尤为重要。

(二)人居环境学解析绿色发展视域城市转型的逻辑

产业空间系统及其演化是解读城市转型的重要视角,经济活动的技术创新、社会与环境效应成为重新认识"城市转型"的重要切入点,也是地理学和城市科学融合发展解决城市人居环境问题的重要抓手。产业结构升级过程,既涉及城市人居环境变迁的自然要素空间特征、格局与过程,也关切城市人居环境变迁中人文要素的空间格局特征、过程及其社会公正。在这其中,城市产业结构与空间组织的演变,恰恰是城市人居环境自然要素的消耗者、城市人居环境人文要素的创造者,抑或是两类人居要素的损益者,如利用科学的定量模型解析、诠释和系统揭示城市产业(结构与空间组织)升级之于城市人居环境演变机理,将推动城市转型研究从重"格局"到重"过程"、从重"因素"到重"机理"、从重"宏观分析"到重"微观模拟"的三元辩证统一解析,推动人居环境学研究城市发展理论创新。

(三)人居环境学解析绿色发展视域宁波城市转型的框架

综合运用人居环境学原理,紧扣人居环境学要素遴选宁波城市转型的关键动力要素——产业组织升级、土地利用优化、基础设施可达性,以及它们之间的协调性分析,继而诠释宁波城市转型的动力、方向与治理。全书主体内容分为五部分:

第一部分(第二章)产业升级与宁波转型发展,重点研判宁波城市产业结构发展方向,继而围绕新兴产业(时尚服装业、创意产业、海洋产业)及相关产业风投基金与研发能力论证宁波城市产业转型趋势与动力水平。

第二部分(第三章)土地利用优化与宁波转型发展,重点计量分析宁波城市土地利用综合效益、镇域低效用地分布与集聚格局,继而分析开发区土地退出机制,阐明宁波城市存量更新和城市土地利用的功能升级与空间组织趋向。

第三部分(第四章)基础设施可达性与宁波转型发展,重点计量分析宁波城市的对外交通、医疗设施可达性、轨道交通接驳可达性,解析新时期城市骨干基础设施建设变化的公共供给与城市发展关系。

第四部分(第五章)宁波转型发展动力的多维协同,重点评估宁波港口与城市协调,经济发展、工业水平与环境质量,经济发展与人居环境,重点工业集聚与人居环境的耦合协调关系,诊断城市转型发展动力协同状态与趋向。

第五部分(第六章)宁波转型发展的人居问题治理,围绕宁波转型发展动力——产业升级、土地利用优化、基础设施可达性及其协同,重点剖析城市转型发展的"水资源与水环境、海湾海岸与海岸带利用优化、教育空间与城市创新"等关键人居环境要素面临的问题与趋势,建构保障城市转型发展关键人居要素问题治理策略。

本书综合运用文献分析、空间计量和 GE 模型等,剖析绿色发展之于宁波城市转型发展的总体诉求与关键要素,继而紧扣宁波城市转型的关键要素,分析宁波城市转型动力、动向与协同,以及城市转型的人居环境问题治理。本书认为宁波城市转型亟须优化产业空间,激发城市活力,提升绿色发展能力;诊断宁波城市转型新兴产业与土地利用、公共基础设施、人居环境治理等耦合协调,激发城市产业与空间全面转型,促进城市绿色发展。

第二章　产业升级与宁波转型发展

本章重点甄别宁波城市产业结构发展方向,围绕新兴产业(时尚服装业、创意产业、海洋产业)及相关产业风投基金与研发能力分析宁波城市产业转型趋势与进程。

第一节　宁波市产业结构分析与趋势研判

宁波地处东南沿海,是长江三角洲南翼的经济中心,世界重要的港口城市。但是,产业结构不尽合理,临港石化工业集聚的环境问题日益显著。运用 SSM 方法分析宁波市产业结构演变及其趋势,探究宁波市未来产业构成,有助于科学研判宁波市产业结构优化战略与培育方向。然而,学界探讨国家产业结构演变及主导产业选择常采用扩散效应基准[1]、比较优势基准[2]、要素禀赋差异基准[3]、筱原基准[4]、产业关联效果基准[5],以及周振华提出的"增长后劲基准、短缺替代基准和瓶颈效应基准"[6]、产业协调状态最佳准则、增长后劲最大化准则[7],中国地级市层面相关学者研究提出了诸如六基准[8]、五基准[9]、定型基准和定量基准[10]、体现区域二重性等[11]。这些理论是区域主导产业辨识的依据,但存在不能反映主导产业特征等缺憾[12]。

---

① ROSTOW W W. The Stages of Economic Growth[M]. Beijing: The Commercial Press, 1995.

② RICARDO D. On the Principles of Political Economy and Taxation [M]. Beijing: The Commercial Press, 1962.

③ OHLIN B G. Interregional and International Trade[M]. Beijing: The Commercial Press, 1986.

④ 筱原三代平. 产业构造与投资分配[Z]. 一桥大学《经济研究》, 1957.

⑤ HIRSCHMAN A D. The Strategy of Economic Development[M]. New Haven, CT: Yale University Press, 1958.

⑥ 周振华. 产业结构政策的选择基准:一个新的假说[J]. 经济研究, 1989(3): 36-41.

⑦ 张圣祖. 区域主导产业选择的基准分析[J]. 经济问题, 2001(1): 22-24.

⑧ 关爱萍, 王瑜. 区域主导产业的选择基准研究[J]. 统计研究, 2002(12): 37-40.

⑨ 朱要武, 朱玉能. 区域主导产业的选择基准[J]. 上海综合经济, 2003(11): 24-26.

⑩ 陈刚. 区域主导产业选择的含义、原则和基准[J]. 理论探索, 2004(2): 52-53.

⑪ 李新, 王敏晰. 区域主导产业选择方法研究述评[J]. 技术经济与管理研究, 2008(5): 114-117.

⑫ 郭可. 产业结构升级视角下的临港产业区主导产业选择研究[D]. 西安:西北大学, 2012.

针对宁波产业结构进化与主导产业选择的相关研究,最早是章小伟等(1990)[①]基于需求弹性、产业关联性指标定性讨论宁波市纺织业,刘键初等[②]认为宁波市主导产业应是化工产业、机械电子工业和高新技术产业,王卫东[③]用区位熵指标、影响力系数、感应度系数研究宁波主要工业产业。这些研究多停留在定性分析产业结构,既未能涵盖全部产业门类,又主要探究第二产业,缺乏合理性与可比性。为此,借鉴现有研究,对宁波市第二、三产业部门采用偏离—份额分析法(SSM)定量分析,研判宁波市相对竞争优势部门,以甄别宁波市未来的主导产业,推动市域产业结构优化。

一、研究方法与数据源

(一)方法选择

国内外主导产业研究常用 Leontief&Ghosh 模型法[④]、虚拟消去法[⑤]、偏离—份额分析法[⑥]、功效函数法[⑦]、层次分析法[⑧]、灰色聚类分析法[⑨]、主成分分析法[⑩]、SWOT 分析法[⑪]、钻石模型[⑫]等。鉴于方法自身的数据要求和功能差异,选用 SSM法。它的原理是将区域产业结构变化看作一个动态过程,以其所在大区或整个国家的产业发展为参照系;将区域自身经济总量在某一时期的变动分解为份额分量、产业结构偏离分量和竞争力偏离分量,以说明区域经济发展和衰退的原因,评价区域产业结构优劣和自身竞争力的强弱,找出区域具有相对竞争优势的产业部门,进而可以确定区域未来产业发展的合理方向[⑬]。

(二)数据来源

本节计算所用的原始数据来自《宁波统计年鉴 2007》《宁波统计年鉴 2012》《浙江

① 章小伟,马卫光.宁波市主导产业选择及结构转换构想[J].浙江经济,1990(5):12-13.

② 刘键初,谢有才.宁波主导产业研究[J].宁波大学学报(人文社科版),1997(1):46-56.

③ 王卫东.城市主导产业的选择与定位——基于宁波工业的实证分析[J].江西金融职工大学学报,2007,20(4):72-74.

④ 孙明.辽宁省主导产业选择基准及其方法研究[D].北京:北京邮电大学,2013.

⑤ 陈效珍,赵炳新.基于虚拟消去法(HEM)的产业关联修正影响系数研究[J].管理评论,2014,26(6):23-32.

⑥ 杨爱荣,冷传明.Shift-Share方法在我国区域经济结构分析中的应用[J].西安文理学院学报(自然科学版),2005(1):85-90.

⑦ 梁靖廷,杨忠诚,修震威.高新区主导产业选择指标体系研究[J].科技管理研究,2002(6):101-102.

⑧ 陈海汉,冯南平,梁魏.安徽省主导产业的选择与发展方向[J].科技管理研究,2012,32(6):37-40.

⑨ 朱颖,吕洁华.基于灰色综合聚类评估模型的黑龙江省主导产业的选择[J].林业经济,2012(4):85-88.

⑩ 梁妍,王青.基于主成分分析法的扬州市主导产业选择[J].产业与科技论坛,2011,10(3):74-78.

⑪ 宋继承.区域主导产业选择的新思维[J].审计与经济研究,2010,25(5):104-111.

⑫ 吴旺延."钻石模型"在区域性主导产业选择中的应用:以陕西国防装备制专业为例[J].西安财经学院报,2012(4):52-56.

⑬ 崔功豪,魏清泉,刘科伟.区域分析与区域规划[M].北京:高等教育出版社,2006.

省统计年鉴 2007》《浙江省统计年鉴 2012》，各产业部门均采用第二或者第三产业生产总值为分析指标。SSM 分析中，选取宁波市 2006、2011 年的 14 个第二产业生产部门、14 个第三产业生产部门作为研究对象，并以相同时期的浙江省 28 个相对应产业部门作为参照。

二、宁波市产业现状与 SSM 分析

(一)宁波市产业结构的现状特征

2006 年宁波市生产总值达 2874.44 亿元，2011 年上升到 6059.24 亿元，经济总量高速增长。三次产业结构由 2006 年的 0.1∶1.6∶1.2 转变为 2011 年的 0.3∶3.3∶2.4。可见，宁波市的工业在保持主体地位的同时，逐渐实现工业化中期转向工业化后期，这预示宁波市需要产业结构的局部调控以促进产业结构更适宜于经济发展阶段。

(二)构造 shift-share 分析表

以 2006 年为基期，以 2011 年为末期，利用 Excel 2007 软件根据 SSM 分析原理处理《宁波统计年鉴 2007、2012》《浙江省统计年鉴 2007、2012》中第二、三产业的 28 个部门的生产总值数据，得如表 2-1-1 所示的 2006—2011 年宁波市第二、三产业各产业部门偏离份额指数表，即 shift-share 分析表(其中 PD_{ij} 为产业部门优势指数)。表 2-1-1 显示的宁波市 2006—2011 年 28 个产业部门变动情况如下：

每个产业的 $b'_{ij}>0$、$R_j>0$ 且 $N_{ij}>0$，可知宁波第二、三产业各产业部门在全国都属于增长产业部门，说明近五年来宁波市的第二、三产业各产业部门都有良好的发展势头；

每个产业的 $P_{ij}>0$，可知产业部门结构基础总体来说较好，普遍具有相对的结构基础优势；

$D_{ij}<0$ 的产业部门有 17 个，其余 11 个产业部门均大于 0，说明只有不到一半的产业部门具有较强的区域竞争力，一半以上的产业部门竞争优势较弱，需要对弱势部门进行调整；

$PD_{ij}<0$ 的产业部门只有 2 个，其余 26 个产业部门均大于 0，说明宁波市第二、三产业各产业部门中绝大多数产业具有较好的部门优势，经济增长快，产业层次高，专业化明显。

三、绘制 shift-share 分析图研判宁波市产业优势部门

(一)部门优势分析

以部门增长优势 PD_{ij} 为横轴、以份额分量 N_{ij} 为纵轴，建立宁波市第二、三产业部门优势分析图(图 2-1-1)，图中 8 个扇面(S_1,S_2,S_3,…,S_8)反映了在总增量、部门增长优势方面的几种不同类型：Ⅰ较好部门，指处在第 1、2 扇面中的部门，为

表 2-1-1 2006—2011 年宁波市第二、三产业各产业部门偏离额份指数表

产业部门	$b_{ij,0}$	$b_{ij,t}$	b'_{ij}	$r_{ij}-R_j$	N_{ij}	P_{ij}	D_{ij}	PD_{ij}	G_{ij}
1	135.37460	267.10880	5.42564	0.00001	4.95328	118.63553	8.14539	126.78092	131.73420
2	56.37150	79.57530	1.34701	-0.00006	1.36047	55.57449	-33.73116	21.84333	23.20380
3	251.88780	621.89050	22.97622	0.00002	29.64186	295.32124	45.03960	340.36084	370.00270
4	44.33650	117.13550	0.71504	0.00002	1.03180	62.94520	8.82200	71.76720	72.79900
5	181.55540	443.24760	9.76402	-0.00008	21.72390	382.21119	-142.24889	239.96830	261.69220
6	146.10560	265.38080	7.49456	-0.00003	8.07082	149.26881	-38.06442	111.20438	119.27520
7	57.07550	119.95980	0.98949	0.00000	1.09659	62.15658	-0.36887	61.78771	62.88430
8	19.44890	55.45880	0.17879	0.00009	0.17898	19.29008	16.54084	35.83092	36.00990
9	13.41490	16.26920	0.05760	-0.00008	0.06037	13.99947	-11.20555	2.79393	2.85430
10	20.79380	62.12210	0.19212	0.00002	0.34650	37.15668	3.82512	40.98180	41.32830
11	73.65290	127.98520	2.16399	0.00001	1.46024	48.23990	4.63216	52.87206	54.33230
12	40.32580	83.67870	0.60879	0.00000	0.65425	42.68334	0.01531	42.69865	43.35290
13	13.20380	28.13330	0.06536	-0.00007	0.11795	23.70921	-8.89766	14.81155	14.92950
14	97.99990	166.54000	3.41090	-0.00001	2.83613	78.64981	-12.94584	65.70397	68.54010
15	5.66890	2.34631	0.00622	-0.00006	0.00032	0.29527	-3.61819	-3.32291	-3.32259
16	0.39330	213.91340	0.00160	0.05422	0.00113	0.27699	213.24198	213.51897	213.52010
17	100.22030	159.65614	2.89294	-0.00003	2.49168	83.82764	-26.88348	56.94416	59.43584
18	26.23360	52.46309	0.32129	-0.00003	0.42207	34.04082	-8.23341	25.80742	26.22949
19	17.56440	24.13696	0.27049	-0.00005	0.23565	15.06681	-8.72991	6.33691	6.57256

续表

产业部门	$b_{ij,o}$	$b_{ij,t}$	b'_{ij}	$r_{ij}-R_j$	N_{ij}	P_{ij}	D_{ij}	PD_{ij}	G_{ij}
20	55.97360	111.37242	0.61006	0.00001	0.54425	49.39093	5.46364	54.85457	55.39882
21	439.34540	737.01989	96.94115	0.00000	65.08420	229.88283	2.70746	232.59029	297.67449
22	211.33980	224.36542	14.85399	-0.00003	4.85856	64.26819	-56.10113	8.16706	13.02562
23	14.77550	12.62595	0.91495	-0.00004	0.27320	4.13870	-6.56145	-2.42275	-2.14955
24	10.24210	14.16249	0.16165	-0.00004	0.12131	7.56470	-3.76562	3.79908	3.92039
25	33.20670	75.77188	0.61056	0.00002	0.63973	34.15360	7.77185	41.92545	42.56518
26	105.36920	156.78231	3.95620	-0.00004	3.51458	90.09246	-42.19393	47.89853	51.41311
27	43.15560	55.98858	0.53834	-0.00003	0.29771	23.56775	-11.03248	12.53527	12.83298
28	129.53640	177.42697	2.37646	-0.00001	1.14301	61.16058	-14.41303	46.74756	47.89057

注:产业部门序号的具体含义为:1.交通运输、仓储和邮政业;2.信息传输、计算机服务和软件业;3.批发和零售业;4.住宿和餐饮业;5.金融业;6.房地产业;7.租赁和商务服务业;8.科学研究、技术服务和地质勘查业;9.水利、环境和公共设施管理业;10.居民服务和其他服务业;11.教育;12.卫生、社会保障和社会福利业;13.文化、体育和娱乐业;14.公共管理和社会组织;15.黑色金属矿采选业;16.非金属矿采选业;17.农副食品加工业;18.食品制造业;19.饮料制造业;20.烟草制品业;21.纺织业;22.纺织服装、鞋、帽制造业;23.皮革、毛皮、羽毛(绒)及其制品业;24.木材加工及木、竹、藤、棕、草制品业;25.家具制造业;26.造纸及纸制品业;27.印刷和记录媒介复制业;28.文教、工美、体育和娱乐用品制造业。

具有部门优势的增长部门;Ⅱ一般部门,指处于第 3、4 扇面中的部门,其中处于第 3 扇面者为虽具有部门优势,但却为衰退部门,处于第 4 扇面为增长部门,却不具备部门优势;Ⅲ较差部门,指处于第 5、6 扇面中的部门,这些部门在总量上都为负增长,扇面 5 中虽为增长部门,扇面 6 虽具有部门优势,但都不足以消除部门优势或全国性衰退造成的负贡献;Ⅳ最差部门,指处于第 7、8 扇面中的部门,为既无部门优势,又在衰退的部门。

(二)部门偏离分量分析

以竞争力偏离分量 D_{ij} 为横轴、以结构偏离分量 P_{ij} 为纵轴建立坐标系,绘制宁波市第二、三产业部门偏离分量图(图 2-1-2)。图 2-1-2 中各扇面含义:扇面 1 为原有基础很好,竞争力较强的较好部门;扇面 2 为竞争力很强,原有基础较好的较好部门;扇面 3 为基础差但发展快的较好或一般部门;扇面 4 为基础较好但地位处于下降的较好或一般部门;扇面 5 为基础较好但竞争力很差的较差部门;扇面 6 为基础很差但发展很快的较差部门;扇面 7、8 为基础差,且缺乏竞争力的最差部门。

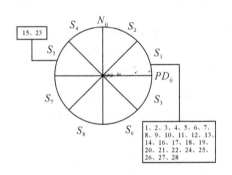

图 2-1-1　部门优势分析

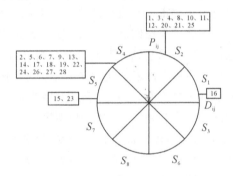

图 2-1-2　部门偏离分量分析

(三)宁波市竞争性优势产业部门的判读

由图 2-1-1 可知,宁波市第二、三产业的各部门大部分处于扇面 S_1 中,属于具有部门优势的增长部门。15、23 两个产业部门处于扇面 S_5 中,虽为增长部门,但在总量上为负增长,不足以消除增长优势或全国性衰退造成的负贡献,所以为较差部门。究其成因在于:由图 2-1-2 所示部门偏离分量分析知宁波市 28 个产业部门分布在扇面 1、2、4、5 中,其中绝大多数分布在扇面 4 和扇面 2 中,极少数分布在扇面 1 和扇面 5 中。扇面 1 中的产业部门是 16,说明该产业部门是原有基础很好,竞争力较强的较好部门,所以具有部门优势;而 1、3、4、8、10、11、12、20、21、25 等 10 个产业部门位于扇面 2,说明这些产业部门是竞争力很强,原有基础较好的较好部门,所以也具有部门优势;此外 2、5、6、7、9、13、14、17、18、19、22、24、26、27、28 等 15 个产业部门位于扇面 4,说明这些产业部门是基础较好但地位处于下降的较好或一般部门,具有部门优势但地位在下降;而 15、23 两个产业部门位于扇面 5,说明这两个产业部门属基础较好但竞争力很差的较差部门,所以不具备部门优势。

四、宁波市产业结构特征与主导部门

本节所研究的宁波市 28 个第二、三产业部门,其中水利、环境和公共设施管理业,居民服务和其他服务业,卫生、社会保障和社会福利业,公共管理和社会组织等产业部门属于基础设施及公共产业部门,受政府政策的影响比较大,近期不会有太大的波动。而黑色金属矿采选业,非金属矿采选业,皮革、毛皮、羽毛(绒)及其制品业等产业部门受地域的影响比较大,不会对宁波市整体的经济发展起主导决定作用,这些产业部门或许在小区域范围内具有一定的优势或竞争力,或者是宁波市某个区的主导产业部门,但不会成为宁波市未来发展的主导产业,故暂不对这些部门进行深入分析。通过 shift-share 分析表和图发现:交通运输、仓储和邮政业,批发和零售业,住宿和餐饮业,烟草制品业,家具制造业,纺织业,科学研究、技术服务和地质勘查业,教育业等产业部门原有基础较好、竞争力很强,具有很好的部门优势,将成为宁波市未来发展的主导产业或是竞争优势产业。

宁波是全球闻名的港口城市,港口运输业具有产业优势和特色,又是港口及临港产业发展的基础,随着全球化进程的加快,国际港口贸易也会进一步发展,必将对港口运输业的发展提出更高的要求,带动港口运输业的发展,使其成为宁波未来发展的主导产业,尤其要重点发展北仑、象山港港口航运业,带动其他产业的发展。宁波的住宿和餐饮业、批发和零售业等服务业,烟草、家具等制造业具有很好的发展前景,能带动宁波市经济的发展,成为未来的主导产业。宁波的纺织服装业具有悠久的历史,具有资源、品牌及市场优势,现如今更以男装而闻名,纺织服装业若能发挥品牌优势,大力发展男装,形成国际知名品牌,也将成为未来的主导产业。教育科研产业若能有政策支持,大力发展,在未来也具有发展优势,有望成为未来的优势产业。此外,本节所指出的 2、5、6、7、13、17、18、19、22、24、26、27、28 等产业部门属于技术较好部门,但在浙江省的地位处于下降趋势,难以成为宁波市未来主导产业部门,尤其是信息传输、计算机服务和软件业等与其他地区相较不具有部门优势。因此,宁波仍然要突出高新技术的人才集聚能力和科技孵化能力,促推高新技术产业的区域竞争力提升。

第二节 宁波市工业主导部门甄别

主导产业理论是西方国家经济发展的经验性总结认为,主导产业具有带动与引导作用、高增长率与高创新率、高竞争优势等特征。主导产业不仅在区域中具有

高的竞争力优势,开放经济环境中在区域或国家层面同样具有一定竞争优势①。由于主导产业对于产业结构调整和经济水平的发展有着举足轻重的意义,因此准确识别一个地区未来主导产业尤为重要。以宁波市 2009 年和 2015 年两个时间点的 32 个工业产业部门为分析对象,运用偏离—份额分析方法和区位熵方法,甄别宁波市工业主导部门,期冀为宁波市制定相关政策、引导产业发展提供科学决策。

一、主导产业选择方法与研究数据源

(一)主导产业识别方法比较

经济学界研究主导产业选择方法时提出了多种选择基准,如"区域比较优势基准、关联效应理论与产业关联度基准、筱原两基准"等;中国学者刘再兴提出"双向基准综合法",关爱萍等提出"判断和选择六项基准"等。这些主导产业选择基准从不同侧面反映了主导产业的某些特征,为主导产业甄选提供了重要理论依据。随着人类对区域认识的深化和区域主导产业选择标准的多样化,区域主导产业遴选方法不断改进,如区位熵、投入产出、偏离—份额、数据包络、主成分、因子分析、聚类分析、层次分析、加权求总、模糊分析、BP 神经网络、灰色关联等②定量工具已经广泛应用于不同尺度区域主导产业选择(表 2-2-1)。当数据欠缺或数据质量不高时,一般用区位熵、层次分析法、模糊分析法、BP 神经网络法、灰色关联等;数据库完备、数据质量高时,常用投入产出法、SSM、DEA、加权求总法等;对区域产业深入研究可采用投入产出、DEA、BP 神经网络法等③。

①　张军以,苏维词.基于偏离—份额分析方法的主导产业选择研究:以重庆市为例[J].重庆师范大学学报(自然科学版),2010,27(2):40-45.

②　RIDDINGTON G, GIBSON H, ANDERSON J. Comparison of gravity model, survey and location quotient-based local area tables and multi-pliers[J]. Regional Studies, 2006, 40(9): 1069-1081; DAVIES S W, MORRIS C. A new index of vertical integration: Some estimates for UK manufacturing[J]. International Journal of Industrial Organization, 1995, 13(2): 151-177;窦思敏,马小苏,马仁锋,等.宁波市重点产业发展竞争态势评判[J].浙江农业科学,2015,56(9):1505-1509;吴海民,王建军,方美燕.产业运行的 DEA 有效:一个选择主导产业的新基准[J].山东经济,2006,137(6):36-40;秦薇.区域主导产业选择的系统分析[D].西南交通大学,2000;任胜钢,林哲,陈凤梅.中部地区工业主导产业选择与实证研究[J].中南大学学报(社会科学版),2007,13(4):446-451;刘洋,刘毅.东北地区主导产业培育与产业体系重构研究[J].经济地理,2006,26(1):50-54;王辰,张落成,姚士谋.基于 AHP 法的盐城市主导产业选择与空间布局[J].经济地理,2008,28(2):318-321;冯杰,荣朝和.关于地区或城市主导产业选择基准与方法的探讨[J].经济地理,1999,19(6):23-26;王宏伟,朱德威.城市主导产业选择的模糊优选模型方法[J].经济地理,1994,14(3):15-19;田金信,万立军.应用 BP 神经网络模糊推理的资源城市主导产业评价[J].中国管理科学,2006,14(s):590-593;张辑.秦皇岛服务业主导产业的选择[J].燕山大学学报(哲学社会科学版),2007,8(1):77-80.

③　秦耀辰,张丽君.区域主导产业选择方法研究进展[J].地理科学进展,2009,28(1):132-138.

表 2-2-1　主导产业部门识别方法优劣势比较

名称	优势	劣势
区位熵	简便,可在一定程度反映出地区层面的产业集聚水平	不能反映区域经济发展水平的差异性
投入产出	清晰揭示国民经济各部门、产业结构之间的内在联系	效率低
偏离—份额	具有时间的连续性,具有较强的应用性	不能涵盖主导产业所有特征;对处于初级阶段规模较小的产业不能进行有效的分析
数据包络	力求每个决策单元优化;融合线性规划、多目标规划等数学评价,可以直接利用输入输出模型分析;强调在被评价决策单元群体条件下有效"生产"前沿描述哪些决策单元能够在一起评价	经典 DEA 模型的效率值不能区别 DEA(弱)有效决策单元之间相对优劣性;经典 DEA 模型要求 DMU 的投入产出数据必须为准确数据或者刚性数据;不能反映决策指标重要程度
主成分	简化指标之间信息重复问题;避免了主观赋权偏差	假设指标之间关系都为线性关系;确定主因子个数时可能导致信息量丢失;指标选取存在一定主观随意性
聚类分析	减少了主观定权偏差;系统考虑了各个指标;结论形式简明	赋权函数确定存在主观性;区间划分合理性难以保证
层次分析	减少了主观定权偏差;量化了不易测量指标,未削弱原始信息量;所需定量数据信息较少;具有系统性、简洁性	定量数据较少,不易令人信服;不确定矩阵赋值是否在整个互反矩阵确保了一致性;指标过多时数据统计量大,且权重难以确定
加权求总	简单易行,定量与定性分析相结合	没有参照标准,未能区分各影响因素指标不同性质,导致计算出的综合指数不尽科学;不具动态性;权重具有主观因素
模糊评价	定性与定量有效结合;解决了判断模糊性和不确定性;结果包含信息量丰富	不能解决评价指标间相关造成的评价信息重复;各因素权重确定带有主观性;隶属函数确定有时候比较困难;计算复杂
BP 神经网络	强大非线性映射能力;具有高度自学习和自适应能力;具有泛化能力;具有一定的容错能力	需要大量训练样本;计算复杂

　　鉴于相关方法的优劣和数据源,采用偏离—份额分析法和区位熵方法甄别宁波市工业主导产业部门。偏离—份额分析法与其他方法相比可以避免主观因素,

揭示区域主导产业结构变化原因;区位熵法作为较为传统的主导产业选择基准,只能单独反映主导产业的某一个特征,以描述产业部门的静态现状为主。偏离—份额分析法能够综合反映产业部门的现状基础和动态变化特征,很好地弥补了区位熵法存在的弊端;但偏离—份额基准与传统主导产业选择基准仍然具有一定的联系,加之传统选择基准在主导产业选择中仍具有不可替代的作用,因此将二者有机结合在一起可以更加客观地识别主导产业[①]。

1. 偏离—份额分析模型

假定所选定的研究区域在经历了时间 t 年之后,经济总量和产业结构均已发生变化,设初始期区域 i 经济总规模为 $b_{i,0}$,末期经济总规模为 $b_{i,t}$。同时,依照一定的规则,把区域经济划分为 n 个产业部门,分别以 $b_{ij,0}$,$b_{ij,t}$($j=1,2,\cdots,n$)表示区域第 j 个产业部门在初始期与末期的规模。并以 B_0,B_t 表示区域所在大区在相应时期初期与末期的经济总量规模,以 $B_{j,0}$,$B_{j,t}$ 表示所在大区初期与末期第 j 个产业部门的经济总量规模。

G_{ij} 为在[0,t]时间段内区域 i 第 j 个产业部门的增长量,即 $G_{ij}=b_{ij,t}-b_{ij,0}$,可以分解为 N_{ij}、P_{ij} 和 D_{ij} 三个分量,表达为:

$$G_{ij}=N_{ij}+P_{ij}+D_{ij} \tag{2-2-1}$$

$$N_{ij}=b_{ij,0}\left(\frac{B_t}{B_n}-1\right) \tag{2-2-2}$$

$$P_{ij}=b_{ij,0}\left(\frac{B_{j,t}}{B_{j,0}}-\frac{B_t}{B_0}\right) \tag{2-2-3}$$

$$D_{ij}=b_{ij,0}\left(\frac{b_{ij,t}}{b_{ij,0}}-\frac{B_{j,t}}{B_{j,0}}\right) \tag{2-2-4}$$

N_{ij} 称为份额偏离分量,由公式(2-2-2)含义可知,它是指区域 i 标准化的产业部门 j 如按所在大区的平均增长率所产生的变化量。$N_{ij}>0$,说明该产业部门属于增长性产业部门,数值越大增长率越高;$N_{ij}<0$,说明该产业部门属于衰退性产业部门,数值越小增长率越低于背景区域的平均增长率。

P_{ij} 称为结构偏离分量,由公式(2-2-3)可以看出,它是指区域部门比重与所在大区相应部门比重的差异引起的区域 i 第 j 部门增长相对于所在大区标准所产生的偏差,排除了区域增长速度与所在大区标准所产生的偏差,排除了区域增长速度与所在区的平均速度差异,假设两者等同,而单独分析部门结构对增长的影响和贡献。所以,$P_{ij}>0$ 且数值越大,说明该产业部门的结构对经济总量增长的贡献越大。

---

① 吴扬.基于"SSM-区位熵"的沿海经济低谷区主导产业选择研究:以济南商河县为例[J].河北师范大学学报(自然科学版),2009,33(1):111-116.

D_{ij} 被称之为竞争力偏离分量,是指区域 i 第 j 产业部门增长速度与所在大区相应产业部门增长速度的差别引起的偏差,反映区域 j 部门的相对竞争能力。$D_{ij} > 0$ 且数值越大,表明区域 j 部门的竞争力对经济增长的作用越大。

2.区位熵分析法

区位熵又称区位商,由美国学者哈盖特首先提出并运用于区位分析中。它主要用于衡量某一区域要素的空间分布情况,反映某一产业部门的专业化程度,以及某一区域在高层次区域的地位和作用等方面。在产业结构研究中,区位熵主要用于分析区域主导产业或优势产业的状况,其计算公式为:

$$Q_1 = \frac{b_{ij}/b_i}{B_{ij}/B_i} \quad \text{或} \quad Q_2 = \frac{b_{ij}/a_{ij}}{B_{ij}/A_{ij}} \tag{2-2-5}$$

其中,a_{ij},A_{ij} 分别代表研究区域某产业及其参照区域同产业的就业人数;

b_{ij},B_{ij} 分别代表研究区域某产业及其参照区域同产业的销售产值;

b_i,B_i 分别代表研究区域及其参照区域全部产业的销售产值。

Q_1 用于衡量产业的规模水平,Q_2 用于衡量产业的专业化水平。若 $Q > 1$,表明某产业在研究区域的规模或专业化程度高于参照区域的平均水平,可能属于主导产业;Q 越大,则规模或专业化程度越高。

(二)研究数据来源及数据预处理

2017 年,宁波市 GDP 增长至 9846.9 亿元,三次产业结构比为 3.2∶51.8∶45.0,人均 GDP 达 124017 元。研究数据源自《中国统计年鉴》《宁波统计年鉴》。国家在 2011 年颁布《国民经济行业分类》(GB/T4754-2011)新标准,导致 2009 年宁波市工业行业分类和 2015 年行业分类有所出入,故对相关行业进行合并,数据见表 2-2-2。

表 2-2-2　宁波市与中国工业销售产值、从业人数

行业	宁波 2009 年工业销售产值/万元	宁波 2009 年从业人员年平均人数/人	宁波 2016 年工业销售产值/万元	宁波 2016 年从业人员年平均人数/人	国家 2009 年工业销售产值/万元	国家 2009 年从业人员年平均人数/人	国家 2016 年工业销售产值/万元	国家 2016 年从业人员年平均人数/人
非金属矿采选业	3979	142	42349	614	22292200	551100	55391900	570600
农副食品加工业	1282960	16026	1428905	15549	273628700	3376600	658359700	4247500
食品制造业	378447	11600	715391	11965	90014500	1627000	218715900	2120500
酒、饮料和精制茶制造业	213143	5356	292371	3056	72595200	1190200	176265900	1668200
烟草制品业	748828	945	1667789	1391	49087800	200300	96204900	208900

续表

行业	宁波2009年工业销售产值/万元	宁波2009年从业人员年平均人数/人	宁波2016年工业销售产值/万元	宁波2016年从业人员年平均人数/人	国家2009年工业销售产值/万元	国家2009年从业人员年平均人数/人	国家2016年工业销售产值/万元	国家2016年从业人员年平均人数/人
纺织业	6036837	239094	3554872	60502	224866100	6170400	393929800	4644500
纺织服装、服饰业、皮革、毛皮、羽毛及其制品和制鞋业	2792648	146922	6730905	174508	164322500	7068800	370036300	7434300
木材加工和木、竹、藤、棕、草制品业	140607	4862	129643	2975	56105800	1306700	141249400	1407800
家具制造业	522123	19940	973564	20968	33633000	985600	79798700	1200800
造纸和纸制品业	1257839	20215	1672815	14925	81103900	1526400	142155500	1349500
印刷和记录媒介复制业	505712	15658	776758	12475	29019200	821300	74974800	980700
文教、工美、体育和娱乐用品制造业	1587336	60542	3316690	62508	25803700	1223600	158360800	2344900
石油加工、炼焦和核燃料加工业	8561767	7257	11967433	8874	212072700	849500	343045600	932900
化学原料和化学制品制造业	5252431	23089	14033110	32062	359969200	4404900	832563800	4920300
医药制造业	268913	5341	651010	7657	90217400	1604800	257382200	2304800
化学纤维制造业	1170240	14450	1488433	9530	37798500	414500	73208300	466500
橡胶和塑料制品业	2875583	88267	4017117	74615	153780600	3577800	314427800	3396800
非金属矿物制品业	1242426	22665	2040432	20513	242790400	5089100	599882000	5898600
黑色金属冶炼和压延加工业	3419845	21769	4341327	31124	417374900	3230200	612573100	3649000

续表

行业	宁波 2009 年工业销售产值/万元	宁波 2009 年从业人员年平均人数/人	宁波 2016 年工业销售产值/万元	宁波 2016 年从业人员年平均人数/人	国家 2009 年工业销售产值/万元	国家 2009 年从业人员年平均人数/人	国家 2016 年工业销售产值/万元	国家 2016 年从业人员年平均人数/人
有色金属冶炼和压延加工业	2879417	25735	6228651	28056	200855500	1776400	464809900	2024200
金属制品业	2522887	91294	4079042	81609	156208200	3193100	386572800	3975100
通用设备制造业	5548106	194811	7234268	139876	267149900	4865200	471727000	4712800
专用设备制造业	2530743	71177	4109933	63920	163509500	3092400	361850300	3541200
铁路、船舶、航空航天和其他运输设备制造业	4842661	116422	15943689	147981	407930400	4983300	901612600	6625400
电气机械和器材制造业	9651464	256494	15471810	266529	325585600	5350000	695582200	6298700
计算机、通信和其他电子设备制造业	5200817	98043	7732946	112874	436802400	6636400	913788600	9092600
仪器仪表制造业	1358230	48705	1812043	34778	49767800	1126100	87493100	1052300
其他制造业	705196	35106	413528	12546	43462600	1368200	27969000	427500
废弃资源综合利用业	695609	8009	561313	3970	14233900	136500	39082400	183100
电力、热力生产和供应业	6006758	12272	8279298	11758	333169100	2776200	574510700	2801500
燃气生产和供应业	103198	598	927481	1022	17999200	180900	58764700	271700
水的生产和供应业	155816	3778	269898	3608	9849900	451400	18384300	458200

二、偏离份额分析法识别宁波市主导产业

(一)建立 SSM 分析表

运用偏离—份额分析法计算统计数据分析宁波市工业各部门的发展现状,得到宁波市工业各部门四个分量——份额分量(N_{ij})、结构偏离分量(P_{ij})、竞争力偏离分量(D_{ij})、总偏离分量(PD_{ij}),构造偏离—份额分析表 2-2-3。

表 2-2-3　宁波市工业行业各产业部门的偏离—份额指数

编号	份额偏离分量（N_{ij}）	结构偏离分量（P_{ij}）	竞争力偏离分量（D_{ij}）	宁波分行业工业增长量（G_{ij}）	宁波分行业工业增长优势（PD_{ij}）	编号	份额偏离分量（N_{ij}）	结构偏离分量（P_{ij}）	竞争力偏离分量（D_{ij}）	宁波分行业工业增长量（G_{ij}）	宁波分行业工业增长优势（PD_{ij}）
1	3638	1556	32462	38370	34018	17	2629096	-141195	-1862449	1141534	-2003645
2	1172988	400642	-1657939	145945	-1257297	18	1135929	468429	-1029331	798006	-560902
3	346008	127170	-204154	336944	-76984	19	3126706	-2141071	-677914	921482	-2818985
4	194873	71256	-225154	79228	-153898	20	2632602	634616	-434754	3349234	199862
5	684641	-100268	200196	918961	99928	21	2306632	961156	-2164417	1556155	-1203261
6	5519377	-2064065	-7020711	-2481965	-9084776	22	5072538	-1819651	-2562447	1686162	-4382098
7	2553270	441622	442167	3938257	883789	23	2313815	301841	-1490660	1579190	-1188819
8	128555	59589	-224343	-10964	-164753	24	4427562	563969	5240382	11101028	5804351
9	477368	145608	-265241	451441	-119633	25	8824168	411636	-5147611	5820346	-4735975
10	1150021	-428917	-531872	414976	-960790	26	4755018	-9143	-3147139	2532129	-3156282
11	462364	247735	-529813	271046	-282078	27	1241806	-455995	-575761	453813	-1031756
12	1451274	6418206	-6425006	1729354	-6800	28	644749	-1022700	-40279	-291668	-1062979
13	7827877	-4076843	-1881952	3405666	-5958796	29	635983	453519	-1348639	-134296	-895121
14	4802208	1150922	1884893	8780679	3035815	30	5491876	-2218726	-2078646	2272540	-4297372
15	245863	204147	-116175	382097	87972	31	94352	120855	590555	824283	711410
16	1069930	-183668	-778093	318193	-961761	32	142460	-35418	-20924	114082	-56342

注：产业编号对应关系：1.非金属矿采选业；2.农副食品加工；3.食品制造业；4.酒、饮料和精制茶制造业；5.烟草制品业；6.纺织业；7.纺织服装、服饰业；8.皮革、毛皮、羽毛及其制品和制鞋业；9.木材加工和木、竹、藤、棕、草制品业；10.造纸和纸制品业；11.印刷和记录媒介复制业；12.文教、工美、体育和娱乐用品制造业；13.石油加工、炼焦和核燃料加工业；14.化学原料和化学制品制造业；15.医药制造业；16.化学纤维制造业；17.橡胶和塑料制品业；18.非金属矿物制品业；19.黑色金属冶炼和压延加工业；20.有色金属冶炼和压延加工业；21.金属制品业；22.通用设备制造业；23.专用设备制造业；24.铁路、船舶、航空航天和其他运输设备制造业；25.电气机械和器材制造业；26.计算机、通信和其他电子设备制造业；27.仪器仪表制造业；28.其他制造业；29.废弃资源综合利用；30.电力、热力生产和供应业；31.燃气生产和供应业；32.水的生产和供应业。本节下同。

（二）绘制偏离-份额分析图

据表 2-2-3 数据利用 SPSS22.0 对各指标数据进行标准化处理,绘制偏离—份额分析图 2-2-1 和图 2-2-2。图 2-2-1 中处于第一象限的产业部门为较好部门,即具有优势的增长部门,该象限内的产业部门具有较大的规模优势,产业基础较好,在区域内竞争力强,其结构对产业发展贡献较大。处于第二、第四象限的产业部门为一般或较差的产业部门。其中有的具有部门优势,但却为衰退部门;有的为增长部门,却不具有部门优势。较差部门中,有些部门既有部门优势,又为增长部门,但在总量上却为负增长。处于第三象限的产业部门属于最差部门,既无部门优势,又为衰退部门。宁波市 32 个产业部门中有 4 个较好的部门,27 个一般或较差部门,1 个最差部门,总体发展较好,主导产业应以第一象限 4 个产业部门作为潜在备选部门。

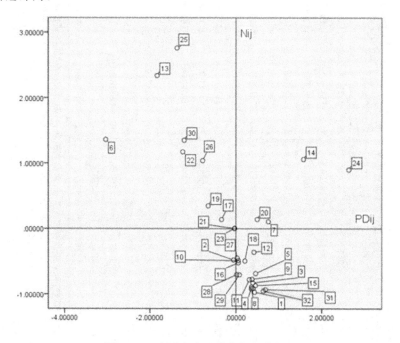

图 2-2-1　宁波市产业优势部门分析图

图 2-2-2 中第一象限产业部门具有良好产业基础,其产业结构优势与竞争优势明显,并且结构优势和竞争力优势对产业总量增长的贡献较大。位于第三象限的产业部门属于产业基础差,缺乏结构优势和竞争力优势的劣势产业部门,并且多为在行业中竞争力最差的部门。位于第二、第四象限的产业部门,有的产业基础较好,具有结构优势却不具有竞争力优势,在行业中的地位正处于下降期;有的产业竞争力优势发展迅速,但基础较差不具有结构优势,缺乏持续发展的基础。与位于

第一象限的优势产业部门相比,位于此象限的产业部门为一般性产业部门。宁波市有 14 个产业部门位于第一象限,属于较好的产业部门,13 个产业部门位于第二、四象限,为一般性产业部门,5 个产业部门位于第三象限,属于较差产业部门。

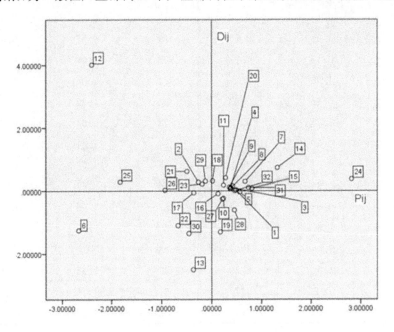

图 2-2-2　宁波市产业部门偏离分量图

(三)宁波市工业主导产业甄别

偏离—份额分析图显示,处于第一象限产业的 N_{ij}、PD_{ij}、P_{ij} 和 D_{ij} 均为正值且数值较大,分别说明该产业同时具有高增长率、总体增长优势显著、产业结构合理的特点,对产业发展贡献大,有很强的竞争力。因此,宁波市未来主导产业应为纺织服装、服饰业、皮革、毛皮、羽毛及其制品和制鞋业,化学原料和化学制品制造业,有色金属冶炼及压延加工业,铁路、船舶、航空航天和其他运输设备制造业等 4 个产业部门。

三、基于区位熵方法甄别宁波市工业主导产业

(一)建立区域熵分析表并绘制区位熵图

利用统计数据计算宁波市工业各行业区位熵,得表 2-2-4,将 Q_1、Q_2 进行标准差标准化,以标准化的 Q_1 为纵轴,标准化的 Q_2 为纵轴,绘制出区位熵分析图 2-2-3。

表 2-2-4 宁波市工业各产业区位熵

产业编号	Q_1	Q_2	产业编号	Q_1	Q_2
1	0.06	0.71	17	1.02	0.58
2	0.17	0.59	18	0.27	0.98
3	0.26	0.58	19	0.57	0.83
4	0.13	0.91	20	1.07	0.97
5	1.38	2.6	21	0.84	0.51
6	0.72	0.69	22	1.22	0.52
7	1.45	0.77	23	0.91	0.63
8	0.07	0.43	24	1.41	0.79
9	0.97	0.7	25	1.77	0.53
10	0.94	1.06	26	0.67	0.68
11	0.83	0.81	27	1.65	0.63
12	1.67	0.79	28	1.18	0.5
13	2.78	3.67	29	1.15	0.66
14	1.34	2.59	30	1.15	3.43
15	0.2	0.76	31	1.26	4.2
16	1.62	1	32	1.17	1.86

（二）宁波市工业主导部门的甄别

图 2-2-3 显示，综合规模和专业化水平分析得宁波市的优势产业有 5 个，分别为烟草制品业，石油加工、炼焦和核燃料加工业，电力、热力生产和供应业，燃气生产和供应业，水的生产和供应业。研究结果并不理想，因为电力、热力生产和供应业，燃气生产和供应业，水的生产和供应业 3 个产业均为基础性服务产业，只为某个城市自身服务，虽对其生产生活的正常运行至关重要，但无法体现城市在区域中承担的劳动分工和地区优势，因而不该被定为主导产业。对照偏离—份额分析结果，本节不采用区位熵分析结果。

四、宁波市工业部门结构特征与态势

以宁波市 2009 年和 2015 年两个时间点的 32 个工业部门为分析对象，并以全国同一时间点的工业部门作为参照，运用偏离—份额分析方法和区位熵方法对宁波市的工业部门进行产业优势分析，甄别出宁波市未来工业主导产业部门，其中区位熵研究结果并不理想不予采纳。偏离—份额分析方法表明纺织服装、服饰业，皮革、毛皮、羽毛及其制品和制鞋业，化学原料和化学制品制造业，有色金属冶炼及压延加工业，铁路、船舶、航空航天和其他运输设备制造业 4 个产业部门最有可能成

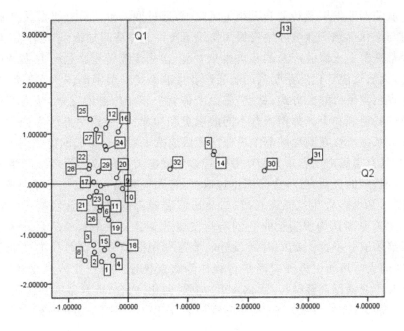

图 2-2-3　区位熵分析宁波市主导产业结果

为宁波市的主导产业。

　　SSM 法无法呈现主导产业与其他产业的关联性、创新性等特性，会导致主导产业的选择发生偏颇。如具备规模优势、成本优势、质量优势、技术优势、环保优势的镇海炼化未能入选宁波市主导产业。

第三节　宁波时尚服装设计业发展基础与提升模式

　　宁波纺织服装产业秉持红帮裁缝优良的"工匠精神"，趁着改革开放的大潮发展壮大。服装产业不仅是宁波城市的重要经济支柱，也是宁波城市产业名片。纺织服装产业既是宁波最具特色的优势产业，也是国民经济和社会发展的民生与支柱产业，无论是经济成分、利税贡献、对外贸易、国际化程度，还是提供就业，其在宁波社会经济发展中都有着举足轻重的地位。宁波服装产业以低层次加工、低附加值产品的加工制造业态为主，存在时尚品牌影响偏小、时尚平台支撑不够、时尚氛围不够浓厚等问题，"十三五""十四五"期间亟待加快纺织服装产业向"时尚产业"

转型。服装产业发展及转型升级相关研究中,通过嵌入价值链升级服装产业①,亦可通过与文化创意产业融合发展提高纺织服装产品经济附加值②③,当然这两种升级路径都需要本土服装产业的集群发展④⑤。这些传统转型路径研究强调产业自身能力,无法适应现代广泛联系的服装产业生态系统。美国经济学家穆尔于1993年首次提出竞争(理念、方式、重点)应由个体竞争转向生态圈竞争,认为商业生态系统中的各组织和个人都担当着不同的职责和功能⑥。中国学界认为产业生态圈指某种或某些产业在某地域范围内业已形成或按规划将会形成的以某主导产业为核心的,具有很强市场竞争力和产业可持续发展能力的地域产业多维网络体系⑦。受"互联网+"的催化,各种生态圈迅速成长,有人将其视为价值链主导经济发展的升级版⑧。服装产业生态圈现有研究,突出服装教育与服装企业脱钩的"生态圈"困境⑨;亦有学者认为服装企业的创新与发展至少需要一个基础平台和多个支撑产业发展的服务平台⑩,趋向时尚设计转型必须把握消费经济时代的产业创意需求,以时尚人才培养引进和时尚平台载体为重点推进时尚产业体系发育⑪。宁波纺织服装产业亟待调整结构、优化业态、加强"两化"融合、提升品牌创新能力,积淀时尚创意能力,才能系统转型,构建时尚服装设计业生态圈是切实有效的手段。

一、研究区、数据源与研究方法

宁波地处东南沿海,是长江三角洲南翼的经济中心,重要的港口城市,宁波作为浙江服装业出口大户,在国际服装业上也具有相当大的影响力。以宁波市时尚服装设计业为研究对象,通过实地考察、访谈、国内外资料分析和文献研究,系统考察时尚服装设计业未来发展战略方向和实施路径,揭示宁波时尚服装设计业发展中的存在问题及成因;综合运用产业生态学的生态圈理论,提出宁波市时尚服装设计业顶层设计的概念和内涵,基于生态圈理念对宁波市时尚服装设计业进行全方

① 冯建敏,张春河.基于价值链理论的我国服装产业升级路径[J].河北理工大学学报(社会科学版),2010,10(5):59-61,65.

② 张晓冬.对我国家纺产业转型升级与文化创意产业融合的思考[J].轻工科技,2015,31(10):89-91.

③ 魏艳秋.产业转型升级背景下绍兴纺织创意产业发展研究[J].产业与科技论坛,2013,12(9):26-27.

④ 丁海军.嘉兴纺织产业转型升级研究[J].嘉兴学院学报,2015,27(2):73-81.

⑤ 李军训,王岳龙,彭苏秦.陕西纺织产业集群建设中资源整合的风险研究[J].科技管理研究,2013,33(6):171-174.

⑥ 詹姆斯·弗·穆尔.竞争的衰亡——商业生态系统时代的领导与战略[M].北京:北京出版社,1999.

⑦ 袁政.产业生态圈理论论纲[J].学术探索,2004(3):36-37.

⑧ 李娟.生态圈竞争[J].纺织科学研究,2015(7):1.

⑨ 茆先云.构建优良的服装"生态圈"——谈校企共赢之路[J].大众文艺,2010(21):193-194.

⑩ 睿彦,赵卫.平台生态圈的未来与分享[J].中国制衣,2014(11):12-17.

⑪ 于虹.宁波服装业向时尚产业转型发展研究[J].宁波经济(三江论坛),2016(12):21-23.

位、深层次和战略性设计。并在此基础上,用系统的思维和方法,对宁波市时尚服装设计业转型升级这个系统工程,从创新要素集聚、创新发生模式、创新机制保障等方面找准切实有效的实施路径。

研究数据以 2016 年末宁波市行政区划为基础,依托宁波市工商企业数据库、新闻及各品牌官网,查询与总结宁波市服装企业具体名录及各企业业务范围、研发设计能力、设计师等数据,并根据历年宁波市纺织服装发展报告进行核实。

二、时尚服装设计产业生态圈内涵、元素及国际经验

(一)时尚服装设计产业生态圈内涵、元素

时装设计产业生态圈是指在产业结构上以时装设计人才为核心,以信息共享平台为支撑,以智能制造为基础,以品牌建设为依托,在监管部门和产业协会的共同治理下形成稳定协调、互联互通、融合共享的产业生态圈(图 2-3-1)。时装设计产业生态圈的元素主要是:一是政(国家政府管理)。由政府牵头推动开放创新平台搭建并出台相关政策来推动一体化发展,在强有力的政策保证下,促使产学研合作围绕应用转化和创新价值实现得到快速发展。二是用(用户)。知识社会以及创新民主化的进程使得生活、工作在社会中的用户、大众成为创新的主体,传统意义的实验室的边界以及创新活动的边界也随之"融化"。知识社会的创新 2.0 重新定义了创新中用户的角色、应用的价值、协同的内涵和大众的力量。以生产者为中心的创新模式正在向以用户为中心的创新模式转变,以用户为中心、社会为舞台的面向知识社会、以人为本的创新 2.0 模式正逐步显现,用户创新成为科技创新活动的重要战场。三是产(企业的市场经济)。在市场经济的前提下,企业寻找更加适合

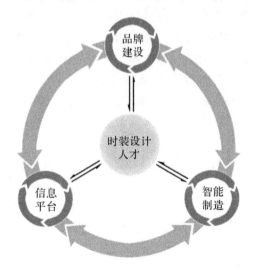

图 2-3-1　时装设计产业生态圈结构图

企业发展的合作方式,以科研机构、高校的人才、研究成果输出作为企业发展的原动力。同时也为高校、研究机构提供研究和人才开发的利用资源。四是学(高校人才的培养计划)。高校的人才培养能更加适应企业的需求,以高素质的专业人才来满足对行业内的转型需求。在人才产出的同时引进社会专业人才对高校的人才库进行充实。五是研(科研机构的科学技术研究)。借助社会企业的良好平台及资源,科研机构在技术开发的同时完成对研究方向的规划,以单纯的技术型研究机构转型成技术、方向性兼顾的研究机构,同时研究成果将推动企业以及行业的整体发展。

(二)全球典型城市时装设计业生态圈发展的经验

梳理巴黎、米兰、伦敦、纽约、东京等具有国际代表性的国际时装中心发展历程,发现它们在构建生态圈过程中非常注重设计师、产业品牌、多主体协同创新(图 2-3-2)。

第一,提升时装设计师的品牌影响力。设计师不仅是时尚行业中的导向性因素,也是服装品牌最核心的资产,首席设计师对品牌有无可比拟的影响力,设计师的个性化创意较大程度上决定着品牌的走向与商业化导向。全球耳熟能详的国外一线品牌,其首席设计师对品牌具有无可比拟的影响力,他们自身的个性创意决定着品牌的走向,以及商业化前景。如风靡全球的意大利品牌 Gucci,原本是个缺乏创新的意大利老牌子,但 Tom Ford 这位出色的时装设计师、形象师的鬼斧神工,终令 Gucci 起死回生,成为国际一线品牌。Gianni Versace 创立时尚潮流品牌范思哲,在法国取得了巨大成功,使得意大利时尚服装业大举进军法国。

第二,推动产业模式的转型升级。一方面,时装产业是一种技术含量高、创意密集的都市型产业,需要文化和经济的协力支撑;另一方面,时装产业是世界潮流的风向标,对服装市场敏感度要求较高。因此,接轨全球时装发展道路,推动业态模式创新,有赖于时装产业链向高端化与国际化转型升级。服装产业链是一种高创意含量、劳动密集型的都市型产业,需要文化和经济的共同支持,同时与消费者密切相关,市场敏感度高。由此,以服装产业链反应系统为工具,趋避全球市场风险,提高收益,日益专注设计环节的周期及其市场价值份额,成为服装产业新的动力。

第三,促进合作主体的协同创新。协同创新是企业、政府、知识生产机构(大学、院所)、中介和用户等为了实现重大科技创新而开展的、以知识增值为核心的、大跨度整合的创新组织模式。协同创新的关键是形成以大学/院所、企业为核心要素,以政府、金融机构、中介、非营利性组织等为辅助要素的多元主体互动的网络创新模式。如美国"硅谷"的成功在很大程度上归功于其将创新型企业、研究型大学/研究机构、行业协会、服务型企业等紧密联系在一起,演化出扁平化、自治型的"协同创新网络"。协同创新已是全球产业创新活动的主流趋势,成为整合创新资源、提高创新效率的有效途径。全球知名时尚城市的时尚服装产业创新组织和发展历程,均将企业自主创意设计、知名设计师、时尚展览、专业院所的协同创新作为产学研合作推动重点。其中,知识产权和公益性草根市集创意深度合作并不是自动自发的,因为各主体的利益诉求和出发点都不一样。因此,深度探索协同创新的驱动机理,有利于促进官、产、学、研的深度合作,形成多方共赢的格局,实现可持续的协同创新发展。

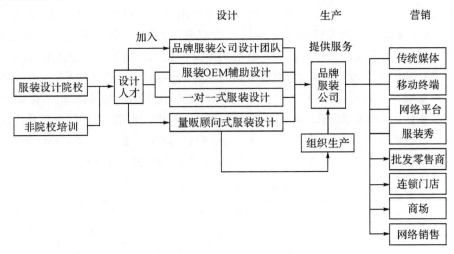

图 2-3-2　西方国家时装设计产业链

三、宁波构建时尚服装设计业生态圈基础评估

宁波时尚服装设计以男装起家,男装综合实力在全国同类城市一直名列榜首。近 20 年来,宁波女装品牌经营的理念越来越强,知名品牌不断涌现。宁波先后培育了几十个具有较高知名度的女装品牌和具有一定规模及竞争力的女装生产企业。其中,太平鸟、斐戈、德·玛纳、旦可韵、麦中林、花时美等品牌发展,显示出宁波服装业"巾帼不让须眉"的气势。与此同时,宁波的童装品牌纷纷崛起。知名童装品牌有杉杉、爱法贝、小虎·帕蒂、MQD、辛巴娜娜、偶飞、春芽子、巴比乐乐、一休等,已注册的宁波童装品牌超过一百个。目前,宁波服装已完全形成多元化、系列化格局,休闲装、时装、牛仔、内衣全面开花。女装、童装与男装共舞,倍添宁波服装绚烂之色。

(一)宁波构建时尚服装设计业生态圈的"红帮"企业基础

20 世纪 70—80 年代是中国服装业的初创期,也是宁波服装业的初兴期,中国服装业形成了以上海为中心的江浙产业带,以香港为龙头的珠三角产业带,以大连为中心的北方产业带,以及以北京为中心的首都地区产业带。宁波是红帮裁缝的发祥地,具有深厚的服饰文化底蕴。为上海服装企业加工是宁波服装业走出的第一步,之后发展为外国企业贴牌加工。该过程中,红帮裁缝为宁波服装企业提供了技术支撑和中介服务,一大批"星期天"裁缝师的技术指导,使得宁波服装企业的生产技术得到了迅速提升,也奠定了宁波服装产业做大做强的基础。红帮人才回乡,极大地带动了宁波服装企业的发展。改革开放之初,老一辈的"红帮"传人落叶归根,使得宁波红帮服装得到继承。如奉化江口镇吸引人才重塑服装产业的优势,启用董龙清、陆成法等顶级"红帮"名家,罗蒙服装厂在此背景上诞生并发展壮大;江六村史利英开办江六村化纤劳保厂,聘请陆成法出任技术顾问,成就了培罗成服装厂,成为宁波服装产业集群的亮点。这一批"红帮"大师回归不仅缔造了宁波服装企业,也诱发了宁波服装产业群集。政府为了支持服装产业的进一步发展,提高宁波服装产业的知名度,将"红帮"服装推向全国、全世界,从1997年开始每年举办宁波国际服装节。经过20多年的发展,男装和职业装在国内继续保持优势,休闲装、女装和童装在不断扩大;多元化、系列化格局形成,休闲装、时装、牛仔等全面开花;行业性品牌居浙江之首,名牌覆盖全行业;"电商换市"风生水起,太平鸟、GXG等龙头企业电商业务领跑全国,服装产业已经成为宁波重要的经济社会支柱(表2-3-1)。

表 2-3-1　宁波典型服装企业

企业名称	企业性质	营业收入/万元	主业	区域
罗蒙集团股份有限公司	民营	798660	服装	奉化
太平鸟集团有限公司	民营	1690096	服装	海曙
宁波狮丹努集团有限公司	民营	486372	服装	
宁波萌恒服装辅料有限公司	民营	284424	服装	江北
浙江佳利投资集团有限公司	民营	184241	服装	象山
雅戈尔集团股份有限公司	民营	6236444	服装	鄞州
杉杉控股有限公司	民营	3602365	服装	
浙江中哲控股集团有限公司	民营	323966	服装	
宁波培罗成集团有限公司	民营	183588	服装	

数据来源:中国宁波网《2008年宁波百强企业名单》

(二)宁波构建时尚服装设计业生态圈的品牌与创意人才基础

2005年以来,宁波时装品牌影响力逐步上升,已基本形成多元化、系列化格局(表2-3-2),除了一直名列全国同类城市榜首的男装,宁波女装也在近20年涌现了几十个知名品牌,2010年后童装也强势崛起,晋升主流时装品牌。宁波服装业发展经历了"来样加工—模仿设计—创意时尚"的三个重点阶段,产业链重心不断后移,行业附加值大幅提升,服装业从生产型向设计型转变的迹象初显(表2-3-3)。在高端人才和企业资源方面,宁波占有一定数量的知名时装企业,具有一定实力的高端时装设计人才,且在国内时装设计界中有重要影响力(表2-3-4)。

表 2-3-2　宁波市典型时装品牌及风格

品类	传统品牌	风格	新晋品牌	风格
男装	罗蒙	沉稳、正式	GXG	自由、随意
女装	斐戈	优雅、大气	乐町	个性、魔幻
童装	一休	贴身、简洁	太平鸟	时尚、活泼

表 2-3-3　宁波时装品牌阶段特征

阶段重心	阶段特征
来样加工为主	服装企业发展初始阶段，尚无品牌概念
模仿设计为主	品牌特性基于产品属性和生产工艺，时尚度不足
创意时尚为主	设计师品牌一般以设计师命名，或带有浓重的设计师特点，通常会在时装周展示品牌内涵和形象，发布流行趋势

表 2-3-4　宁波时装典型设计人才和设计大师

设计大师	隶属（曾隶属）	设计人才	隶属（曾隶属）
武学凯	杉杉集团	张宏	雅戈尔集团
张肇达	杉杉集团	徐颖	太平鸟风尚男装有限公司
刘洋	雅戈尔集团	王冻洋	宁波乐町时尚服饰有限公司
		邬松铭	宁波合和杰斯卡服饰有限公司
		冯越芳	宁波纺织服装职业技术学院
		胡瑾	宁波麦中林服饰工贸有限公司
		屠冰	宁波思硕动向服饰有限公司
		王广义	宁波雅戈尔服饰有限公司
		杨建民	宁波百慕品牌管理有限公司

（三）宁波构建时尚服装设计业生态圈的关键瓶颈

综合诊断宁波时尚服装设计业生态构建的企业、品牌、创意人才基础，发现宁波时尚服装设计业存在三大瓶颈。

一是时装设计人才瓶颈。长期以来，纺织服装被视为劳动密集型产业，新材料新技术的涌现更大程度上满足了不同领域人群的服装需求，但宁波时装设计产业对市场发展方向把握不足，该领域内设计人才的成长明显落后于制造技术的发展。企业缺乏创意设计人才、科技人才、成果产业化人才、高级技工等，行业缺少人才激励机制和人才评价标准，其中时装设计师需求量大、忠诚度低，设计人才缺乏成为制约宁波时装设计产业发展的最大障碍之一。

二是信息共享平台的掣肘。宁波已有和丰创意广场、228 创意园、创新 128 等时尚创新设计载体,但其吸引力和辐射力不足,难以发挥平台的集群优势。同时,企业与院校、企业与企业之间信息相互独立,市场信息不畅通,各纺织服装企业更专注于自身的加工环节和产品品质,缺少新装备、新技术、新工艺和新产品等时尚前沿信息的沟通渠道,未形成互惠共生、资源共享和网络化协同的交流平台和共享机制。

三是本土品牌创新力不足。从宁波时装产业发展情况看,市场同构现象明显,男装品类单一,来样仿制多,原创能力弱,高附加值产品少。然而消费者的服装需求越来越倾向于个性化,但宁波时装设计产业的创新投入不足,跟风现象严重,缺乏对本土文化内涵的挖掘和重构,难以形成具有宁波特色的时装产业文化,也难以建立本土品牌的用户忠诚度,市场竞争力匮乏。

四、培育宁波时尚服装设计业生态圈的模式与路径

(一)宁波时尚服装设计业生态圈的培育模式

宁波应当全面贯彻《浙江时尚产业发展规划纲要(2014—2020年)》,立足服装产业集群优势,以创建"中国制造2025"试点示范城市为契机,加速服装加工制造业与时尚创意产业协同发展,着力提升时尚服装设计创新能力,形成服装产业的新业态,为宁波产业经济持续健康发展注入新活力。即以创建中国一流时尚服装设计之都和国际时尚原创中心为目标,着力提升设计创新能力、价值嵌入能力、智慧制造能力、时尚品牌衍生能力,构建四位一体的时尚服装设计业生态圈成长模式。

(1)着力提升设计创新能力,由服装制造向服装创意设计发展。按照"企业主体、政府引导、统筹推进、全程评价、动态管理"的要求,建设一批时尚产业省级重点企业设计院;整合市域企业设计力量,构筑网络互动高端设计平台,形成设计核心竞争力。着力推进时尚产业与国际接轨,鼓励时尚企业加强与国际时尚品牌的交流合作,支持领军企业到国际时尚城市设立设计中心;收购兼并国外有潜力的时尚设计企业,创造条件吸引国外设计机构落户宁波。

(2)嵌入国际服装设计价值链的上游环节实现宁波服装转型升级。积极嵌入全球价值链的海外高端企业及其品牌,在贴牌生产、委托加工过程中利用价值链治理产生的信息流动、知识溢出和动态学习效应,提高宁波服装企业的自主设计能力。同时,鼓励服装生产企业提升销售研发、设计和咨询服务业务的份额,为第三方提供相关的研发设计和创意咨询服务。

(3)着力加快时尚产业智慧制造,由重资产模式向轻资产模式发展。引导鼓励企业积极运用大数据、云计算、物联网及移动互联网等新一代信息技术改造企业研发、设计、生产、管理、营销等各个环节,促进管理方式创新、工艺装备提升、产品质量改进以及生产效率提高。通过开展时尚企业"两化"融合示范试点,实现"机器换人"、网络销售对规模以上企业的全覆盖,实现网络(绿色)制造方式对有污染企业

的全覆盖。

（4）着力培育重点时尚品牌，由服装的贴牌生产向品牌运营发展。鼓励企业制定品牌发展战略，形成具有自主知识产权的知名品牌，创建具有国际影响力的世界级品牌。鼓励有实力的企业收购国际知名品牌，支持国内品牌在境外注册商标。力争形成一批能够体现宁波市时尚产业综合竞争力，创新能力强且具有明显竞争优势的时尚品牌。以品牌优势为切入点，不断融入科技和文化含量，通过开拓国际、国内市场，建立国内外品牌合作网络，从而提升服装产业附加值。

（二）宁波时尚服装设计业生态圈的建设路径

为进一步推动宁波时装设计产业转型升级，宁波在时装设计领域以完善人才服务体系为核心，探索建立信息共享平台，培育智能制造模式，营造品牌氛围，从而构建一个稳定协调、互联互通、融合共享的时装设计产业生态圈，助推宁波纺织服装向信息化、高端化、柔性化、时尚化方向发展。

1. 构建与时装设计产业相适应的人才服务体系

一是优化时尚载体，配套服务机构。以和丰创意广场为载体，搭建一个以"设计师品牌"为主体，集时尚设计、技术研发、定制制造、展示交易于一体的时装人才和产品孵化中心。以宁波市大学科技园、创意1956产业园、新芝路8号创意园、211创意空间等创新创业园区为依托，支持高水平设计师成立时装工作室、品牌工作室等时装设计节点，集聚科技咨询、天使投资、财务服务、法律咨询、技术交易等与时装设计相关的服务行业，融合国际时尚元素和宁波特色，吸引企业、高校和研究机构参与，构建功能完善、服务配套、设计师集聚的人才服务网络。二是完善人才培养机制，提升核心竞争力。以时装专技人才和创新设计人才为重点，依托"千人计划"，实施专业技术知识更新工程、卓越设计师培训计划、高层次人才引进计划，强化职业教育和技能培训，依托宁波大学、浙江纺织服装职业技术学院等在甬高校和雅戈尔、罗蒙、杉杉、太平鸟、GXG等宁波知名服装企业，共建教师专业技能示范培训基地、现代学徒制试点示范基地、时装设计产业战略研究中心。继续实施国际合作战略，支持和鼓励专业人才到国外学习培训，探索建立国际时装培训基地，为时装设计师提供时尚资讯分享、职业技能指导、实战模拟训练等专业培训课程，全面提升宁波时装行业核心竞争力。

2. 搭建与时装设计产业相适应的信息共享平台

一是搭建线上信息平台，同步时尚资讯。鼓励和支持宁波服装龙头企业或时装创意创业团队建立时尚资讯平台，收集发布时尚服装设计、生产、营销的行业信息，如全球服装款式、面料、配饰等流行资讯和技术研发信息等。运用客户众筹设计云集成、品牌快速设计在线集成和各式设计网络论坛抓取集成等技术，构建宁波时装产业网络化、信息化设计平台，深度挖掘和分析应用平台相关信息，实现品牌商、设计师与消费者的信息同步共享。二是强化线下交流合作，实现资源共享。借助宁波港口地域优势、跨境电子商务和外贸优势,加强与上海、深圳、成都、香港等国内城市及东京、釜山、巴黎、佛罗伦萨等国外时尚都市的交流合作,组织时装领域企业及设计师实地考察学习,参与论坛、学术研讨会等,推进国内外创意设计人才互动、品牌文化展示交流、时尚信息资源共享。

3. 培育与时装设计产业相适应的智能制造模式

为满足消费者对时装市场的多元化需求,时装设计产业发展方向从大批量、低成本向大小批量按需切换的柔性智能生产方式转变。以构建"中国制造 2025"试点示范城市,主攻发展智能经济为契机,重点围绕服装面料研发、创意设计、款式动态模拟、服装个性定制等关键环节,探索建立基于网络的面向客户、信息互通、协同设计、柔性生产的智能制造模式。支持有实力的传统优势服装企业构建柔性生产链和供应链平台,推动企业间研发设计、客户管理、生产营销服务等信息的横向集成,促进产品数据库开放共享。鼓励服装企业使用三维虚拟服装设计、虚拟现实体验技术、3D 数字体感系统等新技术,助推"分包""众筹"等新型创意设计组织方式,实现工厂与设计师、设计师与客户、工厂与终端客户的全网对接,大幅压缩设计师修剪、调整、编辑过程中重复打样的物料和时间,充分激发时装设计师创新活力,促进宁波纺织服装业整体向时尚经济转型升级。

4. 营造与时装设计产业相适应的品牌建设氛围

一是培育时装品牌,塑造品牌优势。大力实施品牌战略,在宁波市针织服装、休闲服装、快时尚服装和男装等优势门类中继续扶植一批具有行业影响力和国际竞争力的龙头企业和时尚品牌,并重点培育一批自主时装品牌,重点打造一批设计师品牌和服装高级定制品牌。鼓励有实力的企业收购国际知名品牌,支持国内品牌在境外注册商标,通过开拓国际、国内市场,建立国内外品牌合作网络,从而提升服装产业附加值,提高宁波市时装产业的品牌竞争力。二是举办时装节事,推广时尚品牌。结合宁波创建时尚名城,继续办好宁波国际服装节、服博会等大型展会,并以举办"时装周"为契机,积极推介宁波时尚品牌,举办国际时尚产业博览会、国际知名品牌推介会、流行趋势发布会、设计师品牌时装秀、时装设计作品大赛等时尚活动。同时,强化媒体对时装企业、时装设计师和品牌活动的宣传力度,尤其利用移动网络等新媒体开展时装人物、时装企业、时装产品相关话题讨论,定期举办时装品牌网络评选活动,加大自主创新品牌参与力度,扩大品牌知名度,进一步增强我市时装品牌的国内辐射力和国际影响力。

第四节　宁波市文化创意产业园分布与形成模式优化

文化创意产业的群集发展形成了文化创意产业园,集聚一定数量文化创意企业且能形成产业联系、配套有特定创意孵化平台,且能够提供市场需要的文化创意商品的集聚形态①。文化创意产业园是文化创意产业的空间集聚,一般兼具创意研发与孵化、贸易、管理、娱乐等多种功能②。国内外尚无统一文化创意产业园的概念,基本含义是一系列与文化、创意有联系的企业在某一地点集聚,进而形成企业间生产网络并具有鲜明文化商品的设计、交易、管理等人脑文化创意力及其孵化企业组织的群集功能区。按形成方式和核心竞争力等因素对其分类,主要包括艺术联姻商业型、政府引导核心型、文化底蕴助推创意区型、产业链核心型和科技核心型③。国内文化创意产业发展起步晚,按照形成原动力论文化创意产业园模式主要有艺术家导向型、政策导向型、开发商导向型(表 2-4-1),这三种类型文化创意产业园生成模式划分要求并不严格,在一定条件下三类型间可能会发生相互转换或彼此融合。不论是艺术家集聚形成的文化创意园还是开发商主导建设文化创意产业园,形成过程中都会存在政府的参与,市场和政府互动为文化创意产业园的良性发展创造了有利条件。

表 2-4-1 国内文化创意产业园形成模式

模式	特征	代表园区
艺术家导向型	①艺术家自发聚集形成 ②管理者为政府和开发商,并且政府对其发展制定规划引导	成都蓝顶艺术中心、北京 798 艺术区、上海田子坊、上海 M50
政策导向型	①政府制定规划并建设或政府通过注资推动并且管理 ②区位独特,政策扶持力度高,园区发展方向约束大	张江文化创意产业基地、中国(怀柔)影视基地、和丰创意广场、西湖创意谷、良渚创意基地、白马湖创意生态城、北京的 DRC
开发商导向型	①开发商投资建设 ②资本雄厚的企业进行统一规划、管理 ③注重效率,企业操作灵活适用范围广	上海 8 号桥、南京 1912 街区、杭州乐富·智汇园、上海同乐坊

资料来源:作者整理

城市文化创意产业园分布受多重因素影响,如 O'Connor 认为城市某些特定地点对创意产业有吸引力④;创意阶层趋向具有经济文化底蕴的城市,创意阶层空

① 马仁锋,沈玉芳.中国创意产业区理论研究的进展与问题[J].世界地理研究,2010,19(2):91-101.

② 马仁锋,梁贤军.西方文化创意产业认知研究[J].天府新论,2014(4):58-64.

③ FOORD J. Strategies for creative industries: an international review [J]. Creative Industries Journal,2009,1(2):91-113.

④ O'CONNOR J, GU X. Developing a Creative Cluster in a Postindustrial City: CIDS and Manchester[J]. The Information Society, 2010,26(2):124-136.

间群集影响创意园区分布①;宁波文化创意产业初现显著集聚趋势,且具有集聚区位偏爱商务中心或创意源发生地的独特性②;浙江文化创意产业园具有旧址改造、政府主导、学园合作、市场主导四类典型发展模式③,港口地区文化资源转化为创意产业园适宜条件是由创意、资本、管理等要素结网生成创意场域④。当然,浙江文化创意产业研究刚起步,文化创意产业园市域分布多受创意产业政策、创意人才、中介机构、地点文化创意氛围影响⑤。相关研究尚未刻画宁波文化创意产业园的分布特征与形成模式,揭示中国沿海二线城市文化创意产业园分布影响因素,因此本节以宁波市域文化创意产业园为研究对象,利用地理信息空间分析与多元回归模型诠释宁波文化创意产业园分布及其影响因素,以期为市域文化创意产业创新发展提供优化策略。

一、研究区、数据源及研究方法

研究范围是宁波市域行政范围,含中心城6区与余姚市、慈溪市、象山县及宁海县业已建成及在建的文化创意产业园,通过整理宁波市文化创意产业发展规划和宁波市政府网站[10]采集宁波全域的文化创意产业园相关资料,利用百度POI确定各文化创意产业园的地址,进而搜集相关文化创意产业园主要业态、形成因素等。运用ArcGIS10.2进行空间分析揭示文化创意产业园空间分布特征,进行分布成因定性分析;同时运用SPSS19.0多元回归分析法定量识别宁波文化创意产业园分布影响因素,形成定性定量综合分析宁波市文化创意产业园分布规律。

二、宁波文化创意产业园空间特征

(一)宁波文化创意产业园的分布特征

宁波市拥有"书藏古今,港通天下"之誉,是国家历史文化名城,也是长三角南部重要的港口城市。与其他城市相比,宁波文化创意产业园建设起步晚,直到2008年宁波市第一家市级创意产业园"新芝8号"才建成。截至2016年12月,宁波市建成或在建有54个文化创意产业园(表2-4-2),产业园建设迅速。

---

① 周国强.中国创意阶层空间集聚演化分析[C].浙江省地理学会:2015年浙江省地理学会学术年会会议论文摘要集.宁波大学,2015.
② 梁贤军,周国强,马仁锋.城市文化创意产业的空间组织研究:以宁波市为实证[J].宁波大学学报(理工版),2015,28(2):75-79.
③ 王益澄,杨阳,马仁锋,等.浙江省文化创意产业发展模式反思:基于文化创意产业园的审视[J].宁波大学学报(人文科学版),2016,29(4):125-132.
④ 马仁锋,任丽燕,庄佩君,等.基于文化资源的沿海港口地区创意产业发展研究[J].世界地理研究,2013,22(4):100-108.
⑤ 马仁锋,周国强.浙江文化创意产业研究热点与展望[J].浙江艺术职业学院学报,2016,14(2):103-110.

表 2-4-2　宁波市文化创意产业园

地区	数/个	代表性产业园
鄞州区	18	长丰滨江文化街区、天马文化创意集聚区、富田新都心文化创意集聚区、创新 128 园、和丰创意广场、东外滩
余姚市	8	市科技创业中心、文山创意广场、阳明 188 创意园
江北区	7	宁波市国家大学科技园、老外滩、财富创意港
海曙区	6	城隍庙、月湖历史文化街区、秀水街历史文化街区、新芝 8 号
镇海区	5	宁波大学科技园文化创意产业园、蛟川世贸广场、九龙艺术村
象山县	3	石浦科技园、浙江广电象山影视基地
慈溪市	3	民间博物馆聚集区、上林湖青瓷文化传承园
宁海县	2	宁海大观文化园
北仑区	2	科技创业园
奉化区	1	溪口文化旅游产业园

宁波各县(市、区)都建有文化创意产业园,但是各地文化创意产业园分布不均匀,鄞州区拥有 18 个,奉化区只有 1 个。当然,宁波市文化创意产业园总体处于起步阶段,与长三角主要城市相比存在较大差距,集中表现在管理、规模、文化底蕴挖掘不足等。运用 ArcGIS10.2 将宁波文化创意产业园位置与宁波市道路网、高校分布进行叠加分析,得到全市文化创意产业园与交通线、与高校等叠合关系[①]:①集聚于宁波市中心城区,该片区经济基础好,为文化创意产业园发展提供便利交通、众多人才、丰富的文化遗址等优势,以及政府为更新中心城区的产业扶持政策,使得三江口片区文化创意产业园呈现强劲的发展势头。②余姚、慈溪的县城街区呈集聚态,该县城街区文化创意产业发展基础条件较好,集聚了一定的创意人才与新型企业及深厚文化资源。③其他县城镇建成区文化创意产业园零散分布,主要受制于地方人才匮乏和交通连接性差。总体而言,宁波市域鄞州区、海曙区等地文化创意产业园发展较好,群集于宁波市中心城区,主因在于宁波市中心城区拥有着众多工业遗址,多数文化创意产业园依托工业厂房创意利用而发展,旧工业厂房租金较低且拥有丰厚的历史文化积淀有利于初创阶段文化创意企业的群集。

(二)宁波市文化创意产业园分布影响因素

1. 影响因素阐释

理解宁波文化创意产业园集中分布在中心城区,应结合相关论断重点阐释交通条件、经济基础、政府政策、地方文化氛围、高校人才对宁波市文化创意产业园分

---

① 张悦,马仁锋.宁波市文化创意产业园分布影响因子甄别与形成模式优化[J].浙江万里学院学报, 2018,31(5):8-13.

布影响。(1)交通路网影响,宁波文化创意产业园大多分布在交通路网密集的区域,便于各行各业、各地区的人才进行交流与头脑风暴,交通因素对文化创意产业园分布具有一定的影响权重。(2)经济基础影响,根据宁波市各县(市、区)GDP 指标数据(表 2-4-3)可知鄞州、慈溪、北仑位列前三,符合文化商品创造与市场需求的经济发展阶段。当然北仑、镇海区受化工业企业主导,因此集聚文化创意产业园发展的相关条件较为欠缺。可见,地方经济收入与文化创意产业发展有一定关系,只有财政收入提高,改变人民消费结构,才能提升地方文化消费水平与创作潜力。(3)政府文化创意产业扶持政策差异的影响。2008 年以来宁波市开始实施文化创意产业发展规划,在"1235"工程明确了全市需要重点投资的重大文化项目,包括建设重点文化集聚区、品牌、项目等。与此同时,宁波市各县(市、区)快速推出了本地文化创意产业发展扶持政策,使得各地文化创意产业园生成的政策厚度存在显著差异。①鄞州区推出专款专用的资金体系、灵活多样的金融孵化机制、土地政策、人才支撑与项目招商的完备服务体系;②海曙区建立和完善区文化创意产业中长期发展规划,提供税收与用地优惠政策,扶持文化产业项目等;③镇海区加大招商引资力度,优化推动文化创意企业趋向园区,加强文化创意人才引进,提升属地服务水平。(4)地方文化氛围影响。宁波市 80% 的文化遗址与省级及以上文保单位集聚在中心城区三江口片区、慈溪上林湖片区、余姚中心城区(表 2-4-4),此外鄞州中心城区聚集着市级各类新型服务型企业,催化了文化创意企业集聚的现代文化氛围。地区的文化创意产业增长效益不同,除与经济条件相关之外,还与本地文化氛围有着密不可分的联系。当然,文化创意产业园发展促进了地方旅游新业态,促进创意商品市场影响力,如慈溪市上林湖青瓷文化传承园源于上林湖越窑遗址的文化创意商品孵化,又形成现代旅游景区,促进了青瓷文化创意衍生品的快速发展。(5)高校人才集聚的影响。宁波市拥有宁波大学、宁波工程学院、浙江万里学院、宁波大红鹰学院、宁波诺丁汉大学、中科院宁波材料所等院所,一直为宁波提供高素质创意人才。高校主要聚集在鄞州、江北与镇海毗连区,相关院校毕业生便在学校周边大学科技园或租用商业办公室创业,成为宁波市文化创意产业的主力军。同时,海曙区作为老城区与生产性服务业集聚区也是高校毕业生趋向创业重点地区,该三区的文化创意产业园发展水平也相对较好,人才数量密度对文化创意企业集聚有着显著影响。

表 2-4-3 宁波各县(市、区)2016 年 GDP 总量及人均可支配收入排序

县(市、区)	GDP 总量/亿元	人均可支配收入/元
鄞州	1358.8	54199
慈溪	1276.2	50828
北仑	1218.0	50623

县(市)区	GDP 总量/亿元	人均可支配收入/元
余姚	904.8	48831
镇海	821.1	48231
海曙	1044.8	49875
奉化	494.1	45371
宁海	486.7	47702
象山	444.2	46836
江北	383.9	43128

资料来源：宁波市统计年鉴 2017

表 2-4-4　宁波各县(市、区)全国重点文物保护单位统计表

地区	全国重点文物保护单位
鄞州区	庙沟后、横省石牌坊、天童寺、阿育王寺、大运河(宁波部分)、庆安会馆
江北区	保国寺、慈城古建筑群、江北天主教堂、大运河(宁波部分)
海曙区	天一阁、它山堰、宁波天宁寺、永丰库遗址、浙东学派史迹(白云庄及黄宗羲、万斯同、全祖望墓)、钱业会馆、林宅、大运河(宁波部分)
镇海区	镇海口海防遗址、浙东沿海灯塔
北仑区	镇海口海防遗址
余姚市	河姆渡遗址、浙东学派史迹(白云庄及黄宗羲、万斯同、全祖望墓)、王守仁故居、浙东抗日根据地旧址、田螺山遗址、鲻山遗址、大运河(宁波部分)
慈溪市	上林湖越窑遗址、龙山虞氏旧宅建筑群、浙东抗日根据地旧址、锦堂学校旧址
奉化市	蒋氏故居
象山县	塔山遗址、花岙兵营遗址、浙东沿海灯塔
宁海县	宁海古戏台

资料来源：宁波文化遗产保护网. http://www.nbwb.net/

2. 影响因素的多元回归甄别

根据前述交通、经济、文化氛围、政府政策、高校人才五个因素对宁波市文化创意产业园分布影响的定性阐释，结合数据的典型性和可获得性遴选：科学技术支出和教育支出反映地方政府政策作用，人均 GDP 和城镇居民人均可支配收入衡量地方的经济，公路里程反映地方交通密度，专利申请授权量反映地方人才数量密度，文保单位数量表征地方文化氛围状况(表 2-4-5)。以宁波各地文化创意产业园数量为因变量 Y，各影响因素为自变量 X，运用 SPSS 19.0 多元模拟得表 2-4-6、表 2-4-7 和表 2-4-8，可以得到宁波市文化创意产业园分布影响因素的回归方程：

$$Y = 45.337 - 3.629 \times 10^{-6} X_1 - 2.367 \times 10^{-5} X_3 - 0.001 X_4 - 0.008 X_5 + 0.004 X_6$$

$+0.032X_7$。方程效度 $R^2=0.997$，说明方程总体相关性很高。其中，科学技术支出因素 X_1 对应的系数为 -3.629×10^{-6}，教育支出因素 X_2 对应的系数为 0，人均 GDP 因素 X_3 对应的系数为 -2.367×10^{-5}，城镇居民人均可支配收入因素 X_4 对应的系数为 -0.001，公路里程因素 X_5 对应的系数为 -0.008，专利申请授权量因素 X_6 对应的系数为 0.004，文保单位数量因素 X_7 对应的系数为 0.032。该方程中，文化氛围因素对文化创意产业园的数量 Y 值影响最大，其次是交通路线影响，高校人才影响位居第三，经济实力和政府政策因素影响都比较小。即地方文化氛围因素是影响宁波市文化创意产业园的形成和发展的关键因素，交通以及高校人才因素是次要影响因素，而经济实力与政府政策对文化创意产业园的影响并不显著。

表 2-4-5　宁波市文化创意产业园分布影响因素指标体系

影响因素	选取指标	符号	单位
政府政策	科学技术支出	X_1	万元
	教育支出	X_2	万元
经济实力	人均 GDP	X_3	万元
	城镇居民人均可支配收入	X_4	万元
交通路线	公路里程	X_5	千米
高校人才	专利申请授权量	X_6	个
文化氛围	文保单位数量	X_7	个

表 2-4-6　系数表

模型	非标准化系数		标准化系数	T	显著性
	B	标准错误	Beta		
模型计算常数	45.337	17.306		2.620	0.120
科学技术支出(万元)	$-3.629E-6$	0.000	-0.031	-0.121	0.914
教育支出(万元)	0.000	0.000	-2.196	-3.568	0.070
人均 GDP(户籍)(元)	$-2.367E-5$	0.000	-0.300	-0.913	0.457
城镇居民人均可支配收入(元)	-0.001	0.000	-0.584	-2.420	0.137
公路里程(km)	-0.008	0.004	-1.032	-2.194	0.159
专利申请授权量(个)	0.004	0.001	3.338	3.677	0.067
文保单位数量(个)	0.032	0.007	0.561	4.930	0.039

表 2-4-7　变异数分析

模型	平方和	df	平均值平方	F	显著性
回归	154.788	7	22.113	54.486	0.018[b]
残差	0.812	2	0.406		
统计	155.600	9			

a 为应变数:产业园数量(个);b 为预测值(常数)[%]:文保单位数量(个)

表 2-4-8　模型摘要

模型	R	$\bar{R}^2$	调整后 $\bar{R}^2$	标准偏斜度错误
1	0.997[a]	0.995	0.977	0.637

三、宁波市文化创意产业园的形成模式及其优化途径

宁波文化创意产业园建设起步较晚,形成模式比较单一,定性与定量分析宁波市文化创意产业园生成与分布影响因素表明,宁波市文化创意产业园的形成模式主要有政策导向型和开发商导向型两种,也有个别文化底蕴助推型创意园(表 2-4-9)。未来,应继续推进"一核多点"创意设计园建设,推动和丰创意广场、宁大科技园、数字科技园、"创新 128"、"134 创意谷"等特色工业设计园错位发展;制定创意设计产业专项扶持资金,以无偿资助、贷款贴息和政府购买服务等方式支持创意设计相关产业园发展;制定创意设计人才创新创业扶持政策,设立文化创意产业基金,引导适合创意设计人才创业需求的综合金融服务衍生品。

表 2-4-9　宁波市文化创意产业园形成模式

形成模式(数量)	名称
政策导向型(36)	长丰滨江文化街区、天马文化创意集聚区、宁波古玩城、国家原创动漫游戏产业基地、软件动漫创意园、鄞州区科技孵化产业园、南部商务区创意高地、湾底创意谷、浙江清华长三角研究院宁波科技园区暨浪潮宁波产业基地、东钱湖旅游度假区、宁波市艺术剧院(凤凰剧场)改造项目、和丰创意广场、市科技创业中心、文山创意广场、阳明 188 创意园、浙江"千人计划"余姚产业园、余姚电子商务产业园、余姚广告产业园、阳明古玩城、宁波市国家大学科技园、宁波奥体中心、134 创意谷、宁波电影文化产业园区、宁波大学科技文化创意产业园、清华校友创业新基地、九龙艺术村、爵溪针织服装创意产业园、石浦科技园、浙江广电象山影视基地、民间博物馆聚集区、上林湖青瓷文化传承院、智巢·慈溪文化创意园、宁海大观文化园、数字科技园、科技创业园、溪口文化旅游产业园

续表

形成模式（数量）	名称
开发商导向型园区（12）	梁祝文化产业园、迪趣文化产业园、创新 128 园区、富田新都心文化创意集聚区、东外滩、保利文化艺术城、慈城天工之城、创意 1956 产业园、财富创意港、新芝 8 号、西电产业园、蛟川世贸广场
政府、开发商合作型园区（2）	宁波数字媒体产业园、宁海阳光文化产业园
文化底蕴助推型创意区（5）	老外滩、南塘河历史文化街区、城隍庙、月湖历史文化街区、秀水街历史文化街区

四、宁波市文化创意产业群集特征与态势

运用 ArcGIS10.2 以及 SPSS19.0 对宁波文化创意产业园的分布特征及形成模式进行探讨，定性定量分析得出：（1）宁波市文化创意产业园集聚于中心城区、余姚与慈溪的县城，其他区域呈零散分布。（2）影响宁波市文化创意产业园分布的主要因素是地方文化氛围、交通条件、人才、经济、政府政策，其中地方文化氛围是宁波市文化创意产业园形成和发展的关键因素，交通条件以及人才数量是次要影响因素，而经济基础与政府政策的影响并不显著。（3）宁波市文化创意产业园形成模式主要有政府政策导向型和开发商导向型两种，也有少量文化底蕴助推创意产业园型。它们都亟待需要加强传统文化创意衍生地方文化创意产业链、文化创意人才集聚的支撑和适应型金融产品扶持，才能可持续发展。

宁波市是文化底蕴厚重的江南港口城市，文化创意产业是城市经济的新增长点，未来亟待加强：（1）进一步发掘河姆渡遗址、王守仁故居文化、"宁波帮"文化等浙东文化，形成创意衍生品和地方文化氛围，塑造与"港通天下、书藏古今"城市形象相符的东亚文化之都。（2）宁波作为全国重要制造业基地之一，工业设计产业尚处于起步阶段，亟待以智慧制造为契机完善创意产业链，提升文化创意产业园的内部集聚性和国际连接度，提升全市文化创意产业发展质量。（3）注重文化创意人才培养，为市域产业园可持续发展提供智力保障。

第五节　宁波湾区海洋经济发展差异及其影响因素

湾区是滨海地区特有战略空间，拥有丰富的海洋生物、环境资源和岸线等，形成的产业具有开放型结构、高效资源配置能力、强大集聚外溢功能、国际交往网络

优势。① 国外湾区海洋经济聚焦于渔业配额与生态环境保护、海洋空间规划复杂性及社会经济影响、落后湾区如何整合蓝色经济与湾区可持续战略、生态经济模型模拟渔业资源管制影响等②③④⑤；国内湾区经济概念存在争议，但是注重国外经验与概念借鉴及中小尺度湾区发展战略探究⑥，尚未研判湾区发展路径、联动模式等。为此，以宁波湾区（杭州湾、象山港湾、三门湾）为对象，结合宁波海洋经济发展规划体系，分析宁波湾区海洋经济演化阶段及特征，以期科学认知宁波湾区经济发展质量。

一、湾区海洋经济发展差异分析方法

（一）技术路线构建

参照经济地理学"格局—过程—机理"研究范式，构建湾区海洋经济发展评价逻辑测算宁波湾区海洋经济水平。（1）以宁波湾区海洋经济发展指数构建为基础，采用 ArcGIS、Eviews 软件分析宁波三湾（杭州湾、象山湾、三门湾）海洋经济的时空演化。（2）分析湾区海洋经济演化过程，揭示宁波湾区海洋经济发展格局与阶段。（3）结合宁波湾区经济发展规划体系，遴选宁波湾区海洋经济发展的关键影响因素；量化测算影响因素对宁波湾区海洋经济发展的影响，解析宁波湾区海洋经济发展内在机理。（4）综合湾区历程、影响因素，甄别宁波湾区海洋经济发展阶段。

（二）湾区海洋经济发展评价指标与数据源

海洋经济发展评价指标是测算宁波湾区海洋经济发展指数的前提，综合海洋经济发展评价研究成果⑦⑧⑨，从湾区宏观经济、开发潜力、开发条件、生态环境维度

① 刘艳霞.国内外湾区经济发展研究与启示[J].城市观察，2014(3)：155-163.

② BELLANGER M, MACHER C, MERZEREAUD M, et al. Investigating trade-offs in alternative catch-share systems[J]. Canadian Journal of Fisheries and Aquatic Sciences，2017(12)：445-494.

③ DORRINGTON R, LOMBARD A, BORNMAN T, et al. Working together for our oceans[J]. South African Journal of Science,2018,114(3-4):1-6.

④ SARKER S, BHUYAN M A H, RAHMAN M M, et al. From science to action：Exploring the potentials of Blue Economy for enhancing economic sustainability in Bangladesh[J]. Ocean & Coastal Management，2018，157：180-192.

⑤ TAN Y, JARDINE S L. Considering Economic Efficiency in Ecosystem-Based Management：The Case of Horseshoe Crabs in Delaware Bay[J]. Environmental and Resource Economics，2019，72(2)：511-538.

⑥ 马仁锋.宁波湾区产业创新发展的困境与破解之策[J].宁波经济，2018(4)：24-27.

⑦ 崔木花，侯永轶.区域海洋经济发展综合评价体系构建初探[J].海洋开发与管理,2008,25(6)：58-65.

⑧ 狄乾斌，韩增林.海洋经济可持续发展评价指标体系探讨[J].地域研究与开发,2009,28(3)：117-121.

⑨ 李加林，马仁锋，龚虹波.海岸带综合管控与湾区经济发展研究：宁波案例[M].北京：海洋出版社，2018.

构建海洋经济发展评价指标(表 2-5-1)。以宁波湾区分属县/区为对象[①],划分为四片(杭州湾南岸、象山湾北岸、象山湾南岸、三门湾北岸),共涉及 7 个县区,数据源于余姚、慈溪、北仑、象山、宁海、奉化、鄞州的统计年鉴。

表 2-5-1　湾区海洋经济发展评价体系

影响因素	具体指标
湾区宏观经济	人均生产总值、第一产业增加值、第二产业增加值、工业增加值、第三产业增加值、企业利润总额
湾区开发潜力	固定资产投资额、公路里程、境内高速公路里程、渔业产值、第二三产业从业人员比重、R&D 经费支出
湾区开发条件	工业用电、社会消费品零售额、国内游客旅游收入、水运货运量、公路货运量、实际利用外资
湾区生态环境	水利与环境及公共设施管理业从业人员、城镇生活污水集中处理率、生活垃圾无害化处理率、工业废水排放量、一般工业固体废物综合利用率、政府环保支出

在保证信息最少丢失原则下将原来的指标进行降维处理,简化了复杂的评价体系内容[②],测算原理:$F_i = U_i X$ 和 $F = W_1 F_1 + W_2 F_2 + \cdots + W_i F_i$。其中 F_i 为第 i 主成分,U_i 为第 i 主成分得分系数矩阵,X 为标准化处理后的原始数据矩阵,F 表示为主成分综合得分,W_i 则是各主成分权重。

核密度是估计横截面分布[③],文中表示宁波湾区海洋经济在给定时段发展概率。$X_1, X_2, \cdots, X_n$ 为它的一个独立同分布样本,设 X 密度函数为 $F(x) = F(X_1, X_2, \cdots, X_n)$,则 $F(x)$ 核估计:$\hat{f}_n(X) = 1/nh^p \sum_{i=1}^{n} K[(x - X_i)/h]$,其中 $K(u)$ 为核函数,采用高斯核作为测算参量:$K(u) = 1/\sqrt{2\pi} e^{-0.5t^2}$,$n$ 为距离阈值内包含的样本容量,X 为样本,h 为带宽或者距离阈值,窗宽越大,估计方差越小,密度函数曲线越平滑,但估计偏差越大[④]。

---

① 马仁锋,许继琴,庄佩君.浙江海洋科技能力省际比较及提升路径[J].宁波大学学报(理工版),2014,27(3):108-112.

② 马仁锋,李加林,赵建吉,等.中国海洋产业的结构与布局研究展望[J].地理研究,2013,32(5):902-914.

③ 马仁锋,梁贤军,任丽燕.中国区域海洋经济发展的"理性"与"异化"[J].华东经济管理,2012,26(11):27-31.

④ 石风光.环境视角下的中国省际经济差距来源分析[J].华东经济管理,2016,30(12):53-62.

二、宁波湾区海洋经济发展指数测算与分析

(一)湾区发展梯度化差异显著

采用主成分测算宁波湾区 2005—2018 年海洋经济发展指数(表 2-5-2),并用核密度估算宁波湾区海洋经济发展指数的核密度曲线(图 2-5-1),全面呈现宁波湾区海洋经济演化态势。(1)湾区海洋经济发展指数表明,象山湾南北两岸海洋经济发展差距较大,北仑、鄞州所属的象山湾北岸海洋经济发展指数高于象山、宁海所属的象山湾南岸。杭州湾南岸发展指数增幅明显,三门湾北部、象山湾海洋经济发展较为弱势,潜在发展潜力尚未转化为实际经济发展成效。(2)海洋经济发展指数曲线图呈现历年曲线整体向右偏移且曲线左端起始位置也逐步向右平移,表明宁波湾区经济发展水平逐步提升。海洋经济发展水平分布形态由收敛转为分散,宁波湾区各片海洋经济发展水平差异逐步增大,部分县区发展能力较弱。其中,海洋经济发展指数曲线分布 2007、2009 年所呈现的双峰模式表明宁波湾区海洋经济出现发展水平分化现象,2011 年后平缓分散态势逐步取代双峰模式,但原处于高水平湾区产生了分化,说明宁波湾区海洋经济发展存在多梯度差异特征。

表 2-5-2　宁波湾区海洋经济发展指数

地区	2005	2011	2015	2018
象山	−0.895	−0.345	−0.239	−0.125
宁海	−0.758	−0.229	−0.055	−0.029
北仑	−0.041	0.839	1.393	1.632
鄞州	−0.205	0.566	0.877	0.896
奉化	−0.716	−0.265	−0.176	−0.079
慈溪	−0.408	0.305	0.511	0.631
余姚	−0.352	0.097	0.320	0.452

(二)城市中心—湾区经济关联效应明显

图 2-5-1 呈现分布曲线集中度逐步降低、峰值下降,尖峰形向宽峰形转变的趋势;除 2005 年海洋经济发展指数分布曲线的左端起始数值较低外,其余 5 阶段均有提升。结合湾区各片海洋经济指数可知:(1)宁波湾区海洋经济发展水平稳步提升但是内部差距增大,部分县海洋经济发展能力相对较弱。其中,象山湾北岸海洋经济发展指数较高,其湾区发展条件及宏观经济优势明显,与城市产业经济联系较强,特别是工业企业关联互动发展态势推动了湾区产业链延伸;杭州湾南岸海洋经济发展指数增速较快,与象山湾北岸的差距正逐步缩小。(2)凭借政策及产业基础的提升,海洋经济竞争力提升显著。象山湾南岸及三门湾北岸的海洋经济发展指数增幅相对较小,除传统渔业外海洋加工、海洋现代服务等产业基础未形成,与城

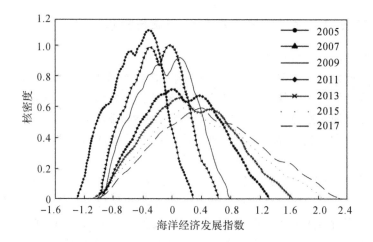

图 2-5-1　宁波湾区海洋经济发展指数变化

市中心产业联系较弱,未形成产业链上下游联系。

(三)湾区政策引导效应明显

分析宁波湾区海洋经济发展指数变化可知各湾区海洋经济对产业政策引导响应度较强:(1)象山湾南岸及三门湾北岸在特色产业培育、湾区生态保护政策引导下,其湾区生态环境建设、开发能力增速明显;(2)杭州湾南岸在现有产业基础上通过园区及基础设施建设方式,增强与城市核心经济关联性,推动湾区海洋经济体系的成形;(3)象山湾北岸与城市核心产业联系性较强,相关政策已从经济培育层面向湾区城市功能区引导层面过渡;(4)宁波市政府推动象山湾北岸的北仑、鄞州、奉化组团融入宁波中心城区建设体系相关政策实施近 20 年,业已形成宁波城市中心南向湾区拓展的增长极。

三、战略导控宁波湾区海洋经济发展解析

(一)湾区海洋经济差异的影响因素

各级规划对湾区发展侧重诱发宁波湾区海洋产业发展方向与增速的差异,海洋产业基础培育、湾区环保力度、海洋产业核心技术等的差异主导湾区海洋经济发展差异,为此选取全社会固定资产投资、政府环保支出、R&D 费用支出作为量化指标,继而采用核密度甄别影响因素对宁波湾区海洋经济发展的影响。

1. 海洋产业基础培育

分析宁波湾区海洋产业基础投资分布曲线(图 2-5-2),发现曲线总体呈现出峰值先升后降态势,反映了湾区基础设施投资方式表现出均衡开发模式向重点对象针对性开发模式转变的现象。(1)2005 年各湾区发展水平普遍较低,海洋经济概念尚未形成共识,湾区建设主要依托所属县/区的规划进行投入,各湾区获得发展

投资额差异相对较小；发展差距核心原因在于地方产业基础及市域产业布局要求，北仑作为宁波港口作业、临港产业集聚地区，较早构建了海洋经济产业基础；象山湾南岸、三门湾北岸作为传统渔业发展区及生态涵养区，对海洋经济发展重视相对不足。(2)2011年基础投资凸峰式曲线现象反映不同县/区基础建设投入力度的差距显现，基于湾区开发条件，县/区进行管辖湾区专业化规划与开发。尤其是杭州湾南岸根据宁波市政府对余姚、慈溪产业优化、城市扩展要求，推进杭州湾南岸开发力度。(3)2015年与2018年曲线平缓态势表明各县/区基础投资差距增大，已具备传统产业升级(杭州湾南岸)或海洋产业进一步优化(象山湾北岸)，受制湾区规划约束，应增强基础投资力度，加速海洋产业核心区的形成。对比各年份曲线发现2015年以来曲线左端起始位置相对较低，表明各湾区规划的产业已经初见成效；象山湾南岸、三门湾北岸基础设施投资力度相对较弱，以生态环境修复为主，与杭州湾南岸"大力扩展"态势形成明显差异。

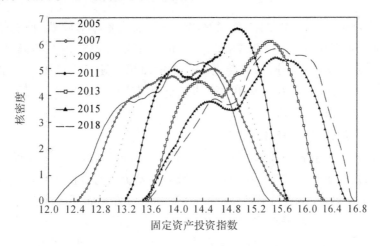

图 2-5-2　宁波湾区产业基础培育投入变化

2. 湾区环境保护力度

宁波湾区节能环保支出曲线(图 2-5-3)，表现出峰顶向右位移、峰宽变宽的态势，变化表明各县/区在湾区环保方面投入力度差距逐步增大；各县/区关于湾区环保投入力度发生变化但环保投资力度增幅平稳，个别县/区间环保投入力度差距增大。(1)2011年海洋产业发展较好的象山湾北岸环保支出增幅稳定，环保投入力度大于宁波其他湾区；象山湾北岸与宁波城市中心关联性较强，临港产业区向城市功能区块演化对生态环境的匹配要求高。(2)杭州湾南岸2011年前环保支出与宁波全部湾区环保支出力度相当，随着杭州湾新区建设2013年环保支出明显增强，当湾区由早期大力投入阶段逐步向稳定投入阶段转变时，2015年后环保支出开始平稳增长。(3)象山湾南岸及三门湾北岸环保支出力度相对较弱，该地区作为宁波

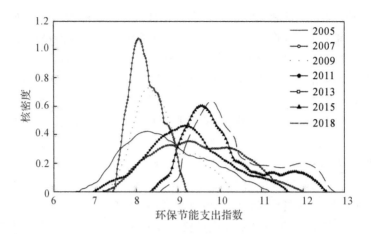

图 2-5-3　宁波湾区环境保护投入变化

市生态涵养功能区,开发时间相对较晚,二、三产业比重相对较低,特别是临港产业、海洋渔业加工业等产业发展基础尚处于起步阶段。2013 年以来,随着三门湾、象山湾整体规划实施,渔业、海洋旅游业的功能定位加速了湾区生态环境保护投入,相应的 2015、2018 年环保支出分布曲线中心线右向偏移现象一定程度上印证了象山湾环保力度的提升。

3. 海洋产业核心技术

据宁波湾区产业核心技术投入变化(图 2-5-4),可知排除 2005 年统计口径变动对曲线造成的影响,2007—2018 年产业核心技术提升力度曲线整体呈现出向右位移态势,其中峰值、峰宽变化不大,分布曲线中心线左侧面积区域逐步向右转移。变化趋势表明:各县/区普遍重视核心技术提升力度,R&D 支出支撑了湾区海洋产业增长。如象山湾北岸、杭州湾南岸通过提升产业技术,增强了海洋产业外向竞争力;象山湾南岸、三门湾北岸湾区招商高技术企业,加快原有传统产业向海洋产业转变。

分析宁波湾区海洋产业基础培育、湾区环境保护力度及产业核心技术主要影响因素变化,解析宁波湾区海洋经济发展差异性变化,结果表明:(1)宁波湾区海洋经济演化过程,产业基础培育力度的影响较大,培育基础直接引导湾区海洋经济高强度投入;部分海洋产业培育与湾区生态环境资源关联性较强,湾区环境保护力度是湾区发展的实施基础;海洋产业核心技术水平提升能够加快海洋产业培育基础的构建,奠定区域海洋产业外向输出主导地位。(2)宁波湾区海洋相关规划及其实施过程对海洋经济的导控呈现:产业基础培育是发展关键,产业园建设(象山湾南岸、三门湾北岸)、产业集聚区成型(杭州湾南岸)、产业区转型(象山湾北岸)都与之相关联;湾区环境保护投入力度对具备生态环境开发潜力及城市生态功能定位复

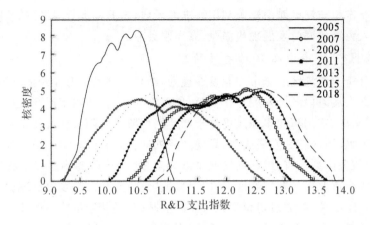

图 2-5-4 宁波湾区产业核心技术投入变化

合的湾区(象山湾南岸、三门湾北岸)作用性较强,合理保护与利用是湾区开发的关键;产业核心技术提升是湾区海洋经济发展的普遍措施,海洋产业培育或原有产业(象山湾、三门湾)及海洋产业结构优化(杭州湾)过程是产业核心技术提升的外在表现。

(二)宁波湾区海洋经济发展阶段研判

将宁波湾区海洋经济发展水平演化与湾区规划体系相结合分析,发现以2011年为分界点可将宁波湾区发展阶段划分为从属和独立发展阶段,继而勾勒了宁波湾区即将进入的湾区—城市中心联动发展阶段。

1. 湾区从属发展阶段

2011年前,宁波湾区尚未形成专题规划,湾区开发归属县/区城镇体系规划、国民经济和社会发展规划等,整体发展愿景未建立,部分县/区未将湾区作为发展重点;湾区开发状态与宁波海洋经济发展核密度函数曲线一致,总体水平较低。象山湾北岸依托港口,率先推动湾区海洋开发;杭州湾南岸依据良好产业基础,开始着手湾区产业集群建设;象山湾南岸、三门湾北岸受湾区开发条件、资金、技术、战略指引等因素限制,湾区发展能力较弱。湾区从属发展阶段,各片区依托其县/区规划要求,总体发展态势呈现出海洋产业培育形态。

2. 湾区独立发展阶段

2011年,国家、省提出湾区战略推动了以湾区作为发展核心的政府基建规模投资与产业集聚行为。湾区开发不再局限于县/区规划,成为滨海地区海洋(经济、环境、开发区)规划的核心对象。象山湾北岸依托城市核心与临港产业基础,已形成一定的海洋经济基础。杭州湾南岸随着规划出台,产业体系与园区建设活动愈加活跃,湾区海洋经济发展成效明显。象山湾南岸及三门湾北岸湾区面临全市生态涵养功能定位与湾区滩涂资源利用需求的矛盾,未开始大规模开发;该阶段在增强环保投入力度的同时发展现代渔业、海洋服务业。

3. 湾区—城市中心联动发展阶段

综合分析宁波湾区及全市产业发展规划,结合宁波湾区海洋经济发展过程,可知湾区独立发展阶段各片发展存在差距,象山湾北岸、杭州湾南岸开发程度相对较高,象山湾南岸、三门湾北岸地区仍处于产业培育阶段。随着核心技术及基础培育投入力度增强,湾区三片发展成熟,呈现产业外向扩张趋势。鉴于湾区各片定位特色,杭州湾与象山湾、三门湾联动发展难度相对较大,杭州湾将逐步串联周边产业集聚区形成全市北部产业集聚区,并向卫星城转变;奉化滨海乡镇是减少象山湾南北岸发展差距的关键,通过培育奉化海洋产业基础,衔接宁波临港产业与南部湾区发展关联性是其产业群集优化的关键;象山湾与三门湾关联较强,其产业发展存在联动基础,加强象山产业开发能有效推动象山湾与三门湾的产业联动。依据湾区各片发展态势,湾区各片间及湾区—城区产业联动程度将是宁波湾区海洋经济发展迈入与中心城区联动发展阶段的基本特征。

四、宁波湾区海洋经济发展及其中心城区关联态势

构建湾区海洋经济发展测评体系,量化分析宁波湾区海洋经济演化过程,研究发现:(1)宁波市湾区各片海洋经济发展差异显著,北部优于南部;象山湾北岸与南岸发展差距明显。北仑、鄞州已有海洋产业发展基础,依托港口资源,延伸海洋产业链;慈溪、余姚海洋产业发展增速开始加快,通过产业园建设形成发展特色,杭州湾南岸正逐步与城市中心产业相衔接;象山、宁海、奉化发展水平相对较弱,仍处于产业培育阶段。(2)宁波湾区各片海洋经济发展差异性与规划定位关联性强,杭州湾南岸已成为国家规划定位的全市北部增长极,产业体系培育力度较强;象山湾北岸已逐步成为市级城市核心,在推动海洋产业发展同时向城市功能区演化;象山湾南岸、三门湾北岸作为全市重点生态区,产业基础薄弱,生态保护与特色产业培育是发展重点。(3)海洋产业基础培育、湾区环保力度、海洋产业核心技术是湾区海洋经济差异的主因。海洋产业基础培育是湾区发展基础,宁波市湾区各片正由"均衡开发"模式转向"重点开发"模式;各片基于规划定位差异,环保力度提升差异明显;湾区普遍将海洋产业核心技术作为产业基础培育、产业链延伸、结构优化的重要措施,投入差异相对较小。宁波湾区各片海洋经济发展已历经从属、独立发展阶段,将趋向湾区—城区联动发展阶段。未来应加强杭州湾南岸及象山湾北岸与宁波城区产业联系,增强产业外向性;构建奉化与鄞州海洋产业体系,实现象山湾南北两岸产业衔接,联动三门湾北岸形成海洋生态产业功能板块。

第六节　宁波湾区产业创新发展的困境与破解之策

湾区是指由一个海湾或相连若干个海湾、港湾、邻近岛屿共同组成的区域,湾区经济具有开放的经济结构、高效的资源配置能力、强大的集聚外溢功能、发达的国际交往网络等特点,是经济增长和技术创新的引擎。浙江省委、省政府作出编制实施浙江"大湾区"的重大战略决策,这对发挥我省沿海开放优势、促进区域高度协同、高标准打造我国参与国际竞争的重要经济增长具有重要意义,对宁波进一步扩大开放,提升名城名都与"一带一路"建设综合试验区功能,培育形成新动能新优势来说是重大机遇。

一、宁波"三湾"产业提升的困境

(一)湾区经济现状领航浙江,但落后于兄弟城市

虽然近年宁波各级政府逐步重视湾区经济建设,但相比兄弟城市港口核心区经济的发展,宁波湾区海洋产业发展仍相对滞后,突出表现在产业基础构建尚未完成,产业体系有待优化升级。宁波湾区产业发展方向相对明确,土地资源开发条件相对良好,外部开发条件优越性决定了湾区经济发展潜力,但其薄弱的产业基础制约了湾区后续发展。探究其主要原因是开发资金压力、社会经济与生态效益兼顾原则、湾区传统产业转型等方面的考验。各湾区海洋产业发展存在差异性,杭州湾产业基础发展状况良好,基本按照杭州湾相关规划要求,进行专项产业集聚。但其产业集聚区建设仍处于初期阶段,对外联系以及产业体系抗风险能力较为薄弱。象山港未来产业以海洋渔业和现代海洋服务业为主,但其发展基础的生态条件有待优化,依托象山港生态环境现状,相关产业进一步的发展推进阻力较大。三门湾地区海洋产业发展基础最为薄弱,海洋产业发展程度仍处于基础条件培育阶段。

(二)依托岸线和港口为主的资源、资本密集型产业主导湾区经济,科技创新驱动乏力

在宁波湾区中的部分地区由于发展上过度依赖于现有资源,难以调整原有的发展模式和形式。这就导致在产业调整和产业技术革新时出现适应慢等问题,目前宁波湾区仍然以工业产业为主,第一产业也占据了较大比重,面临产业结构单一化、科技创新与人力资本难以溢出、经济增长方式粗放等发展难题。因此为了发展创新型湾区,需要政府、企业等加大科技投入供给,在产业的升级与突破上需要加以重视,更重要的是在产业转型、资源利用方式转变、生态环境治理等多方面坚持创新导向,培育现代企业,从而使区域内原有经济模式的发展惯性减小甚至消失。

创新是湾区经济的魅力所在,与国内主要海湾城市相比,宁波科技创新能力与

之存在一定差距(表 2-6-1):一是高新技术产业产值和比重仍然较小。2016 年,宁波高新技术产业产值 6317 亿元,约为深圳的 30%、苏州的 40%。二是高等教育资源严重缺乏。宁波高校数量仅为 15 所,缺少 985、211 高校,后备人才资源发展不足;全国重点学科数还未实现零的突破。三是创新投入依然偏低,2016 年,宁波全市研究和试验发展(R&D)经费占地区生产总值比重为 2.5%,低于深圳(2015 年为为4.05%)、广州(2015 年为 3%)、杭州(3.1%)等城市,与省内"大湾区"的湖州(2.6%)、嘉兴(2.81%)比也相对较低。

表 2-6-1　宁波与其他城市创新资源指标比较

城市	高校数量	985、211 大学数量	全国重点学科数
杭州	36	1	25
宁波	15	0	0
厦门	14	1	13
青岛	17	1	5
天津	30	4	36
大连	25	2	13

　　宁波湾区在主导产业上表现出的与发达湾区的差距,原因更多在于区域内科技创新型元素太少,区域内的发展依赖于原有的工业企业和海洋农业。创新元素存在较多的缺失,限制了区域的进一步发展。因此在创新元素的提炼上需要政府决策者加以重视,而影响创新的主要元素有:人才、信息、技术和资金。相关决策者应当积极采取措施,使得这些创新元素得到最佳配合,并提炼出具有宁波湾区特色的创新点。可通过构建区域创新网络、促进技术创新的作用,以企业作为创新的主体,以创新过程中的纵向联系和横向联系形成网络结构。

(三)宁波湾区经济既缺乏地方特色,又未能高效嵌入全球化

　　宁波三湾区海洋产业基础发展相对薄弱,面对全球化的挑战时更显得捉襟见肘。(1)杭州湾海洋产业基础已初具规模,重点发展海洋工程装备制造和海洋现代服务业。在此基础上利用围填海工程新增土地资源,开发形成海洋产业经济以及城镇建设关联互动发展模式,在构建完整海洋经济产业链的基础上,将所构建的产业集聚区培育形成杭州湾地区城镇集合,优化宁波市都市圈建设。(2)象山港与杭州湾海洋产业发展方向存在差异,宁波港在象山港地区设有分港区,象山港与宁波港口经济核心区的联系较为紧密。象山港海洋产业发展可采用两个发展方向并行的方式。一方面依托与宁波港口经济核心区的空间临近性,承接核心港口产业,发展象山港临港产业。另一方面依据象山港海洋生态环境的优化进展,发展现代海洋渔业以及海洋服务业。象山港发展必须依托地区传统产业基础,充分发掘地区生态利用潜力,明确产业发展主线。(3)三门湾地区开发程度较低,加上其土地开发必须兼顾宁波市耕地占补平衡功能,其产业发展落后于杭州湾、象山港地区。但其岸线耕地开发方向以生态资源开发为主,在保持三门湾生态效益的基础上,开发新增土地,构建相关海洋经济产业体系,成为三门湾发展原则。

(四)湾区经济综合发展的长效机制亟待建立

宁波湾区现阶段面临的最大问题在于湾区海洋产业与宁波港口经济核心区关联性的问题,尤其随着宁波与舟山港口的关联发展,海洋经济发展重心的北移将进一步加大湾区海洋产业发展难度。其中三门湾地区处于宁波低交通密度地区,海洋经济产业联系能力较差,产业基础构建难度及外部扶持难度较大。象山港、杭州湾地区同样面临产业重心北移的问题。杭州湾地区必须加强产业园区与宁波港口的交通物流联系通道,保持其外向联系能力。象山港随着发展重心北移将面临北部海洋经济产业发展定位类似地区的竞争,其现代海洋服务业发展面临较大的外部竞争压力。总体来看,湾区普遍受到海洋经济发展重心北移的影响,体现在湾区与核心区的关联性强弱程度,具体表现在产业物流运输状况、核心地区海洋经济产业辐射能力和地区产业交流等层面。因此,要实现湾区经济综合发展必须要考虑海洋经济发展重心迁移的事实以及对湾区开发造成的外部影响,急需建立起一种长效机制予以制衡。

二、推进宁波湾区产业创新发展的科学路径

(一)谋划湾区顶层设计,突出分工、科技平台、人才培育的统筹与推进

从国家层面进行顶层设计,给予政策支持。加强宁波三湾内部的产镇合作协调,建立有效的科技合作平台和竞争机制,根据产业地方特色与全球嵌入情况统筹推进人才集聚与创新创业政策体系,通过差异化定位与错位互补,实现湾区协同和共同发展。

宁波杭州湾应:(1)以智能制造为主线,贯通各创新平台,整合域内的智能(汽车、医疗、家电、海洋装备)平台,形成网状创新驱动模式。(2)全面对接上海全球科创中心建设。引进优秀的创业孵化团队,孵化科技类创业创新企业,加强对接合作形成交流共建机制,探索建设"科研＋产业＋资本"的新型模式研发创新体系。

宁波象山港湾以西打造为"休闲湾"、以东打造为"国际物流湾",突出区域海洋生态环境优势,注重点状事件驱动发展。

宁波三门湾瞄准以新兴产业为主体的发展湾:注重吸引大平台大产业的引进;聚集通用航空、游艇制造等大产业,有条件推动建设宁波舟山港的组合港。

(二)紧扣城区—湾区新兴产业联动发展路径研制湾区空间愿景

抓住宁波或杭州中心城区的产业平台外溢,通过配套、升级等有序调整方式,加强湾区内部之间的产业链、技术链、人才链的合作与协调发展,使宁波三湾的创新能力增强,带动与辐射整个湾区腹地,引领市域经济的发展。(1)提升宁波在长

三角城市群的功能,加强宁波舟山合作共建舟山江海联运服务中心、中国(浙江)自由贸易区、义甬舟开放大通道、"一带一路"建设综合试验区等重大平台,着力打造全球一流的现代化综合枢纽港、国际航运服务基地和国际贸易物流中心,形成"一带一路"战略支点。(2)利用宁波—舟山港现代化、国际化集装箱物流中心的优势,着力打造以港口物流业、临港产业为主,港产城融合发展的现代湾区海洋产业体系。杭州湾地区加速集聚智能海洋装备制造与特色小镇建设;梅山—六横区域着力提升海洋生态科技产业集群平台,培育港航运营、物流、离岸等现代服务;三门湾以集聚平台为主线推动通用航空、游艇等的制造与企业研发群集,进一步提升宁波三湾的错位创新与协同竞争。(3)树立沪甬协同建设世界级大湾区共同愿景。沪甬合作整体上已进入优势互补的新阶段,目前沪甬合作亟待大突破,宁波要进一步增强沪甬合作的主动性和力度,着力在湾区重大空间、平台、项目、体制、机制等的系统设计和落实上超前谋划。支持和引导上海、浙江等地企业以梅山新区为基地培育延伸航运物流、航运金融、航运信息、中转集拼等服务业,加快形成国际化港航物流产业集群。

(三)注重提升基础设施、创新人才政策的空间一体化和开放水平

加快湾区交通一体化进程,致力于基础设施结构的改善。加大湾区人力资本投入,促进人力资本水平高的地区的产业—空间集聚程度的加深。系统提升湾区的开放层次与包容的文化氛围,吸引优秀的国际企业和人才。(1)以多式联运夯实港口核心竞争力。高水平建设江海联运服务中心、宁波海铁联运试验区,实施内河水运复兴,大力发展江海联运、海河联运、海铁联运等多式联运。积极发展海空联运,加快宁波机场三期项目建设,争创国家临空经济示范区,开辟"一带一路"沿线国家新航线。(2)以建设世界级自由贸易港为重点,全力推进"一带一路"综合试验区建设。推动自由贸易区建设、促进贸易便利化,是"一带一路"开放之路建设的关键路径。宁波作为外贸大市、开放强市,要集成发挥自身开放优势,积极拓展与沿线国家(地区)深层次经贸合作,构建更高标准的新型开放体制,加快自由贸易试验区政策复制,努力在现代服务业为主体的新一轮对外开放中先行一步,并在探索贸易投资便利化方面勇当先锋。(3)聚力建设一批高水平的人才培养与科技创新平台。支持宁波大学、宁波诺丁汉大学建设成为适应和服务区域经济发展的高水平研究型大学,推动宁波工程学院等创新学科组织模式,按照国家应用技术型大学建设要求,聚焦宁波产业需求设置学科专业,推动建立产教融合创新机制,培养技术技能型人才。大力引进国内外优质高等教育资源,将宁波湾区建设成为优质高等教育集聚地和中外合作办学实验区。支持宁波创建一个跨学科、大联合和深度协同创新的国际一流的新材料国家实验室,成为全国新材料与先进产业创新的策源地。

三、趋向湾区发展的宁波城市—产业科技的空间互动路径

湾区经济是当今国际经济版图的重要形态和突出亮点,是国内外一流滨海城市普遍实施的发展战略。国内外发展湾区经济的三抓手是塑造宜居宜业都市、培植嵌入全球并根植地方发展的特色产业、持续集聚创新型人才与企业等。宁波湾区经济现状领航浙江,但落后于兄弟城市,具体表现为:湾区经济结构较好,以岸线与港口等资源、资本密集型产业为主,科技创新驱动乏力;杭州湾、象山湾、三门湾的湾区经济既需要培植地方特色,又亟待提升三湾与宁波港口核心产业的关联性;湾区经济的治理结构亟待完善。建议谋划宁波湾区经济顶层设计,突出三湾分工、科技平台、人才集聚的统筹;紧扣城区(宁波中心)与湾区新兴海洋产业联动路径制定湾区空间愿景;注重提升基础设施、创新人才政策的空间一体化和开放水平。

第七节　宁波城市产业风投基金发展质量评估与障碍突破

城市间的竞争,不仅严重依赖于城市的产业基础、创新氛围、宜居环境、文化魅力[1],更需要新兴产业的迅速成长及其群集效应形成。新兴产业的发展,不仅需要技术、人才等在内的综合基础,更仰仗于城市创新与风险投资撬动[2]。产业风险投资兴起于20世纪60年代的美国硅谷,直到20世纪90年代才被引入中国金融实践与产业政策制定范畴。产业风投基金率先被北京、天津、上海等城市运用于科技创新支撑信息技术产业、高技术制造业等行业[3],风投基金研究聚焦在风险投资的企业[4]、经济[5]、创新[6]影响或效益等领域,鲜有关注城市或区域风险基金发展条件与质量提升。因此,以中国东部经济发达与战略性新技术企业较为密集的宁波为例,构建城市产业风投基金发展质量评估模型,实证分析宁波产业风投基金的规模与结构、运行模式与经济群集效益,甄别宁波产业风投基金发展的障碍,筹谋产业风投基金困境突破路径,促推新兴产业健康发展。

① 张文忠,余建辉,湛东升,等.中国宜居城市研究报告[M].北京:科学出版社,2016.
② 张海燕.风险投资空间行为研究——基于金融地理学的视角[D].上海:华东师范大学,2015.
③ 成思危.论中国风险投资的机制创新[J].科技进步与对策,2000,17(9):1-4.
④ 张学勇,廖理.风险投资背景与公司IPO:市场表现与内在机理[J].经济研究,2011,46(6):118-132.
⑤ 吴超鹏,吴世农,程静雅,等.风险投资对上市公司投融资行为影响的实证研究[J].经济研究,2012,47(1):105-119.
⑥ 吕炜.论风险投资机制的技术创新原理[J].经济研究,2002(2):48-56.

一、城市产业风投基金发展质量评估模型构建

(一)城市产业风投基金发展质量的构成

《习近平总书记系列重要讲话读本(2016年版)》[①]指出发展质量的核心在于调整经济结构与转变经济发展方式,即追求有效益、有质量、可持续的发展。如何衡量城市或区域产业风投基金的发展质量,则需要统筹测量城市或区域产业风投基金的增长速度、增长结构与增长效益。(1)城市或区域产业风投基金的增长速度,是相对城市或区域新兴产业市场资本需求而言,重点强调城市或区域产业风险基金增速能否适当高于新兴产业风险投资需求的增速;(2)城市或区域产业风投基金的增长结构,主要指能否满足城市或区域新兴产业的行业比例需求和县(区)际均衡需求;(3)城市或区域产业风投基金的增长效益,是带动其他主体和层次的金融资本进入城市或区域新兴产业的态势与比重。总体而言,城市产业风投基金发展质量是由其增长速度、增长结构与增长效益形成金融生态系统,既能促进城市或区域新兴产业及其技术创新孵化的风投需求,又可促进产业风投基金自身健康发展。

(二)城市产业风投基金发展质量的评估

城市产业风投基金发展质量的评估,离不开对其核心构成进行衡量。衡量城市产业风投基金的增长速度、增长结构和增长效益,需要采用如表2-7-1的指标体系对三者进行具体化。受国家或行业协会缺少相关统计资料[②]的影响,只有采用质性调查方法处理相关指标的原始数据源。城市产业风投基金发展质量需要全面测量 E_1、E_2、E_3、E_4,若4指数全部大于1则表明城市产业风投基金发展质量较好,否则表明城市产业风投基金存在较强的脆弱性。尤其是当 E_1、E_2 均小于1时,表明城市产业风投基金发展质量处于初级阶段,极其脆弱。为此,提升产业风投基金

表 2-7-1　城市产业风投基金发展质量的评估模型

目标层	准则层	指标层	计算方法
城市产业风投基金发展质量	城市产业风投基金的增长速度	$a=$10年或5年间城市产业风投基金的年均增长幅度	$E_1=a/b$
		$b=$10年或5年间城市新兴产业研发资本需求的年均增长幅度	
	城市产业风投基金的增长结构	$c=$10年或5年间城市产业风投基金的行业集中度	$E_2=c/d$
		$d=$10年或5年间城市新兴产业的行业优势度	
		$e=$10年或5年间城市产业风投基金的产业园区集中度	$E_3=e/f$
		$f=$10年或5年间城市新兴产业的产业园区发育度	
	城市产业风投基金的增长效益	$g=$10年或5年间城市新兴产业的研发投资年均增长幅度	$E_4=a/g$

---

①　习近平.习近平总书记系列重要讲话读本(2016年版)[M].北京:人民出版社,2016.

②　张俊芳.中国风险资本市场退出渠道的现状、问题及政策建议[J].中国科技论坛,2011(1):118-122.

发展质量主要途径有三：一是促推传统金融企业向新兴混合资本企业转型，二是提升风投企业自身的创新，三是优化政府、市场在风投资本来源渠道与再配置中的作用。

二、宁波产业风投基金发展质量评估

（一）宁波产业风投基金的规模与结构

宁波市产业投资基金起步相对较晚，仅在 2005 年依托宁波电子信息集团先后成立两家政府引导型创投机构[①]。直到 2012 年，宁波才设立首只市级创投引导基金——宁波市创业投资引导基金，创投引导基金开始在大市范围内快速发展，此后，宁波先后设立 14 只产业投资基金。

（1）宁波先后共设立 14 只产业投资基金，进入实质运作的产业投资基金共 12 只。2011 年为全市基金设立活跃期，全年共设 4 只。其中全市产业投资基金中以创投引导基金为主要类型，其中共设创投引导基金 8 只、天使投资引导基金 1 只、专项产业投资基金 3 只、基础设施基金 1 只，规模总量共计 90 余亿元。但专项支柱产业基金、能源投资基金、并购基金等仍为空白。

（2）宁波基金整体发展不强，累计规模尚未超过百亿，尤其是创投引导和天使引导基金规模偏小。一是基金规模总量不足百亿元，且单个基金规模偏小，最大产业基金的资金规模仅为 30 亿元，占比 14%；10 亿元级别的基金仅有 2 只，多数基金的资金规模在 1 亿元以下，占比高达 71% 以上。二是由引导基金撬动的资金规模仍然偏小，政府财政资金杠杆效应仍不明显，如宁波市创投引导基金首期基金规模仅为 2.5 亿元。截止到 2014 年 6 月，全市创业投资引导基金规模仅为 3 亿元，且带动社会资本出资不超过 20 亿元。

（3）宁波产业投资基金投资领域基本覆盖战略性新兴产业和各县市区传统优势产业。如宁海县新兴产业发展投资引导基金投资领域包括以新能源、新材料、生物医药、医疗器械、装备制造等为代表的新兴产业和以模具、文具、灯具、电子电器为代表的宁海传统优势产业。此外全市也有少数专项基金，投资领域聚焦某一个产业领域，如宁波海洋产业基金聚焦海洋及航运产业、鄞州建设发展投资基金聚焦中心城区的基础设施建设和旧村改造。

（4）除海曙区、江北区外，其他县市区政府均设有引导基金，其中以高新区、宁海和鄞州最为活跃。受益于系列创投企业发展相关扶持政策的出台，高新区是全市产业投资基金主要布局区域且产业基金规格较高，如以宁波市创投引导基金、宁波市天使投资引导基金为代表的基金设立于高新区，同时也隶属市级层面基金；宁海是主要分布区域之一，拥有以宁海县新兴产业发展投资引导基金为代表的 3 只基金；此外，鄞州区则在基础设施产业基金方面有所突破，拥有以鄞州区创投引导

---

① 分别为宁波太平洋创业投资有限公司、宁波东元创业投资有限公司。

基金、鄞州建设发展投资基金为代表的2只基金;其余县市区则各有1只。

(二)宁波产业风投基金的运行模式

宁波市基金主要采用的母基金(引导基金)运作模式,仅鄞州区建设发展投资基金、宁海县天使投资基金采用直接投资模式。

(1)全市基金都由政府或政府联合国企发起(表2-7-2)。其中,政府独立发起型占50%,资金来源于政府财政资金及支持新兴产业发展、支持创业投资企业发展等各类专项资金;国企发起型占21%,资金来源于国有企业或市(县/区)属公司的资本投入或资产转化;政府联合国企发起设立占比为14%,政府引导社会资本共同发起型基金占比为15%。

表 2-7-2　宁波市产业基金投资发起方式及资金来源概况①

出资方	基金	资金来源
政府财政出资	宁波市天使投资引导基金	市中小微企业发展专项资金＋市财政科技资金
	奉化市创业投资引导基金	奉化市财政资金＋支持创业投资企业发展的财政性专项资金＋基金收益＋无偿捐赠
	宁海县新兴产业发展投资引导基金	宁海县财政资金
	象山县中小企业发展投资引导基金	县政府财政资金＋现有扶持企业发展的相关财政专项资金整合＋其他
	北仑区(开发区)创业投资引导基金	区政府财政资金＋开发区专项资金
	江东区创业投资引导基金	江东区财政资金
政府财政资金和国企资本	宁波市创业投资引导基金	市财政资金＋"3315计划"专项资金＋市工投国有资产转化
	镇海区创业投资引导基金	镇海区政府财政资金＋区工业国投公司投资

---

① 注:宁波全市产业投资基金均为政府背景型基金,此处根据具体的出资人再次细分分类而成。

续表

出资方	基金	资金来源
国企资本	鄞州区创业投资引导基金	鄞州区科技创业投资有限公司
	鄞州建设发展投资基金	建信资本管理有限责任公司＋鄞州区属公司投资
政府财政资本和社会资本(社会资本首期基本为0)	慈溪市新兴产业发展投资引导基金	慈溪财政资金＋现有扶持企业发展财政专项资金整合＋用于新兴产业发展投资引导基金的其他资金＋社会资金＋基金退出收益
	宁海县创业投资母基金	宁海县政府财政资金＋盛世投资
	宁海县天使投资基金	蓝源投资管理有限公司投资＋宁海县政府参股

数据来源:长城战略咨询整理

(2)与国内其他地区的直接管理或委托管理模式有所不同,宁波全市产业投资基金大多采用"设立独立政府性机构＋委托专业基金公司"的联合管理模式(表2-7-3),即:一方面实行管委会领导下的办公室负责制,通过设立引导基金管理委员会及办公室(基本为事业编制),分别负责引导基金的重大决策与协调事务、管委会日常工作等职能;另一方面通过面向全国公开征集并优先选择第三方创业投资企业或基金管理机构设立基金管理公司,成为管委会受托管理机构(事业编制或公司制,视不同基金而定),负责引导基金的日常管理与投资运作事务,组建基金参股企业并实施阶段参股与跟进投资等。

部分基金实行直接管理模式,即通过政府直接设立领导小组或国企发起人直接参与管理和决策,如鄞州区创业投资引导基金直接成立领导小组作为引导基金的领导、决策和协调机构;部分基金实行委托管理模式,由发起人直接设立子公司组建管理团队并委托子公司代管,如宁海县创业投资母基金由其发起人之一盛世投资设立"宁海盛世"子公司组建管理团队,全面负责创业投资母基金的决策、运营管理和投资事务。

(三)宁波产业风投基金的资本群集效益

(1)市域数十只已实质运作的产业风投基金及其资本撬动效应初现。2015年,宁波市拥有数十只实质运作产业投资基金,在运作经验、成效方面已初具基础。如在创投引导基金方面,截至2015年全市创业投资引导基金规模已达到25.2亿元,今年新批准5个阶段参股项目,拟出资2.1亿元,吸引其他资金7.4亿元。累计已有15个阶段参股项目,共出资25.2亿元,可吸引社会资金20.0亿元;同时在跟进投资项目上取得突破,对10个项目跟进投资4100万元,有效拓展了引导基金

表 2-7-3   宁波市主要产业投资基金的管理模式

模式类型	基金名称	基本特征
"设立独立政府性机构＋委托第三方管理机构"的联合管理模式	宁波市创业投资引导基金	• 管委会为引导基金的领导决策机构 • 市工投新设子公司作为引导基金受托管理机构
	宁波市天使投资引导基金	• 管委会为引导基金的领导决策机构 • 专门成立宁波市天使投资引导基金有限公司为引导基金受托管理机构 • 同时基金公司设专家咨询组提供咨询
	慈溪市新兴产业发展投资引导基金	• 管委会为引导基金的领导决策机构 • 面向第三方征集团队成立基金管理公司为引导基金受托管理机构
	奉化市创业投资引导基金	• 管委会为引导基金的领导决策机构 • 专门成立奉化市中小企业发展有限公司负责资金托管和创投企业的投资事宜
	宁海县新兴产业发展投资引导基金	• 管委会为引导基金的领导决策机构 • 面向第三方征集团队成立基金管理公司为引导基金受托管理机构
	象山县中小企业发展投资引导基金	• 管委会为引导基金的领导决策机构 • 面向第三方征集团队成立基金管理公司为引导基金受托管理机构
	北仑区（开发区）创业投资引导基金	• 设立决策委员会为决策机构 • 委托北仑区经济建设投资公司负责基金跟投形成的股权的日常管理
委托管理模式	宁海县创业投资母基金	• 由发起人直接设立子公司组建管理团队
	宁海县天使投资基金	• 由发起人直接设立子公司组建管理团队
直接管理模式	鄞州区创业投资引导基金	• 设立领导小组作为引导基金领导、决策、协调机构
	镇海区创业投资引导基金	• 由发起人镇海工业国投公司实质运作

数据来源：根据长城战略咨询整理

的功能。在天使引导基金方面,截至 2015 年底市天使投资引导基金共投资了 58
家创新型初创企业,引导基金共投资5235.5万元,直接撬动了天使投资机构和投资
人1.95亿元的资金投入,间接引导团队增资、其他机构和个人跟投、银行发放贷款
等其他社会资本投入资金 3.14 亿元,间接放大系数达到 10.7 倍,产业领域则涵盖
新一代信息技术产业、新装备、新能源、新材料、文化创意、节能环保等战略性新兴
产业,项目分布于全大市的各个区县,初步形成了一定的规模效应。

(2)市域产业风投基金已经促成宁波战略性新兴产业与企业实现快速发展。
2015 年,全市充分发挥市创投引导基金、市天使引导基金为代表的引导基金作用,
通过市科技局创新型初创企业培育备案、认定初创型企业融资需求,搭建产业投资
与企业需求信息对接平台,加大了对战略新兴企业融资支持力度(表 2-7-4)。如
2013 年市创投引导基金阶段参股 18 个项目中有 14 个项目属于战略性新兴产业
领域,其中 9 个为宁波本土战略新兴产业项目;总投资额为 33091 万元,其中战略
性新兴产业领域项目投资额为 28661 万元,投资额占比超过 86%,其中江丰电子、
泰来环保等 2 家企业目前已进入上市准备阶段。

表 2-7-4 2013 年底宁波市创新风投基金参股产业分布

产业领域	项目名称	投资额/万元	所属地
新材料	浙江三博	3800	宁波
	宁波江丰电子	1071	宁波
	宁波达新半导体	1000	宁波
新一代信息技术	北京信威通信	2500	北京
	北京创毅讯联(集成电路领域)	2000	北京
	广东佳和通信	2000	广东
	创凡科技	2300	宁波
	宁波东蓝数码	3000	宁波
	宁波立芯射频	1000	宁波
生命健康	宁波天衡制药	1290	宁波
	中肽生化	1700	宁波
新能源	杭州海兴电力	2000	杭州
节能环保	浙江泰来环保	2000	宁波
新装备	宁波威瑞泰默赛	3000	宁波

三、宁波产业风投基金发展障碍与突破路径

(一)宁波产业风投基金发展障碍甄别

(1)金融资本与产业风险投资基金结合程度亟待提升。中国产业风投基金的

募集正在趋向多元化、多主体发展,不断引入民间资本流入基金,充分发挥金融机构等的力量。相较而言,宁波产业风投基金牵头主要以市政府财政资金和国企投入为主,金融机构、外资以及民企等社会资本没有完全启动,产业风投基金的资金募集渠道过于单一,如宁波市创投引导基金仅以市政府财政资金和市工投国有资产转化为主要资金来源;同时,全市金融资本与产业风投结合不紧密,金融资本中民间借贷等间接融资比例较高、股权投资薄弱、引导机制不健全,对产业转型升级及新兴产业培育的支撑能力不够,迫切需要通过发展若干针对重点产业领域的产业基金,加快将传统金融资金转化为现代产业资本,改变宁波现有的产业投资基金与产业资本结合不紧密现状。

(2)产业风投企业不够成熟且不够开放。宁波民营企业已完成资本累积过程,拥有大量资本,但以民营企业家为代表的风险投资人在投资过程中,其投资方向更多投向具有高利润率的房地产等领域,并不关注实体经济需求,导致了民间资本的"热钱化"和实业的"空心化"。同时,全市大量民营企业都面临产业转型升级或已进入产业转型升级、更新换代过程,但在实际发展过程中,大多数的民营企业管理者思想仍偏于保守,依旧停留在原始工业时代,尚不够开放,应接受私募股权投资、风险投资等新事物、新方法。

(3)高水平产业风投人才短缺现象日益显著。产业风险投资是知识密集型的高创造、高技术、高风险的行业,这要求风险投资人兼具金融市场与掌握诸多类型风投项目的产业需求和技术孵化特征。综合素质优秀,熟知产业技术发展规律的专业风投人才和高级管理人才已经成为各大创投、基金和私募追捧的热点。宁波全市产业风投基金高水平创业投资人才较少,增加了母子基金管理运作过程中的风险。在基金管理和运作过程中,存在政府—基金管理公司—子基金管理公司和政府出资人—创业投资者—创投投资经理人—创业企业家等双线、多重委托代理关系,较一般的风投委托代理关系更为复杂。多重的委托者与被委托者、代理人与被代理人之间还存在多种博弈和信息不对称问题,大大增加了监管环节与风投项目经理的业务要求,阻碍了产业风投基金的健康运行。

(二)宁波产业风投基金发展障碍突破路径

(1)培育多主体、多层次的金融资本市场,优化产业风投基金配套环境。宁波支持产业创新创业的金融服务快速发展,多主体多层次金融资本市场逐步形成,给产业投资基金发展创造了良好的金融配套环境。全市已初步集聚各类金融服务机构200余家,拥有多个投资广场及服务平台,保险公司、信托、融资租赁公司等非银行金融机构规模不断扩大;同时,政府方面已启动设立科技信贷风险池,风险池市本级资本已累计千万,科技金融服务环境层级逐步提高。同时,随着 IPO 重启、"新三板"交易活跃、区域性场外市场体系积极探索、风投和私募股权投资基金行业迅速发展,全市多主体资本市场体系已逐步形成。如在主板市场方面,截至 2015

年3月3日,全市共有62家企业成功在境内外首发上市,其中境外上市企业14家①;场外市场方面,截至2015年2月28日,全市共有"新三板"挂牌企业21家,正在接受审核企业9家,在区域性场外市场挂牌的企业127家;直接融资方面,2014年全市共实现直接融资491亿元,同比增长87%;股权和私募投资方面,全市股权投资快速发展,截至2014年底,全市私募股权投资机构已达528家,管理资金规模超过500亿元。

作为典型的开放型城市,外贸、外资为全市经济发展两大驱动力,全市已形成比较灵活的市场机制,国际化要素不断投入,如2008—2014年全市已实现单项规模在1亿元以上的企业并购重组50余起,并购资金规模超过360亿元,出现了以均胜电子并购德国普瑞、宁波华翔收购德国HIB、先锋新材收购澳大利亚上市公司KRS等为代表的,在国内外产生重大影响的并购重组案例,通过市场的国际开放,不断推动生产过程的国际化、要素投入的国际化。宁波渐趋灵活的市场机制,充分发挥了全市创新资源集聚基础,强化了市场机制在风投资本配置中的基础性作用,将有利于全市产业风投基金的发展。

(2)制定政策提高产业风投基金的政策性目标与商业性目标的吻合度。由于产业风投基金主要来源于地方政府财政资金,基金的设立初衷是希望借助引导基金扶持本地区新兴产业发展,因此会对基金的投资领域、投资阶段、投资区域等有明显的限制和界定。但作为子基金的其他出资人,创投机构追求的是商业利益最大化,其更偏向于投资扩张期、成熟期等中后期项目及更具营利性的产业。因此,在与政府的限制中有着明显的冲突性,在实际操作过程中,地方政府某些限制过高的条件不利于吸收优秀的投资机构参与组建子基金,且其择地不择优的导向性将极有可能导致投资的失败,会极大影响创投机构、风投机构等的投资积极性。为此,应依据国务院和中国人民银行上海总部早将宁波列为长三角地区股权投资三个试点城市之一的相关政策,率先推动财政资金使用方式创新,鼓励通过引导基金、担保基金等市场化模式,发挥对社会资本的引导带动作用,支持产业转型升级,为优化城市产业风投基金政策取向创造良好的宏观环境。

(3)耦合政府与市场力量集聚金融人才及机构,提升产业风投基金发展的人才支撑度。宁波制定了人才强市战略,并实施《宁波市引进金融机构专项资金使用管理暂行办法》《宁波市人民政府关于加快金融人才队伍建设的实施意见》等金融人才扶持政策,强化了对金融人才与机构引进、培养的扶持和奖励力度,金融人才队伍建设环境不断优化。与此同时,诸多行业领军企业非常注重企业资本的转化和社会投资,积极吸引金融领域人才开拓集团的金融业务,推动和集聚了一批风险投资基金职业经理人来宁波发展事业。政府与市场的耦合动力,初显成效,如至

---

① 上市公司总数在国内各城市中排名第九、居全国计划单列市第2位(次于深圳)

2015年底已有近300家股权投资机构注册成立,并形成了包括政府引导型、企业主导型、信托计划型等模式的宁波股权投资事业发展格局。

四、宁波城市新兴产业风投孵化态势

城市产业风投基金发展质量既综合权衡了城市新兴产业发展环境,又可解析城市创新创业竞争条件。以宁波为案例研究认为:(1)宁波产业风投基金整体发展不强,以高新区、宁海和鄞州最为活跃且累计规模尚未超过百亿,尤其是创投引导和天使引导基金规模偏小,投资领域基本覆盖战略性新兴产业和各县市区传统优势产业;(2)宁波产业风投基金主要采用的母基金运作模式,仅鄞州区建设发展投资基金、宁海县天使投资基金采用直接投资模式;(3)宁波市域已实质运作的产业风投基金及其资本撬动效应初现,已经促成战略性新兴产业与企业实现快速发展;(4)宁波产业风投基金发展过程亟须破解金融资本与产业风险投资基金结合程度低下、产业风投企业不够成熟且不够开放、人才短缺等障碍,为此可以通过培育多主体多层次金融资本市场、优化产业风投基金政策提升其政策性目标与商业性目标的吻合度,以及耦合政府与市场力量集聚高级金融人才及机构。

对于宁波城市产业风投基金的评估,受统计数据匮乏影响未能量化计算,但是利用质性分析业已诠释了宁波产业风投基金发展的规模与结构、运行模式和资本群集效益;甄别出宁波产业风投基金发展障碍,并探索性提出了破解路径。为系统诠释与预见城市产业风投基金发展质量,应注重质性方法采集原始数据进行定量分析与模型模拟,以便为系统地求解城市产业风投基金发展质量影响因素与演化路径及其政策启示。

第八节　宁波产业研发主体质量与格局

知识生产一般以高校、科研院所和企业为主体,还包括了技术联盟和个人团队。高等院校是知识生产的重要源头,其基础研究可用于指导实践问题。其在产业发展中的贡献主要来源于与企业等非高校机构的合作,占据着不可忽视的地位。作为当代城市的关键创新源的高校,越来越成为城市社会经济发展"问题"的响应源,知识生产不断增长成为大学与学生社区的主要任务之一。高校能够成长为城市创新与人才集聚的"磁铁",这将培育对城市公民、投资者、游客等更具吸引力的环境,最终成为城市经济和社会稳定"增长因素"。企业是集群的创新门户,是集群整体创新的重要源头。截至2018年,宁波市共有高校15所(表2-8-1)。

宁波市中规模大、高水平的科研院所有:中国兵器科学院宁波分院(与中国兵器科学院合作共建)、中科院宁波材料技术与工程研究所(与中科院合作共建)、宁

波中科集成电路设计中心等。科研院所除了是与高校和其他科研院所合作共建的,还包括了一些行业的龙头企业。这些高层次的科研院所的引进使得宁波有了国家级高水平的科研机构和人才。宁波市企业创新主体地位越来越突出,尤其高新技术企业对全市工业经济的引领作用明显,逐渐建立了企业主导产业技术研发创新机制,企业与高校、科研院所组建了创新载体,共同攻克关键共性技术,不断提升企业技术创新能力,继而促进产业升级。

表 2-8-1　宁波市高校情况

高校名称	全日制本科	高职高专	成人高校
宁波城市职业技术学院		√	
宁波大红鹰学院(2019 年更名为宁波财经学院)	√		
宁波大学	√		
宁波工程学院	√		
宁波广播电视大学			√
宁波幼儿师范高等专科学校		√	
宁波诺丁汉大学	√		
宁波卫生职业技术学院		√	
宁波职业技术学院		√	
浙江大学宁波理工学院	√		
浙江大学软件学院	√		
浙江纺织服装职业技术学院		√	
浙江工商职业技术学院		√	
浙江万里学院	√		
浙江医药高等专科学校		√	

此外,宁波市为了满足市场和创新需要,成立了许多有关技术创新的社会团体,即行业协会,如宁波市科学技术协会、宁波市知识产权保护协会、宁波电子行业协会、宁波市汽车零部件产业协会等,国家对于这些社会团体实行了标准化管理。所以,这些行业协会开展的研发活动、人员培训、技术咨询以及团体间合作都是围绕以有利于科学合理利用资源、推广科学术成果为原则进行的,技术研发与资本投入可达到前沿性与合理性。宁波市许多高水平行业协会还被作为依托单位成立了产学研技术创新联盟,通过社会团队力量推进产业优化升级。

一、宁波市知识生产载体体系

政府鼓励企业成立集群空间载体的各类产业集聚区和作为集群公共创新平台的各类公共创新机构,或转型孵化器、众创空间,孵化、培育集群创新型企业。除了企业的研发机构外,集群还需要公共研发机构的创新支撑,尤其是集群共性技术的创新,依赖的是集群的公共研发机构。高校院所建设也开始强调集群导向,重点支持鼓励与集群相关的高校和科研院所的发展与建设。由于数据可获得性,本节基于宁波市政府公布的创新体系,梳理得出宁波市本土知识生产载体体系(表2-8-2),这些载体大多依托了企业、高校或科研院所。需要指出的是,体系中许多载体是依托高校/科研机构或与其合作但未参与进体系的高校,其活动对产业发展促进力度较低。因此,本节此处未把高校单独作为载体列出来。引进或合作共建的科研院所不仅仅依托了高校或其他科研院所,而且依托了龙头企业,是为解决实际生产问题,与企业和生产对接而建立的科学研究机构,所以纳入体系中。

表2-8-2　宁波市知识生产载体体系

载体平台	载体类别	重点行业
科学研究机构	重点实验室 (国家级/省级/市级)	新材料、纺织服装、汽车制造等
	合作共建产业技术研究院	新材料、智能制造、生物医药、海洋高技术等
企业研发机构	企业研究院 (省级/市级)	新材料、汽车制造、电子信息、智能装备、文具、模具等
	企业工程(技术)中心 (市级/省级/国家级)	家电电子、装备制造等传统优势行业以及新一代信息技术、生物医药等
	高新技术企业研究开发中心(省级)	新材料、光机电、电子信息、生物医药、新能源与高效节能等
科技创业平台	产学研技术创新联盟	新材料、装备制造、纺织服装、汽车制造、电子信息等
	科技企业孵化器 (市级/省级/国家级)	——
	众创空间和创客服务中心 (授牌/备案)	新材料、智能制造、电子信息等
产业化基地	特色高新技术产业化基地 (省级/国家级)	石化、智能家电新材料、装备制造、家电、汽车制造、电子信息等

　　宁波市科学研究机构基本以依托大院名校建设的载体为主,对载体创新能力要求较高。宁波市政府对重点实验室提出了职责要求,主要目标是获取关键技术和自主知识产权、提高持续创新能力,以应用基础研究、应用研究为主,加强产学研结合,培养高水平的人才队伍。研究方向相对集中,具备承担省级以上重大科研任

务和参与国际竞争的能力；管理制度架构合理和规范。梳理宁波市知识生产载体名录发现，各级重点实验室基本都依托高校或科研院所建设。宁波市合作共建产业技术研究院是由宁波市各级政府、高校、科研院所和骨干企业牵头，与国内外知名研究院合作共建的高水平研发机构，主要活动是产业的共性关键技术研发、研发成果转化等。研发投入要求较高，政府会根据一定标准提供产业技术研究院专项资金补助。

企业研发机构，顾名思义是以企业为研发活动主体的机构。企业研究院和企业工程（技术）中心与重点实验室不同，对企业年度销售额度及其研发投入（资金、人才）有要求，宁波市政府对市内企业研发条件要求较高。浙江省政府为了支持省内高新技术产业和战略性新兴产业，或重点发展的支柱产业、主导产业，针对省级企业研究院提出了主攻产业。高新技术企业研究开发中心是针对高新技术企业的载体，是设立在企业内部相对独立的知识生产载体，是企业技术创新体系的核心，优先支持高新技术领域的企业。企业研发机构与科学研究机构的载体不同的是，前者更加注重新产品的生产与效益（表 2-8-3）。通过对比各类载体的基本条件可见，企业研发机构成为企业工程（技术）中心后才能有资格被认定为企业研究院或高新技术企业研究开发中心，而同时具备了这两个载体后，才可以申请产业技术研究院，所以企业工程（技术）中心是最基础的。此外，一个企业的某个或多个研发机构可能会拥有几个载体称号，也说明该企业的创新水平较高。

宁波市知识生产载体体系中，科学研究平台中重点实验室都是以高校和科研院所为依托单位的，企业研发机构中的载体均是企业内部独立研发单位。但创新的复杂性和风险性较大，而且投入较高，在这种背景下单个主体承担研发面临风险较大，尤其是企业需要维持一定的资本，所以合作、协作关系下建立的载体可以在一定程度上解决这个问题。短期的合作无法形成良好的合作机制与默契，必须要建立长期、稳定的合作组织形式。为此，宁波市合作（引进）共建产业技术研究院和产学研技术联盟的形成是很有必要的，前者除了与宁波市内的高校和科研院所、龙头企业、政府合作外，还包含了很多引进单位，如与乌克兰国家科学院及巴顿焊接合作，依托宁波市星箭航天机械有限公司建立的宁波市中星中东欧新材料研究院。重点建设两类技术研究院，前端基础研究类产业技术研究院和后端应用研发类产业技术研究院。产学研技术联盟依托单位除了高校、科研院所，还有行业协会，是由政府引导形成的一种产学研合作机制，最先成立的是宁波新材料产学研技术创新联盟，是由宁波市材料学会牵头的首个产业技术创新联盟。

表2-8-3　宁波市重点知识生产载体基本标准

载体平台	载体类别	级别	基本要求	基础设施	研发人	成果要求	主要活动
科学研究机构	重点实验室	国家级	依托高校科研院所:实验室具有良好的学科基础,至少依托1个二级学科建设,具有博士学位授予权,其依托的主体依托学科应为国家重点学科	科研用房集中,面积在3000平方米以上,仪器设备基本满足科研需要,设备原值2500万元以上,并对外开放使用	资本投入:实验室依托单位和主管部门建设期间投入仪器设备购置经费2000万元以上;固定人员包括若干优秀的学术带头人、高素质的研究骨干等,流动人员包括访问学者、博士后研究人员	—	根据国家科技发展方针,围绕国家发展战略目标,针对学科发展前沿和国民经济社会发展及国家安全前沿的重大科技问题,开展开创新性研究
		国家级	依托企业:在行业内具有较高的知名度和影响力,运行2年以上的部门或地方省部级重点实验室,本领域应用基础研究和竞争前共性技术研究占其核心,掌握产业核心关键技术并具有自主知识产权	实验室面积一般应在5000平方米以上,科研和试验设施条件和仪器设施原值3000万元以上	人才投入:专职科研人员不少于50人,具有副高级技术职称以上的科研人员比例不小于三分之一;资本投入:3个年度的研发经费用总额占销售总额的比例原则上不低于4%	—	企业有重点实验室产学研合作,鼓励科研人员积极服务行业,推动先进适用技术的转化,在行业发展中发挥骨干和引领作用
		省级	依托高校、科研院所和行业龙头骨干企业建设	科研场地面积在2000平方米以上,科研仪器设备原值达2000万元以上	人才投入:专职科技人员应少于30人,其中副高级(含)以上职称或具有博士学位人员比例不低于总人数的60%	—	集聚整合创新要素,培育造就创新人才;组织开展资源开放共享
		市级	有较高学术水平,在学科发展前沿或有广泛应用的领域内具有明显特色和优势、研究方向明确并具有前瞻性	科研用场地500平方米以上,仪器设备价值200万元以上	具有较高学术水平的学科带头人,有一支规模适度(15人以上)、团结协作、学术水平高、年龄与知识结构合理的研究队伍	—	以获取关键技术和自主知识产权,提高持续创新能力为目标,培养高水平的研究队伍;实行对外开放,加强产学研结合
	合作共建产业技术研究院	无	引进的大院名校以国家级院所、"211"大学、国际知名高校和科研机构、央企以及世界500强企业为主;企业建有国家级重点实验室、工程技术(技术)中心等研发机构	—	人才投入:大院名校派建的研究所人员数量不少于研究所总人数的1/4,且派驻人员中80%以上具有博士学位,高级职称或博士学历	当产业技术研究院建成运行后,每年至少有5项科研成果转移到宁波市或与市内企业合作实现产业化	产业的共性关键技术研究、开发,研发成果转化

续表

载体平台	载体类型	级别	基本要求	基础设施	研发人	成果要求	主要活动
	企业研究院	省级	年度销售收入达到1亿元以上；已拥有高新技术企业研发机构，包括省级高新技术企业研究开发中心、省级企业技术中心等	相对集中研发场地1000平方米以上，科研设备原值总额1000万元以上	资本投入：研发开发费用占销售收入的比例不低于3%或研究开发费用在1000万元以上；人才投入：专职研发人员50人以上	近3年内通过自主研发，在申报领域拥有自主知识产权	集聚整合创新要素；组织开展科技创新，支撑企业技术进步，展引领行业技术持续发展
		市级	宁波市内同行业中具有一定规模竞争优势的高新技术企业，年度主营业务收入不低于2亿元，建有市企业工程(技术)中心且已运行2年以上	固定科研用房面积不少于1000平方米，科学仪器设备、科技文献、科技数据库等科研资产原值不低于1000万元(软件企业500万元)	人才投入：全院职工人数不少于50人，其中具有大专以上学历的研发人员占全院职工人数比例不低于80%	3年内通过自主研发方式，在其核心研发领域至少获得2件发明专利授权，或10件软件著作权，或10件集成电路布图设计专有权	研究制定和组织实施研发创新战略规划；管理和实施技术开发，开展产学研合作和创新团队培育
企业研发平台	企业工程(技术)中心	国家级	企业年销售额在3亿元以上；已组建部省级相同领域工程中心，并已运行1年以上	企业技术开发仪器设备原值不低于1000万元	资本投入：企业年销售额在3亿元以上；人才投入：企业专职研发试验与研发人数不低于80人	—	针对行业、领域发展的重大关键性、基础性和共性问题研究；培训行业领域高质量人才；实行产学研合作，消化国外引进技术
		省级	年销售收入不低于2亿元，或是次发达地区不低于1亿元；在宁波市认定为市级企业技术中心一年以上	技术开发仪器设备原值不低于1000万元	人才投入：研究与试验发展人员不低于50人，其中次发达地区不低于30人	—	集聚整合创新要素；组织开展研发创新，推进资源开放共享
		市级	有较强创新能力和较好经济效益，有稳定的产学研合作机制(技术)中心级资格，且运行已满1年	单独用房面积200平方米以上，技术开发仪器设备原值不低于100万元	人才投入：大专以上学历研发人员不少于15人，或者研发投入占销售收入2%的研发投入；资本投入：年度销售收入大于1.5亿元，年度月平均研发投入费用2000万~1.5亿元至少投入3%，500万~2000万元至少投入5%	3年内在其主要产品技术领域或其主要发明专利授权或软件著作权，或拥有1项发明专利(软件著作者4项实用新型专利或软件核心等自主知识产权	企业产学研合作和对外交流，促进我市企业整体技术创新能力的提升
	高新技术企业研究开发中心	省级	依托单位必须为有效期内的高新技术企业；须建有市级以上新型研发机构或省市级企业工程(技术)中心运行一年以上。	科研用房500平方米以上，科研资产总额500万元以上。	人才投入：有独立的研发机构，研发机构专职工作人员不少于15人，具有本科以上学历或中级以上职称的专业技术人员占研发机构职工总数的60%	累计拥有3项有效发明专利以上，或者三个一年内至少拥有1项有效发明专利，其中有效发明专利授权方式以限获得职务发明方式取得	促进高新技术产业化，开展高科技攻关和产业化应用研发；不断研究开发出有市场前景具有竞争力的新产品、新工艺、新技术，对我区经济和相关行业有促进、带动作用，成为我区高水平人才的培养基地

资料来源：宁波市科技局局官网、浙江省科学技术厅官网。标准提出日期：2017年。

二、宁波市知识生产载体集聚格局的测量方法

(一)宁波市知识生产载体名录及其空间数据获取方法

宁波市各类各级知识生产载体名录公布较为分散,主要来源于宁波市科技创新云服务平台和浙江省科技创新云服务平台 2.0 的创新载体数据库,但由于数据库更新滞后,2017 和 2018 年数据需要通过宁波市科技局官网公布文件查询。不同载体公布数据内容不同但都包括了载体名称、依托单位、认定年份等基本属性信息,需要注意的是,所整理载体均为截止到 2018 年仍有资格被认定的创新主体。对统计数据进行筛选整理,剔除不需要的属性,统一属性名称。运用 XGeocoding 软件通过百度地图 API 接口对知识生产载体的名称或地址进行空间经纬度解析并进行 WGS84 坐标系转换,使用 ArcGIS10.2 将载体坐标数据矢量化为 shp 格式的点数据,建立宁波本土知识生产载体数据库。

(二)宁波市知识生产载体集聚格局的空间刻画方法

基于已有空间坐标的知识生产载体坐标数据,可以通过运用空间距离函数计算并将集聚情况进行空间可视化,可较为直观显示知识生产载体集聚的区位和不同集聚区位的集聚程度。Ripley 提出了基于空间距离的 K 函数用于点分析过程[1],公式为:

$$K(r) = \int_{\rho}^{r} g(\rho) 2\pi\rho d\rho,$$

在独立点模拟识别过程中,$g(r) = 1$,半径为 r 的区域内期望点数为 $\lambda\pi r^2$,$K(r) = \pi r^2$。最后可以评估点分布模式,当 $K(r) > \pi r^2$ 时,点分布为集中分布,当 $K(r) < \pi r^2$ 时,点分布为分散分布。Besag 将 K 函数标准化为 $L(r) = \sqrt{\dfrac{K(r)}{\pi}} - r$,称为 L 函数,其中 $L(r) > 0$ 表示集中分布,$L(r) < 0$ 表示分散分布[2]。可见 K 和 L 函数都是计算任意点在某半径内平均的相邻点个数来测量点是否集中,这种基于距离的测量方法对数据和计算工具要求较高[3]。在研究知识生产载体时,也可以运用空间距离测算,核密度分析法可以反映点数据的空间集中程度,ArcGIS10.2 软件空间分析模块中的核密度分析法可以用来直观地呈现知识生产载体空间集聚情况,其计算表达式为:

---

① Ripley B D. Modelling Spatial Patterns[J]. Journal of the Royal Statistical Society. Series B (Methodological), 1977, 39(2): 172-212..

② Besag J E. Comments on Ripley's paper[J]. Journal of the Royal Statistical Society B, 1977, 39(2), 193-195.

③ 贺灿飞,潘峰华. 产业地理集中、产业集聚与产业集群:测量与辨识[J]. 地理科学进展,2007,26(2):1-13.

$$\lambda(s) = \sum_{t}^{n} \frac{1}{\pi r^2} \phi\left(\frac{d_{ls}}{r}\right)$$

其中,$\lambda(s)$是知识生产载体s点处的核密度,r为核密度函数的搜索半径,n为知识生产载体的总数,ϕ是载体l与s的距离,即d_{ls}的权重。

三、宁波市本土知识生产载体集聚格局及其行业属性变迁

(一)宁波市知识生产载体及其空间分布情况

宁波市重点实验室科研进展较快,在一些关键性技术上取得突破性攻关,截止到 2017 年,全市市级重点实验室有 62 家,省部级 19 家,国家级 5 家。宁波材料所的锂电池工程和石墨烯研究、中科院海洋新材料与应用技术重点实验室的新材料研究、宁波市先进纺织技术与服装 CAD 重点实验室新材料研究等都取得了系列进展,并且这些重点实验研究室也积极加强产学研合作,推动了成果的应用和产业化,尤其是石墨烯研究的相关新产品已成功应用在了国家电网、海洋工程、石油化工等领域。因为重点实验室依托的单位基本都为高校和科研院所,因此大部分分布在南、北高等教育园区和三江口附近。截至 2017 年 7 月,宁波已经建成多家产业技术研究院,在建、拟建宁波石墨烯创新中心、智能制造创新中心、模具制造创新中心等 11 家新型产业技术研究院,主要包括产业前沿和共性关键技术研发、促进技术转移扩散和首次商业化应用、培养领军人才与创新团队、提供技术公共服务及孵化创新创业企业等功能。

宁波市企业研发机构中省级高新技术企业研究开发中心累计 390 家,省级企业研究院 69 家,市级认定 123 家;企业技术中心累计 1341 家,省级认定 149 家,国家认定 20 家。其中国家认定的企业技术中心主要涉及家电电子、装备制造业等传统优势行业和信息技术、生物医药等新兴行业。其中,在 2017—2018 年国家发改委评价结果中,方太厨具有限公司位列国家企业技术中心第一名。

宁波市共有国家级、省级企业孵化器 16 家,在孵企业近 2000 家,累计成功孵化企业 2100 家。其中宁波市科技创业中心是宁波首家跻身国家级的孵化器,创业平台有留学生创业园、凌云产业园、大学生创业园等,在该创业中心毕业的科创企业飞速发展,上市企业就有 25 家,值得一提的是孵化的激智科技研发产品打破了日本、美国和韩国的垄断,实现了中国在该技术领域的突破性进展。授权和备案的众创空间累计达 69 家,其中国家级众创空间有 23 家,省级 45 家,市级 69 家,入驻的企业或创客团队有 4500 余个。2015 年宁波市开始重视众创空间的专业化,以推动科技型创新创业,累计扶持专业化众创空间有 13 家,形成了专业化的服务体系,包括研发设计、精准招商、技术孵化、创业融资,注重将服务实体经济落地。

综合来看,宁波市企业研发机构的总体分布与宁波市高新技术企业分布相当,

因为大部分载体依托的都是高新技术企业,主要集中在宁波市市区(鄞州区、海曙区、镇海区、北仑区和江北区)。北仑区知识生产载体主要分布在北部大港工业园区和大榭岛;鄞州区知识生产载体主要分布在西部、北部的宁波市高新区和宁波南高教园区;海曙区知识生产载体受地理因素影响,主要分布在东部;镇海区知识生产载体明显有四块集中分布地,分别在北部的澥浦镇、南部的宁波北高教园区和镇海经济开发区以及镇海区西部;江北区知识生产载体分布集中在余姚江江北区段的东侧。其他区县中余姚市和慈溪市知识生产载体分布较多,主要集中在慈溪的杭州湾新区,并且沿三北路形成了带状分布;余姚市知识生产载体分布不集中,但大多在市中心[①]。宁海县、象山县和奉化区的知识生产载体分布较少且较为分散,主要分布在奉化区靠近海曙区和鄞州区的方向以及宁海县中心区域。

(二)宁波市知识生产载体空间集聚格局及行业属性

运用核密度分析法对宁波市高新技术企业和知识生产载体体系平台进行运算得出集聚图,集聚区大多分布在经济开发区或产业园区,在核密度分析时为更好突出高密度的集聚区,将计算出的密度值前九分之一排除,并按照自然间断点分级法将集聚程度分为五级。需要说明的是,因为众创空间、孵化器和产业化基地都具有空间概念,无法进行点运算,而且前两类在产业结构中的推动作用不明显,所以在集聚分析中暂不考虑这三类平台。

宁波市知识生产载体集聚情况与高新技术企业相似,集聚区大部分重叠,小部分错位的应为高校和科研机构或其他单位(如医院)所在位置。从空间集聚角度,对知识生产载体空间集聚及集聚区点位行业属性进行梳理,可以发现大多集聚区所涉主导行业是多元的,部分则是围绕一个行业。对知识生产载体集聚区的讨论仅限在集聚程度较高的两级。首先是涉及多个主导行业的知识生产载体区:(1)宁波国家高新区和宁波北高教园区连片区域,主要涉及的行业有新材料、新一代信息产业、新能源与节能产业;(2)北仑区知识生产载体集聚区在大港高新技术产业基地所在区域,涉及趋向智能装备、汽车配件、电子信息技术与软件、机械设备行业,除了这四大行业,还包括石化产业、钢铁产业等临港产业,但这两类知识生产载体较少,此处知识生产载体集聚区的区位具有港口优势、市场优势和交通优势;(3)海曙区的知识生产载体集聚在东部区域,是宁波望春工业园区所在地,知识生产载体所涉及的行业有电子信息、新能源和新材料,建设有国家新能源及环境友好产业宁波分基地、国家新材料高新技术产业基地宁波分中心;(4)鄞州西部的知识生产载体集聚区集聚程度较高,是鄞州工业园区和宁波南高教园区,两区域间有微弱连片趋势,所涉及主导行业有新一代信息技术和新材料新能源和生物医药,其中生物医

---

①　窦思敏.宁波市创新集群与产业结构优化互动的典型模式与规律[D].宁波:宁波大学,2019.

药是后起之秀;(5)江北区知识生产载体位于宁波市中心城区西北部,集中在宁波(江北)高新技术产业园所在区域,涉及新材料、新装备制造和生命健康科学产业;(6)余姚市知识生产载体集聚区位于余姚市市中心区域,是余姚市经济开发区所在地,载体涉及了智能制造、计算机、通信和其他电子设备制造行业,集聚密度最高的区域以宁波智能制造产业研究院为推动力的智能制造片区;(7)宁海县两块密度较高的连片集聚区,是宁波经济开发区的科技工业园区所在地和经济开发区的临港区块,涉及电子电器、汽车零部件、模具产业等;(8)慈溪是杭州湾南岸的杭州湾新区,知识生产载体主要涉及行业为汽车及其关键零部件产业、通用航空产业、智能电视和智能终端产业、高性能新材料产业、生命健康产业、高端装备制造业等,其中汽车制造逐渐开始围绕新能源汽车进行研发。涉及单一主导产业的知识生产集聚区均是以石化产业和化工产业为主,其一是镇海区沿海区域的宁波石化经济技术开发区所在区域,而这一集聚区中集聚程度最高的是新材料及合成材料片区;其二为北仑区北部的青峙化工产业区,主要为进行化工新材料产品研发的知识生产载体。

　　分时段研究机构集聚变化运用同样方法和分类进行计算分析,发现创新集聚地发源且发展兴盛于鄞州区北部和镇海区南部,即宁波市高新技术开发区和宁波北高教连片区域。2000—2005年,其他集聚区开始逐渐显现,尤其是北仑北部的青峙化工园区和鄞州区南高教区以及鄞州与海曙区交接处集聚速度较快。2005—2010年多个集聚区同时凸显,速度明显加快,江北区、余姚市、宁海县和杭州湾南岸的集聚区出现,都分布在各自区县的经济开发区区域,北仑的大港工业区和高新技术开发区以南的高密度集聚区发展迅速。2010—2017年,未出现新的高密度集聚区,但都在原来的基础上扩大了范围,甚至许多都形成了密度低集聚区的连片区域,其中鄞州北部的高新技术开发区和北仑区中部的大港工业区高密度区范围扩大明显,集聚重心也发生了转移。

　　慈溪市、余姚市的集聚区域在2010年后增长明显。通过分析知识生产载体高密度集聚区的行业属性及其变迁可知,除了单一产业集聚区,大部分集聚区重点发展的高新技术产业都包含了新材料产业、新一代信息产业和智能装备,尤其是新材料产业。从20世纪末着重通过发展模具、文具、纺织服装、石化等传统产业创新来进行产业升级,到逐步通过自主创新和引入大院名校来支持智能装备、新材料、新一代信息技术、汽车制造产业,以促进产业结构优化,企业研发机构和科研平台所涉行业经历了从传统到新型产业的转变,虽然重点发生了转移,但传统产业的升级并没有放松。

四、宁波市本土知识生产载体集聚态势

　　基于宁波创新体系及其知识生产载体类型与分布,利用核密度可视化发现:宁

波本土知识生产载体集聚区数量及其集聚密度和范围明显增大,其中宁波高新区与北高教园连片处、大港工业区所在处、鄞州工业园与宁波南高教园连片处的密度最高。

第三章　土地利用优化与宁波转型发展

本章重点计量宁波城市土地利用综合效益、镇域低效用地分布与集聚格局,继而分析开发区土地退出机制,阐明了宁波城市存量更新和城市土地利用的功能升级与空间组织趋向。

第一节　宁波城市土地利用综合效益变化计量

自 20 世纪以来,随着人口增长、经济发展与城市化进程的加快,城市地区可利用土地资源的数量越来越少,经济发展的硬性需求与土地供应不足的矛盾也越来越突出。同时,大量城市土地的不合理利用使得城市土地供需矛盾更严重。因此,在城市土地管理中转换土地利用观念,进一步提高城市土地利用效益,既能提高城市土地利用效率,又能优化城市土地利用结构,对缓解城市用地供应不足具有重要意义。

城市土地的开发利用因时因地会产生不同的综合效益[①],城市土地利用综合效益是评判城市土地利用状态的重要依据,成为国内关注热点领域。运用何种方法、选择什么指标能更好刻画城市土地利用效益成为关键。国内学界主要采用功效系数法[②]、模糊数学法[③]分析不同城市土地利用综合效益,构建了多视角评价模型[①];开始关注与土地利用效益密切相关的社会效益和生态效益关系[④],拓展了城市土地利用效益理论探索,也发现城市土地利用效益呈现"中心—外围"递减趋势[⑤]。但是,已有研究集中在单向维度,本节以宁波市为例运用功效系数法从横向和纵向两方面进行效益综合评价,为相关部门管理城市土地提供理论依据及数据

---

① 王雨晴,宋戈.城市土地利用综合效益评价与案例研究[J].地理科学,2006(6):743-748.

② 张旺锋,林志明.兰州市城市土地利用效益评价[J].西北师范大学学报(自然科学版),2009,45(5):99-103.

③ 刘喜广,刘朝晖.城市土地利用效益评价研究[J].华中农业大学学报(社会科学版),2005(4):91-95.

④ 梁红梅,刘卫东.土地利用社会经济效益与生态环境效益的耦合关系——以深圳市和宁波市为例[J].中国土地科学,2008,22(2):42-48.

⑤ 张明斗,莫冬燕.城市土地利用效益与城市化的耦合协调性分析——以东北三省 34 个地级市为例[J].资源科学,2014,36(1):8-16.

参考。

一、研究数据与城市土地利用综合效益评价体系构建

(一)研究区概况与数据来源

宁波市地处长江三角洲南翼,是浙江省第二大经济中心,为副省级城市。全市总面积 9816km²[①]。本节数据源自 2003—2014 年的《宁波统计年鉴》、宁波市土地利用变更调查、宁波市国民经济和社会发展统计公报/环境公报及沿海同类城市统计年鉴等。

(二)评价指标体系构建

土地利用综合效益是在一定空间、时间界限内对土地利用投入产出效果的总体评价,是一种构筑在各种影响因子之上的一个相对综合的指标体系[②]。因此,它不仅能反映城市土地的利用状况,而且还能够体现出质量水平和数量水平。根据已有相关文献[③][④],结合宁波特点优化已有评价共性指标得到如表 3-1-1 的评价指标体系,由目标层、准则层、指标层三部分构成,从与城市土地利用效益密切相关的经济、社会、生态三个角度对其进行评价[⑤]。

表 3-1-1 城市土地利用综合效益评价体系

准则层	指标含义	评价指标	单位
经济效益(P)	经济发展水平	P_1:人均 GDP	万元/人
		P_2:地均 GDP	万元/km²
		P_3:人均消费品零售总额	万元
	经济结构水平	P_4:房地产投资占全部投资的比重	%
		P_5:第三产业比重	%
		P_6:第三产业就业人口比重	%

① 浙江省统计局,国家统计局浙江调查队.浙江统计年鉴(2011)[M].北京:中国统计出版社,2011.

② 王筱明.基于熵权法的济南市土地利用效益评价研究[J].水土保持研究.2008,15(2):96-98.

③ 于开芹.城市土地可持续利用评价指标体系的构建原理与方法研究[J].西北农林科技大学学报(自然科学版),2004,32(3):59-64.

④ 佟香宁,杨刚桥,李美艳.城市土地利用效益综合评价指标体系与评价方法——以武汉市为例[J].华中农业大学学报(社会科学版),2006,64(40)53-57.

⑤ 陈峥胜,冯秀丽,马仁锋,等.宁波城市土地利用综合效益变化计量[J].世界科技研究与发展,2016,38(3):718-723.

准则层	指标含义	评价指标	单位
社会效益（J）	城市居民生活质量	J_1：城市人均居住面积	m²
		J_2：城市人均道路面积	m²
		J_3：人均家庭用水量	吨
	生活方便和出行便利程度	J_4：万人拥有公交车数量	辆
		J_5：万人拥有床位数	张
		J_6：公共设施用地比例	％
	社会公平指标	J_7：失业率	％
	人民生活水平	J_8：恩格尔系数	％
生态效益（S）	绿地指标	S_1：建成区绿地率	％
		S_2：建成区绿化覆盖率	％
		S_3：人均公园绿地面积	m²
	污染状况指标	S_4：工业烟尘排放量	吨
		S_5：污水处理率	％
	环境质量水平	S_6：人口密度	人/km²

1. 单个指标原始数据的标准化

土地利用综合效益评价因子具有一定综合性，所选的评价指标来源广泛，不同的评价指标的单位量化各不相同，为了使各指标具有统一可比性，对数据进行无量纲标准化处理[①]。标准化处理的方法为某一评价指标取值占全部该指标取值之和的比值法。标准化计算公式如下：

$$P_{ij} = X_{ij} \bigg/ \sum_{i=1}^{m} X_{ij} \quad i = 1, 2, \cdots, m; j = 1, 2, \cdots, n \qquad (3\text{-}1\text{-}1)$$

式中：P_{ij} 为评价指标的标准化值；X_{ij} 为评价指标的原始值；i 为参评对象个数；j 为评价指标个数。

2. 评价指标权重的确定

该体系中信息熵 $H(x_j)$ 可用来确定各指标的权重值。信息熵是系统有序程度高低的一种量化[②]。一个系统越有序，信息熵值越小，对土地利用综合效益评价的

①　陈松林，戴菲. 福建省土地利用效益动态变化研究[J]. 亚热带资源与环境学报，2011，6(2)：60-65.

②　李江，郭庆胜. 基于信息熵的城市用地结构动态演变分析[J]. 长江流域资源与环境，2002(5)：393-397.

重要性也就越大;反之,系统的无序程度越高,信息熵值越大,对土地利用综合效益评价的重要性也就越小。因此可通过信息熵的大小计算各评价指标的权重,为土地综合效益的评价提供依据。

$$H(x_j) = -k \sum_{i=1}^{m} P_{ij} \log P_{ij} \quad i = 1,2,\cdots,m; \ j = 1,2,\cdots,n \qquad (3\text{-}1\text{-}2)$$

式中:k 为调节系数,$k = 1/\ln m$;P_{ij} 为第 i 个参评对象的第 j 个评价标准化值;i 为参评对象个数;j 为评价指标个数。

第 j 项参评指标的差异系数 h_j 为:

$$h_j = 1 - (x_j) \quad j = 1,2,\cdots,n \qquad (3\text{-}1\text{-}3)$$

则第 j 项参评指标的权重系数 e_j 为:

$$e_j = h_j \Big/ \sum_{i=1}^{m} h_j \quad j = 1,2,\cdots,m \qquad (3\text{-}1\text{-}4)$$

经计算得出宁波城市土地利用综合评价指标权重如表 3-1-2 所示。

表 3-1-2　宁波市城市土地利用综合效益评价指标权重

评价指标	权重(W_i)	评价指标	权重(W_i)	评价指标	权重(W_i)
P_1	0.1574	J_2	0.0196	S_1	0.0057
P_2	0.0950	J_3	0.0167	S_2	0.0022
P_3	0.2796	J_4	0.0586	S_3	0.0012
P_4	0.0453	J_5	0.0434	S_4	0.0168
P_5	0.0024	J_6	0.0164	S_5	0.0855
P_6	0.0945	J_7	0.0269	S_6	0.0001
J_1	0.0208	J_8	0.0015		

(三)城市土地利用综合效益评价模型

为使评价理论上更加合理且增加实际可操作性,本节采用功效系数法进行计算和评价[1]。

设系统评价指标变量功效为 $U_i(i=1,2,3\cdots,n)$,其值为 $x_i(i=1,2,3\cdots,n)$,a_i,b_i 为系统指标标准化处理后的上下限。各系统变量对土地利用综合效益的影响分为正效应和负效应,当系统变量为正效应时系统有序性趋势增加,系统变量为负效应时系统有序性趋势减小。系统变量效应公式如下(3-1-5):

$$U(X_i) = \begin{cases} \left(\dfrac{x_i - b_i}{a_i - b_i}\right) \times 0.4 + 0.6 & U(X_i) \text{具有正效应时},(i=1,2,\cdots,n) \\[2mm] \left(\dfrac{b_i - x_i}{b_i - a_i}\right) \times 0.4 + 0.6 & U(X_i) \text{具有负效应时},(i=1,2,\cdots,n) \end{cases} \qquad (3\text{-}1\text{-}5)$$

---

① 李植斌.一种城市土地利用效益综合评价方法[J].城市规划,2000,24(8):62.

结合系统变量效应和各指标权重系数运用线性加权法得到综合效益系数公式
(3-1-6)：

$$D = \sum_{i=1}^{n} W_i \cdot U(X_i) \tag{3-1-6}$$

其中，D 为评价对象综合效益系数，W_i 为第 i 个指标的权重，$U(X_i)$ 为第 i 个指标的功效系数值。由系统论知，城市土地利用效益的协调度是指各城市土地利用效益评价指标在区域土地利用过程中彼此和谐一致的程度，是土地利用效益评价的核心[1][2]。根据协调度理论可将城市土地利用协调性分为 6 个等级[1]。如表 3-1-3 所示。

表 3-1-3　城市土地利用协调性分级

协调系数	等级	协调程度
$D \geqslant 0.8$	I	高度协调
$0.6 \leqslant D \leqslant 0.8$	II	比较协调
$0.5 \leqslant D \leqslant 0.6$	III	基本协调
$0.4 \leqslant D \leqslant 0.5$	IV	不太协调
$0.2 \leqslant D \leqslant 0.4$	V	不协调
$D \leqslant 0.2$	VI	极不协调

二、城市土地综合利用效益的纵向评价与分析

(一)宁波市城市土地利用综合效益动态变化分析

通过各评价指标的熵值和权重，计算得出宁波市 12 年来城市土地利用效益功效系数(表 3-1-4)。通过功效系数可以看出，城市土地利用系统均处于比较协调或高度协调的状态。随着时间的推移，宁波城市土地利用综合效益是趋于升高的，2002—2013 年，评价对象功效系数由起始年份的 0.6411 增至评价截止年份的 0.9654，年平均增长量为 0.027。

宁波市近 12 年综合效益系数值的变化情况可知：2002—2009 年城市土地利用综合效益处于稳步上升的阶段；2010—2012 年综合效益稳中有升，变化情况不大；2009—2010、2012—2013 年综合效益又有明显的提升。分析综合效益提升的原因不难发现，2010 年与 2009 年相比土地经济效益均有明显的提升，其中反映在评价指标上主要是房地产投资比重的增加，2009 年宁波市房地产投资占全部投资的比重为 19.04%，2010 年一跃升至 28.15%，一年之内上升 9.11 个百分点；2013

① 王雨晴,宋戈.城市土地利用综合效益评价与案例研究[J].地理科学,2006(6):743-748.
② 罗罡辉,吴次芳.城市用地效益的比较研究[J].经济地理,2003(3):367-370,392.

年与 2012 年相比土地社会效益有明显的提升,反映在评价指标上主要是公共设施用地比例的增加,2012 年宁波市公共设施用地比例为 7.14%,2013 年跃升为 10.14%,一年之内增幅为 3 个百分点。总体分析发现,经济效益的变化对综合效益变化影响较大,12 年来,随着对土地投入强度的加大,城市土地利用综合效益也在不断提高,2013 年与 2002 年相比,经济效益功效系数增长了 0.3940,相对社会效益和生态效益,土地经济效益对综合效益的提高贡献较大。

表 3-1-4   2002—2013 年宁波市城市土地利用效益功效系数表

年份	综合效益	经济效益	社会效益	生态效益
2002 年	0.6411	0.6053	0.7715	0.6170
2003 年	0.6639	0.6272	0.8050	0.6263
2004 年	0.6919	0.6538	0.8172	0.6888
2005 年	0.7268	0.6772	0.8405	0.8065
2006 年	0.7510	0.7051	0.8335	0.8621
2007 年	0.7553	0.7375	0.7646	0.8341
2008 年	0.7868	0.7611	0.8187	0.8707
2009 年	0.8127	0.776	0.8531	0.9426
2010 年	0.8635	0.8503	0.8462	0.9602
2011 年	0.9016	0.9100	0.8138	0.9968
2012 年	0.9189	0.9496	0.7841	0.9694
2013 年	0.9654	0.9993	0.8399	0.9824

(二)城市土地利用效益变化情况分析

准则层来讲,三个评价方面效益系数变化不尽相同,其中经济效益和生态效益的变化情况与综合效益变化总趋势基本一致,而社会效益变化则呈现一定的波动状态。其中城市土地经济效益在 2009—2013 这 5 年期间上升明显,相对其他年份增速较快(图 3-1-1),5 年间经济效益功效系数上升 0.2233。反映在评价指标上主要体现在,地均 GDP、人均消费品零售总额及房地产投资比重的增加,地均 GDP 由 2009 年的 105945.40 万元/km² 增加到 2013 年的 155946.25 万元/km²,人均消费品零售总额由 2009 年的 2.51 万元增加到 2011 年的 4.54 万元,房地产投资占全部投资的比重在这 5 年内增长 14.11 个百分点。从政策角度看,2009 年前半年出台的房地产政策大大促进了房地产市场的发展,使得房地产投资在近几年来增长速度较快,大大提高了城市土地经济效益。城市土地社会效益相比经济效益增幅相对平稳缓慢,在评价范围区间内社会效益功效系数增长 0.0684,年均增长 0.0057。反映在评价指标上主要体现在,社会保障制度的推广速度、城市相应配套设施的建设速度,并没有随人口的增长速度同步变大。从土地的生态效益看,

2002—2006 年生态效益均以较快的速度增长,2006 年之后生态效益增长速度明显变缓,甚至相比 2006 年有所下降。评价指标主要体现在工业烟尘排放量的增加,2006 年之后工业烟尘排放量不减反增,呈现直线上升的趋势,至最高年份 2011 年工业烟尘排放量增至 17581.94 吨,相比 2006 年增加 38.83%,此项负效性指标的增长导致了城市土地生态效益增幅的减慢。

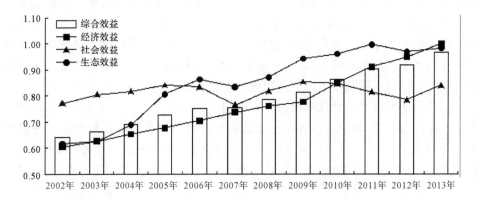

图 3-1-1　2002—2013 年宁波市城市土地利用效益变化图

三、宁波城市土地利用综合效益横向评价与分析

在前述定量评价基础上,本着差异性的原则选取城市发展成熟度不同的杭州、南京、青岛、厦门、深圳 6 个发展较好的副省级城市,与宁波市展开城市土地利用综合效益横向比较。经重新计算评价指标权重,并计算各城市的功效系数(表 3-1-5),得出宁波、青岛、厦门城市土地利用协调程度为比较协调,杭州、南京、深圳城市土地利用协调性相对较高的结论。通过不同城市及宁波市近 12 年来土地利用综合效益的变化特征也可看出,不同城市间土地利用综合效益呈现分异性特征。

表 3-1-5　不同城市土地利用综合效益功效系数表

城市	综合效益	经济效益	社会效益	生态效益
杭州	0.8838	0.8408	0.8524	0.9663
南京	0.8355	0.7887	0.8721	0.8334
深圳	0.8018	0.8285	0.7455	0.8486
厦门	0.7784	0.8741	0.7130	0.7701
青岛	0.7781	0.7112	0.8162	0.7936
宁波	0.7335	0.6909	0.7677	0.7304

(一)土地利用综合效益与城市发展成熟度相关

通过不同城市之间土地利用综合效益的对比可以看出,城市土地利用综合效益较高的是杭州 0.8838、南京 0.8355,青岛和宁波相对较低分别为 0.7781、0.7335,城市发展越成熟的城市,城市土地综合利用效益系数值越高。城市在发展过程中,随着经济的发展,城市产业结构不断优化,城市职能会经历一个逐渐转变的过程,第三产业所占比重逐渐增大。南京、杭州就业人口中从事第三产业人员比重分别为 54.64%、53.4%,远高于其他城市。城市经济的发展进而带动了城市社会的进步和生态环境的改善,整体促进城市土地利用综合效益的全面提升。宁波和青岛均属于生长型的城市,城市土地利用综合效益相对其他城市较低。这也从侧面反映宁波市在提高城市土地利用效率方面有很大的潜力。

(二)土地利用综合效益与城市经济结构水平相关

计算可以看出:城市土地利用综合效益的高低与城市经济发展的好坏密切相关。其中,城市产业结构水平是引起土地利用综合效益变化的一个重要影响因子,经济发展水平较高的城市产业结构更加趋于优化。杭州、南京均属历史名城,城市发展历史悠久,旅游业发达,第三产业发达,城市土地利用综合效益较好。宁波市GDP 组成中第二产业增加值仍占较大比重。2013 年宁波全市经济结构组成中第三产业占 43.60%,而杭州市第三产业比重为 53.40%,相差近十个百分点。因此,宁波市产业结构有待于进一步优化。

(三)城市土地利用综合效益与经济、社会、生态效益的不同步性

图 3-1-2 可以看出,城市土地利用综合效益与经济、社会、生态效益指数变化曲线相互交叉,即显现出来各评价指标变化的不同步性。土地效益变化曲线看,生态效益与经济效益之间有较强的相关性,即土地经济效益的增长与环境水平存在一定的关系,土地经济效益较好的城市,生态效益也相对较高。生态效益变化曲线与社会效益变化曲线呈现较多次交叉,并没有呈现较强的相关关系,即土地的生态效益水平的提高与社会效益水平的提高之间没有明显的关系。社会效益曲线斜率明显低于经济效益曲线斜率,即社会进步的速度并没有跟上经济的增长速度,这说明国民经济发展中,并没有处理好物质积累和消费的比例关系,使得土地社会效益增长缓慢。

尽管宁波城市土地利用综合效益在稳步增长,但与其他几个城市相比,宁波市城市土地利用综合效益仍有较大提升空间,反映在评价指标上主要是:经济结构水平有待提高,产业结构有待于优化;同时地均 GDP 相对其他城市较低,城市土地利用集约化水平有待提高。生态效益得分值低,反映在评价指标上主要是建成区绿化率和污水处理率这两个评价指标,相对其他城市较低。其中 2013 年宁波市污水处理率只有 88.42%,和杭州相比还有较大差距。

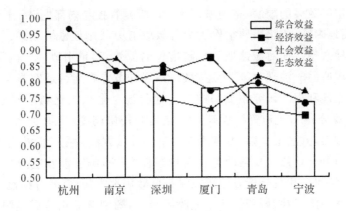

图 3-1-2　不同城市土地利用效益变化比较

四、宁波城市土地利用综合效益状态与趋势

城市土地利用综合效益是诸多影响因素的综合反映,相关评价指标的变化都可能引起土地综合效益的波动。本节通过选取相关评价指标结合熵权法确定指标权重值,对城市土地利用综合效益进行了横向和纵向的实证研究,发现宁波市城市土地利用综合效益近 12 年来稳步提升,但与其他发展比较成熟的城市相比,宁波城市土地利用整体水平相对较低。其中宁波城市土地利用的经济效益和社会效益与综合效益变化状况整体趋同,而生态效益不稳定,中间表现一定的起伏状态。城市土地利用效益与城市发展成熟度有一定关系,宁波市还处于城市生长期,土地利用综合效益还有较大增长空间。城市土地利用综合效益与城市发展成熟度密切相关,发展比较成熟的城市第三产业所占比重相对较高,土地利用综合效益一般也较高。城市土地利用综合效益的变化与经济、社会、生态效益的变化呈现不同步性。

第二节　宁波市镇域尺度城镇低效用地空间格局

土地是人类社会经济发展的空间载体,城镇是人口高度聚集、人类活动对地面影响最为强烈的区域,城镇土地作为社会与经济发展的各项政策措施实施最密集的地区,它的利用质量关系着经济的健康发展、社会的稳定进步。所谓城镇低效用地即是城镇范围内以社会、经济、生态三个维度考量,利用方式综合效益低下的土地。随着中国政府对城镇土地利用效益的重视,城镇低效用地日益成为土地学界研究的热点。

由于中国城镇地区经济飞速发展对土地资源的迫切需求以及基本农田保护与

资源节约利用等政策的限制,重视城镇用地的外延管控与内部挖潜、着重平衡用地布局、提升用地内涵、优化用地结构成为各级政府突破用地紧缺瓶颈、缓解用地饱和藩篱的必然选择。面对城镇地区日趋增长的低效、存量用地,以"内涵界定—分布格局—形成原因—治理对策"为逻辑链条,展开节点针对性研究显得尤为重要。国内外关于土地利用的研究主要集中于土地覆被变化[①]、土地利用规划[②]、土地利用结构[③]、景观分异[④]、土地资源承载力[⑤]、土地利用协调度、集约度、效益及适宜性评价[⑥⑦⑧]等方面,方法上则以3S技术与经济学计量方法为主。低效用地研究热点在概念界定与分类定级[⑨⑩]、驱动与转换机制探究[⑪⑫],鲜有涉及空间格局特征,因此,本节运用空间自相关分析方法研究城镇低效用地空间格局,旨在检视城镇地区国土空间开发规律,诊断城镇低效用地障碍因子,甄别低效用地形成驱动机制,进而为城镇地区的土地利用规划与决策提供参考。

一、研究区域与数据来源

(一)研究区域

宁波位于中国东南沿海,浙江省东部,是长三角南翼经济中心、中国重要的港口工业城市,全市共辖7区(海曙、江东、江北、鄞州、镇海、北仑、奉化区)、2县(象

① 赵敏,程维明,黄坤,等.基于地貌类型单元的京津冀近10a土地覆被变化研究[J].自然资源学报,2016,31(2):252-264.

② 李建春,张军连,周杨,等.基于GIS的土地利用规划空间布局合理性评价[J].中国土地科学,2013,27(12):32-38.

③ 钱敏,濮励杰,朱明,等.土地利用结构优化研究综述[J].长江流域资源与环境,2010,19(12):1410-1415.

④ 郭丽英,王道龙,邱建军.环渤海区域土地利用景观格局变化分析[J].资源科学,2009,31(12):2144-2149.

⑤ 杨庆媛,鲁春阳,文枫,等.区域相对资源承载力探讨——以重庆市为例[J].农业现代化研究,2007(3):314-317.

⑥ 赵敏宁,周治稳,曹玉香,等.陕西省城市土地集约利用评价及其区域差异研究[J].水土保持研究,2014,21(5):210-215.

⑦ 史进,黄志基,贺灿飞,等.中国城市群土地利用效益综合评价研究[J].经济地理,2013,33(2):76-81.

⑧ 史同广,郑国强,王智勇,等.中国土地适宜性评价研究进展[J].地理科学进展,2007(2):106-115.

⑨ 周咏馨,黄国华,高荣,田鹏许.城市工业用地效能评价指标体系研究[J].建筑经济,2015,36(5):81-84.

⑩ 张占录.基于用地效率分析的城市区域空间结构极化模型及空间发展战略[J].城市发展研究,2011,18(8):46-52.

⑪ 马安胜,雷涯邻,袁国华,等.东北三省闲置低效用地成因分析及对策建议[J].中国人口·资源与环境,2015,25(S1):102-103.

⑫ 刘新平,严金明,王庆日.中国城镇低效用地再开发的现实困境与理性选择[J].中国土地科学,2015,29(1):48-54.

山、宁海）、2市（慈溪、余姚），面积约9816km²，人口达760万，GDP逾8000万。截至2015年，宁波共有批而未供土地3563.10hm²，供而未用土地1438.56hm²，城镇低效用地8964.36hm²。以2013年14.69hm²城乡建设用地为规划基数，对比《宁波市土地利用总体规划（2006—2020年）》中14.97hm²的控制规模，宁波可新增建设用地指标仅为0.28hm²，根据宁波当前建设速度及需求，按5年测算，宁波城乡建设用地新增需求达1.47万hm²，远超供给红线。随着诸如江东新城、鄞州新区等新城区、高新区的规划建设，宁波城区框架进一步拉大，城市发展用地激增，建设用地指标已接近资源承载与政策规划阈值，与此同时市域内却分布有大量低效、存量用地。因而，如何整合域内土地资源、选择低效用地升级路径成为宁波市亟待解决的关键问题。

（二）数据来源

数据来源于2015年宁波市城镇低效用地调查数据库。根据浙江省城镇低效用地再开发调查要点与规程，将城镇地区"三旧"（旧城镇、旧厂矿、旧村庄）用地定义为城镇低效用地。为便于研究，将国有农场、水库等地类合并至相应镇域单元。

二、研究方法

空间自相关被称为地理学第一定律，表示任何事物与其周围事物之间都存在联系，且越是相近的事物联系也越紧密[1]，适宜于标度空间依赖性、离散性特征。依据功效可大致将空间自相关分为全局与局部两种，前者用于描述空间要素的整体分布特征，后者用于判识局部子区域间的空间联系。空间自相关分析中，空间权重的确定极为重要，空间权重矩阵是空间表达最核心的部分，用于定义空间单元的相互邻接关系，对常用邻接规则和距离规则进行定义，GeoDa软件共给出了共边邻接（Rook contiguity）、共边或共点邻接（Queen contiguity）、阈值距离（Threshold distance）、K-近邻（K-Nearest Neighbor）4种空间权重确定方法。由于Queen contiguity比较适用于不规则图形的邻接，故而以此确定空间权重矩阵。

局部空间自相关表征参量较多，而LISA显著性水平图既能识别邻域间的空间联系，又能对应Moran散点图，标识具体实体[2]，对局部空间稳定性、集聚性具有较好的量化与视觉展示效果。Moran散点图用平面标表示，以平均值为轴的中心，横坐标为变量标准化原始值，纵坐标为变量标准化空间滞后值，回归直线的斜率即全局Moran's I。Moran散点图对空间滞后因子Wz和z数据对进行了可视

① 李亚婷，潘少奇，苗长虹.中国县域人均粮食占有量的时空格局——基于户籍人口和常住人口的对比分析[J].地理学报，2014，69(12)：1753-1766.
② 刘青，李贵才，仝德，等.基于ESDA的深圳市高新技术企业空间格局及影响因素[J].经济地理，2011，31(6)：926-933.

化的二维展示,1、3 象限与 2、4 象限分别表示有显著正、负空间自相关性,四个象限分别对应于区域单元与其邻居之间 4 种空间联系形式,即:第 1 象限代表高值单元被高值单元包围[高—高(H-H)],称为热点区;第 3 象限代表低值单元被低值单元包围[低—低(L-L)],称为冷点区(盲点区),皆表现出同质依赖性。第 2 象限代表低值单元被高值单元包围[低—高(L-H)];第 4 象限代表高单元被低值研究单元包围[高—低(H-L)],均表现出异质离群性。

三、宁波市城镇低效用地空间格局特征

(一)描述性统计特征

通过基础数据统计梳理,宁波市共有城镇低效用地 8965.54hm²,其中旧厂矿 5385.06hm²,占总量的一半以上,达到 60.06%,旧城镇、旧村庄占比分别为 31.37%、8.57%。宁波市县域、镇域城镇低效用地的空间分布①,各区县平均值为 815.05hm²,余姚、奉化、慈溪的城镇低效用地保有量分列前三,共占全市的 67.6%,而江东、北仑,仅占 0.75%.余姚的城镇低效用地达到了全市的 29.64%,是江东的近 40 倍。排名后五位的县域单元之和仅占全市总量的 1/10 左右,不及余姚的 40%。类际上,存有旧城镇、旧村庄、旧厂矿最多的县域单元分别是慈溪、奉化、余姚,江东境内仅有旧城镇,海曙只有旧厂矿。镇域上,平均值达 64.50hm²,慈溪的浒山街道是存在城镇低效用地最多的镇域单元,达到了 840.50hm²,有些镇域单元不存在城镇低效用地。根据 ArcGIS10.2 中自然断裂法,将宁波市镇域城镇低效用地分成 9 级,分级区间在 100hm² 以上的镇域单元主要分布在余姚、慈溪、奉化。

(二)空间分异特征

鉴于空间自相关分析以多于 30 个空间要素最为理想,而宁波共辖 11 个县域行政区,县域分析意义有限,仅以镇域尺度上的空间格局进行探讨。

1. 整体空间分异特征

运用 GeoDa095i 计算全局空间自相关,结果显示(表 3-2-1):总体、旧城镇、旧村庄、旧厂矿的 z 检验值均大于 99%(P=0.01)置信水平下的临界值(1.96),即通过显著性检验,全局 Moran's I 皆为正值,表明宁波市镇域城镇低效用地分布存在正相关关系,亦即镇域水平上宁波市城镇低效用地表现出同质依赖特征。$I_{旧村庄}>I_{旧厂矿}>I_{总体}>I_{旧城镇}$,说明旧村庄、旧厂矿呈现更强的集聚性,总体次之,旧城镇最弱。

---

① 张赛赛,冯秀丽,马仁锋,等.镇域尺度城镇低效用地空间格局分析——以宁波市为例[J].华中师范大学学报(自然科学版),2017,51(4):542-547.

表 3-2-1　宁波镇域低效用地全局 *Moran's I* 统计值

尺度	类型	Moran I	E(I)	Mean	SD	P-value	Z-value
镇域	总体	0.1545	−0.0072	−0.0137	0.0464	0.010000	3.6260
	旧城镇	0.0777	−0.0072	−0.0168	0.0296	0.010000	3.1877
	旧村庄	0.2203	−0.0072	−0.0107	0.0466	0.010000	4.9566
	旧厂矿	0.2161	−0.0072	−0.0157	0.0510	0.010000	4.5481

注:E(I)为期望值;Mean 为平均值;SD 为标准方差(均方差)

2. 局部空间分异特征

Moran's I 作为总体统计指标仅能探测空间要素区域差异的平均状态,为全面揭示镇域城镇低效用地空间分异特征与相互关系,利用 GeoDa095i 软件绘制 LISA 显著性水平图(图 3-2-1)。比对宁波市镇级行政区划图,将各镇域单元进行统计归类,结果显示:各 Moran 散点图中处于 1、3 象限的镇域单元数均占总数的 50%以上,表现出较强的同质集聚特征,旧村庄和旧厂矿的低值与高值单元空间分离状态显著。

参照图 3-2-1,分析 LISA 显著性水平,具体为:

(1)总体:H-H 型镇域单元主要出现在宁波西北部与中部,具体分布于慈溪中部(3 个),余姚中部(4 个)以及奉化东北部(2 个)。L-L 型镇域单元主要出现在宁波东南部,具体为象山(7 个)、鄞州东南部(2 个)和西北部(1 个)、宁海东部(1 个)、北仑南部(1 个)以及慈溪(1 个),象山境内形成连片低值区,可能在于山多人稀且拥有良港、渔村、古城、海滨等优良旅游资源的禀赋特征提升了象山的生态、旅游价值。市域内未出现 H-L 型镇域单元。L-H 型镇域单元出现在慈溪(3 个)、余姚(2个)以及奉化(1 个)。H-H 与 L-H 出现位置相同,表明该区域高值集聚周围环布有"洼地"。

(2)旧城镇:H-H 型镇域单元存在于慈溪中南部(3 个)和奉化中部(1 个)。L-L 型镇域单元分别位于鄞州中部(2 个)、象山(2 个)、慈溪南部(1 个)、余姚东部(1个)、海曙(1 个)。主城区出现旧城镇低值集聚区,或因为该区域内多为高层住宅小区、服务业办公楼宇以及交通、景观用地,综合效能(经济、社会、生态)较高。H-L 型镇域单元仅有余姚大隐镇,L-H 型镇域单元均位于慈溪(3 个),并在浒山街道周围与 H-H 型呈相互交错之势。

(3)旧村庄:H-H 型镇域单元主要出现在江北(2 个)与奉化(6 个)。L-L 型镇域单元分别位于慈溪(3 个)、鄞州(2 个)、余姚(1 个)、海曙区(1 个)、江东(1 个)。之所以出现上述格局,或因为余姚、慈溪作为全国县域经济十强县,城镇化水平高,经济发达,用地方式以企业为主,而随着江东新城及南部商务区的崛起,江北发展速度趋缓;奉化出现"高值簇",或出于以溪口—滕头—雪窦山为核心景点的旅游及

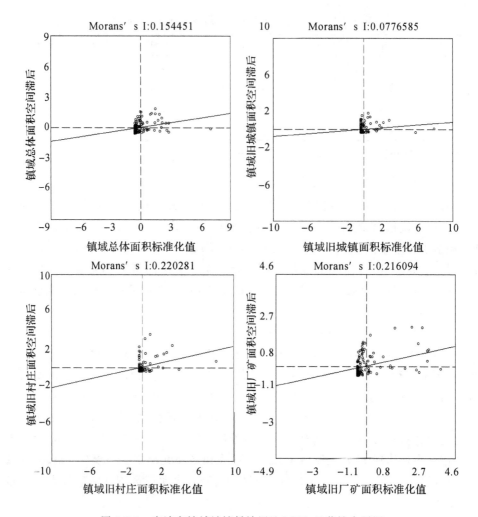

图 3-2-1　宁波市镇域城镇低效用地 LISA 显著性水平图

其关联产业是奉化的主导经济部门,市内劳动力富集的工业企业产能低下、"城中村"及"空心村"遍布的缘故。H-L 型镇域单元分布在北仑(2 个)、慈溪(1 个)以及镇海(1 个)。L-H 型镇域单元集中于奉化边界线周围,具体分布在余姚最南部(1 个)、奉化最南部(1 个)及鄞州西南部(4 个)。

(4)旧厂矿:H-H 型镇域单元全部位于余姚(9 个),占到了余姚镇级行政区的 43%,出现了"高值簇"。数据显示,余姚共有旧厂矿 2463.98hm²,达到了全市旧城镇总面积的 48%。L-L 型镇域单元共 22 个,均位于宁波东南部县域单元,包括鄞州东部(10 个)、象山(6 个)、宁海东部(4 个)、江东(1 个),出现低值连片区。市域内未出现 H-L 型镇域单元。L-H 型镇域单元环绕于高值区东南侧,主要分布于慈溪南部(2个)、余姚东南部(3个)以及奉化(1个),呈现"孤岛"状,表明余姚境内旧厂矿过度集中。此外,旧厂矿的高低值集聚区出现了明显的空间分离,高值区集中于市域西北部的余姚,而低值区分布于市域东南部山区地带,主要是象山、宁海以及鄞州的山区乡镇(街道)。鄞州作为宁波最大的市辖区,经济繁荣,且东南部集中有东钱湖、雅戈尔动物园等多处旅游景点,用地方式以高档住宅和休闲旅游设施为主;象山与宁海多山,工矿用地空间逼仄,为宁波的生态涵养区,或因此上述区域内产生了大量低值单元。

就类际而言,(旧城镇—旧村庄)仅有 H-H 型(锦屏街道)、L-L 型(西郊乡、古林镇),(旧城镇-旧厂矿)与(旧村庄—旧厂矿)仅存在 L-L 型,前者是东钱湖镇,后者为大徐镇、丹东街道,这反映了各空间联系类型类际重叠率较低,空间分离性质显著,即同一镇域单元一般只存在一种类型的集聚。此外,总体与旧厂矿未出现H-L 型,旧城镇与旧村庄也少有分布,说明高值区周围的低值单元较少,高、低值单元分布正相关性较强。由图 3-2-1 显示,总体与旧厂矿的分异特征相似度高,表明旧厂矿在各类城镇低效用地中占比最高,对总体分布格局的形成具有较大影响(表 3-2-2)。

表 3-2-2　各空间联系类型镇域单元分布表

空间联系类型	镇域单元			
	总体	旧城镇	旧村庄	旧厂矿
H-H	坎墩街道[8]、逍林镇[8]、横河镇[8]、阳明街道[9]、马渚街道[9]、兰江街道[9]、凤山街道[9]、岳林街道[7]、西坞街道[7]	坎墩街道[8]、逍林镇[8]、横河镇[8]、锦屏街道[7]*	庄桥街道[3]、甬江街道[3]、江口街道[7]、萧王庙街道[7]、锦屏街道[7]*、岳林街道[7]、西坞街道[7]、尚田镇[7]	朗霞街道[9]、马渚街道[9]、阳明街道[9]、低塘街道[9]、凤山街道[9]、梨洲街道[9]、兰江街道[9]
L-L	观海卫镇[8]、横街镇[4]、瞻岐镇[4]、咸祥镇[4]、春晓镇[6]、长街镇[11]、新桥镇[10]、定塘镇[10]、石铺镇[10]、西周镇[10]、贤庠镇[10]、大徐镇[10]、丹东街道[10]	观海卫镇[8]、三七市镇[9]、西郊乡[1]*、古林镇[4]*、洞桥镇[4]、大徐镇[10]***、丹东街道[10]***	新浦镇[8]、附海镇[8]、匡堰镇[8]、低塘街道[9]、西郊乡[1]*、古林镇[4]*、东钱湖镇[4]**、东郊乡[2]	集士港镇[4]、首南街道[4]、中河街道[4]、下应街道[4]、邱隘镇[4]、梅墟街道[4]、五乡镇[4]、东钱湖镇[4]**、塘溪镇[4]、瞻岐镇[4]、福明乡[2]、越溪乡[11]、茶院乡[11]、力洋镇[11]、长街镇[11]、西周镇[10]、大徐镇[10]***、丹东街道[10]***、新桥镇[10]、定塘镇[10]、石铺镇[10]

续表

空间联系类型	镇域单元			
	总体	旧城镇	旧村庄	旧厂矿
H-L	—	大隐镇[9]	龙山镇[8]、骆驼街道[5]、小港街道[6]、霞浦街道[6]	—
L-H	宗汉街道[8]、胜山镇[8]、匡堰镇[8]、低塘镇[9]、陆埠镇[9]、萧王庙街道[7]	宗汉街道[8]、胜山镇[8]、匡堰镇[8]	四明山镇[9]、龙观乡[4]、鄞江镇[4]、洞桥镇[4]、姜山镇[4]、大堰镇[7]	坎墩街道[8]、横河镇[8]、丈亭镇[9]、陆埠镇[9]、梁弄镇[9]、岳林街道[7]

注：1—9 为县级行政区标识码[1(海曙区)、2(江东区)、3(江北区)、4(鄞州区)、5(镇海区)、6(北仑区)、7(奉化区)、8(慈溪市)、9(余姚市)、10(象山县)、11(宁海县)]。在(旧城镇—旧村庄)、(旧城镇—旧厂矿)、(旧村庄—旧厂矿)下为同一联系类型的镇域单元，分别以 *、**、*** 作为标识符。大榭街道6、梅山乡6、高塘岛10、鹤浦镇10 四个镇域单元为岛屿，在 Queen 邻接定义下无意义。

四、宁波市镇域城镇低效用地格局趋势

对宁波市城镇低效用地基础数据描述性统计分析、空间自相关分析得到如下结论：

宁波市镇域城镇低效用地分布具有显著集聚特征，旧村庄与旧厂矿最为明显，旧城镇相对离散。旧城镇主要集中在慈溪、余姚交界处及奉化中部；旧村庄主要集聚于奉化中部及江北区；旧厂矿的分布产生明显的空间分离，分别聚集于市域"西北—东南"轴线两端，在余姚形成高度集聚带，在市域东南部出现连片稀少区，并主导总体分布格局。

低效土地利用格局实质上即为该地区经济社会发展的镜像，反映城市化、工业化以及人口变化，并接受其交互反馈，是区域发展轨迹的直观体现。归纳起来，土地利用主要受自然与人文两大系统的影响，其中尤以地形地貌、政策规划及经济发展的作用最为突出。据此，推测宁波城镇低效用地空间格局形成的原因为：首先，宁波市经济发达，城镇建设用地面积大，工矿企业多，因而城镇地区各类低效用地特别是旧厂矿大量存在；经济体量或者说企业数量决定着一个地区出现旧厂矿的多寡，自然禀赋及经济格局影响着旧村庄的形成与分布，因而两者出现特定地区集聚现象，同时各地不断开发新城、新区，使得部分老城区逐渐演化为陈旧街区或待拆迁区，具体到乡镇(街道)多呈点状零星分布，故而旧城镇集聚特征并不明显。其次，余姚、慈溪工业发达，民营企业星罗棋布，而以小且灵活为特点的民营企业更新换代较快，管理稍有松懈，便会导致镳汰产业不能及时腾退翻新；老三区(海曙、

江东、江北)作为核心生活休闲、购物娱乐街区,地面利用业态以住宅、商服为主,厂矿企业鲜有分布,破旧街区及城中村略有分布。市域东南部多为山区,人口稀少,交通格网密度小,工矿用地布局障碍林立,少、散、小为该区域工矿企业的主要存在形态,旧厂矿分布少,同时该区域建设用地空间逼仄,而自然景观优美,综合价值较高,寥有城镇村落归为低效用地。奉化东北部承接宁波中心城区,发展迅速,老城区域则相对滞后,产业转型外迁及城中村改造步伐迟缓,故此,奉化老城区出现大片旧村庄。

综合以上分析特提出以下建议:(1)精细行政管理,优化服务环境。主要是明晰用地产权,细化权责档案,设置专门的电子化管理基站,加大城镇低效用地整治的基础设施与软环境建设。(2)打造交通、物流网络综合体。联通高速、国道、省道大动脉,编织县级、镇级、村级小格网,促进地区"物质—信息—能量"的流动,有效弱化天然区位禀赋的影响,提升人为理性规划的主导作用。(3)推进都市功能区划与产业升级改造。将中心城区散乱镶嵌的生产类企业分片外迁,关联产业整合入园,构筑层次分明、布局合理、结构优化的产业格局。(4)财政政策与金融市场双轮驱动,破解低效用地再开发资金短缺困局。

第三节　基于点模式的宁波市城镇低效用地空间格局计量

21世纪是中国城市化快速发展的关键时期,各大中小城市建设用地急剧扩张,同时也普遍存在过分注重外延扩展、忽视内涵挖潜的现象,导致城镇地区形成大量的低效用地。城镇低效用地空间格局的研究,是辨识低效用地形成机制,选择低效用地开发模式,挖掘存量用地潜力,提高土地集约利用水平,实现土地资源循环利用和区域可持续发展的基础性工作。学界研究地理要素空间格局主要是基于点和面的探索性数据,点数据空间格局研究方法有 Ripley's K 函数[1]、Oring 函数[2]、平均最近邻指数[3]、核密度估计[4]等,面数据空间格局研究方法有空间热点探

① 葛莹,MIRON J,蒲英霞,等.基于边际 K 函数的长三角地区城市群经济空间划分[J].地理学报,2015,70(4):528-538.

② 董灵波,刘兆刚,张博,等.基于 Ripley L 和 O-ring 函数的森林景观空间分布格局及其关联性[J].应用生态学报,2014,25(12):3429-3436.

③ 程林,王法辉,修春亮.城市银行网点及其与人口—经济活动关系的空间分析——以长春市中心城区为例[J].人文地理,2015,30(4):72-78.

④ 郭洁,吕永强,沈体雁.基于点模式分析的城市空间结构研究——以北京都市区为例[J].经济地理,2015,35(8):68-74.

测[1]、区位熵[2]、基尼系数[3]、空间自相关[4]等,而地理学视域下的土地研究主要集中在土地利用/土地覆被变化(LUCC)[5]、土地利用结构[6]、土地集约节约利用[7]、土地适宜性评价[8]、土地效益评价[9]以及景观形态[10]等方面,鲜有将空间格局分析与城镇低效用地结合起来的研究。同时,低效用地的研究多在于形成机制[11]、再开发模式[12]等,较少关注低效用地空间分布特征。对城镇低效用地空间格局的分析与探讨,旨在诊断城镇低效用地驱动因子,促进城镇地区调整用地布局,优化用地结构,统筹资源配置,进而转变发展方式,保障经济与社会的科学发展。

一、研究区、数据来源与研究方法

(一)研究区

宁波位于 $120°55′\sim122°16′E$、$28°51′\sim30°33′N$,地处长江三角洲南翼,是长三角五大经济中心之一。全市辖 7 区、2 市、2 县,面积约 9816km²。"二调"显示,宁波共有建设用地 17.55 万 hm²,其中城镇村及工矿用地 13.6 万 hm²,占建设用地总量的 77.6%。"十三五"规划中宁波全市共允许新增建设用地 0.27 万 hm²,而规划期内建设用地需求量达 1.18 万 hm²,远远超出了供应指标,供需矛盾突出。因而,探究城镇低效用地空间格局并在此基础上找出可行且有效的对策成为宁波

① 尹鹏,李诚固.环渤海"C型"经济区经济格局的空间演变研究[J].地理科学,2015,35(5):537-543.

② 曹玉红,宋艳卿,朱胜清,等.基于点状数据的上海都市型工业空间格局研究[J].地理研究,2015,34(9):1708-1720.

③ 朱鹤,刘家明,陶慧,等.北京城市休闲商务区的时空分布特征与成因[J].地理学报,2015,70(8):1215-1228.

④ 熊昌盛,韦仕川,栾乔林,等.基于 Moran's I 分析方法的耕地质量空间差异研究——以广东省广宁县为例[J].资源科学,2014,36(10):2066-2074.

⑤ DAVID L C, JASON D, TANKOWSKA M M, et al. Space versus place in complex human - natural systems: Spatial and multi-level models of tropical land use and cover change (LUCC) in Guatemala [J]. Ecological Modelling,2012,229(24):64-75.

⑥ 谢汀,伍文,高雪松,等.基于信息熵与偏移—份额模型的建设用地结构变化分析——以成都市为例[J].资源科学,2014,36(4):722-730.

⑦ HUI E C M, WU Y Z, DENG L J, et al. Analysis on coupling relationship of urban scale and intensive use of land in China[J]. Cities,2015(42):63-69.

⑧ 史同广,郑国强,王智勇,等.中国土地适宜性评价研究进展[J].地理科学进展,2007,26(2):106-115.

⑨ 方琳娜,陈印军,宋金平.城市边缘区土地利用效益评价研究——以北京市大兴区为例[J].中国农学通报,2013,29(8):154-159.

⑩ 陈利顶,孙然好,刘海莲.城市景观格局演变的生态环境效应研究进展[J].生态学报,2013,33(4):1042-1050.

⑪ 李鑫,马晓冬.建设用地过度扩张致经济低效增长的机理[J].城市问题,2015(8):2-7.

⑫ 刘新平,严金明,王庆日.中国城镇低效用地再开发的现实困境与理性选择[J].中国土地科学,2015,29(1):48-74.

市突破建设用地短缺困局的关键,也是未来城市发展的重点。

(二)数据来源

数据来源于 2015 年宁波市 11 个县(市/区),共计 139 个乡镇(街道)的城镇低效用地(包括旧城镇、旧村庄、旧厂矿三种类型)调查成果[①]。依据实际情况与研究需要,将部分国有农场和独立水库归并至相应的乡镇(街道)单元。通过 ArcGIS10.2 处理城镇低效用地面数据,取其几何中心点,得到代表城镇低效用地地块的点数据(以下简称低效点)。

(三)研究方法

刻画点数据分布的主要参量有方位、疏密、形态等,而于制定地市级土地利用政策导向而言,低效点空间分布研究宜关注疏密及其方位。形成宏观认识进而甄别影响因素是城镇低效用地空间格局研究的落脚点。宁波市域行政区位置分散,虽未形成严格的功能分区,但是内部发展不均质现象突出,低效用分布特征复杂,因而小尺度精细视角基础上的全局概念式把握尤为重要,但是常用的 Ripley's K 函数、Oring 函数、平均最近邻指数等空间分析方法都属于分形维数分析,通过参数来表征空间特征,表达形式缺乏直观性,受众不易形成整体格局印象。鉴于此,经过反复对比筛选,标准差椭圆(Standard Deviational Ellipse,SDE)作为统计学中标准差距离的二维拓展,在展示低效点分布的中心趋势、方向趋势以及离散状态等特征方面优势明显[②];核密度(Kernel Density,KD)作为一种非参数概率估计,函数形式灵活,变量约束少,适宜勾勒低效点分布的集聚形态特征[③]。同时,两者在揭示点要素空间格局上不存在交叉同质的内在逻辑关系,可分别从方位、形态两个维度可视化展示宁波城镇低效用地空间格局(表 3-3-1)。

① 张赛赛,冯秀丽,马仁锋,等.基于点模式的宁波市城镇低效用地空间格局计量[J].科技与管理,2016,18(6):80-85.

② 蒋金亮,徐建刚,吴文佳,等.中国人—地碳源汇系统空间格局演变及其特征分析[J].自然资源学报,2014,29(5):757-768.

③ 丛海彬,邹德玲,蒋天颖.浙江省区域创新平台空间分布特征及其影响因素[J].经济地理,2015,35(1):112-118.

表 3-3-1 标准差椭圆与核密度方法介绍[1][2]

方法	计算公式	参数含义
标准差椭圆	$$\tan\alpha=$$ $$\frac{(\sum\limits_{i=1}^{n}x'^{1}_{i}-\sum\limits_{i=1}^{n}y'^{2}_{i})+\sqrt{(\sum\limits_{i=1}^{m}x'^{2}_{i}-\sum\limits_{i=1}^{n}y'^{2}_{i})^{2}+4(\sum\limits_{i=1}^{n}x'_{i}y'_{i})^{2}}}{2\sum\limits_{i=1}^{n}x'_{i}y'_{i}}$$ $$\delta_x=\sqrt{\sum\limits_{i=1}^{n}(x'_i\cos\alpha-y'_i\sin\alpha)^2/n}$$ $$\delta_y=\sqrt{\sum\limits_{i=1}^{n}(x'_i\sin\alpha-y'_i\cos\alpha)^2/n}$$	α 为旋转角度;n 为低效点数;x'_i、y'_i 分别为各低效点距离中心的相对坐标;δ_x、δ_y 分别为沿 x 轴和 y 轴方向的标准差。
核密度	样本经验分布函数: $$F(x)=\frac{1}{n}(x_1,x_2,\cdots,x_n)$$ 密度估计函数式: $$f(x)=\frac{1}{nr}\sum\limits_{i=1}^{n}k\left(\frac{X-X_i}{r}\right)$$	$f(x)$ 是核函数;n 为低效点数,r 为带宽(平滑参数/窗口宽度),即以估算点为圆心的圆的半径,r 影响核密度估算的平滑程度,r 越大,低效点密度越平滑,反之则越突兀,但是 r 过大会对密度分布的细节产生掩饰作用。$(X-X_i)$ 为估算点 $X(x,y)$ 到圆域内第 i 个点 $X_i(x_i,y_i)$ 的距离。圆域内的点到点 X_i 的距离与权重成反相关,即距离越大,权重越小。

二、空间格局特征计量分析

(一)三类低效用地多尺度统计特征

原始数据统计结果展示了宁波市共有低效点 8229 个,旧厂矿、旧城镇、旧村庄分别占总数的 71.56%、20.63% 和 7.81%,旧城镇与旧村庄之和不及旧厂矿的 50%。从县域分布来看(表 3-3-2),低效点数排名前三位的余姚、奉化、慈溪所含低效点之和占到了全市的 3/4,排名后五位的县域单元低效点之和仅为全市总量的 1/10 左右;余姚是低效点数最多的县域单元,几乎占到了全市的 1/2;低效点数最少的为江北,不足全市的 0.7%。包含旧城镇、旧村庄、旧厂矿最多的县域单元分别是鄞州、奉化、余姚,分别占各类型总量的 24.68%、42.46%、62.01%,其中海曙

① 王俊松,潘峰华,郭洁.上海市上市企业总部的区位分布与影响机制[J].地理研究,2015,34(10):1920-1932.

② 张珣,钟耳顺,张小虎,等.2004—2008 年北京城区熵业网点空间分布与集聚特征[J].地理科学进展,2013,32(8):1207-1215.

不存在旧城镇和旧村庄,江东仅有旧城镇。旧村庄、旧厂矿仅位居前三的县域单元就超过了均值,旧城镇是前四位,同时,旧城镇中排名前三的县域单元之和占到了旧城镇总量的64.61%,而旧村庄与旧厂矿更是分别达到了81.96%、85.33%。在总量排名前五位的县域单元中,余姚与奉化的各类低效点分布均较多,鄞州、慈溪包含的旧村庄较少,皆在个位数量级上,但是鄞州的旧城镇却占到了全区低效点的90%以上。

从镇域分布看,低效点密集的镇域单元主要集中在余姚,其次是慈溪、奉化与鄞州中部,而北仑、象山、宁海及鄞州的东南部和西北部为低效点较少的镇域单元分布区;平均每个镇域单元约含60个低效点,低效点分布最多的镇域单元是余姚的凤山街道,低效点数量达813个,超过了除排名前三位以外的所有县域单元,也有部分镇域单元不存在低效点。从以上分析可以看出,宁波市低效点分布广泛,并且在县域、镇域以及类别的分布上都表现出了较强的空间异质性特征。

表 3-3-2　宁波市城镇低效用地点空间分布统计

	全市	县域均值	余姚市	奉化市	慈溪市	宁海县	鄞州区	镇海区	江北区	海曙区	象山县	江东区	北仑区
旧城镇	1698	154.36	141	351	327	178	419	71	112	0	29	64	6
旧村庄	643	58.45	129	273	4	125	2	7	58	0	43	0	2
旧厂矿	5888	535.27	3651	710	664	247	37	183	90	202	55	0	49
合计	8229	748.09	3921	1334	995	550	458	261	260	202	127	64	57
比例(%)	100	9.09	47.65	16.21	12.09	6.68	5.57	3.17	3.16	2.45	1.54	0.78	0.69
位序			1	2	3	4	5	6	7	8	9	10	11

(二)低效用地分布方向与位置的特征

通过对标准差椭圆输出结果的分析,得出:

(1)范围和位置关系显示,四个分布中心皆位于宁波市地理几何中心偏西北部。以总体中心为参照,旧城镇、旧村庄、旧厂矿分别在其东南、南偏东、西北方向一定范围内。说明各中心分布相对集中,位置相互紧邻。整体上,各中心都位于市域的西北部,表明该方位周围低效点分布密集,形成了"引力场"。从各中心的分布形态来看,旧厂矿—旧城镇—旧村庄在市域西北部呈"反C"形依次排列,基本符合宁波市城镇密集的中心城区在中间,山地旅游休闲区在东南,工矿发达的余慈片区在西北的分布格局。

(2)表 3-3-3 显示,标准差椭圆均位于北偏西方向,$\alpha^{旧城镇} > \alpha^{旧村庄} > \alpha^{总体} > \alpha^{旧厂矿}$,且各 α 间的差值较小,表明各类型低效点分布的主方向基本为"西北—东南",且互相之间的方位差别并不显著,分布方向基本一致,相对而言,参照正北方向旧厂矿分布的倾斜性最大,"西北—东南"方位最为明确,而旧城镇分布的主方向则更加接近正北。旧村庄的 X 轴与 Y 轴标准差以及两轴差值均为最大,旧厂矿的最小,说明旧村庄分布的方向性不强,在主次两方向上延伸较远,具有一定的离散特征,旧厂矿则相反。各标准差椭圆的扁率[①]均达到了 0.5 以上,其中旧城镇的扁率最大,旧厂矿的最小,各标准差椭圆 Y 轴方向的延展性好,而 X 轴方向的"向心性"更强,反映了各类型低效点在西北部和中部地区分布稠密,在东北、西南两个侧面分布较少,从而造成标准差椭圆在次方向上因"拉伸力"不足而被压缩,在主方向上则被拉长,其中尤以旧城镇最为明显,相对而言,旧厂矿沿两轴分布的收敛性都比较强。各标准差椭圆的覆盖面较大,所涉县域单元均逾半数,旧城镇更是涉及了北仑区以外的所有县域单元,说明各类型低效点分布面域较广,其中以旧城镇的分布最为广泛,而旧厂矿相对集中。

表 3-3-3　宁波市城镇低效用地点分布的标准差椭圆参数

类型	Area(km^2)	Perimeter(km)	XStdDist(km)	YStdDist(km)	alpha	Rotation(°)
总体	2567	202	43	19	0.558	150
旧城镇	2457	202	44	18	0.592	160
旧村庄	2901	213	45	21	0.542	152
旧厂矿	2098	179	38	18	0.525	147

注:投影:Gauss-Kruger;地理坐标系:GCS-Xian-1980;除 alpha 保留三位小数以外,其余参数均取整数

(三)低效点集聚形态的特征

在 ArcGIS10.2 Kernel Density 工具默认值的基础上经过多次调试,输出像元设置为 400m^2,搜索半径(带宽)设置为 3000m 时,密度曲线较为平滑,核密度中心及纹理梯度也较为清晰,展示效果较好,故这里选用该设置。采用符号系统中自然间断点分级法(Jenks),将核密度分成九个等级,各级值域上下限保留两位小数。为取得对低效点空间分布特征的整体认知,选用县级行政区作为底图。定义中心密度达到前三级且具有明显圈层结构的区域为"核",其他集聚区域称为次级核或集聚中心。核中心密度指核的最内圈层的密度值;核中心所在位置指核的几何中心点的位置;核覆盖面积表示核的最外圈层的大小。

分析输出结果得到:总体、旧城镇、旧村庄与旧厂矿分别形成了 1 个(a_1)、4 个(b_1、b_2、b_3、b_4)、2 个(c_1、c_2)、1 个(d_1)核。从中心密度和覆盖面积上看,各核中心密度高低悬殊,旧厂矿核的中心密度远大于旧城镇与旧村庄,旧村庄的最小,其中 d_1 的中心密度几乎是 c_2 的 40 倍;各核覆盖面积大小不等,都在 100km^2 以上,其中,最大的是 b_2、b_3 形成的连绵区,其覆盖面积约为最小的 c_1 的 5 倍。空间分布上,总体除余姚中部的 a_1 外无其他明显成型的核,其核密度分布从慈溪、余姚的中部向东南越过江北、镇海再经海曙、江东,纵切鄞州、奉化、宁海中部形成了一条形似

---

① 椭圆的扁率:alpha=(a−b)/a,a、b 分别表示椭圆的长短半轴,alpha∈[0,1],扁率反映了椭圆的扁平程度。

"＞"的泛条形地带,呈现出"一核一带"集聚格局;旧城镇分别在老三区、鄞州中部、奉化东北部形成4个核,同时还在余姚、宁海形成3个次级核,其中b_2、b_3为双核结构;旧村庄于江北南部与奉化东北部形成c_1、c_2,同时在市域内散布有大大小小多个次级核与集聚中心,这些呈"大散小聚"式分布的"葫芦"形集聚中心的中心密度都比较小,然而,旧村庄的核密度分布区最为广泛,表明旧村庄的分布少而发散;旧厂矿的分布与总体相似,但是分布范围出现明显萎缩,反映了旧厂矿不仅数量多,而且集中程度高,对总体格局的形成起着主导作用。如表3-3-4所示。

表 3-3-4　宁波市城镇低效用地点核密度分布统计

类型	核数量（个）	核中心密度（个/km^2）	核覆盖面积（km^2）	核中心所在位置
总体	1	a_1:20.25-25.20	a_1:130	a_1:余姚阳明、凤山、梨洲、兰江四个街道交界处
旧城镇	4	b_1:1.77-2.26	b_4:130	b_1:慈溪浒山街道中部
		b_2:2.27-2.84	$(b_2、b_3)$:490	b_2:三江口老外滩
		b_3:2.85-3.52	b_1:300	b_3:鄞州下应街道西南部
		b_4:2.85-3.52		b_4:奉化锦屏与岳林两街道交界处中段
旧村庄	2	c_1:0.84-1.07	c_1:120	c_1:江北洪塘街道与庄桥街道交界处中段
		c_2:0.51-0.67	c_2:300	c_2:奉化江口、锦屏、岳林三个街道交界处
旧厂矿	1	d_1:20.38-25.21	d_1:175	d_1:余姚阳明、凤山、梨洲、兰江四个街道交界处

三、宁波市城镇低效用地点集聚格局及其态势

通过对宁波市城镇低效用地空间格局的计量分析,得到:(1)宁波市各类型城镇低效用地整体分布广泛、局部相对集中,都表现出了"西北—东南"向分布趋势,各分布中心皆位于市域几何中心偏西北部,方向偏离与中心分离俱不明显。(2)总体与旧厂矿在余姚中部存在一个高度集聚中心,并在市域中部南北向形成一条不连续的条形分布带;旧城镇在老三区、鄞州中部、奉化东部出现4个高度集聚中心;旧村庄在江北南部、奉化东北部出现2个高度集聚中心;旧城镇与旧村庄均在市域分布有多个次级集聚中心。

城镇低效用地,是城市发展方式与土地利用方式的辩证问题,本质上是经济学问题,大量城镇低效用地的存在不仅有悖于精明紧凑的城市发展理念,更严重阻碍了城市地区经济社会的健康发展。近年来,宁波市加快了产业转型升级,诸如"腾笼换鸟""退二进三"等产业政策相继颁布实施,大批内嵌于繁华街区及技术效率低

下的企业被逐步淘汰,然而许多隐退企业老厂区并未及时开发,而以杂乱的棚户住宅形态存在。与此同时,宁波城市发展着眼于高新技术、生物信息、商服办公与居住楼宇等新兴或易于构建景观形象、美化城市天际、拉大都市框架的业态,而疏于对镕汰产业的内部转型和外部迁移以及老城区的翻新改造。因此,宁波城镇地区低效用地广泛分布。宁波市城镇低效用地之所以总体呈现出"西北—东南"走向,成因在于:1.余慈—中心城区—鄞奉为城镇密集区,城镇建设用地基数大,低效用地出现概率高。2.城市地形地貌呈"西北—东南"走向,连片城镇分布带以平原为主,工业厂矿分布密集,而本区域两侧多为山地,城镇及工矿用地空间逼仄,且多以点状分布,少而零散。旧厂矿在余姚中部形成一个高度集聚中心,或因为余慈组团与杭州湾新区作为宁波市"一主二次五副七卫星"城市总体规划中的"二次",是宁波市重点发展的北部都市区,境内开发区、保税区、工业园等星罗棋布,同时,余姚、慈溪作为全国县域经济十强县,民营经济十分发达,厂矿企业分布量大。奉化抓住北部地区与宁波都市区对接的契机,加快了产业承接转移,发展迅速,然而,城中村改造及旧城翻新却稍显滞后。

在描述性统计的基础上运用空间分析的方法,将宁波市城镇低效用地的分布格局以及分异特征作了较为全面透彻的剖析,可在一定程度上为城镇低效用地形成机制探寻及二次开发提供研究参考与决策参考。

第四节　宁波鄞州撤县设区过程城镇扩张与耕地压力协调

耕地是农业生产的核心载体,与粮食安全息息相关,耕地压力直接反映粮食安全。随着社会经济的发展,中国的城镇化水平不断提升导致各地区城镇快速扩张,耕地压力随之变化。耕地压力的持续上升,不仅会威胁粮食安全,也会使城镇化进程陷入危机,如何兼顾"鱼"与"熊掌"成为目前迫切需要解决的问题。目前,城镇扩张与耕地压力协调研究鲜见,但有关城镇化与土地利用协调的研究聚焦在县(地级市/省)分析尺度的土地城镇化与人口城镇化不协调[1]、空间差异[2]等,发现土地制度改革、增加人力资本积累是破解协调性的出路,浙江省各县人口城镇化与土地城镇化已步入了相对协调阶段,新疆城镇化与土地资源产出效益的空间差异呈现出较强集聚的同时马太效应明显[3]。显然,现有研究主要针对土地城镇化和人口城

① 范进,赵定涛.土地城市化与人口城市化协调性测定及其影响因素[J].经济学家,2012(05):61-67.

② 杨丽霞,苑韶峰,王雪禅.人口城镇化与土地城镇化协调发展的空间差异研究——以浙江省69县市为例[J].中国土地科学,2013,27(11):18-22.

③ 杨宇,刘毅,董雯.新疆城镇化与土地资源产出效益的空间分异及其协调性[J].生态学报,2011,31(21):6568-6578.

镇化协调问题以及土地资源产出问题。在镇或街道分析单元,揭示城镇扩张与耕地压力协调的地理单元邻近现象差异仍待深入探索。为此,根据撤县设区的宁波市鄞州区 2005、2011 年两期的土地利用数据与对应的统计年鉴,构建城镇扩张与耕地压力协调模型,分析鄞州区城镇化过程中城镇扩张与耕地压力的协调性关系,揭示 2005—2011 年鄞州区城镇扩张与耕地压力协调的空间格局及其成因。

一、研究区与研究方法

(一)研究区与数据源

鄞州区位于宁波市中部,2011 年全区面积 1334.41km²,户籍人口 88.43 万,辖 6 个街、17 个镇和 1 个乡。鄞州区属于宁波中心城区的边缘区,受城市辐射作用,土地利用矛盾尤其尖锐。2005—2011 年鄞州区各镇(街道)在城镇扩张和耕地压力变化上空间迥异显著,是研究城镇扩张与耕地压力协调的典型样区。

以鄞州区下辖的 3 个街道与 18 个乡镇为基本研究单元,选择 2005 年和 2011 年两个时间断面作为研究时间。研究数据分别是 2005 年鄞州区土地利用基数数据和 2011 年第二次全国土地详查数据分别来自 2006 年和 2012 年鄞州区统计年鉴。虽然鄞州区在 2007 进行了行政区划微调,文中为保持各地区行政界限一致,采用 2005 年镇(街)行政区划。

(二)研究方法

城镇的建设用地面积不断增加是城镇扩张的直观表现,又因为各行政区大小不一,如果单纯采用建设面积计算难免有失偏颇,所以采用建设面积占行政区面积的百分比的变化来表现城镇扩张,将城镇建设面积占行政区面积的百分比定义为城镇化水平,耕地压力的计算则采用了国内普遍使用的计算公式。

(1)城镇化水平用城镇建设用地占其全部行政面积的比重来表示。设鄞州区由 22 个镇(街)构成,每个镇(街)i 在 t 年份的城镇化 Q 水平的计算公式为

$$Q_t^i = \frac{R_t^i}{R_i} \times 100\% \qquad (3\text{-}4\text{-}1)$$

公式中 R_t^i 是 t 年 i 单元的城镇建设面积,R_i 是整个区域的行政面积。Q_t^i 的取值在 0 到 100% 之间。

(2)耕地压力指数是指最小人均耕地面积与实际人均耕地面积之比,计算公式为:

$$K = \frac{S_{min}}{\bar{S}} \qquad S_{min} = \beta \frac{Gr}{p \times q \times k} \qquad (3\text{-}4\text{-}2)$$

公式中 S_{min} 是最小人均耕地面积,$\bar{S}$ 是人均耕地面积。Gr 是人均粮食需求,将其定

为 386.6kg/每人[①]。β 是粮食自给率,在一定时期内该地区生产和储备的能够用来满足消费的粮食与粮食总需求之比。p 代表粮食单产,等于粮食总产量除以粮食播种面积,q 是食物播种面积占总耕地面积之比,k 为复种指数,等于全年播种面积除以耕地面积。当 K>1,说明耕地压力明显,粮食的生产不能保证正常需求;当 K=1,区域耕地资源的粮食生产量刚好满足区域内人口对粮食的需求量;当 K<1,最小人均耕地面积小于实际人均耕地面积,耕地无明显压力。结合相关研究与实际情况,本节依据耕地压力将鄞州区分为三区:无明显压力区(K≤1)、耕地压力显著区(1<K≤1.5)和耕地压力高危区(1.5>K)。

(3)耕地压力和土地城镇化协调度指数是用来衡量各镇(街)的城镇扩张与耕地压力间协调状况的定量指标,计算公式如下:

$$C_{TL}=\frac{\frac{|T+L|}{\sqrt{2}}}{\sqrt{T^2+L^2}} \quad T=\sqrt[6]{\frac{Q_t^i}{Q_{t-1}^i}} \quad L=\sqrt[6]{\frac{K_t^i}{K_{t-1}^i}} \tag{3-4-3}$$

其中,Q_t^i 表示 2011 年 i 单元的城镇化水平,Q_{t-1}^i 表示 2005 年 i 单元的城镇化水平,T 表示区域单元 i 的城镇扩张率;K_t^i 表示 2011 年 i 单元的耕地压力,T 是 2005 年 i 单元的耕地压力,L 表示区域单元 i 的耕地压力增长率;C_{TL} 表示耕地压力和土地城镇化协调性指数。C_{TL} 的取值大于 0 小于等于 1。按照相关研究[②]与实际情况,本节将协调度进行如下分类:0.9<C_{TL}≤1,定义为高协调度;0.7<C_{TL}≤0.9 定义为中协调度;0<C_{TL}≤0.7 定义为低协调度。

二、镇(街)尺度鄞州城镇化水平与耕地压力的空间匹配分异

(一)城镇化水平的空间分异

据鄞州区 2005 年土地利用基数数据和 2011 年第二次全国土地详查数据得 2005 年与 2010 鄞州区各镇(街)的城镇建设数据,依据公式(3-4-1)计算出各地区的城镇化水平,并将其在 ArcGIS10.2 软件中利用自然间断点分级法划分为低城镇化地区(X≤12.55%)、中等城镇化地区(12.55%<X≤34.26%)和高城镇化地区(X>34.26%),得 2005 年和 2011 年鄞州区城镇化水平的空间分异[③]:(1)2005 年鄞州区内低城镇化地区共 10 个,分别为龙观、章水、塘溪、横溪、鄞江、横街、咸祥、东吴、瞻岐和东钱湖;中等城镇化地区为姜山、洞桥、集士港、云龙、五乡、高桥和古林,共 7 个;高城镇化地区为邱隘、石碶、钟公庙、下应和梅墟,共 5 个。(2)2011

① 华俊,李哲敏.基于中国居民平衡膳食模式的人均粮食需求量研究[J].中国农业科学,2012,45(11):2315-2327.

② 陈松林.海湾型城市建设用地扩展的时空动态特征及驱动力研究[J].地理科学,2009,29(3):342-346.

③ 江汪奇,李伟芳,马仁锋,等.镇(街道)视角下的城镇扩张与耕地压力协调研究——以宁波市鄞州区为例[J].世界科技研究与发展,2016,38(4):855-860,866.

年鄞州区内低城镇化地区为龙观、章水、塘溪和横溪,共 4 个;中等城镇化地区为鄞江、横街、咸祥、东吴、瞻岐、东钱湖、姜山、洞桥、集士港、云龙和五乡,共 11 个;高城镇化地区为高桥、古林、邱隘、石碶、钟公庙、下应和梅墟,共 7 个。(3)鄞州区总体城镇化水平在不断提升,其中鄞江、横街、咸祥、东吴、瞻岐和东钱湖升为中等城镇化地区,高桥和古林升为高等城镇化地区。可以发现,城镇化水平提升明显的地区,都邻近宁波市中心城区,表明鄞州区受宁波市中心城区辐射作用较为明显。

(二)耕地压力的空间分异

据鄞州区 2005 年土地利用基数数据和 2011 年第二次全国土地详查数据以及 2006、2012 年鄞州区统计年鉴,按照公式(3-4-2)计算出鄞州区各地区的耕地压力,并将其在 ArcGIS10.2 中进行自然间断点分类得 2005、2011 年鄞州区耕地压力的空间分异:(1)2005、2011 年鄞州区部分地区的耕地压力发生了较明显的变化,其中:龙观降为耕地压力显著区、五乡降为无明显压力区、东钱湖和横溪升为耕地压力高危区、高桥升为耕地压力显著区;梅墟、邱隘、下应、章水和钟公庙在 2005 年与 2011 年均属于耕地压力高危区;东吴、石碶、塘溪和咸祥在 2005 年与 2011 年均属于耕地压力显著区;洞桥、古林、横街、集士港、姜山、鄞江、云龙和瞻岐在 2005 年与 2011 年均属于无明显压力区。(2)鄞州区全区的耕地压力从 2005 年的 1.67 提高到了 2011 年的 2.38,2005 年最大值为 4.71(梅墟)、最小值为 0.45(姜山),2011 年的最大值为 4.91(梅墟)、最小值为 0.43(云龙)。变化最明显的五个镇(街)中,龙观耕地压力由 2005 年的 1.91 降低到 2011 年的 1.32,五乡耕地压力由 2005 年的 1.10 降低到 2011 年的 0.99,东钱湖的耕地压力由 2005 年的 1.34 上升到 2011 年的 3.50,横溪的耕地压力由 2005 年的 1.21 增长到 2011 年的 1.63,高桥的耕地压力由 2005 年的 0.77 增长到 2011 年的 1.07。综上,2005 年到 2011 年鄞州区各镇(街)的耕地压力空间分布呈现出多样性的变化,部分地区出现耕地压力下降,部分地区保持不变,部分地区出现耕地压力上升。东钱湖的耕地压力甚至出现翻倍增长。这种多样性的变化,为研究城镇扩张与耕地压力协调提供了多种实例,便于更加清晰地分析城镇扩张与耕地压力的协调。

(三)耕地压力和城镇扩张的空间匹配特征

依据公式(3-4-3)计算出鄞州区各地区的协调度指数,可知鄞州区 22 个镇(街)有 5 个的耕地压力与该地区的城镇扩张的协调度高,分别为东钱湖、高桥、横溪、下应和钟公庙;有 8 个的耕地压力与该地区的城镇扩张协调度较高,分别为横街、集士港、姜山、梅墟、邱隘、石碶、塘溪和咸祥;有 9 个的耕地压力与该地区的城镇扩张协调度低,分别为洞桥、东吴、瞻岐、古林、鄞江、五乡、章水、云龙和龙观。

鄞州各镇(街)耕地压力与城镇扩张的协调类型迥异,城镇建设水平与耕地压力各不相同,为全面刻画城镇扩张与耕地压力上升在不同协调度类型下的差异,采用以协调度为基准的分组,即分为协调度高、协调度较高和协调度低三大组。同时,将各镇(街)在 2005 年时所属的耕地压力分区作为一个背景值,即将无明显压力区、耕地压力显著区和耕地压力高危区分别记为低耕地压力背景、中耕地压力背景和高耕地压力背景。对鄞州城镇化水平与耕地压力空间分异数据分类,使用城镇扩张率和耕地压力增长率作为分类指标。将城镇扩张率达到和超过 60% 的定义为城镇扩张快,高于 50% 小于 60% 的定义为城镇扩张较快,不足 50% 的定义为城镇扩张慢;将耕地压力增长率达到和超过 15% 的定义为耕地压力增长高,高于 1% 小于 15% 的定义为耕地压力增长较高,不足 1% 的定义为耕地压力增长低。在类型组合时,只将有对象存在的分类保留,没有对象属于该分类的,则删除,综合分类结果如表 3-4-1。

　　表 3-4-1 显示:1)鄞州区 22 个镇(街)在耕地压力、城镇化水平和协调度上存在相当大的差异。差异的多样性,为研究城镇扩张与耕地压力协调提供了多种实例,对分析城镇扩张与耕地压力的协调大有裨益。2)协调度高的镇(街),城镇扩张属于较快及以上,协调度较高与协调度低的镇(街)城镇扩张上具有三种不同的形态。3)协调度高的镇(街),耕地压力增长属于较高及以上,协调度低的镇(街),耕地压力增长低,而协调度较高的镇(街)则具有两种形态。

表 3-4-1　鄞州区各镇(街)协调性综合分类

		城镇扩张快	城镇扩张较快	城镇扩张慢
协调度高	耕地压力增长高	钟公庙、下应、东钱湖		
	耕地压力增长较高	高桥	横溪	
协调度较高	耕地压力增长较高	石碶、集士港、邱隘		塘溪
	耕地压力增长低	梅墟	姜山、咸祥	横街
协调度低	耕地压力增长低	云龙、五乡	古林、鄞江、洞桥、瞻岐、东吴	龙观、章水

　　为了更直观地分析城镇扩张与耕地压力的协调,以土地利用变化图作为分析依据。根据鄞州区 2005 年土地利用基数数据和 2011 年第二次全国土地详查数据,得到自 2005 年至 2011 年,各镇(街)耕地与建设用地变化情况。将新开垦的耕地定义为新增耕地,因生态退耕等损失的耕地定义为减少的耕地,非侵占耕地获得建设用地定义新增建设用地,将被用于城镇建设的损失的耕地定义为被侵占的耕地。

1. 协调度高组

　　属于本组的有钟公庙、下应、东钱湖、高桥和横溪。其中钟公庙、下应和东钱湖属于城镇扩张快—耕地压力增长高镇(街),而高桥属于城镇扩张快—耕地压力增长较高镇(街);横溪则属于城镇扩张较快—耕地压力增长较高镇(街)。高桥自 2005 年至 2011 年升为高等城镇化镇(街),与升为中等城镇化镇(街)的东钱湖,更有对比性。选择高桥、东钱湖与横溪作为典型镇(街)进行对比,发现:高桥与东钱湖被侵占耕地与新增建设用地图斑数目较多,新增耕地图斑数目较少。即自 2005

年至 2011 年,高桥与东钱湖进行了相当规模的城镇建设,从而实现了各自城镇化水平的提升。横溪减少的耕地图斑较多,其它图斑都较少。即横溪也进行了一定规模城镇建设,但城镇扩张较少。查询 2005、2011 年土地利用数据得知,减少的耕地用于生态退耕,不再用于农业生产。三地区的新增建设用地大部分是未利用存量建设用地,并未占据耕地。

(1)高桥属于低耕地压力背景下的高协调度,其城镇扩张几乎完全是通过占据耕地来完成的。同时,随着被侵占的耕地面积不断扩大,耕地压力也在同步上升,为高协调度。(2)东钱湖属于中耕地压力背景下的高协调,其城镇扩张占据的耕地面积相当大。在完成城镇扩张后,东钱湖的耕地压力达到了 3.50,增长了 2.16。其耕地压力上升与其城镇扩张密切相关,为高协调度。(3)横溪属于中耕地压力背景下的高协调,其城镇扩张只占据了少量耕地。该镇减少的耕地图斑与新增建设用地图斑较多,这说明,在横溪耕地减少的同时,其通过开发未利用存量建设用地进行城镇扩张;虽然没有侵占耕地,但两个过程是同步进行的,因而横溪也为高协调度。

2. 协调度较高组

属于本组有石碶、集士港、邱隘、塘溪、梅墟、姜山、咸祥和横街。其中,石碶、集士港和邱隘属于城镇扩张快—耕地压力增长较高镇(街),塘溪属于城镇扩张慢—耕地压力增长较高镇(街),梅墟属于城镇扩张快—耕地压力增长低镇(街),姜山和咸祥属于城镇扩张较快—耕地压力增长低镇(街),横街属于城镇扩张慢—耕地压力增长慢镇(街)。梅墟属于高度城镇化镇(街),因此选择邱隘,其既属于高度城镇化镇(街)又不属于街道。咸祥因其从低城镇化镇(街)升为中等城镇化镇(街),更具代表性。所以选择邱隘、塘溪、梅墟、咸祥和横街作为典型镇(街)进行对比发现:邱隘和梅墟的被侵占耕地与新增建设用地图斑数目较多,咸祥较少,但比横街与塘溪多。即邱隘与梅墟在 2005 年到 2011 年间进行了一定规模的城镇扩张,咸祥进行了小规模的城镇扩张,横街与塘溪的城镇扩张规模更小。横街与塘溪减少耕地与减少的耕地图斑较多,咸祥也较多。通过查询 2005 年与 2011 年土地利用数据得知,横街与塘溪减少的耕地大部分用于生态退耕,少量因灾毁异化,不再用于农业生产。

(1)邱隘与梅墟属于高耕地压力背景下的较高协调,但两处存在明显差异。邱隘的城镇扩张大部分是通过侵占耕地来完成的,梅墟则大部分是通过开发未利用存量建设用地来完成的。邱隘的耕地压力上升与城镇扩张相关度较高,但是邱隘的耕地压力上升速度较其城镇化水平提升的速度慢,原因在于,邱隘的城镇扩张不仅是通过占据耕地来完成,也集中开垦了几处未利用地,邱隘的高耕地压力背景决定了其耕地压力上升空间有限,所以为较高协调度;梅墟的耕地压力上升是伴随着它的城镇扩张而上升的,其耕地压力上升速度较其城镇化水平提升的速度慢。梅墟的耕地压力在 2005 年与 2011 年都是鄞州区的极大值，并且上升了 0.2。进一步分析得到，梅墟在 2005 年耕地面积已不足 3200 亩，2011 年则不足 200 亩，其几乎将全部耕地用于城镇建设，但耕地压力上升空间已经很小，为较高协调度。（2）塘溪和咸祥都属于中耕地压力背景的较高协调。咸祥被侵占的耕地与新增建设用地相比，其面积较少。这说明，咸祥的城镇扩张并未占据较多耕地，更多的是开发未利用存量建设用地。咸祥有少量新增耕地，这延缓了其耕地压力增长，而其城镇扩张相对较快，为较高协调度。塘溪城镇扩张慢，新增建设用地和侵占的耕地图斑都较少。塘溪减少的耕地图斑数目比较多，虽然也有少量新增耕地，但其耕地压力增长仍较高。与横溪类似，塘溪的耕地压力随着其城镇扩张而上升。其城镇扩张规模较小，耕地压力增长较高，所以塘溪也呈现为协调度较高。（3）横街属于低耕地压力背景下的较高协调。横街减少的耕地图斑较多，其他图斑都较少。这说明横街在 2005 年到 2011 年的城镇扩张规模小，并未占据较多耕地。横街耕地压力上升较慢且与较慢的城镇扩张过程是同步发生的，所以为协调度较高。

与协调度高组典型区比较，协调度较高分组内的四个典型区中，新增建设用地与减少的耕地图斑比被侵占的耕地图斑要多。这说明，协调度与城镇扩张侵占的耕地息息相关。对比横溪与邱隘，协调度高的横溪减少的耕地图斑与新增的建设用地图斑大约相当。而协调度较高的邱隘，新增建设用地比减少的耕地图斑要多。在特殊情况下，如果减少的耕地面积与新增建筑面积接近也会出现协调度高。在两个分组中，新增耕地数目都较少。但咸祥因其新增耕地而出现耕地压力上升较慢的情况。这说明，维持耕地数量平衡，可以减缓耕地压力上升。如果横溪在通过盘活存量建设用地完成城镇扩张的同时，控制耕地损失，其耕地压力应当可维持平稳。

3. 协调度低组

属于本分组有云龙、五乡、古林、鄞江、洞桥、瞻岐、东吴、龙观和章水。其中，云龙和五乡属于城镇扩张快—耕地压力增长低镇（街），古林、鄞江、洞桥、瞻岐和东吴属于城镇扩张较快—耕地压力增长低镇（街），龙观和章水属于城镇扩张慢—耕地压力增长低镇（街）。自 2005 年至 2011 年，五乡由耕地压力显著区降为无明显压力区，而东吴从低城镇化地区升为中等城镇化镇（街），同时龙观的耕地压力也出现了较大程度的下降。所以选择五乡、东吴和龙观作为典型地区进行对比发现：五乡新增建设用地图斑与被侵占耕地图斑较东吴多，东吴又较龙观多。这表明，在2005 年至 2011 年间，五乡进行了一定规模的城镇建设，且有一部分是通过侵占耕地来完成的。东吴的城镇建设规模较五乡小，部分建设用地是通过侵占耕地来获取的。东吴减少的耕地图斑较多。龙观的城镇扩张规模要小得多，并且侵占的耕地也少得多，但减少的耕地图斑数目较多。通过查询 2005 年与 2011 年土地利用数据得知，东吴和龙观减少的耕地部分成为农业设施用地，少部分用于生态退耕，其余因灾毁异化,不再用于农业生产。龙观有部分新增耕地图斑,五乡与东吴都极少。

(1)五乡和东吴属于中耕地压力背景下的低协调,但两处存在一定差异。五乡的城镇扩张小部分通过侵占耕地完成,但其新增建设用地较多。耕地面积出现减少时,五乡的耕地压力却下降。查询 2006 年和 2012 年鄞州区统计年鉴,发现五乡的粮食种植面积下降,但复种指数从 2005 年的 1.24 上升到 2011 年的 2.34。这表明,五乡通过一定的手段,提高了耕地利用效率,使得五乡耕地压力下降。五乡减少的耕地数面积远远小于新增建设用地面积,所以为低协调度。东吴的新增建设用地面积比减少的耕地面积多,但东吴的耕地减少面积相较于五乡小,被侵占的耕地更少,即东吴的耕地压力上升很小,与提升了东吴城镇化水平城镇的扩张相比,必然呈现为低协调度。(2)龙观是高耕地压力背景下的协调。龙观新增建设用地少,被侵占的耕地和减少的耕地都不多,并有部分的新增耕地。总体而言,龙观有极少的城镇扩张和一定的耕地损失。耕地出现损失,龙观却由耕地压力高危区下降为耕地压力显著区。查询 2006 年和 2012 年鄞州区统计年鉴,发现龙观的粮食种植面积略有所下降,但是龙观的复种指数从 0.86 上升到 1.38。与五乡类似,龙观也通过一定的技术手段,提高了耕地利用效率。龙观耕地压力下降的同时城镇略有扩张,所以协调度为低。

将本组三个典型区与前两组的典型区对比发现,本组典型区中被侵占的耕地图斑要明显少于前两个分组,同时减少的耕地也要少很多,并且有部分新增耕地,新增建设用地比减少的耕地要少。在五乡和龙观出现了耕地压力下降,这说明,通过一定的技术手段,提高耕地利用效率,在控制城镇扩张方向的前提下,可以降低耕地压力。

三、鄞州城镇化与耕地压力的空间耦合及启示

计算鄞州区各镇(街)的耕地压力与城镇扩张的协调度,并分类刻画特征与解析成因,得出:(1)城镇扩张与耕地压力上升存在协调性,其协调度的高低与被侵占的耕地有直接关联。就所选取的典型地区来看,基本都符合被侵占的耕地比例越大,协调度越高。这说明,如果通过侵占耕地完成城镇的扩张,其同时会导致耕地面积下降,直接导致耕地压力上升。(2)新增建设用地与减少的耕地的比例对于协调度高低有较大影响。在高协调度分组中,横溪减少的耕地与新增建设用地面积较为符合,虽然被侵占的耕地较少,仍然是高协调度。邱隘被侵占的耕地面积比例较大,但是减少的耕地面积比开垦的未利用地面积要少,呈现出较高协调度。这说明,如果耕地减少的速度与城镇扩张的速度越接近,那么其协调度越高。

研究显示:(1)耕地压力的背景值对于协调度有一定影响。高耕地压力背景的典型区属于协调度较高或协调度低,而中耕地压力背景的典型区则分布在三个分

组,低耕地压力背景属于高协调度。这说明无明显压力区与耕地压力显著区需要控制城镇扩张对耕地的侵占,防止耕地压力过快上升。耕地压力显著区则应当注意保持耕地,防止耕地压力进一步上升。(2)促进城镇扩张与维持耕地压力平稳存在可能。分析协调度高分组的横溪可知,盘活存量建设用地完成城镇扩张,控制耕地减少,可以维持耕地压力平稳;分析协调度较高的咸祥可知新增耕地可以延缓耕地压力上升;分析协调度低分组的典型地区发现通过提高复种指数可以促成耕地压力的下降。这说明控制城镇扩张的方向、维持占补平衡,可以在提高城镇化水平的同时,维持甚至降低某地的耕地压力。

第五节　宁波保税区土地回购实践的产业用地退出机制

开发区是现代工业的集聚地,是地区经济发展的重要空间载体,在促进区域经济发展、带动产业升级方面发挥了重要作用。但是开发区建设初期大量圈地、盲目招商引资、低价供地的发展模式,导致了大量低效用地的存在,土地利用没有体现应有的集约效应[①]。党的十八届三中全会指出,要从严合理供给城市建设用地,提高城市土地利用率。国土资源部发布了《节约集约利用土地规定》(国土资源部令第61号)、《关于大力推进节约集约用地制度建设的意见》(国土资发[2012]47号)、《关于推进土地节约集约利用的指导意见》(国土资发[2014]119号)等一系列文件,要求:严格控制新增建设用地总量,盘活存量建设用地;强化开发区用地内涵挖潜;实现工业用地节约集约。开发区存量低效建设用地退出再开发是破解资源瓶颈、保护耕地、提高土地集约利用水平的重要途径。土地退出机制的建立是土地要素循环利用的前提。目前已有很多学者关注了城镇低效用地再开发问题,提出了政策建议[②],对存量工业用地再利用分析技术进行了研究[③]。对"三旧"改造特别

---

① 蒋省三,刘守英,李青.土地制度改革与国民经济成长[J].管理世界,2007(9):1-9;杨帅,温铁军.经济波动、财税体制变迁与土地资源资本化——对中国改革开放以来"三次圈地"相关问题的实证分析[J].管理世界,2010(4):32-41,187;WONG S W, TANG B S. Challenges to the sustainability of "development zones": A case study of Guangzhou Development District, China [J]. Cities, 2005, 22(4): 303-316;吴郁玲,曲福田,冯忠垒.我国开发区土地资源配置效率的区域差异研究[J].中国人口·资源与环境,2006(5):112-116.

② 刘新平,严金明,王庆日.中国城镇低效用地再开发的现实困境与理性选择[J].中国土地科学,2015,29(1):48-54;唐健.城镇低效用地再开发政策分析[J].中国土地,2013(7):41-43;田莉,姚之浩,郭旭,等.基于产权重构的土地再开发——新型城镇化背景下的地方实践与启示[J].城市规划,2015,39(1):22-29.

③ 沈洋,杨新海,彭锐.乡镇存量工业用地再利用的分析框架:基于苏南W市D镇的实证[J].城市发展研究,2015,22(3):101-107.

是广东省的"三旧"改造进行了大量研究①,有理论分析②、模式探讨③、推动机制研究④,也有对国外城市更新模式的借鉴⑤。在政府干预对工业用地的影响方面,有学者分析了政府干预对工业用地效率的影响⑥,政府和工业积聚对工业地价的影响⑦,以及区域间恶性竞争形成的工业低地价及其导致的"双输"结果⑧等。上述研究为低效工业用地再开发实践提供了有益借鉴,但都没有探讨土地退出机制问题。

　　宁波保税区是浙江省宁波市的国家级开发区,十几年前就开始自发探索政府主导的土地退出模式,采取政府回购的方式收回低效用地使用权,再通过土地二次出让、二次招商引资引进新项目落地,提高了工业用地集约利用水平,取得了良好成效。本文首先在宁波市若干国家级、省级开发区实地调研的基础上,分析了开发区低效用地退出的现状及阻碍土地退出和收回的关键因素,并进一步从市场机制和政府干预方面探寻深层次的原因,然后在宁波保税区低效用地回购背景条件分析的基础上,破解回购难点,构建了低效用地退出机制,以期为低效用地退出政策的制定提供依据。

一、宁波市开发区低效用地回购现状

(一)开发区现状

　　对宁波市13个国家级、省级开发区调研发现,开发区土地总面积平均为500～600公顷,与美国、法国、日本等国外科学园200～300公顷的面积相比普遍较大。各园区尚可供应土地面积大小不等,多数开发区达几十公顷。2010年工业用地的综合容积率平均为0.85,建筑密度平均为40.68%,固定资产投入强度平均近

---

①　吴次芳,王权典.广东省"三旧"改造的原则及调控规制[J].城市问题,2013(10):78-84;杨廉,袁奇峰.珠三角"三旧"改造中的土地整合模式——以佛山市南海区联滘地区为例[J].城市规划学刊,2010(2):14-20;田光明,宁晓锋,臧俊梅.广东"三旧"改造实现机制与国际比较[J].广东土地科学,2014,13(2):15-20.

②　赵艳莉.公共选择理论视角下的广州市"三旧"改造解析[J].城市规划,2012,36(6):61-65;郭晓丽,冯淑怡,吕沛璐,等.建设用地节约集约利用的制度创新和理论解释——以广东省佛山市"三旧"改造为例[J].资源科学,2014,36(8):1554-1562.

③　吴晓峰,彭建东.基于生态城市理念的"三旧"改造模式研究——以东莞市"三旧"改造为例[J].城市发展研究,2012,19(6):19-22;陶希东.中国城市旧区改造模式转型策略研究——从"经济型旧区改造"走向"社会型城市更新"[J].城市发展研究,2015,22(4):111-116,12A.

④　罗超.我国城市老工业用地更新的推动机制研究[J].城市发展研究,2015,22(2):20-24;

⑤　黄静,王诤诤.上海市旧区改造的模式创新研究:来自美国城市更新三方合作伙伴关系的经验[J].城市发展研究,2015,22(1):86-93.

⑥　TU F, YU X F, RUAN J Q. Industrial land use efficiency under government intervention: Evidence from Hangzhou, China [J]. Habitat International, 2014(43): 1-10.

⑦　LIN S W, BEN T M. Impact of government and industrial agglomeration on industrial land prices: A Taiwanese case study [J]. Habitat International, 2009, 33(4): 412-418.

⑧　WU Y, ZHANG X L, SKITMORE M, et al. Industrial land price and its impact on urban growth: A Chinese case study [J]. Land Use Policy, 2014(36):199-209.

3000 万元/公顷。工业用地产出强度除个别开发区较高以外,平均 5000 万元/公顷左右,与 2003 年无锡新加坡工业园地均工业产值 8620 万元/公顷、2000 年台湾地区新竹科学工业园地均工业产值 38471 万元/公顷相比差距较大。据调研,除产业结构方面的原因导致土地投入产出水平与先进开发区差距较大以外,开发区在企业层面存在一些土地闲置、低效利用的状况,也是影响整个开发区土地集约利用水平的重要因素。如有些项目建成后出于各种原因未投产,企业经营情况不佳处于停产半停产状态,部分企业存在一定面积的空地,分期开发的二期项目未动工,取得土地后因项目情况发生变化超过合同约定开发时间未开工等。在低效用地退出方面,除宁波保税区以外,其他开发区仅有个别企业因经营状况不佳申请退地,没有普遍的低效用地企业主动退地或政府层面开展的用地收回。开发区新增建设用地的主要来源是农用地,在后备资源不足的情况下,纷纷要求扩区,甚至擅自扩区增加土地供给。对园区内存在的低效利用的产业用地,企业不主动退地,政府无法从企业手中收回。有的企业甚至将工业用地转变为商业、住宅用地通过二级市场转让获取高额利润。

(二)制约回购的关键因素

调研发现,开发区企业退地和地方政府收回的积极性不高,主要原因在于回购过程导致双方的经济利益都受到损失。开发区获得项目用地和企业退出土地有多种途径,因征地、退地、出让、转让等各环节地价高低不同,不同途径下地方政府和企业的利益得失有差异,企业将土地退给政府和政府回购低效用地两种途径没有比较优势。因此,从经济利益角度考虑,企业退地和政府回购都没有积极性。

如图 3-5-1 所示,开发区增加建设用地、供给工业项目用地的途径有两条:一是通过农用地征用获得新增建设用地,出让给用地企业;二是挖掘存量建设用地潜力,收回园区内低效产业用地,二次出让给新用地单位。园区企业退出项目用地也有两条途径:退地给开发区,或者通过二级市场转让给其他用地单位。

在企业退地和开发区供地过程中涉及多种土地价格,有协议价、挂牌价、征地价、转让价和回购价,价格高低各不相同。由于我国工业用地市场化程度一直较低,2007 年以前,开发区工业用地出让基本上采用协议方式。目前多数用地效率低的企业是在开发区建设初期以协议方式取得的建设用地。根据宁波市国家级、省级开发区调研,当时协议出让土地价格(协议价)一般约 20 万~30 万元/亩。2007 年国土资源部发布了《关于落实工业用地招标拍卖挂牌出让制度有关问题的通知》(国土资发[2007]78 号)以后,工业用地基本上采用挂牌方式出让,目前出让价格(挂牌价)约 55 万~65 万元/亩。在二级市场上,土地转让价格是在自由竞争的基础上自发形成的。由于建设用地供求矛盾日益加剧,市场机制的作用使得建设用地转让价格大幅上涨,工业用地转让价格(转让价)约 80 万~90 万元/亩。工业用地转让价与政府高度垄断的一级市场挂牌价形成较大的"剪刀差"。而政府与

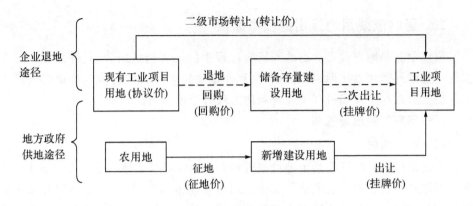

图 3-5-1　企业退地与地方政府供地途径

企业能够达成一致的产业用地回购价格(回购价),是在回购时点挂牌价的基础上双方协商确定的,介于挂牌价和转让价之间。政府通过农用地征用取得新增建设用地的成本(征地价)在 55 万元/亩左右(包括安置、补偿、拆迁、耕地代保等费用)。

　　基于以上价格分析,在土地回购再出让的供地方式中,地方政府与企业能够达成一致的土地回购价不低于回购时点的挂牌价。政府收回土地以后一般经过短期储备即进行二次出让,此时土地挂牌价涨幅不大。因此,回购方式对地方政府来说基本没有获利空间。再考虑收回的土地带有厂房仓库等地上建筑物,二次出让之前需进行整理改造等前期开发工作,地方政府还可能倒贴资金。在农用地征用方式中,尽管在耕地保护力度和节约集约用地政策不断加强的情况下,有些开发区征地拆迁实际成本已达到较高水平,土地征用价格较高,但是政府通过农用地征用方式可以一次获取较大面积的新增建设用地,满足开发区发展的用地需求。相比之下,通过回购方式收回存量用地则需要与用地企业进行大量的协商谈判,而且一次可获得的土地面积较小。从用地企业角度,尽管土地回购价大大高于当初取得土地的协议价,通过回购方式退地也有较大的获利空间,但是由于土地转让价高于回购价,通过二级市场转让途径实现资产变现能得到更高的收益,甚至可以转变为商业或住宅用途后再转让,获得巨额利润。

　　增加地方财政收入是地方政府追求的目标之一。在综合考虑征地和回购的经济成本和行政成本以后,在开发区规模较大尚有可供应土地的情况下,地方政府更倾向于通过农地征用增加建设用地供给,有的甚至突破开发区边界征用周边土地。企业为了土地资产保值增值或土地投机,在追求利益最大化的目标下,设法通过二级市场进行土地转让,而不是将土地退给政府。如图 3-5-1 所示,在对地方政府和用地企业缺乏其他激励和约束的情况下,两者在衡量各自的利益得失以后,最终分别选择土地回购以外的两条途径取得或退出土地,土地回购难以实施。

二、影响低效用地退出的根本原因

用地企业和地方政府在退地和回购过程中的经济利益损失,是导致回购难以实施的关键问题和直接原因。然而,供地和退地过程中价格形成和用地行为产生的深层次原因在于市场机制不完善和地方政府干预不当。

(一)不完善的市场机制

1. 价格机制

土地市场机制的核心是土地价格机制。我国开发区土地出让价格的形成受多方面因素的共同影响。它既是开发区之间相互竞争的结果,也受到不同开发区的区位、产业政策、基础设施建设水平等的影响。另外,地方政府的行为也是影响价格形成的重要因素。土地价格是企业的生产成本,在其他条件相近的情况下,低地价对企业具有较大的吸引力。地方政府为了吸引企业落户本地,往往采取压低地价作为竞争手段。依据国土资源部历年公布的数据计算,2013年全国工业用地与居住用地比价为 7.1∶1,而各地工业地价实际水平远低于上述比例,多数不及商品住房用地价格的十分之一[①]。无序竞争下的低地价,不仅导致了土地低效利用,浪费了土地资源,而且造成土地回购再出让过程中二次出让价格不能反映土地的真实价值。价格偏低减少了土地回购储备的收益,增加了资金压力,降低了地方政府回购的积极性。

2. 供求机制

开发区的发展受其边界的约束,土地供给量应该是有限的。但是从实际情况来看,地方政府往往突破开发区界线,大量征用周边农用地增加土地供给,导致供给弹性增大;需求方面,开发区以工业用地需求为主,而因不同工业行业企业的用地要求不同,土地需求弹性较小。这也造成了工业用地以招拍挂方式出让困难,使开发区土地市场化程度低。由于土地市场发育不完善,市场机制的作用有限,政府的干预作用较明显,土地市场的供求平衡并非是在市场调节下自动实现的。突破开发区边界无限制的增加土地供给,一方面使土地供给的价格弹性大于需求的价格弹性,容易造成地价大幅波动,使企业对土地回购价要求过高,增加了回购成本。另一方面,土地供应总量的失控也使地方政府失去挖掘存量用地潜力、实施低效用地回购的动力。

3. 竞争机制

地方政府作为开发区土地市场的供给方,为了吸引企业入驻、发展地方经济而压低价格出让土地,导致卖方市场恶性竞争。同时,考虑到产业导向、产业结构配

---

① 孙永正,王秀秀.工业用地廉价供应的八大弊端[J].城市问题,2015(5):2-7.

套及其他因素,政府在土地公开出让中经常会设置一些限制性竞买条款,加上开发区土地的特殊区位条件及不同工业行业的用地要求不同,导致土地市场需求方的竞争性较差。地方政府的不当干预和土地需求的弱竞争性,使土地卖方市场竞争过度而买方市场竞争不充分,土地供给量大于需求量,由卖方市场变为买方市场,工业用地招标、拍卖、挂牌价格往往低于完全竞争性市场价格。

4. 利益分配机制

开发区土地利用涉及中央政府、地方政府和开发区企业等,他们有不同的土地利用和管理目标。中央政府通过法律、政策对土地市场进行宏观管理,着重于控制建设用地盲目扩张,促进土地节约集约利用,完善土地市场。地方政府虽然执行中央政策,但其目标函数与中央政府并不一致。地方政府经营管理本地区的土地资源,促进本地区经济发展,特别是分税制改革以后,其经济目标更加独立。为了增加地方财政收入,地方政府希望通过土地收购储备等手段经营土地获取土地收益,而不是倒贴资金。企业作为用地者和经济个体,追求成本最小、利益最大化,将土地使用权作为资产,期望以尽量高的价格通过二级市场进行转让,或在土地回购过程中通过讨价还价提高回购价。

(二)不适当的政府干预

首先,缺乏以科学有效的规划手段对开发区准确定位和严格管理。开发区规划应明确其发展的目标和方向、土地利用结构和布局,指导开发区土地利用和生产经营活动。开发区是现代工业的集聚地,应以发展工业为主,用地结构以工业用地、仓储用地、道路交通用地为主。开发区存在较多的商业、住宅等其他非经营性用地,给企业带来通过用途转变土地升值的预期,提高了产业用地回购过程中的回购价格,给政府回购造成很大的资金困难。同时,开发区的发展受土地利用规划、城市规划(控制性详细规划)、产业规划、招商计划等共同指导和约束,各种规划、计划之间不能很好地相互衔接,指导开发区的土地供给方向;规划执行效力不足,加上上级政府监管不到位,对开发区用地规模控制不严,存在擅自扩区现象。

其次,对工业用地二级市场转让缺乏必要的行政管制。企业可以自行决定是否转让或如何转让土地使用权,在转让之前无须经出让人的允许(土地使用权分割转让除外),无须受土地转让的受让方的项目是否符合产业发展等相关规划无限定条件的限制,实际转让价格往往高于正常的市场价格。

再次,对建设用地保有环节和流转环节的税费征收力度不足。根据我国现行土地税收设置,城镇土地使用中涉及的税费有城镇土地使用税、新增建设用地有偿使用费、土地增值税和耕地占用税。城镇土地使用税是建设用地保有环节征收的唯一税种,征收标准偏低,且各地仍存在征缴不到位的现象,对浪费土地缺乏有效约束。新增建设用地有偿使用费远低于土地出让的纯收益,地方政府土地收益巨大,难以抑制其用地扩张的冲动。且与土地闲置费类似,新增建设用地有偿使用费征收缺乏税收的强制性,实际征收过程中也存在减免现象,有些地方只征收上缴中央 30% 的部分。由此可见,工业用地保有环节的低税费导致企业低效用地的保有成本偏低,新增建设用地有偿使用费对地方政府建设用地扩张的成本约束有限,因而存量低效用地挖潜动力不足。

三、宁波保税区产业用地回购背景^①

(一)回购概括

宁波保税区地处宁波北仑港南侧,中国大陆沿海的中段,长江三角洲南翼,包括由宁波保税区管委会统一管理的宁波保税区、宁波出口加工区和保税物流园区。宁波保税区于 1992 年 11 月经国务院批准设立,园区规划总面积 2.3 平方公里,是浙江省设立最早的海关特殊监管区;宁波出口加工区于 2002 年 6 月设立,规划面积 3 平方公里;宁波保税物流园区于 2004 年 8 月设立,是浙江省设立最早的保税物流园区(中心)。园区具有进出口加工、国际贸易、保税仓储三大主体功能,享有"免证、免税、保税"等特殊政策。2014 年全区完成生产总值 159.3 亿元,财政收入 36.8 亿元,工业产值 456 亿元,完成固定资产投资 14.5 亿元,合同利用外资 1.1 亿美元,实际利用外资 0.9 亿美元,实现外贸进出口 139.9 亿美元。

宁波保税区产业用地回购是政府主导下的土地退出,从 1999 年左右开始。当时保税区东、西两区初期开发建设形成了部分未开发土地、无法继续开发的在建土地等。如某占地面积 1.4 万多平方米的卫浴设备制造项目,在完成项目建筑方案设计、规划及建设审批等前期工作后进入施工准备阶段,后因生产工艺调整导致项目无法通过环保审批,暂停了后续的建设,造成土地空闲。保税区国土部门将类似上述情况的土地从原土地使用者手中转给开发区管委会直属企业,纳入土地储备,或原用地单位与新引进项目单位进行协商,将土地使用权直接转让给新项目单位。到 2003 年以前,累计收回土地约 17 公顷,目前已全部重新供应给新引进项目,或完成项目的后续开发,兴建标准厂房 11.16 万平方米,引进仓储物流企业 3 家、制造企业 8 家。该卫浴项目用地也已转让给一家仓储物流企业,进行物流项目的开发建设,该企业已于 2006 年完成全部项目的开发建设,新建普通仓储、食品冷藏保鲜仓等建筑共 1.9 万平方米。

2003—2006 年期间,保税区主要对前期已出(转)让的未开发或低效利用的建设用地进行回购,共收回土地约 21 公顷。目前这部分土地已作为存量用地重新进行出让,或完成前期开发后再转让、出租给新项目单位,分别引进了仓储企业及半导体、光电制造等生产企业。从 2006 年开始,保税区制定了《宁波保税区出口加工区土地回购储备管理办法》,明确了土地回购范围:企业以出让方式取得土地使用权后,因投资计划变更无法继续开发的土地;因园区产业规划调整需要回购的土地;土地使用权人提出回购申请的土地;因企业经营不善,导致低效利用的土地等。如某台资企业因受 2008 年国际金融危机影响生产订单下降,对产能进行了缩减,终止了部分新增投资项目,导致新购买的占地面积 4.2 万多平方米的厂房闲置。经国土、招商等部门与企业协商,管委会直属企业与企业签订了厂房房地产转让合同,回购了厂房和土地。另有某生产型企业因生产规模扩大,原租用的标准厂房无法满足生产需要,向管委会申请了一宗 1.5 万多平方米的工业仓储用地,准备进行项目设计等建设前期工作。后因管委会调整了产业规划,该地块规划用途调整为仓储物流用地。因企业取得土地后尚未进行开发建设,遂与标准厂房进行了置换,原地块的土地使用权由国土部门收回。收回的地块与相邻地块合并,统一规划为大型专业物流配送项目用地,出让给了一家仓储物流企业用于石化产品仓储配送中心项目,将成为长三角重要的进口化工品物流分拨中心。2006 年至今收回土地约 33 公顷,已出让土地面积 9.4 公顷,分别引进了仓储物流、计算机、通信和其他电子设备制造业企业等。

(二)回购背景

在当前土地市场宏观背景下,开发区低效用地退出和收回困难重重,回购仅是个别现象。宁波保税区产业用地回购能够得以实施,与其特殊的土地利用和管理背景有关,分析其回购背景对破解低效用地回购难题、构建土地退出机制有重要启示。

第一,在土地利用现状上,宁波保税区与其他开发区相比,总面积小,尚可供应的土地面积少。宁波市国家级、省级开发区土地面积平均为 500～600 公顷,最大的接近 3000 公顷。保税区面积最小,仅 230 公顷,出口加工区 300 公顷。有的开发区尚可供应土地面积有几百公顷,保税区仅 3 公顷,占其土地总面积的 1.3%。保税区后备土地资源十分匮乏,通过新增建设用地的方式增加土地供给的潜力非常有限。同时,保税区实行围网封闭运作的形式,也限制了开发区突破边界随意向外扩展,切断了通过农用地征用增加建设用地的供地途径,从而形成了挖掘存量用地的倒逼之势。对保税区而言,要提高开发区产出,引进新的工业项目,必须挖掘存量用地潜力。

第二,由于海关监管,进入保税区的企业都是出口导向型企业,企业自己寻找买家通过二级市场以较高的价格进行土地转让的机会较少,土地二级市场不发达。这就切断了企业通过转让土地获利的途径,为政府回购创造了有利条件。

第三,根据《保税区海关监管办法》(海关总署令第 65 号)规定,区内仅设置保税区行政管理机构和企业,除安全保卫人员外,其他人员不得在保税区内居住。因此,保税区内不允许存在居住用地。同时,宁波保税区以加工制造业为主,规划商业用地很少。因而保税区企业不能像其他开发区企业那样,在缺乏监管的情况下变工业用地为商业、住宅用地并转让以获取高额利润。企业打消了通过土地用途变更获利的念头,降低了对土地升值的预期,从而减少了政府实施回购的谈判成本。

第四,保税区通过一系列激励约束政策引导企业集约高效用地。对符合园区产业发展导向的企业给予一定的财政补贴和产业扶植,对能耗高、污染大、产出低的企业严格控制能耗指标和环保排放,同时加强园区企业的土地使用税征收。这些措施提高了低效用地企业的经营成本,加大了土地保有压力,使企业退地成为可能。

第五,保税区土地价格比较稳定。土地回购基本按原企业取得土地的协议价格或当时同级别土地的基准价进行,没有因大幅上涨给地方政府造成太大的财政压力,且回购以后土地二次出让的价格基本达到回购的价格水平,没有因低价出让造成大量倒贴资金。

第六,保税区财政支持和组织协调是土地退出和收回的重要保障。在产业用地回购非营利的情况下,地方政府每年从财政收入中拨款 3000 万～5000 万元,用于支持土地收回。同时,保税区还建立了由园区管委会为主导,国土、招商、财政、建设、经发、规划等各相关管理部门联合参与的产业用地回购领导协调机构,部门之间密切配合,共同推进低效用地退出。从长远来看,土地收回后提高用地门槛再招商引资,对促进园区产业结构优化、提高土地利用效率、增加产值税收能发挥重要作用。

四、低效用地退出机制的构建

从宁波保税区低效用地回购实践来看,一是园区内无后备土地资源、园区外不能扩张用地,迫使政府不得不以回购挖潜增加土地供给;二是企业的土地保有成本加大,二级市场转让受限,因此不得不退地给政府,而且在不能改变工业用途的情况下只能降低获利预期。再加上地方政府财政支持、多部门协作,有堵有疏,最终促成了企业退出和政府收回。借鉴保税区的经验,要在开发区推进低效用地退出,必须改革现有管理制度,完善土地市场,综合运用行政、经济、技术、法律等各种手段,从土地二级市场监管、用途管制、增量控制、成本约束、组织协调及考核等方面构建激励约束机制,对用地企业和地方政府同时加强管控,促进土地退出(图 3-5-2)。

(一)控制新增产业用地量

为防止开发区盲目扩区,"倒逼"存量用地挖潜,可将开发区对增量土地的审批与管理权限收归当地市县人民政府,即将开发区农地征用的职能撤销,而将存量土地的管理职能仍然留给开发区管委会,开发区管委会可以行使对存量土地的利用管理。这样既保证开发区日常管理活动的高效,又能避免开发区盲目扩区。开发区新增产业用地量还可通过上级政府制定产业用地农转用指标进行控制。

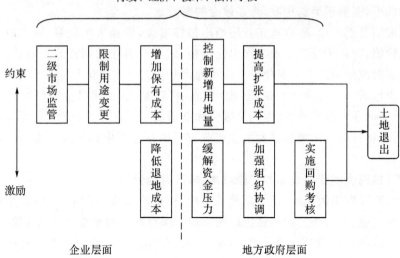

图 3-5-2　土地退出机制

(二)加强土地二级市场监管

在培育和开放土地市场的同时,加强政府对土地市场的监管,维护市场秩序,防止只买卖土地而不发展土地的投机行为滋生。开发区产业发展导向决定了产业用地要求的特殊性,产业用地转让需经过出让方和开发区管委会审查。可借鉴日本的土地申报制,土地交易双方在交易发生前,将所交易土地的数量、位置、用途、价格等指标申报,经审批后才能进行交易。或确立开发区土地回购储备机构对转让土地的优先受让权。建议建立产业用地转让进场挂牌交易制度。

(三)限制产业用地用途变更

土地利用总体规划要在宏观上对开发区的规模、发展定位、土地利用结构等进行控制。按照开发区工业生产、科研、仓储的职能,用地应以工业用地、仓储用地、道路交通用地为主。其次要维护土地利用规划的严肃性,严格规划的实施管理,控制产业用地用途变更。

随着母城城市化的发展,开发区确实需要向城市化方向发展的,可另外选址设立一个新的开发区,将原开发区的生产企业迁入新区,原开发区撤销,原址建成城区,实现用地功能转换。新开发区的规划建设要明确其职能和发展定位,控制用地规模和结构。

(四)缓解土地回购资金压力

财政拨款是缓解回购资金压力的直接途径。各级政府应当从开发区长远发展的角度出发,为土地回购提供资金支持,推进土地退出。低效用地回购是提高土地利用效率的手段,也是产业结构调整的需要。从长远来看,淘汰劣势企业,提高土地产出水平,有利于增加税收,增强政府的财力。

积极培育土地市场,推进工业用地招拍挂出让,提高市场化率,使土地价格接近土地价值,有利于提高土地二次出让价格,增加政府回购储备的经济效益,也有利于缓解财政压力。为了避免由工业用地产业类型的多样化和行业性质的差异化造成的土地需求方竞争主体缺乏,出现"流拍"现象,除了积极推行用地预申请制度,还可尝试在经济发展、土地利用区位和基础设施建设等方面相近的城市间开展区域合作,将符合该区域经济发展和产业布局的企业集中起来统一采用招拍挂方式供地。

(五)提高土地保有成本和扩张成本,降低退地费用

对开发区内粗放用地、低效用地的单位,在依法依规的前提下,取消企业享有的开发区产业、税收等方面的优惠政策。加强保有环节的土地使用税征管,严格控制减免。改革现有城镇土地使用税,对工、商、住用地实行差别税率。对商业和工业用地采用较高税率,对居住用地采用一般税率。改革土地闲置费为闲置税,增加征收的强制性和执行力度。强化新增建设用地有偿使用费征收,使建设用地"外延"成本高于"挖潜"成本,约束建设用地扩张。另外,对主动申请退地的企业可减免退地过程中发生的土地增值税、营业税、企业所得税、契税、登记费、管理费等相关税费,降低退地成本。

(六)实施低效用地回购业绩考核

实行新增建设用地指标与存量低效用地再利用情况相挂钩政策。对存量挖潜力度大、低效用地回购再开发量情况较好的开发区,适当奖励下一年度新增建设用地指标。

将开发区低效用地回购处置情况作为地方政府土地集约利用管理的绩效考核指标,对处置情况进行跟踪检查与量化考核,应用于党政领导干部年度综合评价。

(七)加强土地回购组织领导

成立由政府分管领导牵头,国土、规划、建设、招商、经发、财政、监察、审计等各相关管理部门参加的开发区低效用地退出领导协调机构,负责对开发区土地退出和回购工作的领导、协调、监管,并指定具体部门负责土地收购储备及前期开发整理。

第四章 基础设施可达性与宁波转型发展

本章围绕基础设施可达性与城市转型发展关系,重点计量宁波城市的对外交通和中心城区医疗设施、基础教育设施、外资超市、轨道交通接驳等可达性,解析了新时期城市骨干基础设施建设变化的供给与城市发展关系。

第一节 海港门户宁波对外交通与城市发展耦合演变

交通运输是城市的重要职能之一,国内外研究围绕着城市职能与城市对外交通展开,两者交互影响可解构城市群、城市间与城市内部交通组织。20世纪初,国外学者就探究了企业区位、城市规模与交通设施布局的相互关系,指出交通设施将影响地方经济集聚的形成和城市发展[①]。国内学者于20世纪末对交通设施与区域发展进行了大量实证研究,基于国外交通经济轴线理论提出了我国交通经济带理论[②];选取 VAR 模型,发现长株潭城市群一体化水平与交通发展存在单向Granger 因果关系[③];利用空间滞后回归模型和耦合协调度模型发现中国城镇化发展与交通优势度相互影响显著,且呈双向耦合性[④]。已有研究多偏向交通建设与城市经济增长的空间关联,研究尺度主要集中于全国、重点城市群及省域层面,较少研究海港城市对外交通与城市发展的耦合演变。海港作为区域对外交通联动的重要媒介,海港门户城市已由最初水上运输中转站演变为国际物流中心节点和全球资源配置枢纽,担负国内与国际地区间的交通运输职能,区域内交通与城市形成、发展间的互动关系更为显著。以宁波市为例,通过评价 1997—2016 年对外交通和城市发展水平,选取耦合协调模型测算二者耦合度,整体把握宁波对外交通与城市发展的协调共性规律,为实现对外交通与城市耦合协调发展提供海港门户城

① FRANÇOIS P. Economic Spaces: Theory and Application[J]. Quarterly Journal of Economics, 1950,64(1):89-104; GOTTMANN J. Megalopolis or the urbanization of the northeastern Seaboard[J]. Economic Geography,1957,33(3):121-132.

② 杨荫凯,韩增林. 交通经济带的基本理论探讨[J]. 人文地理,1999(2):6-10.

③ 张文尝,金凤君,樊杰. 交通经济带[M]. 北京:科学出版社,2002.

④ 何丹,殷清眉,杨牡丹. 交通基础设施建设与城市群一体化发展——以长株潭"3+5"城市群为例[J]. 人文地理,2017,32(6):72-79.

市案例。

一、城市对外交通与城市发展的协调原理及评价模型构建

(一)城市对外交通与城市发展的耦合协调

耦合指 2 个或 2 个以上的系统通过相互作用而彼此影响以至联合的现象,本文将耦合界定为对外交通与城市发展间因存在高度关联性而联合。地理学的耦合具有时间和空间两方面意义,空间维度上,交通组织构成城市发展空间结构的骨架,交通设施建设可促进城市人流、物流和信息流的发展,并吸引高新产业进入城市,提高城市人口和土地发展水平,增强城市在区域发展中的职能。同时,交通工具的演变加速郊区的发展,地铁、高架及地面立交等使城镇空间由平面向立体发展。时间维度上,受经济、社会、技术等多方面影响,耦合状态由低转高需较长时间逐步实现。

城市对外交通通过影响经济活动的集聚改变城市形成的规模及形态。城市的不断发展又对交通的发展方向、规模和速度提出更高要求,而城市交通的变革又会引导城市空间的演变,交通与城市发展之间存在动态互馈关系[①]。城市是交通的载体,交通是城市的动脉。

(二)模型和数据

1. 对外交通与城市发展评价指标遴选

借鉴相关学者研究成果[②],根据交通与城市发展的耦合作用机制,构建城市对外交通—城市发展耦合评价指标体系。指标中,对外交通子系统包括水向、陆向、航空集疏运网络及行业管理水平 4 项准则层及港口泊位、港口外贸货物吞吐量、集装箱吞吐量等 23 项评价指标;城市发展系统包括经济、人口、社会发展水平 3 项准则层及地区生产总值、第三产业人员比重等 16 项评价指标(表 4-1-1)。

2. 数据来源

根据 1998—2017 年《宁波统计年鉴》、《宁波年鉴》、《中国港口年鉴》及宁波市交通运输部门网站公布结果,同时参考宁波统计局网站公布的年度统计数据及国

---

① 孙斌栋,华杰媛,李琬,等.中国城市群空间结构的演化与影响因素——多中心视角[J].地理科学进展,2017,36(10):1294-1303.

② 戴晓峰,姜莉,陈方.云南省县域城镇化与交通优势度的时空协同性演化分析[J].地理科学,2017,37(12):1875-1884;杨忍.中国县域城镇化的道路交通影响因素识别及空间协同性解析[J].地理科学进展,2016,35(7):806-815;谭章智,李少英,黎夏,等.城市轨道交通对土地利用变化的时空效应[J].地理学报,2017,72(5):850-862;王姣娥.公交导向型城市开发机理及模式构建[J].地理科学进展,2013,32(10):1470-1478;王益澄,马仁锋,王楠楠,等.滨海城镇带结构演化及产业支撑:浙江案例[M].杭州:浙江大学出版社,2016;马仁锋,王筱春,刘修通.云南省区域综合发展潜力评价与发展对策研究[J].地理与地理信息科学,2009,25(5):74-78.

民经济与社会发展统计公报,提取宁波对外交通 23 项和城市发展 16 项指标数据作为研究的数据源。

3. 对外交通与城市发展耦合协调测度模型

运用功效函数和综合评价函数测算宁波对外交通与城市发展水平,选取熵值法测算各指标权重,利用耦合协调度评价两个系统耦合协调水平[1]。

(1)功效函数。为消除指标量纲与测度量级差异,采用功效函数测算指标的功效系数,算式如下:

$$U_{ij} = \begin{cases} (x_{ij} - \beta_{ij})/(\alpha_{ij} - \beta_{ij}), x_{ij} \\ (\alpha_{ij} - x_{ij})/(\alpha_{ij} - \beta_{ij}), x_{ij} \end{cases} \tag{4-1-1}$$

式中,$U_{ij} \propto 0$,指标贡献度越小,反之则越大;x_{ij} 为初始值;α_{ij} 和 β_{ij} 分别为指标上限值和下限值。

表 4-1-1　对外交通—城市发展耦合评价指标体系及权重*

项目	准则层	权重	评价指标	权重
对外交通系统 U_1	水向集疏运网络 U_{11}	0.486498	港口泊位数 u_1/个	0.020804
			港口万吨级泊位数 u_2/个	0.027581
			港口码头长度 u_3/km	0.052005
			港口货物吞吐量 u_4/万吨	0.031510
			港口外贸货物吞吐量 u_5/万吨	0.052838
			集装箱吞吐量 u_6/万标箱	0.082800
			水路客运量 u_7/万人	0.004722
			水路货运量 u_8/万吨	0.057820
			水路旅客周转量 u_9/(万人·km)	0.097367
			水路货物周转量 u_{10}/(万吨·km)	0.059051
	陆向集疏运网络 U_{12}	0.241908	公路总里程 u_{11}/km	0.012295
			公路密度 u_{12}/(km·万人$^{-1}$)	0.010347
			公路客运量 u_{13}/万人	0.012300
			铁路客运量 u_{14}/万人	0.087230
			公路旅客周转量 u_{15}/(万人·km)	0.007606
			公路货物周转量 u_{16}/(万吨·km)	0.069652
			公路货物运输量 u_{17}/万吨	0.015920
			铁路货物运输量 u_{18}/万吨	0.026558
	航空集疏运网络 U_{13}	0.171689	航空客运量 u_{19}/万人	0.081838
			航空货运量 u_{20}/t	0.089851

① 王益澄,杨阳,马仁锋,等.浙江省滨海城镇带的中心—边界识别[J].经济地理,2017,37(4):92-98.

续表

项目	准则层	权重	评价指标	权重
	行业管理水平 U_{14}	0.099906	交通运输、仓储及邮电通信业固定资产投资 u_{21}/万元	0.059368
			交通运输、仓储和邮政业生产总值 u_{22}/万元	0.032222
			交通运输、仓储及邮电通信业从业人员比重 u_{23}/%	0.008316
城市发展系统 U_2	经济发展水平 U_{21}	0.398857	地区生产总值 u_{24}/亿元	0.086237
			人均 $GDP u_{25}$/元	0.080468
			进出口贸易总额 u_{26}/亿美元	0.118000
			第二产业占 GDP 的比重 u_{27}/%	0.000160
			第三产业占 GDP 的比重 u_{28}/%	0.001252
			社会固定资产投资总额 u_{29}/亿元	0.112741
	人口发展水平 U_{22}	0.070110	第三产业从业人员比重 u_{30}/%	0.008087
			高校学生在校数 u_{31}/人	0.062023
	社会发展水平 U_{23}	0.531032	城镇居民人均可支配收入 u_{32}/元	0.055261
			社会消费品零售总额 u_{33}/亿元	0.108486
			科学技术支出 u_{34}/万元	0.180273
			人均拥有道路面积 u_{35}/m²	0.007162
			每万人拥有公共交通车辆 u_{36}/标台	0.010687
			国际互联网用户 u_{37}/户	0.146545
			医院床位数 u_{38}/张	0.018667
			建成区绿化覆盖率 u_{39}/%	0.003951

注：熵值法测算权重

（2）综合评价函数。采用线性加权法来测度各指标的综合贡献，算式如下：

$$U_{i=1,2} = \sum_{i=1}^{n} \omega_i U_{ij}, \sum_{i=1}^{n} \omega_i = 1 \tag{4-1-2}$$

式中，U_1，U_2 分别为对外交通与城市发展的综合评价函数；ω_i 为第 i 项指标的权重。

（3）熵值法测算权重。熵值法通过分析数值间离散程度来确定各指标相对权重，能深刻反映指标信息熵的效用。

（4）耦合协调度。由耦合度和耦合协调度构成，算式如下：

$$C = [U_1 U_2 / (U_1 + U_2)^2]^{1/k} \tag{4-1-3}$$

式中，C 为对外交通与城市发展的耦合度，反映系统间相互影响的强弱程度，$C \propto 0$，关系越不协调，k 为调节系数。耦合协调度算式如下：

$$D = \sqrt{C(\alpha U_1 + \beta U_2)} \tag{4-1-4}$$

式中,D 为耦合协调度,反映对外交通—城市发展系统的耦合协调水平,α,β 为待定参数。耦合协调度分为 10 种类型:①$D\in(0.0,0.1]$为极度失衡;②$D\in(0.1,0.2]$为严重失衡;③$D\in(0.2,0.3]$为中度失衡;④$D\in(0.3,0.4]$为轻度失衡;⑤$D\in(0.4,0.5]$为濒临失衡;⑥$D\in(0.5,0.6]$为勉强协调;⑦$D\in(0.6,0.7]$为初级协调;⑧$D\in(0.7,0.8]$为中级协调;⑨$D\in(0.8,0.9]$为良好协调;⑩$D\in(0.9,1.0]$为优质协调。

二、宁波对外交通与城市发展综合水平评价

根据对外交通与城市发展的评价体系,将各指标数值标准化,运用熵值法求得指标权重。通过(4-1-1)式和(4-1-2)式计算 1997—2016 年宁波对外交通和城市发展的综合评价值 U_1 和 U_2(表 4-1-2),绘制综合评价值态势图(图 4-1-1),并分析二者发展水平变化情况。

(一)对外交通系统发展水平评价

由表 4-1-2 和图 4-1-1 可知,宁波 1997—2016 年对外交通综合得分从 0.1257 提升到 0.8592,上升幅度明显,表明城市对外交通设施规模与结构持续优化,运营能力不断提高。(1)交通运输、仓储固定资产投资上涨 16.9 倍,产值增长 21.3 倍,城市整体外部交通承载力大幅提升,交通系统综合发展效益显著提升。公路、铁路、航空与海运交通枢纽形成,集疏运体系持续优化,尤其宁波舟山港疏港高速接入国家高速公路网、铁路网,客运中心重组,并与杭州湾跨海大桥、舟山连岛大桥快速通道联通。(2)公路、铁路货运量分别增长 197% 和 332%,铁路客运量增长 13.7 倍,公路总里程增幅为 154%。全市形成"一环六射"的高速路及"四横五纵九联"的城市快速路,并接入上海、杭州、舟山、台州等对外高速网。铁路网质量不断提升,"内联外通、南客北货"枢纽体系基本建成。公路与铁路共同形成国家级、区域级、城市级综合交通客运枢纽。(3)港口万吨级泊位数从 22 个增加至 106 个,港口货物吞吐量增长 5 倍。宁波—舟山港已与 100 多个国家和地区的 600 多个港口开辟航线 235 条,全港货物吞吐量连续九年位居全球第一。港口海向物流网络连接全球集疏运网络,内陆腹地与海向网络同步快速扩张,陆向集疏运体系存在一定供给短缺。

(二)城市发展水平评价

由表 4-1-2 和图 4-1-1 可知,宁波 1997—2016 年城市发展评分从 0.0115 提高至 0.9726,社会固定资产投资增长 16.5 倍,城市发展水平提升迅速。城市产业结构明显优化,进出口贸易总额上涨 19.6 倍,规模以上工业总产值突破万亿元,第二、三产业比重分别由 56.88%、33.5% 提高至 51.29%、45.23%;人均生产总值实现翻番,极大提升了城市居民消费水平与优化了结构。城市第三产业从业人员比重由 23.1% 提升至 44.2%,社会消费品零售总额上涨 11.71 倍。高校学生人数增长

12.4 倍,科学技术支出增长 92.3 倍,医疗与教育等资源增长迅速,人均拥有道路面积上涨 71.1%,城市文体场馆与绿地人均拥有量达到国家同类城市上游水平,常驻居民对宁波生活满意度日益增加。城市用地规模与空间组织优化显著,宁波城市生长以单核心蔓延转变为多核心同时发展,形成多节点、网络化的市域空间格局。

表 4-1-2   1997—2016 年宁波对外交通与城市发展综合评价值

年份	U_1	U_2	U_{11}	U_{12}	U_{13}	U_{14}	U_{21}	U_{22}	U_{23}
1997	0.1257	0.0115	0.1051	0.0120	0.0003	0.0083	0.0010	0.0001	0.0104
1998	0.0956	0.0175	0.0759	0.0107	0.0012	0.0077	0.0025	0.0013	0.0137
1999	0.0869	0.0252	0.0617	0.0117	0.0023	0.0111	0.0050	0.0031	0.0171
2000	0.0878	0.0461	0.0569	0.0141	0.0043	0.0125	0.0118	0.0073	0.0270
2001	0.0815	0.0597	0.0502	0.0171	0.0038	0.0104	0.0190	0.0149	0.0258
2002	0.0928	0.0860	0.0576	0.0230	0.0057	0.0065	0.0299	0.0219	0.0342
2003	0.1113	0.1515	0.0692	0.0277	0.0066	0.0078	0.0473	0.0302	0.0740
2004	0.1601	0.2021	0.0938	0.0345	0.0129	0.0190	0.0704	0.0382	0.0934
2005	0.2201	0.2743	0.1404	0.0380	0.0188	0.0229	0.0921	0.0451	0.1371
2006	0.2893	0.2822	0.1792	0.0545	0.0231	0.0325	0.1148	0.0499	0.1175
2007	0.3048	0.3765	0.1822	0.0630	0.0253	0.0343	0.1448	0.0529	0.1788
2008	0.3959	0.3893	0.2314	0.0936	0.0280	0.0430	0.1721	0.0542	0.1631
2009	0.4846	0.4288	0.2438	0.1077	0.0778	0.0553	0.1781	0.0564	0.1943
2010	0.5315	0.5264	0.2641	0.1147	0.0908	0.0619	0.2259	0.0604	0.2402
2011	0.6215	0.6117	0.2936	0.1528	0.1017	0.0734	0.2710	0.0622	0.2785
2012	0.6236	0.6845	0.3122	0.1272	0.1050	0.0792	0.2927	0.0630	0.3288
2013	0.6586	0.7565	0.3414	0.1361	0.1097	0.0714	0.3215	0.0648	0.3703
2014	0.7407	0.8307	0.3524	0.1804	0.1314	0.0766	0.3492	0.0667	0.4148
2015	0.7937	0.8936	0.3663	0.1938	0.1387	0.0949	0.3646	0.0689	0.4601
2016	0.8592	0.9726	0.3801	0.2131	0.1699	0.0961	0.3831	0.0690	0.5205

三、宁波对外交通与城市发展相关性及耦合协调

由对外交通与城市发展综合评分(表 4-1-2)分析二者相关性,根据(4-1-3)式和(4-1-4)式计算 1997—2016 年宁波对外交通和城市发展耦合协调度 D 值(表 4-1-3)。

(一)对外交通与城市发展相关性分析

由表 4-1-3 可知,宁波 1997—2016 年对外交通与城市发展耦合度值围绕0.49波动,耦合互动效应由弱变强。运用 SPSS19.0 分析二者综合评价函数值,

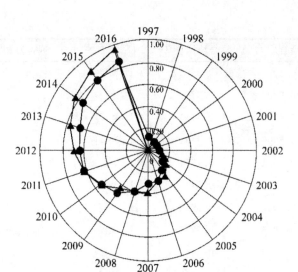

图 4-1-1 1997—2016 年宁波对外交通与城市发展综合评价值

Pearson 相关系数高达 0.988,相关关系显著。结合回归分析得到线性拟合结果
(图 4-1-2),拟合精度高达 0.976,宁波对外交通与城市发展呈正相关且联动较强。
水向、陆向及航空集疏运网络的迅速优化及创新型城市建设的大背景促使宁波城
市产业趋向高新技术行业发展,第三产业从业人员比重持续增加,城市经济扩散效
应逐步发挥,为宁波城市发展向纵深跃进提供动力。宁波对外交通的快速发展推
进城市服务功能和基础建设更加完善,城市吸引力增强。宁波社会经济发展水平
的迅速提升,为对外交通发展提供空间载体和依托,同时诱导对外交通设施区位与
规模不断更替。

表 4-1-3 对外交通—城市发展系统耦合协调度类型及特征划分

年份	耦合度 C	耦合协调度 D	U_1 与 U_2	耦合协调类型及特征
1997	0.2773	0.1379	$U_1 > U_2$	+,Ⅱ
1998	0.3619	0.1430	$U_1 > U_2$	+,Ⅱ
1999	0.4176	0.1530	$U_1 > U_2$	+,Ⅱ
2000	0.4752	0.1784	$U_1 > U_2$	+,Ⅱ
2001	0.4940	0.1867	$U_1 > U_2$	+,Ⅱ
2002	0.4996	0.2113	$U_1 > U_2$	+,Ⅲ
2003	0.4941	0.2548	$U_1 < U_2$	−,Ⅲ
2004	0.4966	0.2999	$U_1 < U_2$	−,Ⅲ

续表

年份	耦合度 C	耦合协调度 D	U_1 与 U_2	耦合协调类型及特征
2005	0.4970	0.3505	$U_1 < U_2$	一，Ⅳ
2006	0.5000	0.3780	$U_1 > U_2$	＋，Ⅳ
2007	0.4972	0.4115	$U_1 < U_2$	一，Ⅴ
2008	0.5000	0.4431	$U_1 > U_2$	＋，Ⅴ
2009	0.4991	0.4774	$U_1 > U_2$	＋，Ⅴ
2010	0.5000	0.5143	$U_1 > U_2$	＋，Ⅵ
2011	0.5000	0.5552	$U_1 > U_2$	＋，Ⅵ
2012	0.4995	0.5715	$U_1 < U_2$	一，Ⅵ
2013	0.4988	0.5941	$U_1 < U_2$	一，Ⅵ
2014	0.4992	0.6263	$U_1 < U_2$	一，Ⅶ
2015	0.4991	0.6489	$U_1 < U_2$	一，Ⅶ
2016	0.4990	0.6761	$U_1 < U_2$	一，Ⅶ

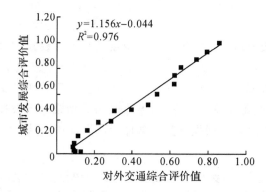

图 4-1-2 宁波对外交通与城市发展综合评价函数值线性拟合

（二）对外交通与城市发展演进特征

通过表 4-1-3 分析 U_1 与 U_2 的数值变化，可将宁波 1997—2016 年对外交通与城市发展的演进特征分为三类：(1)城市发展超前型($U_1 < U_2$)，对外交通对城市发展的贡献小于城市对交通发展的促进作用；(2)交通与城市发展同步型($U_1 = U_2$)，该种临界情况很少出现；(3)交通发展超前型($U_1 > U_2$)，对外交通对城市发展的推动作用大于城市对交通发展的贡献。对外交通超前型记为"＋"，反之记为"一"。

分析表 4-1-2 和表 4-1-3 可看出，宁波 1997—2002 年、2006 年和 2008—2011

年属对外交通发展超前型,其余年份属城市发展超前型。20 年间,水向交通发展水平均高于同期陆向、航空交通发展水平,表明水向集疏运占宁波对外交通主导地位。对外交通与城市发展演进特征可分为 3 个阶段。(1)第一阶段:1997—2002年为对外交通发展超前型,并以水向集疏运为核心。此阶段港口集聚国内外生产要素并联结市场,与港口中转运输相关的产业迅速发展,临港工业是此时城市发展最强劲的动力,对外交通拉动城市发展。(2)第二阶段:2003—2011 年为过渡阶段,临港大工业产生协作引力,吸引前后关联产业集聚,城市通过扩大交通基础设施投资存量和规模,提高区域可达性和生产要素流动性,区域分工专业化形成产业集聚效应。城市发展注重各类交通枢纽修建,各工业区集聚促成城市规模迅速增加。(3)第三阶段:2012—2016 年为城市发展超前型,并以第三产业为核心。宁波经济社会取得长足发展,逐步确立长三角南翼经济中心地位。然而,城市的快速发展致使中心城区城市功能负荷过大、城市次中心培育滞后等问题层出不穷。宁波在浙东区域交通网络连通度较低、同域外城市联动较弱,城市发展因经济腹地偏小被制约。同时,宁波港和舟山港港口资源配置存有分歧,属松散型管理模式,且宁波港口仍以规模扩张为主,港口、产业与城市交互联动性不强,交通发展滞后问题凸显,对外交通发展已不能满足现阶段城市发展需求。

(三)对外交通与城市发展耦合发展类型研判

由表 4-1-3 可知,宁波 1997—2016 年对外交通与城市发展耦合协调度值从 0.1379 逐渐提高至 0.6761,从严重失衡逐步转为初级协调。

根据耦合协调类型演变特征,可将宁波对外交通与城市发展耦合协调发展过程分为 3 个阶段。(1)第一阶段。1997—2006 年为发展不平衡阶段,两者协调程度从严重失衡到轻度失衡。此阶段的港口大力建设为宁波城市工业发展提供基础,并促进其飞速发展,大型骨干工业均不能脱离港口,城市发展对港口依赖性大。(2)第二阶段。2007—2013 年为转型发展阶段,由濒临失衡过渡至勉强协调。此阶段为满足港口对腹地输入及输出要求,对外交通基础设施建设全面发展,高速公路、铁路及跨海大桥建设快速推进,重要交通节点工程进入扫尾阶段。交通业迅速发展,带动城市快速转型升级,经济社会保持良好发展势头。(3)第三阶段。2014—2016 年为协调发展阶段。随着宁波经济结构调整,第三产业人口比重、社会固定资产投资逐年提高,既诱导新型对外交通方式,又提升城市发展土地利用新形态,二者协同效应增强,协调状态不断优化。由耦合协调度 D 值趋势线公式可知,年均变化率为 0.031,表明宁波对外交通与城市发展耦合协调度增长速率低,二者耦合协调度即便于 2016 年达到最高值 0.6761,也仅处于初级协调阶段,两个系统内部结构与管理水平仍需不断优化。

(四)对外交通负外部性特征对城市发展影响解析

城市对外交通系统的完善,在促进城市发展的同时又会给本地带来负面效应。

宁波对外交通负外部性影响来自城市交通结构调整和城市海港与空港各自供需演替。(1)1997—2006年,城市功能集中为港口发展服务,城市自身发展要素供给不足,尤其临港工业之外的产业严重缺乏发展动力,城市内部开发与优势区位经济活动的强度和规模被稀释,降低了投资活动和城市社会经济的单位产出效率。(2)临港工业发展虽推动了宁波交通基础设施的快速建设,2007—2013年宁波港口规模依旧难与城市经济发展水平协调一致,表现为港口建设速度过快,城市及腹地经济发展水平相对滞后,过于超前的港口建设造成港口产能供给远大于宁波港口腹地经济发展需求。(3)2014—2016年,港口货物吞吐量下降5.7%,同期航空货运量增加24.5%。前期海港的大力建设对城市经济社会转型升级具有严重负面影响,尤其未来城市发展进入后工业阶段,经济增长依赖信息技术、深加工工业和多种服务业,人流、信息流及资金流等核心因素向航空优势系统转移,水运需求强度将随产业结构高级化而逐步减小,空港功能逐渐上升,海港功能步入衰退期。(4)港口生产对城市活动存在干扰。当港城空间发生集聚时,宁波中央商务区与港区空间距离逐渐缩短,集港通道交通拥堵将导致居民通勤时间增加和居住环境质量下降。

四、宁波对外交通与城市发展关联阶段趋势

聚焦海港门户城市兴衰的对外交通作用机理在中国是否会再现,基于城市对外交通与城市协同发展机理构建二者耦合评价模型,定量分析海港城市宁波1997—2016年对外交通与城市发展耦合协调水平及其演变。研究发现宁波对外交通与城市发展水平大幅提升,后者较前者发展更快,分析时段内二者相互正向促进作用显著,未见逆向效应,二者耦合协调度由严重失衡转型至初级协调。耦合协调度演进启示宁波城市发展应注重综合物流和多式联运的交通格局演变对城市发展的新要求,尤其是港口配置不断优化与宁波城市职能迅速强化的双向快速扩张阶段,亟待把握物流网络影响陆向和水向腹地的贸易、金融和信息等,全面推进城市产业结构向服务业升级,协同未来港口主导城市发展的逐步退化与空港交通主导地位上升协调的城市综合行动策略。

交通引导城市结构与职能模式升级是宁波未来城市发展首选,推进城市对外交通建设以优化宁波城市空间格局,促进组团式、集群式的城市发展,形成整体优势。短期应注重港口功能与城市发展相匹配,优化宁波—舟山港功能,推动临港产业发展,同时加大空港建设,推进产业结构演进,强化对外交通与城市发展协同作用,最终实现二者优质协调发展。

第二节　宁波市海曙区医疗设施可达性测量

公共医疗服务主要通过消除医疗服务的空间差异和提高医疗设施水平达到提高居民健康水平的目的[①]。近年来空气污染、环境恶化、食品安全危机等问题愈发严重，日益危害居民的健康。同时，随着居民生活水平不断提高，人们越来越注重生活品质和身体健康，医疗需求愈来愈强。而目前医疗设施存在空间分布失衡的问题，医疗设施的建设布局缺乏科学合理指导，出现了"看病难""看病贵"等社会问题。因此，医疗设施作为一项重要公共设施，其空间分布是否合理关系到人民生存权和健康权能否得到有效保障。故有必要研究城市医疗设施的空间分布和社会公平性，使其空间配置的结果服务于全体居民。

人口在城市中的分布并不均匀，公共设施分布是否均匀并不能准确表征其空间分布的合理性及公平性。而可达性是指某一个区位到达服务设施的便捷程度，反映人们接近公共设施的空间需求，目的是探讨公共设施布局的空间公平性，如可达性水平高的区域是否也具有较高的人口需求，弱势群体相对集中的地区是否可达性也较差。基于 GIS 技术的空间可达性分析是衡量公共服务资源空间配置合理性的有效工具之一[②]，可以解决传统规划对医疗设施空间位置考虑不周造成稀缺的医疗设施资源空间分配不公和配置效率低的问题。受西方影响，医疗设施的可达性研究在国内日益受到关注，在市级、区县和乡镇尺度上均有研究，如熊娟[③]、张莉等[④]、刘钊等[⑤]、于珊珊等[⑥]、赵方胤等[⑦]、郑朝洪[⑧]等利用 GIS 探究市域医院空

① MEYER S P. Comparing spatial accessibility to conventional medicine and complementary and alternative medicine in Ontario, Canada[J]. Health & Place, 2012, 18(2): 305-314.

② TSOU K W, HUNG Y T, CHANG Y L. An accessibility-based integrated measure of relative spatial equity in urban public facilities[J]. Cities, 2005, 22(6): 424-435.

③ 熊娟. 基于可达性的医疗服务均等化研究[D]. 武汉：华中师范大学，2012.

④ 张莉，陆玉麒，赵元正. 医院可达性评价与规划——以江苏省仪征市为例[J]. 人文地理，2008(2)：60-66.

⑤ 刘钊，郭苏强，金慧华，等. 基于 GIS 的两步移动搜寻法在北京市就医空间可达性评价中的应用[J]. 测绘科学，2007,32(1)：61-63+162.

⑥ 于珊珊，彭鹏，田晓琴，等. 基于 GIS 的长沙市医院空间布局及优化研究[J]. 长沙大学学报，2012,26(2)：90-94.

⑦ 赵方胤，王翠萍，宋冉冉. 基于 GIS 缓冲区分析的济南市医院分布合理性研究[J]. 科技视界，2012,(3)：51-53.

⑧ 郑朝洪. 基于 GIS 的县级市医疗机构空间可达性分析——以福建省石狮市为例[J]. 热带地理，2011,31(6)：598-603.

间的可达性；胡瑞山等[①]、宋正娜等[②③]、王远飞[④⑤]、曹书平[⑥]等利用 GIS 技术分析了区县域医疗设施空间可达性分异情况；吴建军[⑦]运用 GIS 技术和可达性指标评估了镇域医疗设施的空间分布特征。

公平性是社会文明程度的重要指标之一，反映不同结构的人群对公共设施的心理需求和满意程度。近年来有一些学者将非空间因素（如性别、年龄、经济收入、种族和民族差异、受教育程度等）融入了空间可达性研究中，并依据不同需求者的居住心理、行为心理等特性对医疗设施进行了可达性分析。如张建中等[⑧]、桑海云等[⑨]、陶海燕等[⑩]研究了公共设施布局的公平性问题，并分析了其可达性，以判定研究区公共设施的稀缺程度。

国内利用 GIS 进行公共设施空间可达性和公平性的研究虽取得较大进展，但也存在不足：1）当前研究所用空间数据的尺度不完全统一，没有考虑数据本身的质量问题，如在城市交通网络中没有考虑道路实际通行情况、居民出行方式、道路等级、路网精度和道路转向限制等；2）当前研究大多忽略公共设施的各项结构要素对其空间分布的影响以及能否满足周边服务人群的需求；3）当前对空间可达性及公平性的综合分析的研究鲜见。因此，本文利用 GIS、改进潜能模型构建人口需求指数，分析居民对医疗设施的需求情况；综合采用因子空间叠置分析方法测度医疗设施的空间公平性程度，并以宁波市海曙区为例，构建统一标准的海曙区医疗设施的基础地理空间数据库，对其医疗设施的可达性和公平性进行分析，综合评价医疗设施的空间分布状况及合理性程度，为政府优化公共设施布局提供参考[⑪]。

---

① 胡瑞山，黄锁成，胡浩，等.就医空间可达性分析的两步移动搜索法——以江苏省东海县为例[J].地理科学进展，2012，31(12)：1600-1607.

② 宋正娜，陈雯.基于潜能模型的医疗设施空间可达性评价方法研究[J].地理科学进展，2009，28(6)：848-854.

③ 宋正娜，陈雯，车前进，等.基于改进潜能模型的就医空间可达性度量和缺医地区判断——以江苏省如东县为例[J].地理科学，2010，30(2)：213-219.

④ 王远飞，张超.GIS 和引力多边形方法在公共设施服务域研究中的应用——以上海浦东新区综合医院为例[J].经济地理，2005，(6)：800-803，809.

⑤ 王远飞.GIS 与 Voronoi 多边形在医疗设施地理可达性分析中的应用[J].测绘与空间地理信息，2006，29(6)：77-80.

⑥ 曹书平.农村医疗资源的空间可达性分析[D].重庆：西南大学，2009.

⑦ 吴建军，孔云峰，李斌.基于 GIS 的农村医疗设施空间可达性分析——以河南省兰考县为例[J].人文地理，2008，103(05)：37-42.

⑧ 张建中，华晨，钱伟.公共设施分布公平性问题初探[J].规划师，2003，19(9)：78-79.

⑨ 桑海云，姜宝法.山东省卫生资源配置的空间公平性分析[J].中国卫生事业管理，2008，25(12)：798-799.

⑩ 陶海燕，徐勇.广州市海珠区公共医疗卫生服务的公平性研究[J].疾病监测，2007，22(6)：408-411.

⑪ 赵文花，邹逸江，马仁锋.基于 GIS 的医疗设施可达性测量方法及实证——以宁波市海曙区为例[J].世界科技研究与发展，2016，38(1)：143-149.

一、研究方法

(一)可达性研究方法

可达性是指某一个区位到达服务设施的便捷程度,与起点、终点和交通条件有关。医疗设施空间可达性是指公众借助交通工具和道路来接近医疗设施、获取医疗服务的难易程度,能更精确地反映居民获取医疗资源的实际情况,是评价医疗设施空间分布合理与否的重要指标,受医疗设施的供应状况、交通路网状况及居民的社会经济特征等因素的影响。基于潜能模型及其改进潜能模型的评价方法综合考虑了供需状况和距离因素,能全面评价医疗设施的空间可达性。潜能模型来源于牛顿万有引力,主要通过模拟万有引力的公式来计算医院对居民的吸引力的累加值,后来学者们将其引入地理学,逐步发展为潜能模型并作为各类设施的空间可达性度量方法,地理学中改进潜能模型的一般公式为:

$$A_i = \sum_{j=1}^{n} A_{ij} = \sum_{j=1}^{n} \frac{M_j}{D_{ij}^{\beta}} \tag{4-2-1}$$

改进的潜能模型为:

$$\begin{cases} A_i = \sum_{j=1}^{n} \dfrac{S_{ij} M_j}{D_{ij}^{\beta} V_j} \\ V_j = \sum_{k=1}^{m} \dfrac{S_{kj} P_k}{D_{kj}^{\beta}} \\ S_{ij} = 1 - \left(\dfrac{D_{ij}}{D_j} \right)^{\beta} \end{cases} \tag{4-2-2}$$

其中,A_i 表示某一社区的就医可达性指标;M_j 表示第 j 个医院的服务能力,本文用该医院的卫生技术人员数表示;D_{ij} 表示社区中心与医院的交通网络距离,β 表示阻抗系数。改进的重力潜能模型中,添加了 V_j 和两个 S_{ij} 参数。V_j 表示第 j 个医疗设施周围潜在服务人口指标值,反映了居民之间因到同一家医院就医而形成的对有限医疗资源的竞争;S_{ij} 表示医疗设施 j 对居民点 i 的等级规模影响系数,反映了医疗设施不同等级规模对居民就医选择行为的影响,P_k 表示第 k 个居民点的人口数;D_j 表示第 j 个医疗设施的极限出行时间;i、j 分别表示社区中心点和医疗设施的数量。

(二)公平性研究方法

1. 人口需求指数

公共设施的公平性是基于不同公众需求考虑的公共设施空间分布的合理性程度,影响公平性评价的因素主要有可达性和不同需求人群的空间分异情况[①],只有

[①]　顾鸣东,尹海伟.公共设施空间可达性与公平性研究概述[J].城市问题,2010(5):25-29.

基于人口需求的医疗资源分配与空间分布才被认为在空间上是公平的。国外对公共设施公平性的研究指出需求指数被广泛地应用于公园、学校等资源分配的公平性[①]，公共设施的空间配置要最大限度地考虑到妇女、儿童、老年人、残疾人士及收入水平低的人等弱势群体的需求，使不同阶层的人平等地享受到各种服务，以体现社会公平。居民能否获得公平的医疗服务和公众对医疗资源的需求程度与人口的数量、年龄、性别、民族、经济收入状况及居民习惯、心理等息息相关，故构建需求指数通常需要考虑年龄、结构、经济状况等因子。目前人口普查数据中未直接涉及收入指标，而人口需求指数计算除了需要社区级的人口数量、性别、结构等数据外，还需要能够表征居民社会经济状况的收入水平指标，故本文采用替代性的指标间接反映人们的收入水平。基于海曙区第六次人口普查统计数据，选用总人口、女性人口比重、少数民族人口比重、0～19 岁人口比重、60 岁以上人口比重、非农人口占总人口比重、人均住房面积、人均住房间数 8 个指标来衡量社区居民对医疗资源的需求程度，前 6 个指标反映人口的社会特征，后 2 个指标体现人口的经济特征。将各指标采用极差标准化方法进行归一化处理，即找到最大值和最小值，对每个值用公式($Z_i = (X_i - X_{\min})/(X_{\max} - X_{\min})$)进行运算，然后将标准化结果进行等权重求和来求取需求指数。

2. 因子叠置分析

空间叠置分析是将两层或多层地图进行叠置产生一个新图层的操作。可达性指标和人口需求指数计算是测度医疗设施空间分布公平性的基础，为评价医疗设施布局在社区水平上的公平性程度，采用因子空间叠置分析方法是将可达性水平与人口需求指数进行空间叠置分析来测度医疗设施分布的空间公平性程度。应用 ArcGIS 10.2 中的 Analysis Tools Overlay 工具将可达性分类结果和人口需求指数分类结果进行叠置分析，定量评价海曙区医疗设施空间分布的公平性程度。

二、研究区域和数据

(一)研究区概括

海曙区地处浙江省宁波市中心，位于东经 120°55′—122°16′，北纬 28°51′—30°33′，东临奉化江，北濒余姚江，分别与鄞州区、江北区隔江相望，西南与鄞州区接壤。区内交通便捷，主要交通线路和出租汽车由海曙辐射至周边地区，建成区道路长度 317km，宽度 3.5m 以上的道路面积 2.88km²。全区总面积 29.44km²，2011 年底全区总人口为 37.37 万人，辖鼓楼、月湖、江厦、南门、白云、西门、望春、段塘 8 个街道，共有 74 个社区。2014 年底实现地区生产总值 541.07 亿元，比上

---

　　① TALEN E, ANSELIN L. Assessing spatial equity: an evaluation of measures of accessibility to public playground. Environment and Planning A, 1998, 30(4): 595-613.

年增长 6.0%,人均生产总值 18.12 万元,比上年增长 6.1%。通过统计,全区镇级规模以上卫生机构共有 24 所,共计卫生技术人员 7868 名,2014 年底总诊疗人次达到 1020.69 万人次,全区平均每千人拥有卫生技术人员数、职业医师数、护士数分别为 21.0520 人、6.9460 人、8.7440 人。

(二)地理数据库建立

运用 ArcGIS10.2 软件将海曙区行政区划图矢量化,以海曙区街道、社区和居民点为研究单元,建立包括人口信息、交通网络、医疗设施等信息的基础地理数据库。以海曙区街道的社区区划为医疗设施服务的基本区域,共 74 个社区,社区位置采用宁波市规划局和宁波市测绘设计研究院编制的《宁波市社区服务地图册》,以常住人口数作为医疗设施服务的需求量指标,数据来源于海曙区统计年鉴的人口统计相关数据及统计局的海曙区第六次人口普查,同时结合实地调研,人口中心以各社区的几何中心点代替,医院数据来源于宁波市卫生局、海曙区卫生局、各医院官方网站以及卫生信息网。路网数据来源于宁波市 2013 年交通网。各社区到各医院最短距离见表 4-2-1。

表 4-2-1　各社区到各医院最短距离　　　　　　　　(单位:km)

社区名称	宁波市第一医院	宁波市中医院	宁波市第二医院	海曙口腔医院	……	鼓楼街道社区卫生服务中心
孝闻社区	3.70	5.65	0.35	2.91	……	1.62
新街社区	1.80	8.84	3.99	1.03	……	2.42
安丰社区	5.56	5.36	7.07	7.18	……	6.02
……	……	……	……	……	……	……
天一社区	1.24	7.35	2.99	2.42	……	1.65
马园社区	2.31	6.62	3.20	3.92	……	3.12
胜丰社区	5.31	3.82	3.02	5.14	……	3.71
……	……	……	……	……	……	……
泰安社区	5.35	3.25	3.82	5.18	……	4.35
新典社区	5.21	8.30	7.81	6.16	……	6.66

三、宁波海曙区医疗设施可达性及其公平性分析

(一)医疗资源空间可达性综合分析

1. 实现路径

对就医可达性的测算应首先确定居民的出行阻抗,选取居民到达医院的通行时间作为出行阻抗。对就医出行时间的计算,以公交车与小汽车(取二者中间速度)作为出行方式,研究区海曙区内道路主要是城市道路,分为快速路、主干道、次

干道、支路四级。行车速度参照《公路工程技术标准 JTG B01-2014》,并结合宁波市各级道路标准和实际情况,各级道路的速度如表 4-2-2 所示。各个社区的最短就医耗时根据路网中不同等级道路的速度来体现。本文构建的交通网络不考虑拥堵情况、收费站及转弯等复杂因素,其对空间可达性结果影响不大。然后以海曙区的交通网络数据集为基础,运用 ArcGIS10.2 的 Network Analysis 建立各社区居民点与所有医院之间的 O-D 矩阵(表 4-2-3)。另外,出行摩擦系数 β 在实际操作中通常采用线性表达式,取值多集中于[1,2],根据研究区域实际情况比较不同的取值后,结合实地调查将 β 取值为 2。通过建立的 O-D 通行时间矩阵,得到全区各居民点到所有医院的最短车行时间范围为 0.03min～17.06min,全区各居民点到最近医院的最短车行时间范围为 0.03min～9.02min。因此为确保每个居民点可以选择一所临近医院就医,将极限出行时间 D_j 设定为 10min,对于向全区提供医疗服务的综合医院,不考虑 D_j 的影响,计算中将其 D_j 设为∞。

表 4-2-2　海曙区各级道路行车速度　　　　　　　　　(km/h)

道路等级	快速路	主干道	次干道	支路
速度	70	50	40	30

表 4-2-3　各居民点到达各医院的最短车行时间矩阵　　　　(min)

社区名称	宁波市第一医院	宁波市中医院	宁波市第二医院	月湖街道社区卫生服务中心	……	江厦街道社区卫生服务中心
孝闻社区	5.63	7.17	0.76	3.57	……	7.56
新街社区	2.88	11.78	6.16	3.62	……	2.92
安丰社区	7.05	7.27	9.35	7.89	……	9.56
……	……	……	……	……	……	……
天一社区	1.89	9.88	4.26	2.06	……	4.40
后塘河社区	14.90	11.02	14.07	12.91	……	17.06
平桥社区	2.89	8.83	3.21	0.03	……	4.83
……	……	……	……	……	……	……
泰安社区	7.32	4.87	6.28	5.11	……	9.26
新典社区	7.72	11.17	11.14	9.68	……	8.14

2. 结果分析

利用 ArcGIS10.2 中的 Summarize、Analysis 等功能来实现改进潜能模型的计算,计算得到各居民点到医疗设施的空间可达性,并将各社区的可达性结果分为低、一般、好和很好四级(表 4-2-4)。将计算得到的结果与全区千人卫技人员数相除,对可达性数值进行统一标准化处理,运用 ArcGIS 空间分析中的普通 Kriging

插值技术对标准化值进行可视化。

表 4-2-4　综合可达性区域概况

综合可达性值	社区数(个)	总面积(km²)	总人口(万人)	总卫技人员数(人)
低	41	51.82	21.57	1005
一般	24	14.69	10.84	2258
好	7	5.51	3.96	3341
很好	2	1.51	0.99	1264
总计	74	73.53	37.36	7868

(1)空间可达性综合评价

由表 4-2-4 可知：①海曙区医疗设施综合可达性分布不均匀,靠近医疗设施或者医疗设施分布密集的社区可达性较高,处于边界或医疗设施分布稀疏的社区可达性较低。②可达性低的社区涵盖了 55.4% 的社区,人口密度仅为 0.4 万人/km²,主要分布在望春街道、段塘街道、白云街道的大部分社区,这些区域仅提供了12.8% 的卫技人员数,却要服务最多的人口,达到研究区总人口的 57.73%,此区域获得的医院资源存在很大的不足;综合可达性一般的区域涵盖了 32.4% 的社区,人口密度为 0.7 万人/km²,主要分布在南门街道和西门街道,这些区域需要服务 29.01% 的人口,提供的卫技人员数占 28.7%,医疗资源的供给总体上能够满足居民的需求;综合可达性好和很好的区域占总社区的 12.2%,人口密度为 0.7 万人/km²,人口相对比较密集,所需服务的人口为 13.25%,总卫技人员数却达到58.5%,医疗资源出现较大富裕。由此可以判断,海曙区医疗服务综合可达性以低级和一般为主,人口密度相对稀疏,而地铁一号线周边的鼓楼街道、江厦街道及月湖街道大部分社区的可达性明显高于平均水平。综合可达性高的社区围绕中心城区离散分布,那里交通便捷,医疗设施丰富,整体上可达性从海曙区东部向中部、南北逐渐降低。

(2)不同级别医疗设施的可达性

可达性评价表明,三级医院的可达性大于一级医院的可达性,就医可达性受到医院服务能力、就医选择、交通距离、出行时间、人口分布等因素的影响。①三级医院就医可达性更好,其医疗服务水平高,技术力量雄厚,居民选择就医概率大,且出于历史的原因,三级医院主要集中于中心城区周围,即研究区东部靠北区域,人口密集,居民距离医院较近,能够及时到达医院得到治疗,且受到居民跨区域就医的影响。另外,各级医疗设施可达性状况存在差异,宁波市中医院分布于研究区北部望春街道社区的双杨社区,那里人口相对稀疏,可达性相比其他三级综合医院较小。②研究区内一级医院,一级医院就医可达性相对较小,其规模较小,技术力量相对薄弱,对居民就医吸引力不太大,大多分布于研究区东部,分布相对较集中,其所在社区及周围区域可达性整体较低。分布于中心城区及周围的一级医疗设施可达性较其他边缘区域可达性好,中心城区及周围人口众多,交通便利,居民就医方便。而研究区边缘的段塘街道和望春街道医院分布很少,人口相对稀少,距离医院较远,居民不能及时得到治疗,这部分区域存在就医困难局面。

(二)医疗资源公平性分析

1. 人口需求指数

人口需求指数计算不仅需要社区级人口的年龄、性别等人口结构数据,还需能够表征社会经济阶层的收入水平指标,而目前人口普查中未直接涉及收入指标,故只能用替代性的指标来表征收入水平,本节选取了非农人口占总人口比重、人均住房面积、人均住房间数三个指标。人口需求指数能够表征研究区各社区居民对城市医疗设施的需求程度,研究区 74 个社区的人口需求指数(NI)结果按大小分为四类:低需求、中需求、高需求、很高需求。将需求指数分类结果进行统计如表 4-2-5。

表 4-2-5　人口需求指数分类统计结果

需求指数分类	社区个数(个)	占社区总数比例(%)
低需求	9	12.16
中需求	23	31.08
高需求	29	39.19
很高需求	13	17.57

可知,具有高需求和很高需求的社区共 42 个,占研究区社区总数的 56.76%,主要分布在研究区的中心及东北部,即白云街道和南门街道的大部分社区以及望春街道和鼓楼街道的少部分社区;具有低需求的社区有 9 个,占社区总数的 12.16%,主要分布在研究区西部的边界地区,即望春街道和段塘社区的部分社区和月湖周围;具有中需求的社区有 23 个,占社区总数的 31.08%,围绕中心城区离散分布,即研究区的偏东部的边界地区及望春街道的部分社区。

2. 公平性分析

公平性的根本目的在于减少因阶级分异导致的设施供给的不平等状况及空间配置能最大限制地考虑到妇女、儿童、残疾人士以及低收入群体等社会弱势群体的需要,使不同阶层的人能平等地享受医疗服务。影响公共设施公平性评价的因素主要有公共设施的可达性和不同需求人群的空间分布情况。其中,基于 GIS 的可达性评价是研究的核心基础。将可达性结果和人口需求指数进行叠置分析,结果如表 4-2-6。可知,中需求的社区基本上具有中等的可达性,另外叠置分析可以显示高需求或很高需求指数而可达性低的区域。

由表 4-2-6 可知,高需求或很高需求指数而可达性低的社区共 24 个,占社区总数的 32.43％,主要分布在研究区的中部及望春街道的部分社区。这些区域医疗设施缺乏,社会经济发展水平相对较低,人口密度相对稀疏,因此海曙区的整体医疗布局不太合理,医疗设施对各社区的服务不太均衡,高等级的医疗设施更多地分布于中心城区及东南地区。为了达到供需平衡,可达性中高区域的医疗服务能力应该向低的区域疏导和外溢,这样医疗设施资源才能更公平地为研究区的人口服务,海曙区的医院才能达到高效公平的分布格局。

表 4-2-6　可达性与人口需求指数叠置统计结果

可达性	人口需求指数			
	低需求	中需求	高需求	很高需求
可达性低	6	11	15	9
可达性一般	1	7	12	4
可达性好	2	4	1	0
可达性很好	0	1	1	0

四、宁波海曙区医疗设施可达性格局与空间公正趋势

居民是否能够便利和平等地享受公共设施的各种服务与功能,即资源享用的可达性与公平性,是城市发展的重要原则。公共设施空间分布的公平性直接关系到居民的生活质量,其可达性水平深刻地影响着弱势群体获取医疗等公共资源的难易程度。目前国内对医疗设施的空间布局及可达性的研究中较少考虑人口需求和空间公平性,本节基于 GIS 空间分析技术,运用可达性计算的改进潜能模型以及人口需求指数和因子空间叠置分析方法对就医空间可达性和公平性进行了分析。海曙区作为宁波市的中心城区之一,空间配置引人关注,以海曙区为实证,对其可达性和区域公平性进行了详细分析。

研究表明:(1)可达性、人口需求指数和公平性指标能够有效地刻画医疗设施的空间分布,进而表征医疗设施空间布局的合理性程度。(2)海曙区医疗设施整体分布不均匀,偏东方向集中;望春街道和段塘街道的大部分社区医疗设施极度缺乏,医疗服务相对欠缺;市中心的医疗设施处于饱和状态,整体上,海曙区各社区居民获取医疗资源的便捷性从市中心向周边地区逐渐减弱。(3)医疗资源存在极化现象,有 22 个社区千人卫技人员数低于 10,而有 2 个社区千人卫技人员数超过了 60,医疗设施集中于某一些区域,而一些区域医疗设施匮乏,这些区域提升空间较大,是医疗改革中设施规划和空间配置应该优先考虑的区域。(4)本节研究结果对其他公共服务设施的合理布局和规划具有重要的借鉴意义。

测算尺度选择街道/社区一级,较国内当前医疗设施公平性评价中省级、县区级等大范围测量是一个进步,故测量结果对卫生实践更有指导意义,但本文研究需

要的数据资料较多,而目前我国公布的矢量形式国家基础地理信息数据行政边界只到县区级,尺度偏大,且相对滞后,使本文小尺度行政区划等空间数据不易获得,另外,较为全面的人口和医院资料也较难得到,因此数据来源是研究的难题。本节研究对象为镇级以上医疗设施,缺少了更小级别的医疗设施,结果可能存在一定偏差。城市内部不同区域、不同层次的人群在经济、文化、社会等方面对医疗卫生的需求相差较大,城市医疗资源的空间分布及可达性与区域公平性及医疗设施服务有效性的定量综合分析,还有待进一步探讨。今后的研究中,应该综合考虑各项因素,分析结果将更加精确合理。

第三节　宁波市海曙区基础教育设施可达性测量

改革开放以来,中国的基础教育快速发展,取得了令人瞩目的成就。中国共产党"十八大""十九大"报告提出"努力办好人民满意的教育",全面实施素质教育,提高教育质量,着重强调了学前教育与九年义务教育的均衡发展,大力促进教育公平,合理配置教育资源。

一、核心概念与国内外研究动态

(一)相关概念

基础教育一般是指初中(含初中)阶段以前的所有的教育形式,联合国教科文组织把基础教育定义为:基础教育是向每个人提供并为一切人所共有的最低限度的知识、观点、社会准则和经验,其目的是使每个人都能发挥自己的潜力、创造性和批判精神,以实现自我的抱负和幸福,并成为一个有益的公民和生产者,对所属的社会的发展贡献力量[①]。在中国,事实上的基础教育包括学前教育和九年义务教育,广义上的基础教育包括处于学前教育之前的家庭教育和受到的社会生活知识教育,狭义上讲基础教育是指处于九年义务教育阶段的教育。本节采用的是狭义上的基础教育,因此基础教育设施是指处于九年义务教育阶段的教育设施,也就是初中和小学。

空间可达性概念最早是由 Hansen 于 1959 年提出,将其定义为各节点通过交通网络相互作用的机会的大小[②]。可达性最早用于研究交通问题,后来扩展到社会服务设施的区位评价。对于可达性的含义,不同的学者有不同的理解。Ingram

---

①　侯明辉.基于 GIS 的基础教育均衡性评估方法研究[D].北京:首都师范大学,2008.

②　HANSEN W G. How accessibility shapes land use [J]. Journal of the American Institute of Planners, 1959,25：73-76.

(1971)认为可达性是一种搜寻运作的方式,是克服空间阻隔的难易程度。当一个地方到其他地方受到的空间阻隔较大时,这个地方的可达性就比较差,相反,如果这个地方到其他地方受到的空间阻隔比较小时,这个地方的可达性就比较好①。Mackiewicz(1973)等认为可达性与可获得的机会有关,可以通过单位时间内所能接近的发展机会的数量来衡量②,如果在单位时间内接近的发展机会多,那么该点的可达性就比较好,如果可接近的发展机会少,则可达性就比较差。Hansen 等基于潜能模型,认为可达性是相互作用的潜力,如果某个服务设施的吸引力比较大,也就说相互作用比较大时,那么该服务设施所处地域的可达性就比较好,但如果该服务设施的吸引力比较小,那么它所处的地域可达性就差。虽然不同的学者对于可达性概念的理解并不相同,但他们对可达性本质的理解却是相同的。其含义基本包括三点:(1)经过计算得到的可达性的值,其本身不具有解释力,只有和特定区域内的其他地点的可达性相比较,才具有解释力。可达性反映的是该地点在整个区域内的地位或者区位。(2)如果两点间的通达性不是单向的,则可达性具有双向对等性:一个地点到另一地点的可达性等于另一地点到这个地点的可达性。(3)可达性表示的是两个活动实体之间的相互作用,也就是两个实体所在地点克服空间阻隔的度量③。

(二)国内外研究动态

可达性根据考虑的因素的不同可以有不同的分类,Mark 在研究基层医疗的空间可达性时提出了可达性的分类方法④。根据所处阶段可达性可分为潜在可达性和实际可达性,在考虑两个维度基础上可达性可以进一步细分为四种:研究距离和可用性,不考虑应用措施的可达性;考虑空间因素的应用研究;研究可承受性、文化等其他非空间因素,不考虑应用措施的可达性;考虑可承受性、文化等其他非空间因素的应用研究等。但由于实际可达性的分析解释必须基于地理空间数据,而这些地理空间数据的获得往往存在很大的困难,因此,目前大多数空间可达性的研究只是对潜在可达性的测度。

可达性计算最早是用于交通规划中,如 Hagerstrand(1975)基于时空棱柱模型研究空间上某一要素实体的位置优劣程度,通过对人流、物流、信息流的度量,来测度空间结构形态所导致的人流、物流、信息流潜在的运动密度分布,并未考虑该

---

①　Ingram D R. The concept of accessibility: a search for an operational form[J]. Regional Studies, 1971,5(2):101-107.

②　Mackiewicz A. Towards a new definition of topological accessibility[J]. Transportation Research Part B (Methotoogical),1996,30(1):47-79.

③　刘贤腾. 空间可达性研究综述[J]. 城市交通,2007,5(6):36-43.

④　Gvagliardo M F. Spatial accessibility of primary care: concepts, methods, and challenges[J]. International Journal of Health Geographics,2004,3(1):20.

要素实体本身规模以及人们所采用的交通方式对其可达性的影响[①]。Ingram 于1971 年提出基于空间阻隔的可操作的计算模型,相对可达性是指一点到另一点的空间阻隔,综合可达性是指区域中的一点到其他所有点的空间阻隔,可以用两点间的实际空间距离、交通网络距离、时间距离、出行成本和综合成本来表示,也可以用阻隔衰减来表示,在实际的空间阻隔的基础上,引入距离衰减函数来表示[②]。Wachs(1973)等指出可达性是居民从居住地出发,在一定的出行时间限制下,利用某一种出行方式,能够到达的工作地点以及所能获得的工作机会数量[③]。运用比较多的是基于空间相互作用的可达性计算方法,认为可达性不仅受到两地之间的空间阻隔的影响,也受到该地点活动规模大小所产生的吸引力的影响,如 Hansen最先提出利用潜能模型来测算可达性。Shen(1998)将服务人群加入到潜能模型之中,认为只有将供给与需求两个方面的因素考虑进来,才能够相对全面地综合考察各地区就业机会可达性的大小[④]。2000 年后,可达性更多被用来研究城市发展所带来的问题,包括弱势群体的就业可达性。如洛杉矶交通和空间的不匹配现象探究城市贫困街区中低收入人群就业不匹配情况,以及这种不匹配对非裔美国人劳动市场产生的不利影响[⑤];Dalal(2013)根据南加州政府提供的出行需求数据,以及 15 个不同类型的行业在一天之内不同时期的需求机会,来构建基于动态机会的加州多用途可达性指标[⑥];Mondschein(2015)等人从交通基础设施的角度研究工资与可达性之间的关系,发现可达性对公司生产力有积极的影响[⑦]。

国内研究可达性较晚,宋小冬(1987)等对可达性的各种研究方法进行了整理,并利用计算机辅助评价居民的出行可达性[⑧];吴文静(2012)等采用时空棱柱法来确定一定时间限制下活动场所在空间上的可达性,引入小区吸引力因子,构建非线性效用函数的目的地选择行为模型,得出非线性效用函数能够更为准确地预测目

① Hagerstrand T. "Space-time and human conditions", in A. Karlqvist, L. Lundqvist and F. Snickars (eds.)[J]. Dynamic Allocation of Urban Space, Teakfield, Farnborough, Hants: Saxon House, 1975: 3-12.

② Ingram D R. The concept of accessibility: A search for an operational form[J]. Regional Studies, 1971,5(2):101-107.

③ Wachs M, Kumagai T G. Physical accessibility as a social indicator[J]. Socio-Economic Planning Sciences,1973,7(5):437-456.

④ Shen Q. Location characteristics of Inner-City neighborhoods and employment accessibility of Low-Wage workers[J]. Environment and Planning B,1998,25(3):345-365.

⑤ Ong P M, Miller D. Spatial and transportation mismatch in Los Angeles[D]. Earlier Faculty Research,2003.

⑥ Dalal P, Chen Y, Ravulo-parthy Y S, et al. Dynamic opportunity-based multipurpose accessibility indicators in California[D]. Faculty Research,2011.

⑦ Mondschein A, Taylor B, Brumbaugh S. Congestion and accessibility: what's the relationship[D]. Earlier Faculty Research,2011.

⑧ 宋小冬.居民出行可达性的计算机辅助评价[J].城市规划汇刊,1987,(4):1-7.

的地选择行为的结论①；蒋海兵、胡思琪和张莉等利用基于时间可达性的方法分别研究了大卖场区位选择、教育设施布局均等化和长江三角洲地区城市吸引力范围的划分②；一部分学者基于空间句法的评价方法来研究城市住区配套商业设施的可达性，这一方法对于度量某一点或某一区域的区位优劣具有十分重要的作用③；也有学者利用两步移动搜寻法进行可达性研究，在微观领域，由于人口空间分布较容易调查，利用两步移动搜寻法来做可达性研究，可以得到不错的效果④。但是这些研究方法并不涉及服务对象主动选择的问题，可达性的评价并不准确。基于潜能模型的可达性评价能够综合考虑供给和需求两个方面，在国内应用得比较广泛。宋正娜等利用潜能模型，综合考虑医疗设施服务能力、居民点人口数量、医疗设施与居民点之间的出行阻抗，来研究医疗设施空间可达性的评价方法⑤。也有学者利用基于潜能模型的可达性评价方法，来研究城市基础教育资源布局均衡性的研究⑥，另一些学者则用潜能模型来评价城市休闲绿地的可达性⑦。

综上可知，基于时空棱柱的可达性测量方法并没有考虑基础设施服务的规模以及需求方的差异，基于空间阻隔的衡量方法虽然操作简便、直观易懂，但也忽视了设施的服务规模和质量，基于机会累积的方法综合考虑了设施、需求者以及供需双方的空间阻隔等因素，但是忽视了服务质量随着距离而衰减的规律，同时服务的极限时间或距离不容易确定。基于空间相互作用的测量方法，综合考虑了服务设施、需求者以及供需双方的空间阻隔和距离的衰减作用，能够较好地对设施的可达性做出准确的评价。本节在基于空间相互作用方法的基础上，结合对学生的OD

---

① 吴文静，隽志才，孙宝凤.基于时空棱柱方法的目的地选择行为建模[J].吉林大学学报（工学版），2012，42（3）：612-617.

② 蒋海兵，徐建刚，祁毅，等.基于时间可达性与伽萨法则的大卖场区位探讨——以上海市中心城区为例[J].地理研究，2010，29（6）：1056-1068；胡思琪，徐建刚，张翔，等.基于时间可达性的教育设施布局均等化评价——以淮安新城规划为例[J].规划师，2012，28（1）：70-75；张莉，陆玉麒，赵元正.基于时间可达性的城市吸引范围的划分——以长江三角洲为例[J].地理研究，2012，28（3）：803-816.

③ 陈华杰，石忆邵.基于空间句法的商品交易市场空间结构——以义乌国际商贸城为例[J].地理学报，2011，66（6）：805-812.

④ 刘钊，郭苏强，金建华，等.基于GIS的两步移动搜寻法在北京市就医空间可达性评价中的应用[J].测绘科学，2007，32（1）：64-63，112.

⑤ 宋正娜，陈雯.基于潜能模型的医疗设施空间可达性评价方法[J].地理科学进展，2009，28（6）：848-854.

⑥ 郭全.基于GIS的城市基础教育资源布局均衡性研究[D].兰州：兰州大学，2011；张晨.杭州城西基础教育设施空间服务状况研究[D].杭州：浙江大学，2012；郑童，吕斌.北京流动儿童义务教育设施的空间不均衡研究——以丰台区为例[J].城市发展研究，2011，18（10）：115-123；余双燕.基于可达性角度的基础教育资源空间优化研究[D].南昌：江西师范大学，2011；陈莹.基于GIS的基础教育资源空间布局研究[D].北京：首都师范大学，2008；张雪峰.基于GIS的巩义市农村中小学空间布局分析[D].开封：河南大学，2008.

⑦ 桑丽杰，舒永刚，祝炜平，等.杭州城市休闲绿地可达性分析[J].地理科学进展，2013，32（6）：950-957.

调查数据,对 Shen 提出的不同出行方式下可达性的计算模型进行改进,进而对宁波市海曙区的中学和小学的可达性做出综合评价。

二、海曙区教育基础设施可达性评价

以宁波市海曙区作为研究区域,结合不同出行方式下的出行摩擦系数值,交通拥堵造成的出行速度的减小值,以及学区空间管制,对潜能模型进行改进。在此基础上,对海曙区中学和小学的空间可达性进行度量。

(一)对潜能模型的改进

潜能模型广泛应用于居民就医和就学可达性的评价中,但是这种方法并没有考虑需求方。Shen 在 Hansen 的潜能模型的基础上,将需求方考虑进来,因为不同区位有着不同水平的需求潜力,所以每种机会的可达性都部分取决于特定区位的需求潜力。另一方面,空间机动性在很大程度上取决于交通模式,不同交通模式下计算的可达性值也会有所区别。因此,Shen 将潜能模型进一步细化,提出了对潜能模型的改进模型。

Shen 对潜能模型的改进,较为全面地考虑了供需双方采用不同交通模式出行的情况。但是在将此种方法运用到基础教育资源的可达性评价中时,并不能体现学区对学生选择学校的限制。学区是为了保障义务教育阶段学龄学生能就近入学而设立的,在学区内通过一定的管理制度、运行机制及考核评估措施,搭建交互平台,实现资源共享,实现教育设施设备、师资和生源的均衡分配,从而缩小区域内学校间的差距。但是,学区的存在必然会对学生选择学校产生影响,进而影响学生的就学可达性。

对潜能模型的改进公式虽然考虑了供需双方以及不同交通方式对学生就学可达性的影响,但是它并没有考虑学区制对学生就学的影响。在实际生活中,学区对学生选择学校存在诸多限制,大多数学生选择在本学区就学。但许多地区的教育资源分配并不均衡,学生父母会刻意让学生迁入其他地区就学,以让学生享受更好的教育资源,形成跨学区就学,这些学生家庭大多拥有较好的经济能力。

学区制对学生就学可达性的影响在本文中通过学生所在小区跨学区就学的比例来体现,分别计算本学区就学的学生就学可达性和跨学区就学的学生就学可达性,而后将在本学区就学和跨学区就学的学生占该小区适龄学生的比重作为权重,计算该小区学生就学的综合可达性,改进后的公式表达如下:

$$A_{i_\theta}^v = \sum_j \frac{M_j f(D_{ij}^v)}{\sum_m \sum_j P_{k_e}^m f(D_{ij}^m)} \tag{4-3-1}$$

$$A_{i_\theta}^G = \sum_v \left(\frac{P_i^v}{P_i^b}\right) A_{i_\theta}^v \tag{4-3-2}$$

$$A_i^a = \sum_b \left(\frac{P_i^b}{P_i}\right) A_i^G \tag{4-3-3}$$

其中，A_i^a 表示所有居住在 i 处的机会寻找者的综合可达性；$A_{i_\theta}^C$ 表示学区内就学或者跨学区就学的学生可达性；M_j 表示 j 处设施的服务能力；$P_{k_\theta}^m$ 表示 k 区学区内就学或跨学区就学的学生通过出行方式 m 寻找机会的人数；P_i^b 表示 i 处学区内就学或跨学区就学的学生人数；P_i 表示 i 区学龄期学生总人数。

等式(4-3-1)是对学区内就学或跨学区就学的学生采用不同交通模式下的可达性测度。当 $P_{k_\theta}^m$ 表示的是学区内就学的学生人数时，等式(4-3-1)就简化为单中心的可达性求解；当 $P_{k_\theta}^m$ 表示的是跨学区就学的学生人数时，等式(4-3-1)就是对多中心可达性的求解。等式(4-3-2)是对综合可达性的测度，实际就是将各小区内通过不同出行方式寻求就学机会的学生，按学区内就学和跨学区就学分开计算其就学可达性，最后以各自占该小区适龄学生总人数的比重作为权重，计算该小区的学生就学综合可达性。

(二)数据来源及数据准备

宁波市海曙区位于宁波市的中心区域，东临奉化江，北濒余姚江，西与余姚市接壤，南与奉化区连接。2012 年底，户籍人口 29.89 万人；该区辖 8 个街道办事处、75 个社区居委会。2018 年底，全区面积 595.5 平方公里，户籍人口 63.0 万人；辖 9 个街道办事处和 8 个镇(乡)。2016 年底全区有中小学 22 所，其中小学共 17 所，中学共 5 所。中学学区的划分以小学学区为准，东恩中学对应的小学学区为：南苑小学、广济中心小学广济街校区、翰香小学、镇明中心小学、尹江岸小学。李兴贵中学对应的小学学区为：高塘小学、海曙中心小学、新芝小学。宁波第十五中学老校区对应的小学学区为：爱菊艺术学校、中原小学、孙文英小学。宁波市第十五中学实验校区对应的小学学区为：范桂馥小学、广济中心小学世纪苑校区、信谊小学、华天小学。宁波市实验学校对应的小学学区为：宁波市实验小学。段塘学校中学部对应：段塘学校小学部。2016 年底面向海曙区招生的 22 所义务教育阶段学校，其中初级中学 5 所，小学 17 所。海曙区 2010 年第六次人口普查资料显示，处于义务教育阶段的适龄学生共 2.48 万人，其中小学适龄儿童为 1.72 万人，初中适龄学生 0.76 万人，各学校教师人数见表 4-3-1(小学)、表 4-3-2(中学)。

根据宁波市教育局公布的宁波市各区中小学学区划分详情，对海曙区各小学及中学学区划分情况进行矢量化，为下一步研究学区限制下的学生就学可达性做准备。根据对海曙区中小学生的 OD 调查，确定中小学生所居住的小区位置。调查结果显示，学生来源于 373 个居民小区，分布于海曙区、江北区、江东区和鄞州区，其中分布于海曙区的居民小区共 188 个。根据 OD 调查的结果，对各个小区采用同出行方式的学生人数进行统计，得出乘坐汽车、电动自行车、自行车、步行以及公交车出行的学生比例。

表 4-3-1　海曙区 2016 年底小学教师人数

学校名称	教师人数
段塘学校小学部	74
南苑小学	41
尹江岸小学	42
镇明中心小学	71
翰香小学	28
广济中心小学	110
海曙中心小学	110
孙文英小学	54
中原小学	37
宁波市实验小学	78
范桂馥小学	23
华天小学	37
高塘小学	41
新芝小学	26
爱菊艺术学校	46
信谊小学	37

表 4-3-2　海曙区 2016 年底初中教师人数

学校名称	教师人数
东恩中学	156
段塘学校初中部	74
李兴贵中学	153
第十五中学	165
宁波市实验学校	140

　　根据宁波市城市道路现状划分为快速路、主干道、次干道、支路四个等级,不同道路等级下采用不同交通方式的道路出行速度,如表 4-3-3,其中汽车和公交车出行速度按照海曙区早高峰时段道路速度确定[①]。海曙区第六次人口普查资料中,对各个地区分年龄的人口并未细分到小区一级,只统计了以街道为单元的分年龄的人口数,从而使各个小区的适龄学生人数难以确定。以街道为重心对分年龄的人口数进行插值处理,以此得到各个小区的适龄学生的方法存在较大误差。首先

---

　　① 崔小鹏.宁波市海曙区基础教育设施可达性研究[D].宁波:宁波大学,2016.

表 4-3-3　各种出行方式下各等级道路平均速度

道路等级	速度/kmh^{-1}				
	自行车	电动自行车	小汽车	公交车	步行
快速路	15	30	70	40	5
主干道	15	30	50	30	5
次干道	15	30	40	20	5
支路	15	30	30	10	5

街道重心的确定就存在较大的难度，其次相对于小区的范围，街道的范围过大，由此造成的误差可能会很大。所以，这里采用在街道范围内，适龄学生平均人口密度与小区面积的乘积作为该小区的适龄学生人数。其中，小学适龄学生以6～11岁人口为依据，初中适龄学生以 12～14 岁人口为准。据海曙区第六次人口普查资料，各个街道适龄学生人口数如表 4-3-4 所示。

表 4-3-4　海曙区 2016 年各街道适龄学生人数

	小学适龄学生人数	初中适龄学生人数
南门街道	2203	1159
江厦街道	414	263
西门街道	2213	1332
月湖街道	741	366
鼓楼街道	801	433
白云街道	3001	1332
段塘街道	2518	1080
望春街道	2828	1526

根据人口普查数据计算出各小区适龄学生人数，结合 OD 调查得出的不同出行方式学生比例，计算得到各小区采用不同出行方式的潜在适龄学生人数，作为计算每个小区需求潜力的数据，计算各小区跨学区就学的学生比例，作为最后计算各小区的综合就学可达性的数据。根据宁波市教育局公布的宁波市各中小学学区划分详情，对各小学及中学学区划分情况进行矢量化。对学校位置、小区位置以及不同等级道路进行矢量化，确定学生就学起点及终点要素集，再结合道路交通网，建立个人地理数据库，进而构建交通网络。由于采用汽车、电动自行车、自行车、步行出行的学生与采用公交车出行的学生采用的道路网络并不相同，因此另外构建一个公交交通网络作为计算公交车出行时间的地理数据库，以与采用其他出行方式的学生区分，而汽车出行的交通网络中出行速度采用海曙区早高峰时段的实际出行速度。在对海曙区基础教育设施的可达性计算之前，先分别计算各小区跨学区就学和学区内就学的学生采用不同出行方式的需求潜力，需求潜力的计算就是将

潜能模型中的机会的数量用寻找机会的人数来代替。将不同出行方式下的需求潜力汇总,进而计算不同出行方式的可达性。学区内就学的学生选择单一的学校就学,其可达性的计算较为简单,而对跨学区就学的学生的可达性计算,涉及多个服务中心,计算较为复杂。因此,在计算各小区综合可达性之前,先对跨学区就学的学生就学可达性进行计算。

(三)不同出行方式学生跨学区就学可达性

本节研究对象分为小学和初级中学,小学和初中分属不同类型的教育资源,在进行可达性的计算时,显然不能将其等同起来;另外,小学生和初中生在不同出行方式上跨学区就学的分布比例也并不相同,而且会出现比较大的差别。因此,在此将小学和初中的不同出行方式可达性区分开来研究。

1. 不同出行方式小学生跨学区就学可达性

分别计算海曙区各小区学生,采用汽车、公交车、自行车、电动自行车和步行五种出行方式出行下的跨学区就学可达性。对各出行方式下的跨学区可达性的计算结果进行统计,结果如表 4-3-5。结果显示,采用公交车出行的学生跨学区就学平均可达性最高,其次是采用汽车出行的,采用电动自行车出行的平均可达性值处于所有出行方式的中游,步行出行的可达性最低,自行车出行的略高于步行。标准差表示的是数据的离散程度,自行车的标准差最大,表明其大多数小区的可达性值与平均可达性差异较大;而采用步行出行的学生其可达性的标准差最小,表明各小区的可达性值与其平均可达性值较为接近。公交车行驶速度仅低于汽车,虽然与汽车一样容易受到道路状况的影响,但是受到的影响并不像汽车那么大。相对于汽车出行而言,公交车出行具有较大的可预测性,学生采用公交车出行对上学时间更容易把握,在跨学区就学的情况下,采用公交车出行的学生对学校的选择范围更大,因而其可达性最好。汽车的行驶速度相较于其他出行方式是最快的,虽然汽车出行更容易受到交通拥堵等其他道路状况的影响,但是对于跨学区就学的学生而言,就学距离多数较远,采用汽车出行的学生相较于其他出行方式的平均出行时间较慢,因此采用汽车出行的可达性较高。电动自行车的行驶速度相较于汽车和公交车而言并不是太高,但是电动自行车具有较大的灵活性,并不像汽车那样容易受交通拥堵等道路环境的影响。小学生中除了所在年级较高的,其余与采用汽车出行的学生一样,也是学生家长接送,同样限制了其可选学校的数目,可达性也相应降低。采用自行车出行和步行出行的学生,由于自行车和步行的速度较慢,降低了其学校选择的范围,因而多数都是就近就学,跨学区就学的现象较少,相应地,其就学可达性也都较低。

通过对五种出行方式下的学生跨学区可达性进行对比可以发现,可达性较高的小区多集中于小区和教育资源密集分布的地区,而位于海曙区边界地区的小区其可达性较小,这是由于这些地区教育资源缺乏。采用汽车出行和采用电动车出行的学生其高就学可达性分布的较为集中,这可以从对就学可达性的标准差的分析上得到印证,这两种出行方式的就学可达性的标准差远大于其他出行方式的标准差。

表 4-3-5　不同出行方式小学生跨学区可达性统计

	汽车	步行	电动自行车	公交车	自行车
小区数	188	188	188	188	188
最小值	0.0181	0.0062	0.0145	0.0300	0.0079
最大值	0.0746	0.0342	0.0719	0.0736	0.1041
总和	6.2371	1.9601	5.1644	7.7935	2.9849
平均值	0.0332	0.0104	0.0274	0.0415	0.0159
标准差	0.0072	0.0028	0.0071	0.0054	0.0093

由采用汽车出行的学生就学可达性的插值可以看出,可达性比较高的区域分布在海曙区南部,结合海曙区早高峰时段的道路行驶速度可知该地区在早高峰时段的道路拥堵情况比其他地区轻,加之这一地区的小学分布较多,造成可达性比海曙区其他地区高出许多。

公交车出行可达性的插值显示,采用公交车出行的高可达性区域分布较广,尤以海曙区中心地区的可达性值最高。这一地区教育资源分布集中,交通便利,虽然早高峰时段的交通拥堵对这一地区的影响较大,但是采用公交车出行的学生容易形成对交通拥堵的适应性,因此这一地区的可达性较高。

采用电动自行车、自行车和步行出行的学生,其就学可达性的分布大同小异,只是在可达性的大小上电动自行车大于自行车和步行。这三种出行方式的灵活性都较强,都不易受到交通拥堵的影响,所以在可达性的数值上与其行驶的速度相关。但是出现了三个高可达性的区域,这是由于分布较多的教育资源,同时小区的分布也比较密集。

2. 不同出行方式中学生跨学区就学可达性

同样的计算方式,可以得到中学生不同出行方式下的跨学区就学可达性。对不同小区的跨学区就学可达性进行统计,结果如表 4-3-6 所示。从不同出行方式的平均可达性上看,采用汽车出行的中学生其平均跨学区就学可达性最高,其次是公交车,但是和汽车相差不多。采用电动自行车出行的中学生其平均可达性在五种出行方式中处于中等,自行车和步行出行的平均可达性较低。五种出行方式中,公交车的可达性值离散程度最大,汽车和电动自行车的可达性值离散程度也较大,自行车和步行的可达性数值波动较小。

初级中学的数量少于小学,分布范围也不相同;另一方面,小学和中学的供给和需求潜力也不一致,因此同一出行方式下计算出的可达性数值也会有所差异,不同出行方式的平均可达性数值大小也会有所区别。汽车行驶速度在五种出行方式中是最快的,虽然在实际道路行驶时容易受到交通拥堵以及其他道路状况的影响,但是在中学的分布不像小学那么密集的情况下,出行距离的延长就相对弱化了这些道路状况的影响,因而其可达性相对较高。

表4-3-6　不同出行方式中学生跨学区可达性统计

	汽车	步行	电动自行车	公交车	自行车
小区数	188	188	188	188	188
最小值	0.0558	0.0278	0.0334	0.0635	0.0371
最大值	0.5388	0.1002	0.5483	0.8477	0.2204
总和	27.7333	9.1400	19.4161	24.9988	14.6372
平均值	0.1475	0.0486	0.1033	0.1330	0.0779
标准差	0.0697	0.0118	0.0694	0.0746	0.0277

同样在出行距离较远时,公交车的平均速度虽然低于汽车,但是高于电动自行车等其他出行方式,其平均可达性数值也会高于除汽车之外的其他出行方式。采用步行和自行车出行的速度较低,因而可达性处于较低的范围。

对不同出行方式的可达性数值进行克里金插值,以便于更为直观地显示各地区可达性的差异。插值结果显示,不同出行方式的高跨学区就学可达性集中于海曙区的中部,边缘区域的跨学区就学可达性普遍不高,除了公交车出行的高可达性区域在海曙区西部边缘有所分布。中部以外的其他区域跨学区就学可达性值较低,特别是海曙区南部和北部,低跨学区就学可达性呈现范围较广的分布。

在五种出行方式中,采用汽车出行和电动车出行的跨学区就学可达性较为集中,高可达性的区域分布较小,其跨学区就学可达性数值较其他区域高出许多。结合学校学区分布来看,这些区域多处于中学的附近,跨学区就学的学生人数较少,跨学区就学的需求潜力较小,而跨学区就学的供给潜力是保持不变的,造成这些区域的跨学区就学可达性较高。其他区域由于离其余学校较远,出行阻抗较高,另一方面,出行距离的延长也会导致跨学区就学的需求潜力升高,进而造成其跨学区就学的出行可达性数值较低。

采用公交车出行的学生中,高跨学区就学可达性的分布范围较广。较为特殊的是处于海曙区西部边界的地区,其跨学区就学可达性也处于高可达性的区域,这是由于这一地区采用公交车出行的学生人数较少,需求潜力同样很低。采用自行车和步行出行的学生,由于其出行速度相对于其他出行方式较低,那么采用这两种出行方式的跨学区就学的人数相对于其他出行方式而言就更少,需求潜力更小,相应地跨学区就学可达性值就较高。

(四)不同出行方式学生学区内就学可达性

1. 不同出行方式小学生学区内就学可达性

通过各小区的小学生学区内就学比例,计算出各小区学区内就学的人数,继而计算各小区的小学生学区内就学可达性。对不同出行方式下的小学生就学可达性进行统计,结果如表 4-3-7。

表 4-3-7　不同出行方式小学生学区内就学可达性

	汽车	步行	电动自行车	公交车	自行车
小区数	188	188	188	188	188
最小值	0.0173	0.0057	0.0142	0.0000	0.0079
最大值	0.7545	0.1224	0.7545	0.6061	0.5060
总和	14.5912	4.1902	13.9681	12.3510	7.9797
平均值	0.0776	0.0223	0.0743	0.0657	0.0424
标准差	0.0912	0.0190	0.0921	0.0627	0.0548

统计结果显示,学区内就学的学生可达性远高于跨学区就学的学生,无论是总和还是平均值上都是这样的特点。不同出行方式下的可达性数值出现这样的特点,主要是因为学区内就学的学生,只是选择单一的学校就学,多数情况下是就近就学。距离学校近,那么学生的出行阻抗就比较小。虽然在多数小区,学区内就学的学生人数大于跨学区就学的人数,造成学区内就学的小区需求人数大于跨学区就学,但是相对于交通阻抗的减少,学区内就学人数的增加比例较小。

在不同出行方式上,汽车出行的平均可达性依然是最高的,其次是电动自行车,公交车出行的可达性则低于电动车,采用自行车和步行出行的学生就学可达性仍然远低于其他三种出行方式。

汽车出行的可达性在五种出行方式中较高,原因在于汽车的行驶速度远高于其他出行方式,这样其受到的道路交通阻抗就小于其他出行方式。这里比较特殊的是电动车和汽车的出行可达性高于公交车出行的,这与跨学区就学的情况有所不同。电动自行车的道路平均行驶速度虽然低于汽车和公交车,但是其相对于后两者而言,受到的交通拥堵的影响更小,因此其可达性依然较高。而对于公交车而言,其与汽车虽然一样受到交通拥堵的影响较大,但是与汽车不同的是,在出行距离比较短的情况下,公交车的停靠站时间成为一个不可无视的因素。学区内就学的距离多数较短,电动车的道路平均行驶速度就高于公交车,造成电动车的可达性高于公交车。自行车和步行平均速度较低,可达性数值也低于其他出行方式。

对各小区不同出行方式下的可达性数值进行插值,以便观察海曙区小学学区内就学学生的可达性分布上的差异,不同出行方式的插值结果显示:学区内就学可达性的分布与跨学区就学的可达性分布差异较大。学区内就学高可达性的区域在不同出行方式下的分布范围并不一致。公交车高可达性的区域分布较广,汽车、电动自行车和自行车高可达性的区域分布较为相似,而步行出行的高可达性区域出现与其他出行方式不同的分布。低可达性区域在不同出行方式下出现了较为相似的分布,多集中于海曙区中央以及边界区域。中等可达性区域的分布,不同出行方式下出现了较大的差别。公交车中等可达性区域主要分布于海曙区中部以及南部边界区域,汽车和电动自行车中等可达性的区域主要分布于中部和西部边界,自行车中等可达性的区域分布于海曙区中部以及东西部边界区域,而步行中等可达性的区域主要分布于南部以及西部边界。

受学区范围的限制,在学区内就学的学生其可达性的分布必然与跨学区就学可达性的分布出现不同。学区内就学的学生其出行距离相对于跨学区就学的学生较短,因此遇到的交通阻抗也较小,加之不同学校对学生的吸引力的影响,因此高可达性的区域一般分布在学区范围较小、学校吸引力较高的学区范围内。最为明显的表现是,虽然不同出行方式高可达性的区域分布不尽相同,但学区范围较小、学校吸引力较大的学校,如位于海曙区南部的镇明中心小学实验校区和位于海曙区西部广济中心小学世纪苑校区,两者的学区范围与高可达性的分布区域基本一致,这在公交车高可达性的分布上表现得更为明显。位于海曙区边界的区域,除非其所在的位置位于学区范围小、学校吸引力高的学区范围内,否则其可达性一般较低,这是由于其距离学校较远,交通阻抗较大。另一方面,位于边界区域的学校一般吸引力较小,因此多数位于低可达性的区域。

2. 不同出行方式中学生学区内就学可达性

对中学生学区内就学可达性进行计算,计算结果统计如表4-3-8。同小学生一样,初中生学区内就学可达性数值,无论在哪种出行方式上都是大于跨学区就学的学生,同样是因为学区的限制,导致学生出行距离的减小,所受到的交通阻抗同样减小。另一方面,虽然多数小区的跨学区就学率较低,学区内就学的学生人数较多,但是与交通阻抗的减小相比,增加的幅度并不明显。与跨学区就学的学生就学可达性所不同的另一个方面是,选择公交车出行的平均可达性最高,其次才是汽车和电动自行车,而跨学区就学平均可达性最高的出行方式是汽车。自行车和步行出行的可达性依然处于五种出行方式的最后两位。

与小学学区相比,中学学区范围更大,即使是学区内就学的中学生,其出行距离仍然较远。出行距离增加,公交车停靠站时间对其平均速度的影响就相对减弱。公交车相对于其他出行方式在出行速度方面仅次于汽车,公交车和汽车一样,都较容易受到交通拥堵的影响,而使其受到的交通阻抗增加。所不同的是,相较于采用公交车出行的学生而言,采用汽车出行的学生基本上都是学生家长开车接送。在学生家长通勤时间和学生通学时间重叠的情况下,汽车的出行范围相对减小,因此学区内就学可达性汽车低于公交车。其他三种出行方式与跨学区就学的情况基本相同,只不过相对于跨学区就学而言,学区的限制导致学生出行距离的减小,可达性数值就比跨学区就学的要高。

对各小区学生学区内就学可达性进行插值,以便分析不同出行方式下学区内就学可达性的分布与跨学区有何不同,插值结果显示:(1)学区的存在,减少了学生就学的出行距离,相应地增大了学生的可达性。由插值结果可知与跨学区学生就学可达性相比,学区内就学高可达性的区域分布范围不同,出行方式都有不同程度的扩大。各出行方式下高可达性区域多集中于中学的附近区域,除了位于海曙区南部的段塘学校初中部,这是由于相对于其他初中,段塘学校的吸引力较小,因此其学区范围内的可达性都较低;中等可达性的分布区域因不同出行方式而异,到相应学区内的学校采用的出行方式不同,其受到的交通阻抗也会有所不同,所以中等可达性的分布区域较为复杂;低可达性的区域同跨学区就学的情况相似,多集中在海曙区的北部和南部边界,还有各个学区的边界区域。北部位于宁波市实验学校学区内,而该校的位置又靠近学区的南部边界,造成该学区内北部的学生其上学距离较远,可达性较低。而南部属于段塘学校的学区范围,出于前述原因,其可达性也较低。位于学区边界结合部的区域,距离所有学校都较远,因而其可达性也较低。汽车出行的高可达性区域集中于宁波市第十五中学老校区附近,该校学区范围在所有学校中最小,位于其学区范围内的小区距离该校较近,因而可达性较高。不只是采用汽车出行的可达性较高,采用其他出行方式出行的学生,可达性也都较高,可以从其他出行方式的插值分析结论得到印证。中等可达性的区域位于除了段塘学校之外的其他几个中学附近,这些区域都是距离学校不远的小区,因而可达性较高。采用公交车出行的高可达性区域主要位于第十五中学实验校区和宁波市实验学校集中的区域,还有第十五中学老校区附近。前两所学校距离较近,而且附近的小区多位于快速路和交通主干道附近,公交车的道路行驶速度较快,到学校所花费的时间较少,因而可达性较高。

表 4-3-8　不同出行方式中学生学区内就学可达性

	汽车	步行	电动自行车	公交车	自行车
小区数	188	188	188	188	188
最小值	0.0603	0.0286	0.0403	0.0888	0.0427
最大值	2.1303	0.3077	2.2982	6.8650	0.7865
总和	48.8563	13.2843	40.9458	61.2696	25.0375
平均值	0.2599	0.0707	0.2178	0.3259	0.1332
标准差	0.2871	0.0431	0.2985	0.6261	0.1082

(五)基于学区限制的海曙区基础教育设施综合可达性

计算得到的学区内就学可达性和跨学区就学可达性,根据公式

$$x\ln T_{i-j} = \ln s_j - \ln A_{i-j} \qquad (4\text{-}3\text{-}4)$$

$$A_i = \frac{1}{n}\sum_{j=1}^{n}(d_{ij}) \qquad (4\text{-}3\text{-}5)$$

分别计算出小学生和中学生的综合就学可达性。

式中 S_j 表示各学校的教师人数；A_{i-j} 通过调查问卷中学生所需时间来确定；T_{i-j} 通过 ArcGIS10.2 中矢量化道路 Network 功能计算从小区到学校最短时间。

对综合可达性进行统计，各小区到不同小学的平均可达性数值为 0.0276，标准差为 0.0249。为了便于描述可达性数值的分布情况，将可达性分为 4 个等级，平均可达性的数值是这 4 个等级的中间数值。低于平均值的两个级别是将平均值和最小值之差均分得到，高于平均值的两个级别是将平均值和最大值之差均分。根据数据分类结果，小学综合就学可达性小于 0.0170 的小区共有 52 个，占小区总数的 27.7%，0.0170～0.0276 之间的小区共 81 个（占 43.1%），0.0276～0.1535 之间的小区共 54 个（占 28.7%），大于 0.1535 的小区只有 1 个。

对中学综合可达性进行统计，各小区到不同中学可达性的平均数值为 0.0739，最小值为 0.0278，最大值为 0.3482，标准差为 0.0350。同样地将可达性分为 4 个等级，可达性数值小于 0.0370 的小区有 7 个，占小区总数的 3.7%，0.0370～0.0739 之间的小区有 106 个（占 56.4%），0.0739～0.2111 的小区共 73 个（占 38.8%），大于 0.2111 的小区只有 2 个。

为了更为直观地观察各区域就学可达性的空间分布情况，通过普通克里金插值对小学以及中学的综合可达性数值进行插值分析，得到各小区综合就学可达性的分布：(1)海曙区小学生就学可达性较高的区域集中在镇明中心小学实验校区的学区内，这是由于该校学区范围较小，学生学区内就学距离短，加之镇明中心小学作为宁波市重点小学，对小学生有较大的吸引力，因此这一地区的可达性较好。中等可达性的区域分布于海曙中心小学、镇明中心小学云石校区以及广济中心小学广济街校区附近，这三个小学教学质量在海曙区都是较好的，对学生的吸引力较大；另一方面，这一区域交通便利，快速路、主干道分布密集，无论采用哪种出行方式都相对容易到达。位于海曙区边界区域的可达性都较差，这是由于位于这一区域的小区与各个小学的空间距离较大；另外部分位于各个学区结合部的小区，其可达性相较于学区内其他距离学校较近的小区更差，也是因为距离小区较远。(2)中学生综合可达性的分布中，高可达性的区域集中分布在李兴贵中学附近，李兴贵中学相较于其他几所学校对学生的吸引力较小，但是相差不多，其所在位置交通便利，所以其可达性仍然较高。中等可达性区域主要分布于宁波市实验学校和第十五中学附近，这两所初级中学教学质量较好，吸引力较大。低可达性的区域主要分布于东恩中学和段塘中学学区范围内。虽然东恩中学的教学质量较高，但是其学区范围是海曙区中最大的，因而其学区范围内的学生学区内的就学可达性较低；另一方面，东恩中学附近交通拥堵严重，造成学生就学的时间较长，可达性进而降低。段塘中学的教学质量在海曙区处于下游水平，对学生的吸引力较小，加之其所在位置处于边界区域，增大了其空间阻隔，所以可达性较小。

综合分析发现，海曙区中小学分布不均衡。受学区的影响，小学就学可达性低于平均值的小区占到小区总数的 70％以上,高可达性的区域集中于海曙区东南部镇明中心小学实验校区附近,以及东部吸引力较大的几所小学附近。中学就学可达性低于平均值的小区虽然没有小学多,但是也达到了 60％;高可达性的区域分布于海曙区东部李兴贵中学附近和西部的宁波市实验学校附近。学区的存在是为了保障国民教育或义务教育阶段学龄儿童能就近入学,但是从分析结果看,学区对学生就近入学的保障作用并不明显。

三、海曙区教育基础设施可达性的空间公平及其趋势

对中小学生在不同出行方式下的出行摩擦系数,以及交通拥堵对学生就学可达性的影响研究,确定中小学生在不同出行方式下的出行摩擦系数和交通拥堵对可达性的影响机制。在此基础上,考虑学区对学生就学可达性的影响,对潜能模型进一步改进,得出中学和小学的学生综合就学可达性。小学生综合就学可达性较高的区域集中在镇明中心小学实验校区附近,中等可达性的区域分布于海曙中心小学、镇明中心小学云石校区以及广济中心小学广济街校区附近,位于海曙区边界区域的学区可达性都较差。中学生就学可达性较高的区域集中分布在李兴贵中学附近,中等可达性的区域主要分布于宁波市实验学校和第十五中学附近,低可达性的区域主要分布于东恩中学和段塘中学学区范围内。小学就学可达性低于平均值的小区占到小区总数的 70％以上,中学就学可达性低于平均值的小区虽然没有小学多,但是也达到了 60％,海曙区中小学分布并不均衡。

对不存在学区限制的学生就学可达性的计算,作为海曙区基础教育资源均衡布局的依据,找出每个小区可达性最高的学校,进而确定各校的服务范围,与各校的学区范围作比较。在这些学校中,服务范围大于实际招生范围的学校有:段塘学校初中部、第十五中学老校区、镇明中心小学云石校区、孙文英小学和镇明中心小学实验校区。实际招生范围大于服务范围较多的学校有:翰香小学、东恩中学、李兴贵中学和宁波实验学校。这些学校的学区范围与根据可达性划分的服务范围相差较多,迫切需要对学区进行调整。

第四节 宁波市外资与合资超市区位演化及可达性

零售活动是城市经济活动中的重要组分,既反映城市发展水平,又对居民生活、商业结构、消费者行为等方面产生重要影响[①]。当前中国城市正处在由生产型城市向消费型城市转变的阶段,居民消费呈现出体验、休闲等符号化内容,大型超

---

① 柴彦威.城市空间与消费者行为[M].南京:东南大学出版社,2010.

市顺势成为城市居民日常生活中不可或缺的消费场所。超市作为一种商业零售业态诞生于 20 世纪 30 年代的美国,随后传入其他国家和地区。关于超市问题的研究,Davidson 提出"零售生命假说"阐释超级市场业态发展的过程[①],Treadgold 关注到跨国零售企业的国际化问题[②],Clark 探讨跨国零售企业的在地化策略[③],Bromley 等分析零售企业在发展中国家的空间扩散路径问题[④],Graff 等注意到零售企业的空间布局对城市发展的影响[⑤]。这些研究多从宏观尺度探讨超市商业区位的选择及其对所在城镇的影响,对零售超市案例横向比较研究较少。国内学界于 20 世纪 90 年代后开始关注零售超市、仓储商场等的商业空间区位[⑥],郭崇义描述了家乐福、燕莎的城市内区位选择,陶伟等分析大型连锁超市空间布局的影响因素[⑦],贺灿飞等比较了沃尔玛和家乐福在中国布局的不同战略[⑧]。总体看来,国内外学者对零售商业区位的研究从宏观走向微观,注重区位选址与全球战略探索,但是较少关注在中国城市的社会经济转型背景下,新型商业业态对大型超市区位选择的影响,以及区位演化背后的作用机制。

　　基于宁波零售市场环境和 1997 年以来宁波外资与合资大型超市(本节以下简称外资超市)选址的历史资料,采用地理加权回归模型分析影响外资超市区位布局的相关因素,讨论外资超市在宁波的城市布局特征和演变规律,探讨区位选择因素与演变之间的内在逻辑,以期科学合理地规划宁波城市商业空间。

一、理论方法与数据来源

(一)核心理论与分析方法

空间变系数回归模型——地理加权回归模型纳入了空间效应(空间相关和空

　　① DAVIDSON W R, BATES A D, BASS S J. The retail life cycle[J]. Harvard Business Review, 1976,54(6): 89-96.

　　② TREADGOLD A. The developing internationalization of retailing[J]. international journal of retail and distribution management,1990,18: 4-11.

　　③ CLARK I, RIMMER P. The anatomy of retail internationallysation: Daimarus decision to invest in Melbourne, Australia[J]. Service Industries Journal,1997,17: 361-382.

　　④ BROMLEY R D F. Market-place trading and transformation of retail space in the expanding Latin American city. Urban Studies, 1998, 35(7): 1311-1333.

　　⑤ GRAFF T, ASHTON D. Spatial diffusion of Wal-Mart: contagious and reverse hierarchical elements[J]. The Professional Geographer, 1993, 46(1): 19-29;Paruchuri S, Baum J A C, Potere D. The Wal-Mart Effect: Wave of Destruction or Creative Destruction? [J]. Economic Geography,2009,85(2):209-236.

　　⑥ 管弛明,崔功浩. 城市新商业空间的区位和类型探析[J]. 城市问题,2006(9):12-17;蒋海兵,徐建刚,祁毅,等. 基于时间可达性与伽萨法则的大卖场区位探讨[J]. 地理研究. 2010(6):1056-1068.

　　⑦ 陶伟,林敏慧,刘尹萌. 城市大型连锁超市的空间布局模式探析[J]. 中山大学学报(自然科学版),2006(2):97-100;肖琛,陈雯,袁丰,等. 大城市内部连锁超市空间分布格局及其区位选择[J]. 地理研究,2013(3):465-475.

　　⑧ 贺灿飞,李燕,尹薇. 跨国零售企业在华区位研究[J]. 世界地理研究,2011,20(1):12-26.

间差异），来分析不同地理位置的空间影响因素[①]。公式如 4-4-1：

$$y_i = \beta_0(u_i,v_i) + \sum_{i=1}^{k} \beta_k(u_i,v_i)x_{ik} + \varepsilon_i \qquad i = 1,2,\cdots n \qquad (4\text{-}4\text{-}1)$$

式中，(u_i,v_i) 是第 i 个外资大型超市样本点，$\beta_0(u_i,v_i)$ 是常数项估计值，$\beta_k(u_i,v_i)$ 为第 i 个外资大型超市样本点的参数估计值。对研究区域内任一点 (u_i,v_i) 的参数估计值采用加权最小二乘法，估计值如下：

$$\hat{\beta}(u_i,v_i) = \left[\hat{\beta}_0(u_i,v_i), \hat{\beta}_1(u_i,v_i), \cdots \hat{\beta}_k(u_i,v_i)\right]^k$$
$$= \left[X^k W(u_i,v_i)X\right]^{-1} X^k W(u_i,v_i)Y \qquad (4\text{-}4\text{-}2)$$

式中，X 为自变量矩阵，$W(u_i,v_i)$ 是空间权重矩阵，由回归点与其周围观测点之间地理距离的单调递减函数值构成，实证分析中可以采用的空间权重矩阵计算方法有高斯距离权重、指数距离权重、三次方距离权重，本节采用高斯距离权重，具体表达式如下：

$$W(u_i,v_i) = \Phi\big(d_{ij}/\sigma\theta\big) \qquad (4\text{-}4\text{-}3)$$

式中，d_{ij} 为第 i 个区域与第 j 个区域间的地理位置距离，Φ 为标准正态分布密度函数，σ 为距离向量 d_{ij} 的标准差，θ 为带宽参数。如果 θ 的值过大，会使得除回归点外其他观测值点的权重接近 0，从而在参数估计中失去作用，因此 θ 取值不宜过大。不同的 θ 会产生不同的权重矩阵，这里采用交叉确认方法来选择合适的权重，当交叉确认值达到最小时，对应的 θ 就是合适的带宽。

外资超市区位选择受到诸多因素的影响，李强等从空间自相关、核密度估计等角度进行了考察[②]。结合已有文献及宁波具体商业环境，从外资超市选址的附近干道交通、途径公交线路数量、所处街区的人口密度、周边 2 公里内居民区数量、所处地区城市地价级别、周边 2 公里内大型公共配套设施，以及超市区位本身商业项目的开发等方面建立地理加权回归模型探讨大型超市选址布局的区位因素。依据中国加入 WTO 商业流通领域为过渡期的有关规定，研究阶段选取 1997—2014 年，以 2005 年为分水岭，分析前后两个不同阶段外资超市在宁波市场布局的区位特点，探讨外资超市区位演化背后的动力机制以及城市商业空间区位演化规律。

（二）研究数据来源

研究中 1997 年以来宁波市区营业面积 6000m² 以上的外资超市统计数据来源于宁波市贸易局，各大零售门店开业时间、营业面积等信息从各大零售商官方网站整理得出。此外，在 2014 年 12 月至 2015 年 3 月深入宁波市区各大零售门店实

---

①　BRUNSDON C, FOTHERINGHAM A S, CHARLTON M E. Geographically Weighted Regression: A Method for Exploring Spatial Nonstationarity[J]. Geographical Analysis, 1996, 28(4): 281-298.

②　李强，王士君，梅林. 长春市中心城区大型超市空间演变过程及机理研究[J]. 地理科学，2013, 33(5): 553-561.

地调查,了解超市门店周边交通和商业环境,以及居民对购物环境、商品类型、售后服务的评价情况,通过问卷调查方式进行资料收集,共发放问卷 250 份,回收有效问卷 227 份。为进一步分析各零售商在宁波布局的区位选择的战略决策,深入访谈超市各级别行政管理人员和基层行政岗位员工 37 人。调查以期最大程度排除他人干扰,主要通过实地调查、问卷调研和半结构式访谈等方法收集相关资料。

二、宁波市商业环境与外资超市发展现状

(一)外资零售企业进入宁波市场环境

宁波市位于长三角南翼,是东南沿海重要的港口城市、浙江省第二大城市。宁波作为改革开放的桥头堡,商业经济尤为活跃,历史上曾是中国重要的对外贸易口岸和商品物资集散地,如今批发零售、商品贸易的产值占全市第三产业的比重依然较高,零售流通业发展迅猛。按常住人口和当年同期平均汇率计算,宁波市 2003年前后便进入大型超市快速发展的国际经验期。随着宁波社会经济持续发展,社会消费品零售额从开放初期的不足 10 亿元增长至 2014 年的近 3000 亿元,城镇居民人均可支配收入至 2013 年就突破 40000 元,产业结构不断优化以及商业市场网络体系不断完善,外资大型零售企业先后涌入。

(二)宁波外资超市的发展现状

宁波零售市场的外资大型零售超市中以法国、美国等外资跨国公司为主,零售业态包括仓储商场和综合超市。1999 年 6 月宁波市零售市场对外开放,处在外资大型零售超市进入中国市场的早期阶段。截至 2014 年底,宁波市场拥有外资大型零售超市 16 家(表 4-4-1)。从宏观视角看,宁波外资商超呈现如下特征:①依托上海的区位优势明显,那些进入中国市场较早且中国区总部设于上海的企业,将长三角作为发展的重点区域,进入宁波市场时间也相对较早;②受零售企业全国布局的战略调整影响较大,如易买得 2012 年退出宁波市场,与母公司韩国新世界集团的战略重组相关。

表 4-4-1 宁波市台资与外资大型商超的基本特征

零售企业	外资国家/地区	宁波市区门店数	在宁波第一家门店开业时间	中国区总部	在中国第一家门店开业时间
麦德龙(Metro)	德国	2	1998.4	上海	1996.10
家乐福(Carrefour)	法国	2[注1]	1999.11	上海	1995.9
好又多(Trust-Mart)[注2]	台湾	2	1999.11	广州→上海→广州	1997.8
乐购(Tesco)	英国	6	2001.12	上海	1998.9
大润发(RT-Mart)	台湾	1	2004.11	上海	1998.7
欧尚(Auchan)	法国	5	2005.2	上海	1999.7

零售企业	外资国家/地区	宁波市区门店数	在宁波第一家门店开业时间	中国区总部	在中国第一家门店开业时间
沃尔玛（Walmart）	美国	3[注2]	2007.1	深圳	1996.8
易买得（E-Mart）[注3]	韩国	1	2008.9	上海	1997.2

注1：家乐福门店数未包含已关闭的琴桥店；注2：沃尔玛与好又多于2007年达成收购协议，好又多在宁波地区2家门店更名为沃尔玛；注3：易买得江东店2012年2月易手新华都，退出宁波市场。

三、外资超市区位及演化特征

(一)宁波外资超市的区位分析

对宁波市场外资超市采用地理加权回归模型进行回归分析，得到的结果如表4-4-2所示。

干道交通系数在麦德龙海曙店等4家门店出现负值，这与预期相一致，这一类超市所处干道交通网尚处于不断完善的阶段，对整体区位的优势贡献价值有限，降低了超市在区域流通企业竞争的优势。不可忽视的是，麦德龙海曙店等4家门店所处的望春新区、镇海新城属于零售企业集聚区域，未来将很难准入更多企业。家乐福江东店、麦德龙鄞州店等关于干道交通系数的得分出现较大的正值，意味着交通路网的通达性对地区优势贡献力度大，适度提高这些区域的交通通行效率将更大程度地发挥商业效益。

公交线路系数除在欧尚新星店等4家门店表现为不太显著的负值外，在内部市场上外资超市表现均为正值，这反映出整个宁波市区公交出行线路的优化，公交线路对整个超市行业的活力贡献处于正向水平。进一步分析公交线路系数为正值的门店可以发现，估计值在对整体外资超市区位优势较大的门店较少，而在优势较小的门店较多，说明交通线路在一定程度上成为超市发展优势的瓶颈，在解决好交通通达度将对超市竞争的优势起到明显成效。

人口密度系数在易买得江东店等5家出现一定的显著性负值，这反映出这几家门店选址周边人口密度较低，意味着这几家门店不能有效地吸引周边居民，这种现象出现的原因与这些地区整体超市环境有关，中小型超市众多，市场竞争压力大。尚未越过"门槛"，现有商业环境有限，片面的扩张不利于整个零售市场条件的改善，这在一定程度上说明易买得败走宁波的原因。与之相反，欧尚海曙店、麦德龙鄞州店等门店大口密度系数为正值且数值较大，说明这些超市与街区人口存在相互依存的关系。

小区数量系数方面除乐购江北万达店和欧尚东邑店外其余均为正值，说明除这两个超市外，其余超市周边的居民区数量对整个超市区位的贡献价值都较大。由于宁波近年来城镇化的整体推进，众多外来人口和周边中小城市人口选择定居

表 4-4-2　地理加权回归模型估计结果

	常数项	干道交通	公交线路	人口密度	小区数量	地价级别	配套设施	商业项目
S1-乐购天一店	17.754(1.371)**	8.876(4.255)	12.865(11.644)	16.643(10.653)	9.655(0.654)	3.974(2.663)**	8.543(8.965)	16.467(10.464)*
S2-家乐福江东店	14.368(1.198)*	9.655(0.654)	7.543(5.575)	25.331(0.342)**	15.876(0.643)***	3.865(2.654)	3.865(0.554)	7.863(0.538)**
S3-欧尚江东店	13.563(0.983)	15.876(0.643)***	7.754(5.655)	18.678(1.627)***	2.865(0.654)*	2.432(1.555)	6.643(5.653)	3.437(0.257)
S4-欧尚海曙店	15.758(1.206)*	2.865(0.654)	9.655(7.764)	25.738(21.286)	7.542(0.555)**	1.543(0.965)	5.331(0.342)	5.647(0.489)**
S5-欧尚江南店	6.467(0.464)	5.542(0.555)	7.643(0.633)*	6.478(0.4864)*	7.754(0.654)**	-1.865(-0.554)	-1.678(-1.627)	-1.331(-0.342)
S6-沃尔玛华侨店	7.863(0.538)	7.754(0.654)	8.643(8.965)	5.647(0.489)	12.655(7.764)*	0.643(0.173)	5.738(1.286)	-8.567(-1.64)***
S7-家乐福茅桥店	-3.437(-0.257)	7.655(7.764)	9.654(0.654)***	-1.331(-0.342)	3.644(2.633)	1.647(0.489)*	5.331(0.342)	-0.643(-0.355)
S8-易买得江东店	-5.647(-0.489)	7.644(0.633)	2.864(0.653)	-8.567(-1.64)***	5.864(0.653)	-0.331(-0.342)	2.655(0.654)	6.388(5.451)
S9-麦德龙海曙店	5.331(0.342)*	-2.654(-0.965)	2.865(0.654)	0.643(0.055)	2.865(0.654)	0.642(0.173)	5.876(0.643)***	7.643(0.633)***
S10-麦德龙鄞州店	18.567(1.647)***	13.866(7.654)***	7.432(0.555)**	16.388(0.451)***	17.432(0.555)***	5.331(4.342)	12.865(0.654)	-5.647(-0.489)
S11-沃购江北万达店	0.643(0.055)	0.653(9.543)***	-3.543(-3.965)	-4.754(-0.654)***	-3.543(-2.965)	0.642(0.863)*	-3.542(-0.555)	8.331(7.342)
S12-乐购集士港店	6.388(0.451)	7.653(8.653)	5.865(7.554)	-6.655(-0.764)*	3.865(-7.554)	1.763(0.278)	-2.754(-2.654)	8.567(3.764)
S13-乐购鄞县大通店	4.754(0.842)	6.632(13.654)	-6.643(-7.653)	7.644(0.633)	6.643(9.653)	-1.764(-0.753)	3.794(0.654)	7.643(2.035)
S14-乐购明海店	5.381(0.392)	-0.865(-9.549)***	5.331(0.342)	-3.654(-2.965)	7.643(0.633)*	-1.635(-0.765)	9.655(7.764)	-3.654(0.965)
S15-乐购石碶店	10.738(0.996)	8.643(7.754)	10.678(7.627)	13.866(7.654)	5.647(0.489)	1.876(0.643)*	4.644(0.633)**	3.866(7.654)*
S16-欧尚霸星店	3.543(0.757)	-3.864(-1.532)	-5.738(-4.286)	5.864(0.653)*	5.331(0.342)	-1.865(-0.654)*	-6.467(-2.464)	16.653(9.543)***
S17-沃尔玛联丰店	9.642(0.863)**	7.324(0.754)	11.478(9.484)	2.865(0.654)	18.567(1.64)***	0.542(0.555)**	7.863(0.538)	3.653(0.653)
S18-欧尚东邑店	1.763(0.278)	-3.148(-7.869)	-3.803(-2.548)	7.432(0.555)	-0.643(-0.055)	-3.567(-1.648)	-3.437(-0.257)	6.632(3.654)
S19-沃东玛四明路店	25.764(2.753)***	7.974(6.678)	15.457(13.457)*	8.543(8.965)***	15.876(0.643)***	0.643(0.055)	5.647(0.489)**	25.331(7.342)**
S20-大润发北仑店	7.635(0.765)	2.765(0.643)	7.542(0.555)*	7.865(7.554)	2.865(0.654)	0.388(0.451)	5.331(0.342)	7.567(1.641)
S21-家乐福北仑店	8.752(0.843)**	3.689(0.356)c	7.754(0.654)***	6.643(9.653)	7.542(0.555)	0.754(0.654)	8.567(1.684)*	3.643(0.015)

注：表格中括号中数值为 t 值，***、**、*分别代表通过 1%、5%和 10%的显著性检验。

宁波,商业、房地产业发展迅猛,这在一定程度上刺激了外资超市在宁波的发展。同时,由于新城区开发面积过大,地理条件跟现有经济环境很难吸引大量人员定居,部分新城区商业零售投资过剩。

地价级别系数欧尚东邑店等6家门店出现负值,与预期情况比较接近,这些超市位于新开发城区,离城市中心区有一定距离,相应的城市土地租金价格也较低,土地租金级别同时反映所属区域在城市整体环境中发挥的潜在价值。由于新城区建设供应的土地较多而对城市中心区的居民吸引力有限,故其对整个超市的区位价值贡献较小。位于中心城区的超市,土地租金价格高,但中心区的交通、人口条件对整个城市居民都具有吸引力,所以位于中心城区的超市反而能体现较大的市场价值。

配套设施系数在欧尚江南店等5家门店表现为负值,同样与这些超市布局在新城区存在逻辑上的关联性,中心城区作为老城区,中小学校、大中型医院、公园绿地等公共空间配套设施较齐全,公共空间在一定程度上加剧了人员的聚集。超市等商业空间的外围公共空间对超市区位价值能起到很好的推动作用,相比较而言,乐购明海店跟鄞县大道店周围有北高教园区、南高教园区,存在大量学生流,所以也表现为正值。

商业项目系数在麦德龙鄞州店等5家门店出现负值,一方面与这些超市周边配套商业的互补性有关,例如欧尚江南店跟麦德龙鄞州店周边均配套布置大型家具商场,而这些商场的顾客流动量低且存在替代性;另一方面与这些超市的周边商业项目的重叠性有关,例如家乐福琴桥店与乐购天一店存在很大的市场重叠部分,而乐购在交通、人口、配套设施等方面均好于家乐福,这便直接导致了家乐福的关门。

(二)外资超市区位演化特征

依据宁波城市发展规划和超市空间区位特征将宁波市区分为三个圈层,由环城路以内区域构成的核心圈层,以环城路至绕城高速公路之间的过渡圈层,以及绕城高速以外区域构成的边缘圈层。外资大型超市在宁波的区位布局既延续了在其他城市的一般规律又呈现出自身的特征。

1. 外资超市演化路径特征

宁波作为对外开放较早的城市,社会经济发展享有更加开放的政策,商业零售领域对外资开放时间也较早。1997年8月台资企业好又多超市的入驻揭开宁波商贸流通领域大型超市建设的浪潮,随后德国、法国、英国等欧洲大型跨国零售企业竞相进驻,至2004年底,宁波市场共有6家外资大型零售超市。从空间路径看,入驻的超市门店大多布局在核心圈层,位于环城路以内城市建成区,选址在离周边居民区近且交通便利的城市干道交汇处或高速公路出入口附近。此外,大型超市还常布局在城市中心旧城改造区域,例如乐购借助海曙咸塘街区改造的契机入驻天一广场,成为当时三江口区域唯一的大型综合超市。2005年前宁波市场大型超市数量少,发展势头迅猛,同时作为新兴商业业态,自助挑选商品的模式能获得大量客户的青睐,属于行业的起步黄金阶段。

随着中国加入 WTO 过渡期结束,整个商贸流通领域对外资开放,自 2005 年起,宁波大型超市行业迎来发展井喷期。一方面为超市门店数量的增加,至 2014 年底外资大型超市最高峰突破 20 家;另一方面进入宁波市场的外资背景更加多元化,除了更多欧洲及我国台湾地区零售企业加入,美国、韩国等跨国零售企业也竞相加入。从空间路径来看,这个阶段入驻的超市门店大多布局在过渡圈层,位于环城路以外至绕城高速公路以内的新开发城区,例如鄞州南部新城、东部新城、镇海新城、江北姚江新区以及海曙望春新区。从单体门店看,它们多布局在新城中心区,地处中心城区至新城区主干道路沿线,既能服务新城区周边居民又能吸引中心城区居民。2005 年后宁波大型零售市场竞争激烈,先后出现跨国零售企业转让退市、关闭门店的现象,且这些门店均位于核心圈层,反映出核心圈层市场处于饱和状态。

从时空演化路径来看,外资大型超市整体呈现出由"核心圈层"向"过渡圈层"布局的特点。在商贸流通领域开放早期,地方政府通过给予土地、税收、采购等优惠措施吸引大型跨国零售企业入驻,引进大型超市这种新型商业业态成为发展城市经济的一个重要手段。外资大型超市布局区位与当时宁波城市商业配套设施区位、市场增长潜力区存在密切的关联性。随着宁波城镇化持续快速发展,城市周边催生一大批工业园、开发区、大学城等新城区,人口、产业向郊区聚集以及交通等各项公共基础设施的延伸为外资大型超市向新城区布局提供了可能。外资大型超市的发展路径与宁波城市空间扩展、城市区域商业中心的发展规划以及跨国零售企业实施的在地化战略相一致。

2. 外资超市演化结构特征

宁波外资大型超市的演化在空间上还表现为零售空间的集聚,按单位面积大型超市的集聚数量来看,宁波市场外资大型超市主要分布在三个区域:江东东部、海曙西部和鄞州北部。江东东部主体位于东柳、福明和新明街道,是宁波建成区的重要东部组团,家乐福在 1999 年最先进入该区域,成为当时宁波城东独立的商业区域,随后好又多、欧尚以及华润万家等国内外大型超市相继涌入,在方圆 2 公里的范围内形成 5 家大型零售超市集聚的空间结构;海曙西部主体位于西门、望春街道,率先入驻的好又多在 1999 年之际是整个宁波城西重要的商业基础设施,随后欧尚、麦德龙以及农工商等国内外大型零售企业在此聚集,在方圆 2 公里的空间范围内集聚了 5 家大型零售企业;鄞州北部是指鄞州新城最早开发的中河、钟公庙区域,自宁波商业流通领域对外资开放以来一直是企业开发的重点区域,形成 4 家大型零售超市集聚。

从演化结构特征来看,早期进驻这三个区域的外资超市多是考虑到这些区域拥有基础设施相对完善,交通相对发达且居民区相对集中的优势。随着城市化的推进,这些区域的周边相继被开发,人口和产业的集聚,为大型超市在这些区域的集聚布局提供了客观条件。此外,消费主义影响下消费者心理、行为偏好发生变化,以及跨国零售企业本地化战略均在一定程度上为空间的集聚提供了可能。

四、宁波市外资超市区位供给可达性格局与启示

在城市社会经济转型、商业空间渐趋庞杂的背景下,探讨大型零售超市区位演化规律,揭示区位时空演变形势及其动力机制,试图为城市零售商业的合理布局与发展提供参考。研究发现,自宁波商业零售领域对外资开放以来,外资零售企业在宁波市场取得了长足的发展,引领和促进了城市商业空间格局的形成和发展。外资零售企业在宁波的区位布局开始从单一的中心城区向新城区的多元化区位布局演化,地方政府政策引导、城镇化发展战略、市场竞争状况、企业发展战略调整以及消费者心理与行为偏好均对其区位演化产生影响。随着中小型专业超市、社区便利店的崛起,互联网线上销售对传统零售企业发起挑战,商业零售领域的竞争局面愈来愈白热化,外资大型连锁超市在中国市场也将面临战略调整。

针对宁波零售空间格局的实际情况,政府和企业应:①积极探索从政府城市规划、商业规划层面对大型连锁超市的区位布局加以引导,鼓励企业向县级市场以及鄞州新城南部、东部等市场布局,在市区饱和区域加以数量、规模等方面的控制;②鼓励和支持有条件的传统企业投入到互联网经济创业中,完善城市快递物流网络等基础设施建设,打通互联网线上和线下销售渠道,提升企业知名度;③宁波本土连锁企业应该加大学习和借鉴外资和国内大型连锁企业的管理和运营经验,在做好中低端市场的同时,寻求合适的市场定位,实现规模经营。

第五节　全域规划视角宁波城市轨道交通与其他交通方式衔接计量

改革开放以来,中国城市规模不断扩张,城市人口快速增加,城市通勤压力也随之剧增。中国城市政府重视发展各类交通,并且为了更加方便居民出行,快速推进公共交通配套体系,轨道交通便是推进的重点[①],亦即解决城市交通问题的根本

---

① 李睿.城市轨道交通内部和外部换乘研究探讨[J].科学之友,2012(4):123-125;黄文娟.轨道交通与常规公交换乘协调研究[D].西安:长安大学,2004;周雅,孙立军,邵敏华.城市轨道交通和常规公交换乘水平评价研究[J].城市道桥与防洪,2012(4):197-201,279-280;刘涛.轨道交通与常规公交衔接研究[D].长沙:长沙理工大学,2009;元铭,孙权.城市轨道交通站与其他交通的合理衔接及规划[J].企业研究,2012(8):168;陈义华,钱倩,白维雅.关于城市混合交通中乘客交通方式选择的研究[J].重庆理工大学学报(自然科学),2011,25(11):96-101.

出路在于优先发展以城市轨道交通为骨干的城市公共交通系统[①]。城市居民出行方式包括步行、自行车、私家车、出租车、公交巴士、轨道交通等。公共交通中公交巴士与轨道交通是相互竞争合作的,两种交通方式对彼此的客流都有一定的吸引。轨道交通有专门的行驶轨道,不占用道路资源;小汽车(自驾车与出租车)与公交巴士共同行驶在同一道路,之间存在干扰。因此,解决好各种交通换乘的有机衔接以方便市民出行,提高城市交通效率,成为 20 世纪 90 年代以来中国城市政府与学界关注的热点与焦点。

一、城市交通全域规划与城市轨道接驳研究动态

(一)全域规划与城市交通全域规划

全域规划最初出现在城市规划覆盖范围从建城区扩展到行政辖区全部,尤其是在 2008 年颁布的《城乡规划法》将乡村区域纳入城市总体规范范围,全域规划随之成为城市规划学界讨论的重点;而文中"全域规划"是指伴随城市人口与建成区面积扩大过程,城市内部交通方式从早期步行、马车、自行车、有轨电车等一种或多种发展到今天国际大都市同时拥有步行、自行车、摩托车、私人小汽车与出租车、公交巴士、轨道交通(地铁与轻轨)、直升机等多种城市内部公共交通方式时,城市交通规划对象从某一种交通方式覆盖全部类型所形成的综合性交通规划。

(二)城市轨道交通接驳研究

城市轨道交通接驳研究,主要关注各种方式的接驳特征,如接驳的时间、距离、客流量等。当前国内外有关轨道交通接驳方式重点围绕与公共巴士、出租车、私家车和步行、自行车等的换乘,以及轨道交通网络内部和轨道交通与综合型交通枢纽之间的衔接等。不论是与其他交通方式衔接,抑或是轨道交通网络内部换乘,都要稳妥处理居民"潮汐式"出行的现象,以及特殊群体出行需求,如老年人和各类学生。在城市建设用地日益紧张情形下,城市轨道交通换乘站点不得不采用高架或地下两种车站系统,因而接驳的有效性、便利性便成为当前研究关注热点,这便形成了公交接驳线网优化问题(FBNDP)。

随着城市快速发展,城市规模不断增大,居民对客运交通需求持续上升,城市公共交通发展面临着巨大挑战。轨道和常规公交是城市公交系统的重要组成部分,轨道交通与常规公交的换乘是城市交通自身发展的需要,使常规公交与轨道交通能有机地形成一体,可以最大限度地发挥了城市公共交通的作用。而且城市轨道交通是公益性、经济外部性很强的大型公共基础设施,其便利性与快捷性在很大

---

① 陈园园.科学规划建设城市轨道交通[N].中国建设报,2013-03-07(003).

程度上促进站点周边的区域经济繁荣①。在符合建设规范前提下,实现"以人为本"提升乘客的换乘效率和舒适性成为当前轨道交通换乘研究的焦点②。系统考虑轨道交通和常规公交间的关系,使其协调运营,为乘客提供连续通畅、安全高效、经济舒适的换乘环境,有利于城市公共交通运营效率和乘客吸引力的提高,同时也为解决城市交通拥堵提供保障。城市总体规划中布置轨道交通线网时,重点研究了轨道与常规公交线路的相交位置和形式。以及为高效地完成人流集散,对规划总体布局和换乘客流的集散量配置,及其相应的换乘节点展开了广泛研究③。

常规公交投资较小,线路布局灵活,可达性高,适合于中短途客运。常规公交在轨道交通建成运营之前是城市公共交通的主力军,建成后不仅可以继续发挥其功能,而且可与轨道交通相互协作,扬长避短,扩大其服务范围,提升其功能和作用。城市轨道交通与常规公交线网协调研究,尤其是从城市空间发展趋势、城市土地集约利用、城市交通设施等视角探讨两者间协调发展研究较多④。两者间的协调方法通常从"站点、线路、网络"等诸多方面合理优化线路间的衔接关系,使公共交通线网功能效益最大化。

国内学界对轨道交通与常规公交间的协调运行进行了广泛的对策性研究,主要观点集中在:(1)围绕轨道站点布局及沿线土地利用,研讨区段内公交线路优化调整的市民出行行为和轨道站点与常规公交换乘场地及其周边商业组织等⑤。研究认为,一是尽可能将邻近轨道线路的常规公交线站点汇集到轨道站点;二是更改或撤销现有公交线路的站点要充分考虑居民的出行习惯,以及避免大规模变动公交线路⑥;三是对地铁站点建筑设计探索,如提供遮阳公交棚、干净舒适座椅以及快速通道或专用通道等⑦。(2)围绕城市郊区公共交通中轨道交通合理利用问题,

① 庄焰,郑贤.轨道交通对站点周边商业地价的影响[J].中国土地科学,2007(4):38-43;程姝菲,黄星程.简析城市轨道交通站点的经济溢出效应[J].现代城市轨道交通,2010(6):62-64;张宇石,陈旭梅,于雷,等.基于换乘站点的轨道交通与常规公交运营协调模型研究[J].铁道学报,2009,31(3):11-19.

② 韩凤.城市空间结构与交通组织的耦合发展模式研究[D].长春:东北师范大学,2007.

③ 周雅,孙立军,邵敏华.城市轨道交通和常规公交换乘水平评价研究[J].城市道桥与防洪,2012(4):197-201;刘涛.轨道交通与常规公交衔接研究[D].长沙:长沙理工大学,2009;元铭,孙权.城市轨道交通站与其他交通的合理衔接及规划[J].企业研究,2012(8):168.

④ 程姝菲,黄星程.简析城市轨道交通站点的经济溢出效应[J].现代城市轨道交通,2010(6):62-64;程立勤.轨道交通与常规公交协调发展研究[J].物流工程与管理,2012,34(2):73-74;赵志宏.轨道交通与公共交通体系配套研究[J].铁道建筑技术,2012(5):74-76;邱荣华,王书灵,宋俪婧.轨道周边公交网络优化调整方法及应用[J].闽江学院学报,2012,33(2):65-69;李配配,崔珩.公共自行车与轨道交通的接驳与换乘研究[J].交通科技,2013(1):154-157;董红彦.大城市自行车与轨道交通衔接换乘研究[D].西安:西安建筑科技大学,2010;邓莉.城市轨道交通一体化衔接规划必要性研究[J].工程建设与设计,2013(1):121-124.徐园.城市轨道交通与常规公交站点间的衔接研究[D].西安:长安大学,2007.

⑤ 付玲玲.城市轨道交通枢纽站点间换乘设施设计研究[D].西安:长安大学,2008.

⑥ 马燕.轨道交通系统在我国发展的研究[D].上海:华东师范大学,2006.

⑦ 董红彦.大城市自行车与轨道交通衔接换乘研究[D].西安:西安建筑科技大学,2010.

讨论常规公交衔接和郊区居民出行行为引导等①。

(三)轨道交通与慢行交通体系间接驳的研究

慢行交通包括步行方式和非机动车方式(自行车、人力车等),在轨道交通体系中将更多的起到短驳和衔接的作用。步行交通作为所有出行方式的开始和结束是出行链中不可或缺的部分,非机动车是比较低碳的、方便经济的,是短距离出行重要交通方式。因此,在多数大都市区轨道交通网络规划中都充分重视并保护其合理的活动空间,充分关注高密度轨交网络与慢行系统的衔接,当前相关研究主要集中在公共自行车、步行等慢行方式与轨道交通衔接②。公共自行车作为一种集散工具能将站点服务范围内的人群快速地集聚到轨道站点,因此公共自行车对轨道交通站点周边的道路有较高的需求:(1)尽量采用与地铁线路垂直的城市次干路、支路构建自行车交通干道,利用城市支路建设自行车专用道,灵活设置自行车停车场③;(2)与慢行交通的配套设施应遵循人车分离及人行道内行人通行区域与其他功能空间分离。尤其是在地铁出入口、换乘天桥及地下通道与过街通道设施进行一体化设计,形成换乘专用道及符合国际规范的引导标志符号。步行是轨道交通主要接驳方式之一,步行与轨道交通间的衔接规划主要包括轨道枢纽合理步行区内的人行步道系统、过街设施和人车分离设施的规划设计、导向指示标志设置等。相关研究指出:在我国拥有轨道交通运营的城市存在如下问题:一是轨交站点的步行系统规划和建设相对缺乏④,尤其是引导标示与帮助导图未受到应有重视。二是中心区轨道站点建设改变原有合理步行区的土地利用时,须构建独立人行步道及具有良好导向标志的城市公共空间,形成包容枢纽流动人群相关活动的便捷的立体步行空间网络⑤。

(四)轨道交通与出租车间换乘的研究

随着轨道交通与城市交通一体化进程,出租车面对轨道交通快速发展、公交线网的优化及市民出行需求提高的趋势,应进一步发挥出租车的"门到门"优势。"地铁+出租车"这一交通换乘方式的经济性显而易见,且市场需求广泛。出租车站点由营业站、候客站、扬招点3级站点网络构成,轨交站点原则上应设置相应等级的候客站。但中心城区受用地条件限制,可在轨交站点附近设置扬招点代替;出租车扬招点可据道路交通状况和有关交通管理规定,结合需求设置;扬招点应有醒目的

① 徐园.城市轨道交通与常规公交站点间的衔接研究[D].西安:长安大学,2007.
② 汪玉君,刘静,马仁锋.全域规划视角城市轨道交通与其他交通方式衔接研究进展[J].云南地理环境研究,2013,25(4):98-102.
③ 叶薇.轨道交通与公共交通体系配套问题探讨[J].科技致富向导,2012(30):25.
④ 元铭,孙权.城市轨道交通站与其他交通的合理衔接及规划[J].企业研究,2012(8):168.
⑤ 汪玉君,刘静,马仁锋.全域规划视角城市轨道交通与其他交通方式衔接研究进展[J].云南地理环境研究,2013,25(4):98-102.

标志牌和明显的标线①。在统筹各式交通方式衔接时，需要考虑出租车与轨道交通站的有效衔接对于客流的及时疏散的功效，对出租车系统的规划主要针对其停车问题。现有研究表明：一是出租车停车场所建设对于改善轨交衔接非常必要，当然可以设置地下专用停车场，也可以设置依托公交巴士的混合短时利用站点或停靠点，用于满足瞬时客流需求②。二是系统协调轨交站点周边公交巴士站场与出租车系统的兼容性利用与短时利用方式及其管理问题③。

（五）轨道交通与私家车间换乘的研究

随着居民生活水平提高，城市私家车数量迅速扩张。在私家车逐渐成为居民出行方式时，与公交车、出租车等地面交通方式产生竞争，给城市交通系统造成一定压力。因此，需要缓解私家车剧增对城市公共交通带来的压力。如可以采取各种措施，吸引居民接受私家车与公共交通的换乘，并乐于换乘等④。

首要问题是停车问题，城市轨交站点及其周边土地非常有限，规划足够的停车场显然不可能，因此可以采用出租车系统的停车方式或建设立体停车位，尽量不阻碍到地面交通⑤。其次，是创新停车与换乘方式，如可以利用社会或政府办公机构停车场采用 PARK and RIDE 模式，即停车换乘。这样既可减少私家车的出行率，降低地面交通压力，又使居民实现私家车与轨道交通的零换乘，便于出行⑥。对于上班族而言，P＋R 停车场既减少了路上堵车时间，还可节省停车费。

（六）轨道交通与大型交通枢纽间协调运作的研究

轨道交通输送能力和时效较高，成为当前各类大型交通枢纽对外换乘的首选方式，目前重点关注高速铁路客运站、飞机场、长途汽车客运站等大型交通枢纽与轨道交通换乘。其中，尤以飞机与其之间接驳研究备受关注。虽然往返机场和市区可选择机场巴士、快速轨道交通、私家车等交通衔接方式，但伴随机场日益大型化，其选址大多离主城区都较远，且航班对时间要求较强，因此居民在去机场的交通方式选择上，出于时间、可靠性和舒适性等因素考虑，更多地选择出租车、私家

---

①　钱秋禹，程祖国.昆明东风广场 CBD 交通衔接前期研究[J].现代交通技术，2012,9(1)：64-67.

②　邓莉.城市轨道交通一体化衔接规划必要性研究[J].工程建设与设计，2013(1)：121-124.

③　刘涛.轨道交通与常规公交衔接研究[D].长沙：长沙理工大学，2009.

④　元铭，孙权.城市轨道交通站与其他交通的合理衔接及规划[J].企业研究，2012(8)：168；颜桂梅，林宇洪，郭建钢.基于消费者决策心理的公交换乘算法的设计[J].华东交通大学学报，2012,29(6)：102-108；张双山.让市民出行更加方便快捷[J].公民导刊，2013(2)：9-10.

⑤　李树栋."最后一公里问题"：大型机场陆侧交通与航站楼的接驳方式研究[J].建筑创作，2012(6)：112-119.

⑥　潘虹.基于机场轨道交通的机场巴士线路优化调整研究[J].交通与运输(学术版)，2011(2)：106-110.

车、轨道交通等①。相比较而言,机场轨道交通比机场巴士等有较明显的优势。但必须充分考虑航班时刻和出行群体需求,优化轨道交通发车时间及发车间隔,以提高轨道交通的运行效率②。此外,机场快轨还要协调机场工作人员及其航班大量延误等情形,以方便居民前往机场或返回城市的交通方式选择。

(七)轨道交通网内部的换乘模式研究

随着轨道交通快速发展,城市内部轨道交通网络化串接不断完善,市民出行的换乘量快速上升。因此,在完善轨道交通与其他交通体系间换乘的同时,还要不断完善轨道交通网内部的换乘体系以最大限度地提高轨道交通的运行效率。当前相关研究集中在:(1)换乘站点内部的空间组织与交通指引系统建设规划,以及地铁出入口与公交站点/自行车存放点等关联③。(2)轨道交通内部换乘方式主要原则及规划响应探讨,如满足换乘客流的需要;调整相交线路方向,创造良好的换乘条件;尽量缩短乘客的走行距离,减少人流交叉;结合地形选择合适的车站布置形式④。(3)两条及以上轨交线路换乘方式研究可分为同站换乘、通道换乘、站外换乘、组合式换乘等多种形式,实现无缝换乘的理念是各种换乘方式的规划设计追求⑤。然而不同换乘模式,对轨交站点内部空间组织要求不一样,如同站换乘一般采用平行交织的线路且多为岛式站台⑥;内部通道换乘一般用于交叉线路,通道宽度需据人流需要而设计,但步行时间要短⑦;站外换乘一般存在于线路有缺陷且以上两者都不适合的情况⑧;组合式换乘为解决同方向和反方向换乘问题,可采用两点换乘方案。

随着中国城市化的快速发展,轨道交通在解决城市交通问题中的重要作用日益显著。目前全国已有 40 多个城市建成或正在建设(或计划建设)城市轨道交通,城市轨道交通快速发展既是城市规模日益扩大的必然,也是提高城市居民生活质量的理性要求。当前研究主要围绕:(1)轨道交通与常规公交、慢行交通体系、出租车、私家车、大型机场等之间的换乘组织与连接规划研究;(2)对城市轨道交通网络

① 段进,殷铭.长三角地区高铁站点空间换乘便捷度研究[J].中国科学:技术科学,2013,43(2):201-207.

② 汪玉君,刘静,马仁锋.全域规划视角城市轨道交通与其他交通方式衔接研究进展[J].云南地理环境研究,2013,25(4):98-102.

③ 钱秋禹,程祖国.昆明东风广场 CBD 交通衔接前期研究[J].现代交通技术,2012,9(1):64-67.

④ 邢爱晶,杜桂荣,张丹丹.提高城市轨道交通换乘效率分析[J].交通科技与经济,2011,13(6):107-110;刘狄,吴海燕.城市轨道交通换乘站内部换乘客流量算法研究[J].北京建筑工程学院学报,2010,26(2):44-48.

⑤ 王蓉蓉.地铁换乘车站设施规模确定问题研究[D].北京:北京交通大学,2007.

⑥ 朱明浩.地铁换乘方式的探析[J].城市建设理论研究,2013(23).

⑦ 袁奇峰,郭晟,邹天赐.轨道交通与城市协调发展的探索[J].城市规划汇刊,2003(06):49-56,96.

⑧ 李睿.城市轨道交通内部和外部换乘研究探讨[J].科学之友,2012(4):123-125.

内部的换乘与衔接,及轨道交通站点空间组织展开研究,并且重点聚焦在各式交通方式衔接规划[①]及以城市路网为主的硬件建设等。然而,中国多数大城市正面临着老龄化社会的到来,城市轨道交通面临着许多问题,如城市老龄人群出行需求、城市内城衰落与复兴等带来的交通影响。这就要求现有轨道交通与其他5种交通方式间换乘研究进一步深入探索各类群体的出行行为与站点空间组织的需求,积极从换乘硬件设施、换乘行为疏导,以及城市发展的空间组织等方面深入探索城市轨道交通内部及其与其他交通方式的无缝衔接,以实现轨道交通与城市的协调发展。

二、宁波轨道交通 2 号线与其他交通衔接方式优化研究[②]

城市化水平提升与城市规模急速扩张,急需完备的城市交通体系以适应城市发展。由于中国土地资源紧张,解决城市客运交通问题必须选择运量大、用地省、效率高、安全性好、节约能源、无废气污染的现代轨道交通为主的模式。作为中国重要港口城市之一的宁波,近年开始建设轨道交通体系,系统性考虑城市轨道交通和常规交通间的关系,给乘客提供一个连续畅通、安全高效、经济舒适的换乘体验,是现代城市公共交通提升运营效率和吸引力的重要因素,也是解决城市拥堵问题的积极举措。然而现有研究主要关注轨道交通与常规公交、慢行交通体系、私人交通、交通枢纽等之间硬件配套及管理协调运作,较少关注轨道交通与其他交通衔接的问题、换乘行为及解决策略。因此,对宁波市轨道 2 号线主要站点与其他交通方式的可达性进行调查分析,寻找现有其他交通系统及其路况的盲点和衔接趋势,进而基于全域规划视角提出优化宁波其他交通与轨道交通衔接的策略,使轨道交通高效运行,并可方便市民出行。

(一)宁波轨道 2 号线概况

宁波轨道交通 2 号线为西南—东北方向的骨干线(图 4-5-1),其中一期工程南起栎社机场,以地下线路方式向北,经栎社新村、鄞州大道、石碶、轻纺城、启运路、段塘客运站、丽园南路、环城西路、铁路南站、柳汀街后,与 1 号线在鼓楼站相交,继续向北经桃渡路、通途路、环城北路、汽车市场、甬江北、孔浦路后,经过渡段转入地上高架线,沿现状环城北路、宁镇公路,经路林市场、双桥、宁波大学后,到达东外环。一期工程地下线 21.604km、高架线 6.392km、过渡段 0.354km,线路全长 28.350km,共设 22 座车站,其中地下车站 18 座,高架车站 4 座,平均站间距 1.331km。二期工程起自东外环路,止于小港,连接了镇海区和北仑区;线路总长

---

① 张猛,唐娇,刘修通.昆明市城中铁路改造城市轻轨探索[J].云南地理环境研究,2008(2):51-54.

② 吴燕妮,董晓春,汪玉君,等.轨道交通与其他交通衔接方式优化研究[J].测绘与空间地理信息,2014,37(12):60-62.

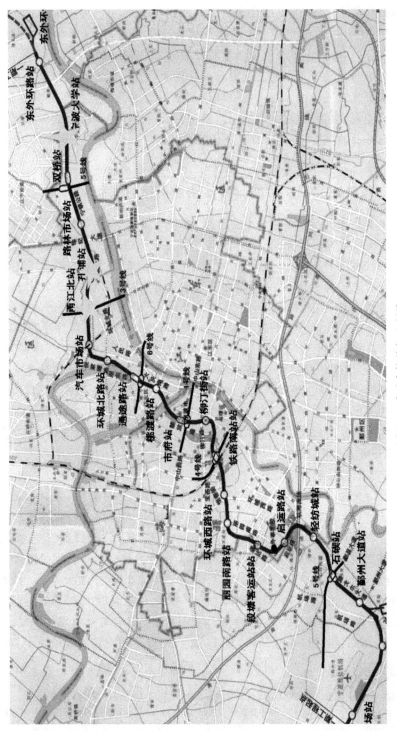

图4-5-1 宁波市轨道交通2号线

约 8.7km,其中高架线 3.3km,地下线 5.1km,过渡段 0.3km。二期工程自一期工程终点东外环站后,经过临江站,转入地下。沿线设车站 5 座,高架站 1 座,地下站 4 座,分别为临江站、电厂站、聪园路站、镇海区政府站和小港站。

（二）轨道 2 号线主站点周边现有其他交通的问卷调查

国内外对常规交通与轨道交通衔接换乘理论研究表明[①]:(1)多注重以概率统计为基础的运营调度技术,(2)换乘的交通方式和线路间的换乘等待时间,(3)车辆的发车时间和到达时间优化等方面。因此利用问卷调查和实地观测等方法调查宁波市轨道 2 号线周边站点乘客换乘时间及各时段客流量规模,以揭示轨道交通主要站点与周边常规交通衔接的客流行为基本规律。

分别于 2012 年 7 月 5—18 日、2013 年 7 月 5—18 日实地调查了宁波大学站、孔浦站、倪家堰站三个轨道交通站点附近现有的公交站点(表 4-5-1),并分别在相对应的公交站点中抽样调查统计了各时间段不同地段公交站点的客流量。

换乘时间按时间消耗的性质分为换乘步行时间、排队等待时间、候车时间三种类型。其中,换乘步行时间可分为轨道站内步行时间和轨道站外步行时间。根据 G. Bouladon 的假设,步行距离和感到舒适的步行时间的函数关系为 $T=K \cdot Dr$,其中 T 为换乘步行时间(min),D 为全部的换乘步行距离(km),K 与 r 为系数,其评价指数如表 4-5-2 所列[②]。出行者步行到轨道交通站点的可接受区域称为合理步行区,据表 4-5-2 换乘时间评价指数可知乘客在换乘时能接受的最大换乘时间为 15min。

表 4-5-1　宁波大学站、孔浦站以及倪家堰站三个轨道交通站点附近情况

轨道站点名称	轨道站点附近现有的公交站名称	现有的公交路线(路)	从轨道站点到此公交站步行所需时间(min)
宁波大学站	宁波大学科技学院	802,547,541,371,390,391,501,367,18	12～15
	宁镇公路	18,547	3～5
	半路涨	371,390,541	8～10
孔浦站	怡江新村	1,8,18,23,25,341,343,370,371,380,384,541,501,521,522,523	5～7
	孔浦中学	8,18,23,25,341,343,370,371,380,384,521,523,812	3～5

① Lee K T, Schonfeld P. Optimal Slack Time for Transfers at a Transit Terminal[J]. Journal of Advanced Transportation. 1991,22(3):281-308;Lee K T. Optimization of Timed Transfers in Transit Terminals[D]. Maryland:University of Maryland College Park,1993.

② 周雅,孙立军,邵敏华. 城市轨道交通和常规公交换乘水平评价研究[J]. 城市道桥与防洪,2012,4(4):197-201.

续表

轨道站点名称	轨道站点附近现有的公交站名称	现有的公交路线（路）	从轨道站点到此公交站步行所需时间（min）
倪家堰站	日湖公园北	23,25,335,371,521,523,812	3～5
	倪家堰	4,331	3～5
	日湖婚庆广场	1,4,8,18,331,332,341,343,370,380,370,384,501,541	8～10
	江北交警大队	8,18,23,25,341,343,370,371,380,384,521,523,812	8～10

表 4-5-2　换乘时间评价指数表

评价标准等级	A	B	C	D	E	F
换乘时间/min	$[0,4)$	$[4,6)$	$[6,8)$	$[8,11)$	$[11,15)$	$\geqslant 15$
指数	$[90,100]$	$[75,90)$	$[60,75)$			

（三）宁波市轨道 2 号线与周边其他交通衔接特征及问题

1. 高峰期轨道 2 号线站点与周边其他交通换乘客流量

根据表 4-5-1 不同站点现有的公交路线数目和实地统计发现：三个站点客流量在非节假日的上下班时间是高峰期，即 7：00—9：00 和 16：30—18：00。倪家堰站高峰期客流量达每分钟 60 多人，其他时间段客流保持每分钟 30 人；孔浦站高峰期时每分钟客流量 50 人，其他时间段则为 20 人；宁波大学站高峰期不同于其他站点，周末 8：30—9：30 每分钟流量为 60 人，其他时段流量为 30 人。

2. 高峰期轨道 2 号线站点与周边其他交通换乘方式与时间

调查的三个站点均以公交巴士、出租车、步行、三轮车（含人力三轮）、摩的为换乘接驳工具，各站点的换乘时间都在 15 分钟内，相对比较合理。但是从宁波大学站到宁波大学科技学院站步行时间逾 15 分钟，而该处公交路线相对较少，客流量较大，因此应对该站点的布局重新规划，缩短步行时间，扩大站点规模。此外，宁波大学站点与宁波大学科技学院站点的客流去向与其他站点有着显著的差异：一是宁波大学学生、教师日常出行行为指向商业购物、长途出发或返回市区家中，因此，轨道 2 号线应考虑该站点与宁波栎社国际机场、宁波站、宁波汽车客运中心站等的衔接，以及站点周边居民出行方式差异，以协调各类群体的便捷。

3. 轨道 2 号线与周边各类其他交通方式衔接存在的问题

轨道交通与常规公交衔接存在：（1）轨道 2 号线穿越宁波市郊区、中心城区、郊区，形成多种交通的区段分异衔接模式，因中心城区、郊区存在路线、停靠站台、换乘车辆班次等方面的差异，形成现有衔接存在以公交巴士班次密集度主导的分段换乘差异;(2)倪家堰站位于湖东路靠近与环城北路交叉处,车站西南侧为日湖公园,东南侧为日湖小区及小区景观绿化带。周围的公交站点有日湖公园北站、倪家堰站、日湖婚庆广场站、江北交警大队站,各公交站点与轨道倪家堰站步行皆在 10分钟内。且此区域内公交繁忙,入站的公共汽车很多,采用沿线停靠法会因停靠站空间不足而拥挤。

轨道交通与慢行交通之间接驳存在:(1)实地考察站点中孔浦站、宁波大学站位于北高教园区内,且周围是居民点,与轨道交通衔接适宜以慢行交通为主。然而考虑该处高架站点与地面连接,因此公共交通衔接应考虑多层次立体分流问题,充分考虑空间层次有机组织。(2)调查三个站点在慢行衔接方式上来考虑低碳自行车衔接模式,因此应针对性地结合宁波市交通微循环建设推进相关低碳出行衔接。

(四)优化宁波轨道交通与其他交通衔接的策略

1. 整体优化推进轨道 2 号线与其他交通衔接效率提升

换乘问题成为影响轨道交通建设、运营的一个重要因素,首先应在设计过程重视换乘站的设置、换乘方式选择,并进行基于周边居民出行方式调查统计的换乘衔接硬件、软件设计。其次,车站换乘方案设计应充分利用城市交通总体趋势和城市社区建设模式,引导居民低碳出行,并重点在公交巴士、自行车与步行等衔接方式上谋划换乘环境的人性化设计。第三,要整体统筹宁波轨道交通与常规公交换乘衔接的空间组织模式,充分利用地下立体、地面立体和地下与地表一体化方案的空间组织。

2. 区段分异探索适宜衔接方式提升轨道与其他交通衔接效率

轨道 2 号线穿越了宁波市不同繁华程度的街区,客流量存在较大差异,而且主要站点周边社区也存在规模差异问题,因此区段分异式构建衔接方式是提高交通效率的最佳途径。如:(1)在倪家堰站可以采用路外多个站台换乘,为避免人流进出站对车流的干扰,每个站台可以地下通道连接轨道交通站,并调整各个公交站点位置,以方便乘客换乘;(2)在宁波大学站,结合轨道高架设计可选择轨道进出口附近 50m 以内分散布置,每处规模不宜过大。此外,在步行交通系统内设置清晰完善的信息引导,对人流进行引导;并要完善交通主干道周边的中小马路网络,让机动车与非机动车各得其所,互不干扰,尽可能让"骑车族"骑行舒心,往返便利。

三、宁波轨道交通接驳公交线网的计量模型设计及实证[①]

宁波主城区已经全部实现"轨道—公交"联运,部分市区联运一体化也取得了明显成效,但是各区发展不平衡、网络不协调、服务不规范、政策不配套等问题仍然

---

① 石小伟,邹逸江,马仁锋,等.宁波市轨道交通接驳公交线网的计量模型设计及实证[J].现代城市轨道交通,2019(1):42-49.

突出,城市内部公共交通组织还有待完善。既有的宁波"轨道—公交"联运体系无论从运营模式还是服务质量上越来越不能满足市民需求,迫切需要进行新一轮的改造和提高,而市区"轨道—公交"联运一体化是未来宁波市客运的发展方向。宁波"轨道—公交"联运一体化,本质上是如何实现宁波公共交通资源的最优化匹配问题。轨道交通建设周期是十分长的,运营初期,每条轨道交通线路的投入运营存在时间差异,运营状况以线状呈现。新的投入必然打破区域交通原有维持的平衡状态,宁波、合肥、郑州、佛山、大连、温州、济南等二线城市或新一线城市的轨道交通建成投运必然带来区域交通状态改变。那么在这样的环境下,如何实现公共交通资源的最优化匹配,重新尽快实现城市内部公共交通组织更高层次的平衡,是当前亟待解决的研究问题。

在此背景下,基于"轨道—公交"联运一体化视角,研究城市轨道交通运营初期的公交线网空间优化发展差异问题,逐渐成为社会和学术界所关注的一个重点,也有很多学者研究过此类问题。例如,唐利民等提出 FLAPT 模型,对轨道交通的发展存在问题提出了一些针对性的建议,其目标是客流高直达率,采用的方法是网络优化布局;宋晓梅建立公交站点停靠时间可靠性模型,基于轨道交通的空间分布特征及其接驳因素进行了分析;刘剑锋等基于北京轨道交通发展总结了在城市轨道网特征及规模基础上构建出行方式选择模型;蒋冰蕾在站点的选取方面研究合理的接驳公交线网规划是城市快速轨道交通系统充分发挥作用的保证,以接驳效率最大化为目标来进行搜索优化;林国塞在轨道交通与常规公交运营计划协调方面,提出以降低轨道交通和常规公交的系数成本为目的,简化了最优解。但是,这些研究缺乏对接驳轨道交通的公交线网区域模型化差异性定量与定性相结合的进一步测度研究,也缺乏对接驳轨道交通的公交线网空间数据的数学模型系统性分析,缺乏计量地理的空间视角分析,忽略了"轨道—公交"空间相互关联影响,难以真正反映研究区域接驳轨道交通的公交线网空间差异的变化与机制,未能做到定性和定量相结合、图形与数据相结合。本节主要采用运能匹配系数、直达系数、线网覆盖指数以及线网的重复性约束条件等方法,对宁波整个区域轨道交通空间差异进行定量与定性的测定,算出了相对应的指标数值,通过运用 ArcGIS10.2 软件绘制出了接驳宁波轨道交通 2 号线的公交线网优化形态图,揭示了宁波轨道交通 2 号线的公交线网空间设计差异性的地理机制,并为相关区域改进公交线网的合理性提供了极大的参考价值。

(一)数据来源与技术路线

1. 接驳模型的数据来源

以宁波市城区轨道交通 2 号线和关联轨道交通 2 号线的公交线网数量为研究指标(图 4-5-2)。数据资料来自于宁波市公共交通客运管理局多年统计数据、宁波大学城市交通规划研究所和宁波大学城市科技创新与发展战略研究中心课题的调

图 4-5-2　宁波轨道交通运营线路示意图（2020）

资料来源：宁波市轨道交通集团有限公司官网

查报告（课题编号：NBZS-201710004G）、《宁波市统计年鉴》（2013—2018）、中国城市轨道交通运输行业网、宁波市交通运输委员会、宁波市公交都市办以及宁波市规划局等相关政府官方网站数据等。

2. 接驳模型设计的技术路线

本节采用 ArcGIS10.2 手段对接驳宁波轨道交通的公交线网优化分布进行研究，其中涉及资料获取、框架编辑、数据处理、数据分析、接驳实证，以研究接驳宁波轨道交通的公交线网优化规律，最终为宁波市智慧交通管理委员会、宁波市公共交通客运管理局等部门决策提供支持，技术路线如图 4-5-3。

（二）接驳轨道交通的公交差异化计量模型分析

1. 公交线路差异化设计模型

（1）"长线截短"模型

基于城市轨道交通线路下的公交线路"长线截短模型"调整主要是指，众多公交线路与轨道交通线路保持过长距离的平行接驳（图 4-5-4）（过长距离指平行接驳的站点大于等于 6 个）。这种长距离的平行接驳会降低公交和轨道交通两者的运营能力和运营效率，使得邻近的公交站点和轨道站点之间对客流的吸引处于竞争局面。

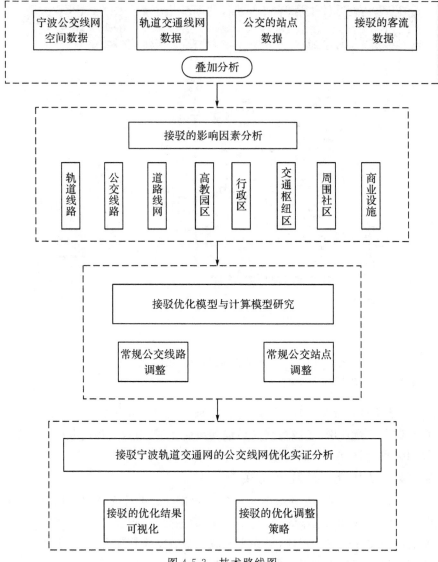

图 4-5-3　技术路线图

线路长度公式：

$$l_{min} < l < l_{max} = V \frac{T_{max}}{60}, (l \in R) \qquad (4\text{-}5\text{-}1)$$

式中：l_{min}——线路长度下限；一般的公交线路运营长度 $l > 5$km（王炜等，1999.）

l_{max}——线路长度上限；

V——公交车平均运营速度（km/h）；

T_{max}——城市居民最大出行时间。

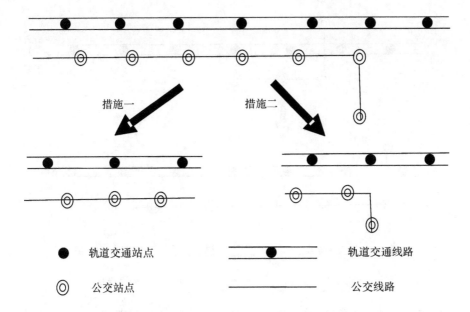

图 4-5-4　基于既有轨道交通线路下的公交站点"长线截短模型"调整的空间示意图

（2）"短线加长"模型

基于宁波轨道交通线路下的公交线路"短线加长模型"调整主要是指，公交线路与城市轨道交通线路过短距离的接驳（过短距离指接驳的站点小于等于 3 个）。这种短距离的接驳在运营能力和接运效率上对常规公交和城市轨道交通两者都是不利的。短距离的接驳使得邻近的公交站点和轨道站点之间对客流的接驳吸引处于断层局面。

基于运能匹配程度的模型公式：

$$\rho = \frac{1}{n} \sum_{i=1}^{n} \frac{p_{iH}}{p_{ib}} \qquad (4\text{-}5\text{-}2)$$

式中：n——轨道交通换乘数；

　　p_{iH}——客运高峰小时轨道交通换乘枢纽站 i 的换乘客流量；

　　p_{ib}——客运高峰小时为轨道交通换乘枢纽 i 服务的公交客运能力流量；

通过既有轨道交通线路下的公交线路"短线加长模型"（图 4-5-5）调整，在接驳区域客流比较密集区，公交线路与轨道线路之间有较长的接驳交集，此时即可加强此路公交与轨道交通的接驳联系，扩大接驳交集。通常采取延长两者接驳的线路。

（3）"新增加密接驳"模型

基于新增设站的数学距离模型是指，在现有的宁波交通体系格局下，公交线路能实现合理的接驳客流量，或者现有接运能力刚刚满足客流需求，不能实现将居民舒适地接驳到目的地。"新增加密接驳"模型本质是城市轨道交通线路下，常规公

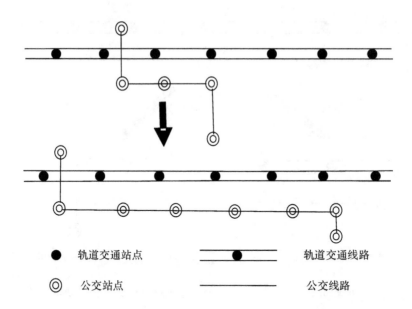

图 4-5-5　基于既有轨道交通线路下的公交站点"短线加长模型"调整的空间示意图

交的接驳能力与轨道交通接驳客流不协调。这种状况容易造成客流和轨道、公交之间不对称接驳。为解决这种格局采取的措施有：适当增加轨道交通沿线的公交的线路，以实现客流的合理接运(图 4-5-6)，反之，则是"线路删减"模型。

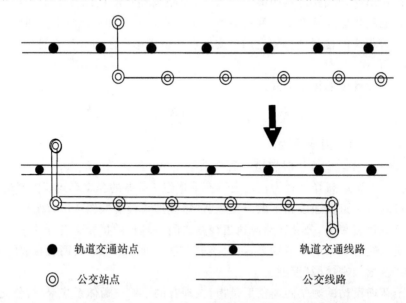

图 4-5-6　基于既有轨道交通线路下的公交站点"新增加密模型"调整的空间示意图

故"新增加密接驳"模型公式为：

$$C_{uk}^d = \frac{1}{2}\alpha_1 \alpha h_d \lambda_{WT} X^2 q \tag{4-5-3}$$

式中：$\frac{1}{2}\alpha X^2 q$——直达公交服务区域单位的出行需求为直达公交服务区域的扇形面积；

h_d ——假定平均步行距离为班距。

为了公式适用于任何情况，所以特在公式前加上任意参数（α_1）。

（4）"重叠删减"模型

基于新增轨道交通线路下的公交线路"重叠删减"模型调整主要是指，众多公交线路与新开通（或即将开通）轨道交通线路保持过长距离的平行接驳。这种长距离的平行接驳会降低公交和轨道交通两者的运营能力和运营效率，同时也增大了公交与公交之间的客流竞争，在客观上造成了轨道和公交双方的运营效率下降。使得邻近的公交站点和轨道站点之间对客流的吸引处于竞争局面。η 表示公交线网整体的重复情况，η 值越小，表示公交线网重复度越低，线网越稀疏；反之，越密集。

线网重复性公式：

$$\eta = \frac{\sum\limits_{I \in R} l_I - \sum\limits_{a \in A} l_a \cdot \delta_a^R}{\sum\limits_{I \in R} l_i} \tag{4-5-4}$$

式中：η—— 公交线网重复性系数；

δ_a^R—— 路网经过路段 a；

l_a—— 线路长度。

新增接驳公交线网规划需要将 η 值放在适合的区间范围内，既不对公交线路的客运能力造成浪费，又不造成客流的拥挤，具体规划示意图如图 4-5-7。反之，"新增加密"模型是"重叠删减"模型的逆向研究思维，属于同性质的公交线网设计思路。

2. 公交站点差异化设计模型

（1）"就近移动"模型

基于步行到站的时间计算模型（C_{uk}^f），步行到站的时间效率（L）等于平均步行到站时间与接驳站点服务区的总需求（X）之积，再乘以步行时间。步行到站的距离为 $b_2(D_f + d)$，其中 b_2 直达步行基准效率，一般取 0.25。"就近移动"模型的数学模型如式：

$$C_{uk}^f = \frac{(L^2 - X^2)[b_2(D_f + d)]\lambda_{uk}}{2V_P} \tag{4-5-5}$$

基于既有轨道交通线路下的公交调整模型系列中的站点调整模型研究，集中

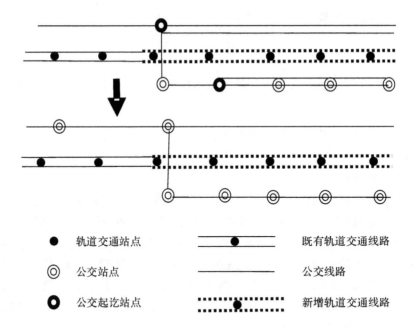

图 4-5-7　基于新增轨道交通线路下的公交线路合并模型图

解决的是公交站点在喂给轨道客流或接运轨道客流过程中的,公交站点与轨道站点间距协调性问题。两者之间距离的协调性恰当与否,直接影响着公交喂给和接运轨道客流的效率和接驳方式的选择。具体调整方法为:公交站点就近轨道站点移动。普通接驳站点两者相距大概 100～150 米为最佳接驳间距。这样既不会因为距离长而影响客流的接驳,也不会因为距离短,而造成某段高峰时间的客流拥挤。调整策略如图 4-5-8 所示。

（2）"分散布局"模型

公交站点集聚率是基于公交站点、站点换乘总客流人数来衡量公交站点在一个轨道站点附近的集中程度。集聚率越高,说明公交站点在一个轨道站点的接驳竞争力就越大,客流越容易疏散,反之,则接驳竞争力越小,越不易疏散。

公式如下:

$$\mu = \frac{P}{Q} \tag{4-5-6}$$

式中：μ——公交站点的集聚率；

　　　P——公交站的个数；

　　　Q——站点换乘总人数。

"分散布局"模型是公交车站过度在轨道交通站站点的集中,造成了客流在局部时间内大量的集中疏散,集中的客流会造成道路的拥堵,影响公共交通安全,这

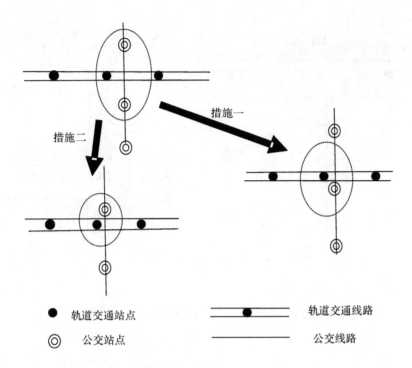

措施二

措施一

●　轨道交通站点　　　　　　　━━━●━━━　　轨道交通线路

◎　公交站点　　　　　　　　　━━━━━━　　公交线路

图 4-5-8　基于既有轨道交通线路下的公交站点调整模型的空间设计示意图

其实对公共交通和轨道交通的接驳也是不利的。因此，需要将不同的公交车站合理布局在轨道交通的合理接驳距离范围内，又不会降低两者接运的便利度。这是就"分散布局"模型设计的指导思想(图 4-5-9)。从实例可以看出，宁波市鼓楼站的接驳空间格局恰恰是此模型解决问题的典例，鼓楼站与其他站点的接驳成因有着很大的不同，商业因素起着关键性的影响，再加上此处的轨道交通站点处于宁波轨道交通 1 号线与 2 号线交汇处，更加加剧了这种格局。

（3）"新设加密"模型

公交站点在空间分布上的主要依据是所经过的接驳区域的客流需求大小，客流需求量大小主要是通过站点的断面剩余客流量来衡量。接驳区域属性会随着社会经济因素的变化不断调整，但是一定时期内也呈现出相对稳定性。比如，一个社区的居民在一段时间内对公交或轨道交通的需求量是相对不变的，但是客流需求量大小不是绝对不变的。例如宁波鄞州万达广场北站，就因为道路的维修而在上下游加设新站；镇海区聪园路站，因为轨道交通 2 号线延伸线路修建，而出现了向电影院站的靠拢。

关于站点的断面剩余客流量计算公式：

$$\overline{f}(i,j) = \sum_{j-1}^{k=i} (k,k+1),(i<j) \qquad (4-5-7)$$

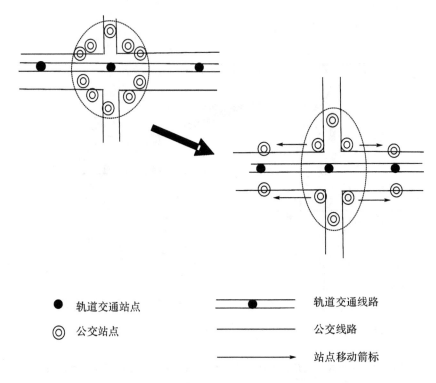

● 　轨道交通站点　　　　　━━━●━━━　轨道交通线路

◎ 　公交站点　　　　　　　　　━━━━━━　公交线路

　　　　　　　　　　　　　　　━━━━━▶　站点移动箭标

图 4-5-9　基于既有轨道交通线路下的公交站点调整模型的数量设计示意图

式中：i——第 i 个公交站点的断面剩余客流；

　　　j——第 j 个公交站点的断面剩余客流；

　　　$\overline{f}$——断面 i 到断面 j 的剩余客流通过量。

　　"新设加密"设计意识图如图 4-5-10 所示。

　　由于宁波市中心区域尤其是海曙区、鄞州区和江北区等区域主要是轨道交通2号线在与公共交通进行规模差异化接驳，因此，通过调研宁波鼓楼站、城隍庙站、宁波火车站等轨道交通的断面剩余客流量，来反映宁波市中心区域轨道交通2号线断面剩余客流量差异的空间分布，并且随时间系列变化这些差异的变化表现出显著的特征，希望比较清楚地反映出来整个区域接驳客流的差异化变化特征趋势。

（三）设计接驳模型的实证分析

1. 接驳的研究区概况

　　宁波轨道交通2号线的总体线路方向是西南—东北走向。一期工程经过海曙区、江北区、镇海区三个行政区，由栎社国际机场站至清水浦站。一期工程线路在宁波市的走向是从栎社国际机场站出后进入机场路，然后进入雅戈尔大道，沿着启

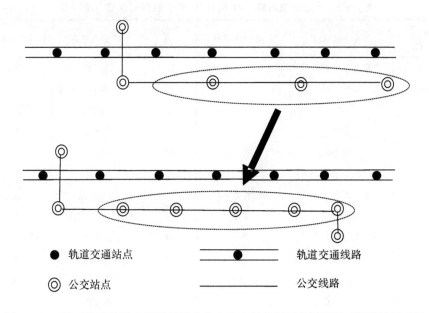

●　轨道交通站点　　　　　　　　　●　　　　轨道交通线路

◎　公交站点　　　　　　　　　　　　　　　　公交线路

图 4-5-10　基于既有轨道交通线路下的公交站点调整模型的"新设加密"设计示意图

运路,通达路,恒春街,到铁路宁波站,然后走向大致呈自东向西经月湖公园,三支街,解放南路,解放北路,大庆南路,规划青云路,环城北路,宁镇公路,清水浦。线路全长 28.350 公里,共设 22 座车站,平均站间距 1.331 公里。站间平均距离低于同类城市的轨道交通,因此,"短站距"成了宁波轨道交通的特点之一。此外,设黄隘车辆综合基地和东外环停车场,设夏禹、双桥 2 座主变电所,控制中心 1 处(与 1 号线合建、共享)。

宁波轨道交通 2 号线二期工程起自一期工程清水浦站后,向东依次设五里牌站(高架站)、枫园站(地下站)、聪园路站(地下站)、招宝山站(地下站),最终至红联站(与 6 号线换乘),共计设站 5 座。线路全长 8.48 公里,其中高架线长 3.15 公里,地下线长 4.96 公里,过渡段长 0.37 公里。截止到 2018 年 9 月,宁波轨道交通 2 号线二期工程还未正式通车,处于建设期间。

本节接驳的设计模型是基于轨道交通线网的公交优化设置、公交的路径分析,基于 GIS 接驳模型设计布局、数据分布分析等模块,利用 2017 年部分站点的客流样本数据做接驳宁波市轨道交通的公交线网空间分布统计分析,以在江北区接驳轨道交通 2 号线的公交线网空间分布规律基础上得出更宽泛的规律性结果。

宁波 541 路公交车起始站宁波火车站开往招宝山:江厦公园(含)前上车 3 元。老外滩(含)起上车 2 元。招宝山开往宁波火车站:张监碶(含)前上车 3 元。镇海发电厂(含)起上车 2 元。宁波大学科技学院发往宁波火车站首班 05:30。

表 4-5-3   典型公交线路(541 路)的站点和轨道交通站点接驳表

备选公交站点 ID	541 公交站点	轨道交通站点	备选公交站点 ID	541 公交站点	轨道交通站点
1	宁波火车站北广场	宁波火车站北广场	19	三官堂	三官堂
2	望湖广场	无	20	宁波大学科技学院	无
3	兴宁桥	无	21	宁波大学	宁波大学
4	濠河	无	22	半路涨	无
5	江厦公园	江厦公园	23	朱家桥	无
6	老外滩(宁波美术馆)	无	24	清水浦	清水浦
7	宁大附属医院	宁大附属医院	25	渔业基地	无
8	白沙路	白沙路	26	镇海经济开发区	无
9	东鹰花园	无	27	五里牌	无
10	大庆北路	无	28	虹桥新村	无
11	大通桥	无	29	镇海发电厂	无
12	红梅社区	无	30	张监碶	无
13	孔浦	孔浦	31	聪园路	无
14	半路凉亭	孔浦	32	电影院	无
15	怡江新村	无	33	南大街	无
16	常洪	无	34	镇远桥	无
17	路林市场	无	35	招宝山	无
18	工程学院东校区	工程学院东校区	36	公交招宝山站	无

2. 所需数据

根据宁波轨道交通 2 号线接驳范围内的公交接驳数据和人口分布图,对被选为公交接驳备选站点的已有公交站点进行了数据统计。本节所需要的数据:(1)接驳宁波轨道交通二号线的所有公交数据表;(2)宁波市轨道交通 2 号线沿线 1500m 的接驳范围内的小区分布图;(3)宁波市的公交路网数据。

3. 典型接驳区段的公交线路优化分析(红梅社区站—清水浦站)

宁波 541 路公交从宁波火车站出发,经南站西路与长春路交汇处,转入长春路;在长春路与镇明路交汇处,进入灵桥路,过新江桥后,进入人民路;在人民路庆丰路交叉处,转入大庆北路,向东直走一直到孔浦地铁站后,开始沿环城北路—风华路—镇宁西路一直向东至终点站(招宝山站)。其中 541 公交沿途接驳的公交线路段,特别是红梅社区站—清水浦站之间的公交线路与轨道交通 2 号线路是属于典型的共线接驳。接驳宁波市轨道交通的公交路网结构在红梅社区站—清水浦站的线路中,541 路公交线路与宁波市轨道交通 2 号线的共线距离长达 7.11km,与轨道交通 2 号线连续重合的站点有 5 个,分别是孔浦地铁站、路林站、三官堂站、宁波大学站、清水浦站。这种长距离的共线接驳,客观上造成了客流在选择交通工具上的分流。从运能匹配度视角分析,轨道交通 2 号线与 541 公交的运能匹配度分别下降了 30% 和 20.9%。因此,宁波 541 路公交与宁波市轨道交通 2 号线在红梅社区站—清水浦站的共线接驳没有实现公共交通资源的最大化使用。综上所述,亟待优化红梅社区站—清水浦站(长 7.11km)的过长共线接驳。

在红梅社区站—清水浦站这段线路中,宁波公交 541 路共有 11 个公交站(孔浦站、半路凉亭站、怡江新村站、常洪站、路林市场站、工程学院东校区站、三官堂站、宁大科技学院站、宁波大学站、半路涨站、朱家桥站),且 541 公交与宁波市轨道交通 2 号线的站点全部是重合的,541 路的站点和轨道交通站点接驳如表 4-5-3 所示。

线路优化步骤:①运用模型优化中的"重叠删减"模型与"新增加密"模型进行综合优化;②将重合线路进行删减线路、调整线路的优化。具体方案为:在环城北路与世纪大道交汇处,沿东昌路向北驶入中官西路,沿中官西路向西行驶至宁波帮博物馆,接驳过宁波帮博物馆后,继续沿中官西路向西行驶,直至到接驳终点站招宝山站。

站点优化步骤:①运用公交站点优化的"分散布局"模型和"新设加密"模型进行综合优化;②将新增线路进行增加站点、就近移动调整的优化。具体方案为新增 7 个站点,分别是常洪—汽车北站、环城北路货运市场站、灵芝制衣公司站、工程学院北大门站、纺织学院生活区站、宁波帮博物馆站、汉塘村站。

将公交线路调整前后的可视化结果进行对比,发现 541 路公交在经过江北区高教园区的接驳范围得到了扩展,接驳的社区也增多了,避免了公交与轨道交通过多平行接驳、竞争客流的弊端,很好地实现了公交交通与轨道交通两者的优势互补作用,扩大了两者之间的接驳范围。

四、市域交通换乘衔接优化与空间可达公正趋势

本节主要提出了 4 种宁波轨道交通接驳公交线网优化模型和 3 种公交站点优化模型,并且从接驳公交优化的技术路线等方面分析了轨道交通接驳公交优化具体实施方案。接驳宁波轨道交通的公交优化有助于提升宁波轨道交通客流效益、延伸轨道交通服务范围、构建高品质公共交通服务体系等。将得到的优化模型进行了典型公交路线的分析,实证得到宁波轨道交通接驳公交线网优化可视化结果,并应用于宁波市轨道交通 2 号线接驳公交线网优化,总结了宁波轨道交通 2 号线与地面公交的线路形态设计实施措施,为宁波其他的接驳公交的接驳效率优化线路提供的搜索模型。本节相关研究结论为政府制定合理的交通发展规划提供支持,并为今后充分分析区域间轨道交通和公交优化的接驳提供了模型参考。

第五章　宁波转型发展动力的多维协同

本章围绕城市转型发展的关键动力要素,重点评估港口与城市协调,经济发展、工业水平与环境质量,经济发展与人居环境,重点工业集聚与人居环境的耦合协调关系,诊断城市转型发展动力协同状态与趋向。

第一节　宁波港口与城市协调发展度分析

滨海地区城镇素有"港为城用,城以港兴"的经济社会发展客观规律,全球化进程的加快,港口位置的变迁和地位提升或下降,促进港口与城市形成了协整系统。研究港口发展与城市经济社会间的关系,便成为全球化时代港口城市实现可持续发展的重要议题。学界重点关注港口与城市经济发展,而对港口与城市协调发展研究较少。如,梁业章等认为沿海港口城市因其特有的区位、功能及综合实力发展各异,以北海为例探讨了港口对城市的发展作用[1],张萍等提出港口建设与城市发展的协调度概念、评价指标体系并评判了上海 1998—2004 年港口与城市发展的协调度[2],陈航等评判了大连 1990—2003 年的港口与城市的协调程度[3],汪玲等评判大连港的港口与环境、资源之间的协调[4],陈航等探索了大连港城关系的演变规律[5]。具有"东方大港"美誉的宁波港,地处中国大陆海岸线中部。如何抓住国家海洋经济发展机遇,充分利用港、城的优势资源,建设亚太地区第一强港和亚太门户港城,亟待探索宁波港与城市经济的良性互动机理和构建宁波港口经济圈的建设路线图。为此,采用定量协调度模型评价宁波港与城市的协调发展程度,对于推进宁波港口经济圈建设和建设国际门户港具有重要现实意义。

---

① 梁业章,陆琳.港口城市发展理论与实践探讨[J].商场现代化,2006(5):188-189.

② 张萍,严以新.港口与城市协调发展评价模型及其应用[J].港工技术,2006(12):11-12.

③ 陈航,栾维新,李婉娜.港口系统与城市系统协调发展建模方法与应用[J].中国航海,2008(3):83-87.

④ 汪玲,刘晓东.港口与城市环境及资源的协调发展度研究——以大连市为例[J].港工技术,2008(6):40-42.

⑤ 陈航,王跃伟.大连港口与城市关系的演变[J].水运管理,2009(1):13-15.

一、宁波港与宁波城的发展历程与现状

(一)宁波港的港址演变与现状

宁波港的发展历程见表 5-1-1,经历了宋代内河港形成(句章港),向下游迁至余姚江与奉化江的交汇处(江厦港),又向出海航道甬江干流(江北港)迁移,历经海岸线切点位(镇海港区)、海岸线切点延伸位——北仑(北仑港区),最终向海间位——海岛迁移(大榭港区和梅山港区)6 个阶段。目前,宁波港由北仑港区、穿山港区、大榭港区、镇海港区、甬江港区、梅山港区组成(表 5-1-2),是一个集内河港、河口港和海港于一体的多功能、综合性的现代化深水大港;其是中国大陆重要的集装箱干线港,同时也是主要的铁矿、原油、液体化工中转储存基地和华东地区主要的煤炭、粮食等散杂货中转和储存基地,是中国的主枢纽港之一;现有生产泊位 328座,其中万吨级以上大型泊位 99 座,5 万吨级以上的特大型深水泊位 63 座,是中国大陆大型和特大型深水泊位最多的港口。宁波港向内不仅可连接沿海各港口,而且通过江海联运、海铁联运,直接覆盖华东地区及经济发达的长江流域;向外直接面向东亚及整个环太平洋地区,是中国沿海向美洲、大洋洲和南美洲等港口远洋集散地。运输辐射的理想目前,宁波港已与世界上100多个国家和地区的600多个港

表 5-1-1　宁波港的港址演进

港口阶段	亚阶段与港址	港口功能
内河港阶段:港址从句章发源,向江厦前移,成熟于三江口	形成期:位于乍山乡城山句章港	是古越国水军要塞,及渔业和贸易
	发展期:江厦港,位于余姚江与奉化江交汇处	商贸和重要的海陆交通枢纽
	成熟期:江北港,位于三江口甬江沿岸,出海航道甬江干流处	为内河散货和沿海通道短途客运,以及部分国际贸易
河口港阶段:江北港区、镇海港区为主	镇海港:位于宁波东北部甬江入海口北岸	镇海港为煤炭和液体化工中转储运;江北港发展对舟山等地客、货运,以及大宗散货运输
海港阶段:以北仑、大榭、穿山、梅山等港区快速发展为主,三江口、镇海港区逐渐衰落	北仑港区:位于宁波东部长江口南部金塘水道南岸	主要为国际、国内的集装箱和原油矿石中转码头
	大榭港区:位于宁波东部大榭岛,与北仑港隔海相望	主要为原油、液化码头,成为综合性多功能的港区
	穿山港区:位于白峰外峙	现代化集装箱港区,原油及油品、煤炭、液化的转运和贮存
	梅山港区:位于梅山岛	

资料来源:根据庄佩君(2014)与宁波历次城市总体规划文本总结

口通航,全球前 20 名的集装箱班轮公司均已登陆宁波港,是世界上最繁忙的港口之一。宁波港吞吐量自 1997 年以来一直保持快速增长,特别是 2002 年后增长速度更快。2010 年宁波港集装箱吞吐量稳居国内第三,全球第六。2012 年宁波港累计完成货物吞吐量 4.53 亿吨,集装箱吞吐量完成 1567.1 万 TEU,货物吞吐量和集装箱吞吐量均位居全国第三位;全市运力达 694 艘,567.08 万载重吨,万吨级以上船舶占总运力达 84.05%。2014 年,宁波港完成货物吞吐量 52646.4 万吨,完成集装箱吞吐量 1870 万 TEU,旅客吞吐量 161.5 万人。2018 年,宁波舟山港年货物吞吐量再超"10 亿吨",继续保持唯一的超"10 亿吨"超级大港地位,全球港口排名实现"十连冠";年集装箱吞吐量首超 2600 万标准箱,首次跻身世界港口排名"前三强",跃居中国港口"第二位"。

(二)宁波城市经济的演化与现状

宁波市 1995—2013 年经济快速发展,三次产业结构从 1995 年的 13.5∶56.2∶30.3 转变为 2013 年的 3.9∶52.5∶43.6;2013 年宁波市国内地方生产总值 7128.87 亿元,是 1995 年的 100 倍。在宁波经济发展中,对外贸易和利用外资成为主要驱动力。①1995—2013 年宁波市进出口贸易额波动较大,18 年间宁波市进出口总额年均增长速度为 23.9%,但是 1998、2009 和 2012 年的宁波市进出口贸易总额增长率为负值,而 1995、2000、2003 年则是宁波市进出口贸易总额增长最快的年份,增速都在 50% 以上。宁波市进出口贸易结构以出口为主,同时出口额比重的变化同进出口总额比重的变动一致。②宁波市实际利用外资可分三阶段:一是 1999 年前的缓慢增长期;二是 2000—2008 年的飞速增长阶段,2008 年宁波市实际利用外资额为 253789 万美元,是 1999 年 4 倍多;三是 2010 年后恢复增长阶段。

(三)宁波港与宁波城的互动

1. 宁波港口对城市的影响

利用线性回归计算发现,在不考虑其他因素的情况下:①宁波港货物吞吐量每增加 1%,带动 GDP 增加 0.98%,自营进出口增长 1.78%;集装箱吞吐量每增加 1%,GDP 约增加 0.46%。宁波港的货物与集装箱吞吐量的增长,对宁波经济总体贡献较为明显。②石油吞吐量每增加 1%,带动第二产业增加 0.56%;金属吞吐量每增加 1%,带动第二产业增加 0.73%;石油吞吐量每增加 1%,带动第三产业增加 0.74%。这些带动系数表明,宁波港的发展促进宁波城市规模的扩大与城市形态的变化,推动了宁波市产业结构由 1985 年的 23.7∶56.9∶19.4 升级为 2013 年的 3.9∶52.5∶43.6(表 5-1-3)。

表 5-1-2 宁波港的港区现状

	公司	经营种类	泊位吨级/万吨	码头长度/米	泊位数/个	码头前沿水深/米
北仑港区	北仑第二港埠分公司	散杂货、化肥、煤炭、多用途	0.7~10	1702	6	12.5/14.5
	北仑第二集装箱码头分公司	集装箱	7.0~15.0	1238	4	15.0
	北仑国际集装箱码头有限公司	集装箱	10.0	900	4	13.5
	北仑矿石码头分公司	金属矿石	2.5~20	1788	6	12.5~20.5
	宁波港吉码头经营有限公司	集装箱	15.0	1700	5	17.5
穿山港区	宁波港远东码头经营有限公司	集装箱	15~20	1710	5	17.5
	中宅煤炭码头	煤炭、矿石	5~20	872	2	15.6~19.61
大榭港区	大榭国际招商码头有限公司	集装箱	10~15	1500	4	17.5
	大榭实华原油码头	原油	6.8~45.0	1244.5	3	25.72
	大榭油品码头	原油	8	337	1	17.5
	大榭中油码头	原油	30	490	1	25
镇海港区	镇海港埠分公司	煤炭、杂货、集装箱、液化产品、成品油	0.3~5.0	3965	23	7.0~14.0
甬江港区	镇海港埠分公司宁波经营部	杂货	0.3~0.5	498	5	5.5
梅山港区	梅山集装箱码头 1#~5#泊位	集装箱	10~15	1800	5	15.77

资料来源:http://www.nbport.com.cn/

表 5-1-3　宁波港演进对宁波城市发展的影响

港口阶段	城市规模与城市产业结构
	人口较少,只有散落的居民区聚落;自给自足的封建自然经济体制,即以第一产业为主。
内河港阶段:港址从句章发源,向江厦前移,成熟于三江口	由星状散布转变为点状集聚,城市范围大约南到鼓楼、北至原中山公园后园、东到渡母巷、西至呼童街,是古代宁波城市的重要集市地和最繁荣的商业地;以传统的手工业、农业和渔业为主。江东和江北形成了居民点,1927年市政府成立后全面拆除老城墙,城市空间进一步沿奉化江、余姚江和甬江发展;宁波城区逐渐形成江东、江北、海曙三部分,老城区的外部轮廓基本确定。由传统的手工业、农业和渔业向近代工业转变,蚕丝和茶叶成为港口进出口的主要物品,港口贸易得到发展。
河口港阶段:江北港区、镇海港区为主	镇海逐步成长为宁波重要工业生产基地,城市空间也随之外拓。宁波市区总面积由原来的238平方公里扩大到410平方公里,人口由45.8万增加到59.9万。城市产业由第一产业过渡到以第二产业工业、农村乡镇工业、农产品加工业、大型货物制造业为主导。
海港阶段:以北仑、大榭、穿山、梅山等港区快速发展为主,三江口、镇海港区逐渐衰落	城市空间不断向中心城区和北仑方向发展,利用海岸线的填充,镇海和北仑最终连接成片,形成三江、镇海、北仑三片滨海临江发展的空间格局。进入21世纪,中心城区面积已包括三江片、镇海片、北仑片和鄞州片,达到2560平方公里,人口为196.2万。目前,常住人口为571万人,建成区面积扩大到450平方公里;形成了钢铁、石化、造纸、能源、汽车、船舶六大临港产业,临港工业已从传统的劳动密集型工业率先走向资金和技术密集型工业。

资料来源:根据宁波历次城市总体规划文本总结

2. 城市对宁波港口的影响

利用线性回归计算发现,在不考虑其他因素的情况下:①宁波市 GDP 每变动 1%,港口货物吞吐量变动 0.85%,港口集装箱吞吐量大约变动 2.15%;宁波自营进出口每变动 1%,港口货物吞吐量变动 0.52%。城市外向型经济的发展对宁波集装箱运输业影响明显。②第二、三产业的变动直接影响港口货物吞吐量,特别是第二产业的发展,直接影响宁波港大宗商品的进出口量。

二、宁波港与宁波城市的协调度分析

(一)港口与城市协调发展的评价方法

港口与城市系统协调发展指标体系包括城市评价指标和港口评价指标,城市指标包括 GDP、人均 GDP、对外贸易额,第一、二、三产业产值,公路货运量、铁路货运量、水路货运量;港口指标体系包括港口吞吐量、港口集装箱吞吐量、泊位数、码头线长度等。

为减少人为等主观因素影响,选择主成分分析法(PCA)综合评价港口系统和城市系统各自发展情形,其优点在于它确定的权数是基于数据分析而得到的指标之间的内在结构关系,得到的综合指标(主成分)之间彼此独立,使得分析评价结果具有客观性和准确性。运用 SPSS22.0 软件分别对港口和城市两大系统的指标进行测定,最后计算得出两系统的综合评价值;所用数据来自宁波统计年鉴和中国统计年鉴。

1. 数据无量纲化处理采用标准化方法。首先求解指标样本数据的均值 $X_i = \frac{1}{n}\sum_{i=1}^{n}X_{ij}$,均方差为 $S_i = \sqrt{\frac{1}{n-1}\sum_{i=1}^{n}(X_{ij}-X_i)^2}$,则标准化后的数据为:

$$X'_{ij} = (X_{ij}-X_i)/S_i \tag{5-1-1}$$

2. 采用 SPSS22.0 软件中 PCA 分别对宁波港口系统和城市经济系统进行因子分析,选取特征根大于 1、累计贡献率大于 85% 的因子作为主因子。将标准化后的数据代入(5-1-2)求得各主成分得分 F_K :

$$F_K = C_{K1} \times X_1 + C_{K2} \times X_2 + \cdots + C_{Ki}X_i \tag{5-1-2}$$

式中, $C_{K1}, C_{K2}, \cdots, C_{Ki}$ 为第 K 个主成分的载荷值, $X_1, X_2, \cdots, X_i$ 指标准化后的指标值。

随后利用下式求得两系统各自每年综合指数:

$$F_i = \sum_{m=1}^{K}a_{im} \times F_{im} \tag{5-1-3}$$

式中, F_i 指第 i 年各指标综合评价指数 $(i=1,2,\cdots,n$ 年 $)$, a_{im} 指第 m 个主成分的贡献值 $(m=1,2,\cdots,k)$, F_{im} 指第 i 年第 m 个主成分得分。

3. 港口与城市的协调发展度计算。"协调"是指系统之间和谐一致、配合得当的关系,是描述事物之间良性相互关系的概念。由于港口和城市系统是处于动态变化之中的,系统之间的关系也处在不断调整中,而协调度正是度量系统之间或系统各要素之间协调状况好坏的定量指标[1]。文中将协调度[0,1]区间内划分成 8 个等级,根据港口运行经验、港口生产负荷系数以及城市货运生成量,定义协调度等于 0.800 是系统失调与和谐状态的分界线,划分标准如表 5-1-4。

表 5-1-4　协调度等级表

协调度	0—0.3	0.3—0.5	0.5—0.7	0.7—0.8	0.8—0.9	0.9—0.94	0.94—0.97	0.97—1.0
协调	极度	严重	中度	濒临	初级	中级	良好	优质
等级	失调	失调	失调	失调	和谐	和谐	和谐	和谐

资料来源:张萍,严以新.港口与城市协调发展评价模型及其应用[J].港工技术,2006(12):11-12

---

[1]　于丽琦.港口与城市关系理论研究综述[J].辽宁经济,2009(4):42-43.

为了更清楚地评价两个系统的协调程度,利用模糊数学中的隶属度概念,对两个系统之间的协调程度进行评价。首先对港口和城市两个系统的综合评价值进行回归分析,得出两者之间的拟合方程,然后将各自的综合评价值带入相应的拟合方程,便可以得到港口与城市子系统当年各自的协调值。然后,根据两个系统之间的协调值计算两个系统间的协调度[1]。

协调度的计算公式为:

$$U(i/j)=\exp[-(Y_i-Y')^2/S^2] \tag{5-1-4}$$

U 表示状态协调度,Y_i 为 i 系统的实际值,Y' 为 j 系统对 i 系统要求的协调值,S^2 为方差。反映两个子系统相互协调发展程度的协调度为:

$$C_s(i,j)=\{\min[U(i/j),U(j/i)]\}/\{\max[U(i/j),U(j/i)]\},0<C_s(i,j)\leqslant1 \tag{5-1-5}$$

$C_s(i,j)$ 为两个子系统的协调度,$U(i/j)$ 为 i 系统对 j 系统要求的状态协调度,$U(j/i)$ 为 j 系统对 i 系统要求的状态协调度。公式 5-1-5 表明 $U(i/j)$ 和 $U(j/i)$ 的值越接近,$C_s(i,j)$ 的值越大,说明两系统间协调发展的程度越高,反之则两系统间的协调发展度越低;当 $U(i/j)$ 与 $U(j/i)$ 相等时,说明两系统完全协调。$U(i/j)>U(j/i)$ 说明 i 系统比 j 系统超前发展,反之则说明 j 系统比 i 系统超前发展。

(二)宁波港口与城市协调发展度的实证分析

1. 宁波港、城两系统的综合评价

选取宁波 1995—2012 年城市系统和港口系统的样本数据进行实证分析。首先进行主成分分析求得两系统的各指标特征值、贡献率、累积贡献率(表 5-1-5)。可知,两系统的第一主成分的累积贡献率分别为 97.368% 和 96.257%,按照累积贡献率大于 85% 的原则,故只需求出第一主成分即可。根据各子系统的主成分,求出两子系统各年综合评价值(表 5-1-6)。

表 5-1-5　主因子解释原有变量总方差的情况

	主成分	特征值	方差贡献率(%)	累计方差贡献率(%)
城市经济系统	Z_1	8.763	97.368	97.368
	Z_2	0.164	1.819	99.187
	Z_3	0.049	0.539	99.726
港口系统	Z_1	2.888	96.257	96.257
	Z_2	0.102	3.391	99.648
	Z_3	0.011	0.352	100.000

---

[1]　汪玲,王诺,佟士祺.港口与城市环境资源的协调发展度研究[J].中国航海,2008,31(4):410-414.

表 5-1-6　宁波港与宁波城市的综合发展测度

年份	城市发展指数 f(x)	港口发展指数 g(y)
1995	−3.08779	−1.84283
1996	−2.80345	−1.81965
1997	−2.76783	−1.76328
1998	−2.76385	−1.72262
1999	−2.66865	−1.65664
2000	−2.49695	−1.52854
2001	−2.33309	−1.45845
2002	−1.98430	−1.30645
2003	−1.53108	−1.04068
2004	−1.00393	−0.74800
2005	−0.54735	0.55864
2006	0.13679	0.93050
2007	0.87706	1.22252
2008	1.95153	1.41498
2009	2.54954	1.52050
2010	3.43714	1.94127
2011	4.75389	2.19290
2012	4.76804	2.40409
2013	5.51429	2.70175

由 PCA 分析过程(式 5-1-2)可知港口发展指数 $g(y)$ 与城市发展指数 $f(x)$ 具有数值上的比较意义,因此当 $f(x)>g(y)$ 时,反映宁波市城市系统发展滞后于港口系统发展;$f(x)=g(y)$ 时反映出该年港口系统与城市系统同步发展;$f(x)<g(y)$ 时则反映港口系统的发展滞后于城市系统发展水平。表 5-1-6 可知:①宁波市在 2008 年以前一直是港口的发展水平高于城市发展水平,但自 2008 年开始,以后年份城市综合发展超过港口的综合发展。②两系统的综合评价值在 1995—2008 年间虽然港口发展水平高于城市的发展,但是港口发展的速度比较缓慢,而城市发展速度较快,城市发展水平和港口发展水平的差距越来越小,2007 年时两者差距最小。2008—2013 年城市的发展更为迅速,城市的发展水平高出了港口的发展,而且差距有不断扩大的趋势。

2. 港、城协调发展度的测定

首先对港口和城市两个系统的综合评价值进行回归分析,得出两者之间的拟合方程。以 C 和 P 分别代表城市经济和港口,根据两系统的综合发展指数值的散

点分布图,使用二次线性回归方法得到 C、P:

$$C=0.3363P^2+1.5456P-0.9200 \text{ 和 } P=-0.0503P^2+0.6520P+0.4174$$

$$(5\text{-}1\text{-}6)$$

根据(5-1-5)和(5-1-6)分别计算出港口对城市要求的协调值,城市对港口要求的协调值。再根据公式(5-1-3)和(5-1-4)和表 5-1-4 协调度等级表,计算出两系统间的协调发展度 U 及其等级(表 5-1-7)和协调度的发展趋势(图 5-1-1)。

表 5-1-7　系统协调发展度

年份	协调度(U)	等级
1995	0.99443	优质和谐
1996	0.99619	优质和谐
1997	0.99681	优质和谐
1998	0.99708	优质和谐
1999	0.99879	优质和谐
2000	0.99999	优质和谐
2001	0.99954	优质和谐
2002	0.99792	优质和谐
2003	0.99474	优质和谐
2004	0.98426	优质和谐
2005	0.95057	良好和谐
2006	0.98918	优质和谐
2007	0.98531	优质和谐
2008	0.99762	优质和谐
2009	0.99468	优质和谐
2010	0.99569	优质和谐
2011	0.96206	良好和谐
2012	0.99993	优质和谐
2013	0.98794	优质和谐

由表 5-1-7 和图 5-1-1 可知:①总体上,宁波港口系统与城市系统之间的协调度都在 0.95 以上,处于协调发展水平,其中除 2005、2011 年外其余年份都处于优质和谐阶段,但图 5-1-1 显示出协调度的演进在不同年份波动较大。②1995—2002 年协调度变化比较平稳,其中 1995—2000 年呈缓慢上升趋势,2000—2002 年略有下降,且 $f(x)>g(y)$ 说明当时的港口系统发展速度相对超前,而城市系统发展相对滞后;2002—2005 年协调度呈下降趋势,2006—2013 年协调度呈波动状态;2008 年以后宁波城市系统快速发展,而港口发展却略显滞后。综上,宁波城市和

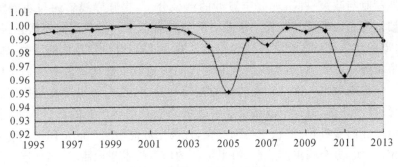

图 5-1-1　协调度的发展趋势

宁波港口的发展,经历了全球港口与其所在城市互动的一般规律[①];该发展过程中港城关系从城市因港口而形成且对港口有很强的依赖性,转变为港口和城市互动发展相得益彰,至 2008 年后城市发展动力多元化促进港口和城市各自要素集聚和增长。

三、宁波市的港口—城市的协调发展趋势

经济全球化提速,港口城市业已成为全球重要节点,港口与城市的良性互动尤其重要;只有港口与城市协调发展,节点才能获得持续、稳定和高效益的发展。宁波港与城,作为中国亚太地区海运航线的重要节点,自河口港演变为海岸港之后,港口系统始终成为城市的重要驱动力,港城互动朝着更协调的方向发展。利用主成分、回归拟合和模糊数学的隶属度综合评价宁波港、宁波城的发展指数及其二者间协调程度,研究表明:①宁波港口系统与城市系统间的协调度总体都在 0.95 以上,处于协调发展水平,其中除 2005、2011 年外其余年份都处于优质和谐阶段,但是协调度的演进在不同年份波动较大;②1995—2002 年协调度变化比较平稳,其中 1995—2000 年呈缓慢上升趋势,2000—2002 年略有下降,且港口系统发展速度相对超前,而城市系统发展相对滞后;2002—2005 年协调度呈下降趋势,2006—2013 年协调度呈波动状态;2008 年以后宁波城市系统快速发展,而港口发展却略显滞后。

实证显示,宁波港城的整体协调水平较高,但是 2008 年以后港口发展水平落后于城市发展,而且差距有扩大的趋势,主要原因在于:港口功能转型过程中港口集疏运网络建设滞后造成陆域经济腹地扩展缓慢,以及长三角地区上海港的强烈竞争。为此,提出如下协调发展建议:①顺势调整宁波—舟山港的功能定位及其在长三角港口群的分工,围绕长江经济带建设和陆海丝绸之路建设中的宁波港口经

---

①　王益澄.宁波港口与宁波城市的新发展[J].宁波经济(三江论坛).2004(11):25-26.

济圈发展策略与政策空间,理顺宁波港的港域分工,提升岸线集约与功能重组[①],优化宁波港与舟山港及其在长三角港口群的战略定位。②利用陆海联运、海铁联运、无水港的政策优势推动宁波港的腹地扩展,并辅以建设信息化的通关、质检、保险等海事服务一站式体系,实现组合港时代的腹地城市群化发展和交通干线廊道式扩展。③推动城市—港口功能转型的互动与升级,首先要积极改造传统临港产业、衍生临港产业链,提升宁波城市经济发展能级及港航产业的贡献比重;其次要推动港航产业的服务化、信息化与标准化,提高宁波海事集群的全球影响力和价值链生态位;再次,融合临港产业群、海事集群的信息技术建设需求,培育宁波国际海洋科技城,建设区域性海事中心及航运交易市场[②]和海洋材料与海洋生态科技创新中心。

第二节　宁波市经济发展的环境效应研究

自工业革命以来,欧美国家环境污染一直处于上升态势,工业化过程中产生的多种污染时空叠加,使环境问题雪上加霜[③]。1972 年罗马俱乐部提出"增长的极限",认为经济增长已经超过环境承载力,人类只有降低经济增长速度才能保护环境[④]。Myrdal 等从福利角度研究经济增长的生态极限,认为环境、资源在使用过程中的负外部性会使得收入和福利间存在差距,经济增长会加重污染和环境恶化[⑤];乔治斯库-罗根(N. Georgescu-Roegen)认为经济发展是消耗环境中的低熵,而低熵值是一种稀缺性资源[⑥];Herman 随后认为人类正快速地消耗资源和损坏自然资本,增长的低效率和不可持续显著[⑦]。然而,学界存在相反论断,如 Simon 提出经济无限增长的观点,认为环境要素的短缺与否,关键要看要素供给价格的相对变化趋势;Cole 引入资源回收利用、新资源勘探等因素认为经济增长不存在极限[⑧]。直到 1987 年,世界环境与发展委员会第一次阐述了可持续发展概念,明确

---

①　杨华雄.论港口与城市的协调发展[J].中国港口,2000(6):9-11.

②　王益澄.宁波港口与宁波城市的新发展[J].宁波经济(三江论坛).2004(11):25-26.

③　王国印.实现经济与环境协调发展的路径选择[J].自然辩证法研究,2010,26(4):83-88.

④　金燕.《增长的极限》和可持续发展[J].社会科学家,2005(2):81-83.

⑤　游德才.国内外对经济环境协调发展研究进展[J].上海经济研究,2008(6):3-14.

⑥　Georgescu-Roegen N. The Entropy Law and the Economic Process[M]. Cambridge Mass: Harvard University Press,1971.

⑦　DALY H E. Economics, Ecology, Ethics: Essays Toward a Steady State Economy [M]. Sanfrancisco: Freeman,1973.

⑧　黄柳,伍晶.关于经济发展与环境关系研究的文献综述[J].企业导报,2012(3):259.

了环境保护和经济发展的统一[①]。发展中国家或地区正在重复二十世纪欧美经济发展与环境保护的矛盾路径，宁波作为中国长江三角洲南翼经济中心城市，也是中国华东地区重要的工业城市，快速发展的临港工业给当地环境造成了严重破坏。虽然近年环境污染物排放量有所下降，但总体形势依然不容乐观。面对严峻的环境污染排放问题，如何实现经济与环境的协同演化成为宁波市亟须解决的难题。因此探究宁波市及辖区经济发展的环境库兹涅茨曲线类型，判别经济发展的形势和阶段，有助于科学制定当地经济发展策略和环境保护措施。

一、经济发展和环境质量关系的研究方法

(一)研究方法前沿

国外将投入产出、能量守恒等计量模型运用到经济与环境关系的研究。Hetteling 利用投入产出模型分析了电力、石油、煤等能源组成对环境与经济的影响[②]；1990 年后，开始将环境作为要素来研究经济增长对环境的影响[③]。国内，史亚琪等运用 GM(1,1) 预测连云港的经济—环境复合系统状态及趋势[④]；李琳等使用综合评价法研究了全国经济与生态环境协调发展的差异[⑤]；唐宏等利用综合型协调度方法评价天山北坡各县的经济与环境协调类型[⑥]；吴玉鸣等基于扩展的环境库兹涅茨曲线及空间自相关研究省域环境污染，将中国全域的 EKC 模拟为"U＋倒 U"型[⑦]。20 世纪 90 年代末格鲁斯曼(Grossman)和克鲁格(Alan Krueger)分析全球 66 个国家的 14 种空气污染物和水污染物的变动，发现大多数污染物质的变动趋势与人均收入水平的变动趋势呈倒 U 型曲线[⑧]，帕纳约托(Panayotou)将这种环境变量与经济变量之间的关系曲线称为环境库兹涅茨曲线，常用刻画函数模型为线性函数、二次多项式、三次多项式、logistic 函数、对数函数等[⑨]。

① 吴梦,刘小晖,王得楷.青海省环境库兹涅茨验证探析[J].工业安全与环保,2013,39(8):38-41.

② 韩瑞玲,佟连军,佟伟铭.经济与环境发展关系研究进展与述评[J].中国人口·资源与环境,2012,22(2):119-124.

③ RAMON L. The Environment as a Factor of Production[J]. Journal of Environmental Economics and Management,1994,7(2):163-184.

④ 史亚琪,朱晓东,孙翔.区域经济环境复合生态系统协调发展动态评价[J].生态学报,2010,30(15):4119-4128.

⑤ 李琳,王搏,徐洁.我国经济与生态环境协调发展的地区差异研究[J].科技管理研究,2014,(10):28-41.

⑥ 唐宏,杨德刚,乔旭宁.天山北坡区域发展与生态环境协调度评价[J].地理科学进展,2009,28(5):805-813.

⑦ 吴玉鸣,田斌.省域环境库兹涅茨曲线的扩展及其决定因素[J].地理研究,2012,31(4):627-640.

⑧ 王西琴,杜倩倩,何芬.湖州市环境库兹涅茨曲线转折点分析[J].生态经济,2011,(7):57-60;许登峰,刘志雄.广西环境库兹涅茨曲线的实证研究[J].生态经济,2014,30(2):52-56.

⑨ 谷蕾,符燕,张小磊.开封市环境库兹涅茨曲线特征分析[J].河南科学,2006,24(5):764-767.

(二)EKC 模型与应用

通过 SPSS 22.0 和 EXCEL16.0 软件进行多种函数模型回归发现,三次函数能较好地反映人均 GDP 与工业"三废"排放量之间的关系(表 5-2-1)。EKC 三次函数拟合模型为:

$$y = a_0 + a_1 x + a_2 x^2 + a_3 x^3$$

式中:y 为环境变量指标,文中为工业废水排放量、工业废气排放量和工业固体废物产生量;x 为经济变量指标,采用人均 GDP 衡量;a_0 为常数,$a_1 a_2 a_3$ 为变量系数,为误差项。

表 5-2-1　宁波市人均 GDP 与工业"三废"多种函数模型拟合结果比较

函数模型	工业废水			工业废气			工业固废		
	R^2	F 值	Sigf	R^2	F 值	Sigf	R^2	F 值	Sigf
线性函数	0.866	64.575	0.000	0.979	473.695	0.000	0.952	198.545	0.000
二次函数	0.947	79.662	0.000	0.980	222.214	0.000	0.968	135.290	0.000
三次函数	0.951	51.429	0.000	0.994	409.457	0.000	0.984	165.221	0.000
logistic	0.831	49.230	0.000	0.951	193.999	0.000	0.915	108.322	0.000
对数函数	0.925	124.030	0.000	0.940	156.835	0.000	0.950	188.122	0.000
幂函数	0.907	98.041	0.000	0.965	276.500	0.000	0.972	343.727	0.000

二、多尺度视角的宁波案例研究

(一)宁波市经济发展与工业"三废"排放量 EKC 拟合分析

对宁波市人均 GDP 与工业"三废"进行 EKC 拟合,得出拟合结果如图 5-2-1:宁波市整体工业"三废"的排放水平基本符合环境库兹涅茨曲线的倒"U"模型,并且都已到达拐点,其中工业废水排放量已出现明显的下降;工业废气排放量从 EKC 曲线上看刚好到达拐点,次年可能会出现下降;工业固体废物产生量在 2011 年达到峰值以后,2012 年迅速下降,在 2013 年又有小幅上涨,但总体仍呈现出下降趋势。宁波市工业废水排放量、工业废气排放量和工业固体废物产生量的拐点分别出现在 2012 年、2013 年和 2011 年,其对应的人均 GDP 分别为 11.4 万元、12.3 万元和 10.5 万元。

按照 EKC 理论,环境库兹涅茨曲线的拐点大约会出现在人均 GDP 在 8000~10000 美元之间,而宁波市的人均 GDP 早在 2007 年就已经超过了 8000 美元,2008 年达到了 1 万美元,却没有在 2007 年或 2008 年出现拐点,表明宁波市环境质量改善的速度明显要滞后于经济增长的速度,这与宁波市以重化工业为主的经济结构和以高污染、高能耗为主的产业类型密切相关(图 5-2-2)。

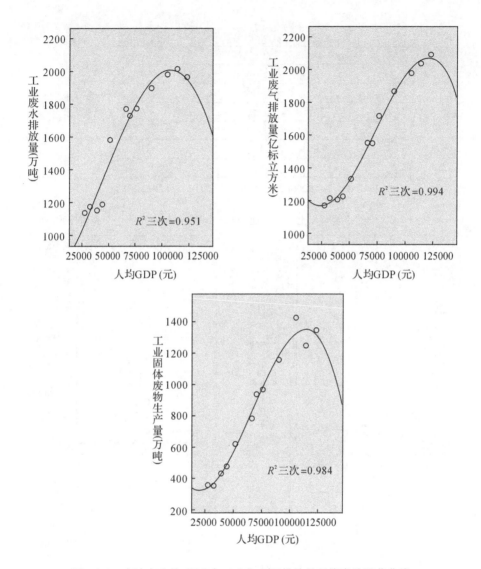

图 5-2-1　宁波市人均 GDP 与工业"三废"排放量环境库兹涅茨曲线

(二)宁波市各县 EKC 拟合分析

利用三次曲线对宁波各县环境库兹涅茨曲线进行拟合,得出各自拟合如图 5-2-3。

宁波市各县 EKC 拟合结果呈现:①市区和宁海 EKC 拟合效果较好,符合倒"U"模形,且都已过或已到达拐点,普遍呈现出下降趋势;象山工业废水排放量呈正"N"形曲线,呈先上升后下降然后又上升的趋势,工业废气排放量为倒"U"形曲线左侧,仍有上升趋势,工业固体废物产生量已过拐点;余姚工业废水排放量总体

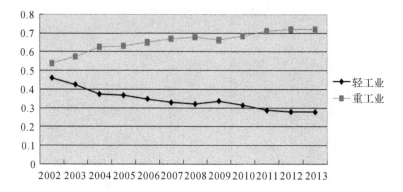

图 5-2-2　宁波市规模以上工业企业 2002—2013 年轻重工业生产总值比重

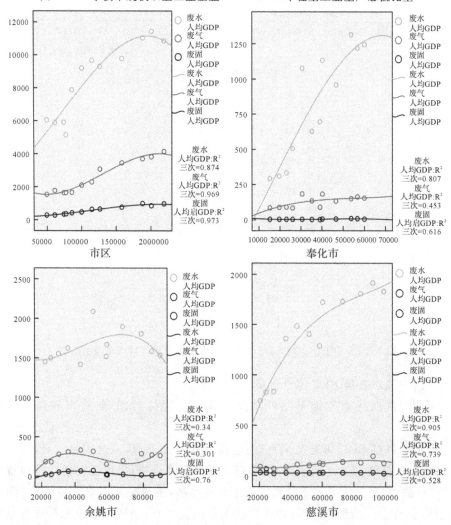

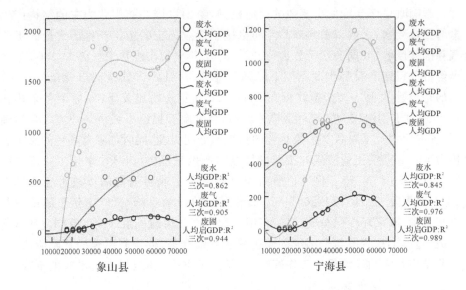

注：图中横坐标为2002—2013年宁波市及各县人均GDP的变动情况，纵坐标为2002—2013年各环境变量的实际值，其中工业废水排放量和工业固体废物产生量的单位为万吨，工业废气排放量的单位为亿标立方米。

图5-2-3　宁波各县环境库兹涅茨三次曲线拟合结果

符合倒"U"形曲线，且从2010年开始呈现逐年下降趋势，工业废气和工业固体废物产生量均呈现出正"N"形曲线，拟合曲线在2002—2007年二者排放量呈迅速增长势头，但在2008年均急速下降，后又出现增长趋势；慈溪工业废水排放量在倒"U"形曲线左侧，但上升幅度已明显变缓，工业废气和工业固体废物产生量呈倒"N"形曲线；奉化工业废水和工业废气排放量仍处于倒"U"形曲线左侧，拐点尚未来临，且工业废水排放量在个别年份波动较大，表现出不稳定的性质，工业固体废物产生量呈倒"N"形曲线。②对比各县与全市拟合曲线，市区和宁海工业"三废"拟合曲线的变化与全市最为相近，均呈现出过拐点以后的下降趋势；奉化、余姚和慈溪的工业废水排放量的EKC变化特征与全市工业废水排放量的变化特征总体较为符合，其中奉化和慈溪表现为即将到达拐点，余姚表现为已过拐点后的下降；奉化和象山工业废气排放量的EKC变化特征与全市工业废气排放量的变化特征相符；象山工业固体废物产生量表现为过拐点以后的下降趋势，这与宁波市整体变化特征是一致的。

　　需要指出的是，虽然宁波市大部分县的工业"三废"排放水平基本符合倒"U"形曲线，且都已过或已临近拐点，但仍有部分县的个别指标不符合或者不是倒"U"形曲线，其中典型的有：①象山工业废水排放量、余姚工业废气和工业固体废物产生量均呈显出正"N"形。不同县的产业结构和经济发展模式各不相同，但受到整体背景影响时可能会产生出相似的反应机制,象山以服装纺织业为主的结构产生大量的工业废水,余姚以塑料制品业和机械制造业为主的结构产生出大量的工业废气和固体废物;共同表现特征为:2002—2007年表现出强势增长势头,2008年受全球经济危机影响后都出现剧烈下降随后复苏,污染物排放量又出现新的增长。不同的是余姚工业"三废"排放量在2011—2013年纷纷出现下降,原因是余姚在2012年致力于创建成为省级环保模范城市,余姚政府提出了经济与环境综合治理计划,各部门加大了对各类污染企业的治理和处罚力度,同时加强对环境的保护和宣传力度。②慈溪工业废气和工业固体废物产生量呈倒"N"形,奉化工业固体废物产生量也呈倒"N"形。倒"N"形曲线出现说明工业污染物的排放量经历了下降、上升和下降三个阶段。2001—2002年第一阶段的下降与2001年宁波市荣获新世纪首批"国家环境保护模范城市"荣誉称号而开展的一系列全市范围内环境治理有关;随后上升阶段与全国经济快速发展背景有关;近年来出现的下降阶段,则与产业结构升级和环境保护工作等有关,是过了EKC曲线拐点后出现的下降,是先进经济发展的必然结果。

(三)产业视域各县 EKC 拟合结果分析

国民经济发展过程中三次产业结构总是由"一二三"型转向"二三一"型,再向"三二一"型转变,因此三次产业结构在一定程度上能够反映出某地区经济发展层次和工业现代化水平高低,为此依据宁波市各县2013年三次产业的GDP比重将6县区分成三类,如表5-2-2。

表5-2-2　宁波市各县按产业结构分类表

类别	县名称	分类标准
第一类	市区	第三产业比重>50%且第一产业比重<10%
第二类	象山县、宁海县	第三产业比重<50%且第一产业比重>10%
第三类	余姚市、慈溪市、奉化市	第三产业比重<50%且第一产业比重<10%

分类中:①只有市区满足第一类的条件,第三产业GDP比重为52.06%,第一产业GDP比重为0.68%,宁波市区是典型的"三二一"型产业结构,说明市区经济发展水平较高,产业结构相对于其他县较合理。市区EKC拟合结果能够印证这一观点,市区经济发展水平与工业"三废"能够很好拟合,且工业"三废"排放量均呈现出不同程度的下降。②满足第二类条件的是象山县和宁海县,象山第三产业和第一产业占GDP比重分别为38.3%和15.93%,宁海第三产业和第一产业占GDP比重分别为35.56%和10.22%。可见,象山和宁海第三产业GDP占比较低,第一产业仍占有较大比重,经济发展水平也相对较低。从拟合曲线看,宁海的工业"三废"排放量出现了下降趋势,这是宁海采取强制性减排措施下的短暂结果,当经济总量不断增长,工业化和城镇化会使第一产业GDP占比持续下降,其工业

化进程中的"三废"排放量还会出现新的增长,象山工业废水排放量的"N"形曲线也是如此。③满足第三类条件的是余姚市、慈溪市和奉化市,除奉化外,其余县第二产业 GDP 比重均超过了 55%,第二产业所占 GDP 比重均处于绝对优势,说明这些县还处于快速工业化进程,随着工业化进程从中期向后期转变,其第三产业 GDP 占比将会逐渐上升,最终会超过第二产业,届时其工业废物的排放量将会普遍出现下降。拟合曲线显示,余姚工业废水排放量、慈溪工业废气和工业固体废物产生量、奉化工业固体废物产生量均出现了下降的趋势。

三、宁波市经济发展与环境排放关系的趋势

宁波市及辖区的环境库兹涅茨曲线检验表明:①宁波市工业"三废"的排放水平与人均 GDP 的关系符合 EKC 的倒"U"模型,部分县的个别指标拟合结果为正"N"形或倒"N"形。②宁波市及各县的环境质量水平均滞后于经济发展水平,整体 EKC 拟合曲线的拐点要比 EKC 模型理论拐点的来临晚 4～5 年,这与宁波市以能源石化、纺织服装、造纸印刷和机械制造业等高能耗、高污染产业为主导产业的产业结构密切相关。③拐点的来临比理论值要晚,但多数县的环境库兹涅茨曲线拐点已经来临,说明宁波市产业结构正趋于合理,环境质量也正逐渐改善。④市区经济发展水平最高,处于工业化后期阶段;余姚、慈溪和奉化处于工业化中后期阶段;象山和宁海经济发展水平最低,仍处于工业化中期阶段。

促进宁波市经济与环境协同升级建议:①用技术效应和结构效应来改善环境。规模效应增加了资源利用总量的同时产生了更多的污染物,宁波市应加大研发投入,提高劳动生产率和资源使用效率,不断降低工业生产对环境的影响;不断优化产业结构,实现传统的劳动力密集型产业和能源密集型产业向低污染、低能耗的服务业和知识密集型产业转变。同时要加大清洁技术的研发力度,有效地循环利用资源,降低单位产出的污染物排放量。②建立更加完善的市场机制。随着人们经济收入的增长,对于环境质量的要求也越来越高,通过市场机制的调节,企业使用自然资源的成本相应增加,从而迫使企业不断地提高自然资源的使用效率,促使传统企业向低资源密集的技术发展,最终达到减少自然资源使用量、改善环境质量的目的。③通过环境规制的变革,促进地方环境改善。宁波市政府应结合各县区实际情况,制定和完善相关环境保护政策,加大环境保护力度,健全污染者和地方环境质量等相关信息,同时加强对各类污染企业或污染源的管理及处置能力,最后还要做好环境保护宣传工作。

第三节　宁波市工业发展与环境质量耦合关系的定量分析

　　随着社会经济的不断发展和工业化进程的不断加快,经济系统中产出的增长导致环境资源抽取量的增加,面向环境的各种废弃物的排放也在日益增多[①]。日趋严重的环境破坏与污染使得节约资源、保护环境、转变经济发展方式,特别是优化工业产业结构、协调工业发展和环境质量的关系成为推进城市稳定、健康发展的重点[②]。作为港口工业城市,宁波市工业经济总量大,工业资源消耗量大,工业污染物排放量大,环境保护形势十分严峻。因此,协调好工业发展和环境质量之间的关系成为保障城市可持续发展的关键。

　　灰色系统理论(Grey Theory)最早是由邓聚龙教授于 20 世纪 80 年代初提出[③],得到了国内外的广泛关注。自邓氏关联度提出以来,B 型关联度、C 型关联度、T 型关联度、斜率关联度、欧几里得关联度[④]等多种关联度模型相继建立,并被广泛应用于农业与经济[⑤]、资源与环境[⑥]、生物与种群[⑦]、人口与社会[⑧]、科技与发展[⑨]等多个领域。灰色关联分析是对系统动态发展变化态势的量化比较分析,非常适用于对经济和环境两个动态系统相互关系的研究。中国学者以此对多个省市

---

　　① 陈华文,刘康兵.经济增长与环境质量:关于环境库兹涅茨曲线的经验分析[J].复旦学报(社会科学版),2004(2):87-94.

　　② 王夔,丁桑岚,姚建,等.工业发展与环境影响相互关系研究的进展[J].四川环境,2003,22(3):53-56.

　　③ 邓聚龙.灰色系统基本方法[M].武汉:华中理工大学出版社,1987.

　　④ 余步雷,周宗放,谢茂森.新灰色综合关联度模型及其应用[J].技术经济,2013,32(1):85-89.

　　⑤ 李倩,梁宗锁,董娟娥,等.丹参品质与主导气候因子的灰色关联度分析[J].生态学报,2010,30(10):2569-2575.

　　⑥ 徐琳瑜,康鹏.工业园区规划环境影响评价中的环境承载力方法研究[J].环境科学学报,2013,33(3):918-930;晋盛武,吴鹏,金菊良.安徽典型城市环境 K 线形态及灰色关联性分析[J].环境科学学报,2013,33(7):2068-2077;申忠宝,王建丽,潘多锋,等.大豆单株产量与主要农艺性状的灰色关联度分析[J].中国农学通报,2012,28(33):75-77.

　　⑦ 郑敏娜,李荫藩,梁秀芝,等.晋北地区引种苜蓿品种的灰色关联分析与综合评价[J].草地学报,2014,22(3):631-637;王乃江,刘增文,徐钊,等.黄土高原主要森林类型自然性的灰色关联度分析[J].生态学报,2011,31(2):316-325.

　　⑧ 杜本峰,张寓.中国人口综合因素与住宅销售价格指数的灰色关联度分析[J].人口学刊,2011(3):11-17.

　　⑨ 罗毅,周创立,刘向杰.多层次灰色关联分析法在火电机组运行评价中的应用[J].中国电机工程学报,2012,32(17):97-103;吕红亮,杜鹏飞.灰色系统方法在县域生态区划中的应用[J].城市环境与城市生态,2005,18(3):41-43.

进行了一系列的研究,研究角度主要集中在城市化与生态环境的关系[①],产业结构调整与主导产业的选择[②],区域发展对污染物排放的响应[③],能源消费种类与污染物排放的耦合状况[④],以及产业结构对环境的影响机理[⑤]等方面,而对于具体产业与工业"三废"排放量之间关联度的研究却很少。虽有若干文献涉及了某些省市工业发展与环境质量相互关系的探究,但是对于工业发达的宁波市乃至属于东部沿海发达省份的浙江省却鲜有报道。鉴于此,本节采用灰色关联度分析的方法从产业视角计量研究宁波市工业发展与环境质量的关系,明确影响环境质量的各主要产业的主次性,冀以为宁波市乃至浙江省或长三角地区工业结构调整与产业转型升级提供参考。

一、研究区及其工业发展态势[⑥]

宁波市位于东经 $120°55'\sim122°16'$、北纬 $28°51'\sim30°33'$,地处东南沿海,长江三角洲南翼,作为长三角五大经济中心之一,是我国华东地区重要的工业城市。改革开放以来,宁波市工业发展迅速,目前已经形成了以石化产业、装备制造业、电子家电业、纺织服装业等传统优势产业为主,新材料新能源产业、信息通信产业、海洋高新技术产业、环保和生命健康产业等新兴业态为辅的全方位发展的产业格局。到 2015 年,宁波市共有生产总值超过 2000 万元的工业企业 7167 家,全年实现工业总产值 13010.1 亿元,利税总额达到 1315.9 亿元,带动就业人数 147.5 万人。工业经济作为宁波经济的主力军,对宁波市的发展起到了巨大的推动作用。然而,随着经济总量的迅速增长,宁波市的环境质量也在不断恶化,工业"三废"排放量持续增加。到 2015 年,宁波市废水排放总量达到了 5.63 亿吨,其中工业废水排放量为 1.97 亿吨,占到了全市污水排放量的 35%;而气体、固体污染物的工业排放量更是占到了总排放量的 90%以上。面对工业发展带来的环境污染问题,如何实现经济增长与环境保护的协调发展已成为当前宁波市亟待解决的关键性问题。

---

① 陶建格.基于灰色关联度模型的城市化滞后性定量分析[J].经济地理,2013,33(12):68-72;李佩武,李贵才,张金花,等.城市生态安全的多种评价模型及应用[J].地理研究,2009,28(2):293-302.

② 徐璐.西安市产业结构的环境影响研究[D].西安:西北大学城市与环境学院,2007;符鹏.长株潭产业发展与环境污染的灰色关联分析[D].长沙:湖南农业大学资源环境学院,2010.

③ 李向,徐清.基于灰色关联分析理论的典型区域土壤重金属污染评价研究[J].安全与环境学报,2012,12(1):150-153.

④ 曾波,苏晓燕.基于灰色关联的我国工业行业能源消费对环境质量影响的实证分析[J].价值工程,2006(9):1-4.

⑤ 王卉彤,王妙平.中国 30 省区碳排放时空格局及其影响因素的灰色关联分析[J].中国人口·资源与环境,2011,21(7):140-145.

⑥ 张赛赛,冯秀丽,马仁锋,等.宁波市工业发展与环境质量耦合关系的定量分析[J].城市环境与城市生态,2016,29(4):32-35.

二、测度模型及关联关系计量判识

(一)灰色关联模型

灰色关联度研究的是系统内主要因素与影响因素之间关系的密切程度,亦即系统之间的因素随时间或不同对象变化的关联性大小的量度[1],灰色关联度分析法寻求一个系统中各子系统之间的数值关系,为系统发展变化态势提供了量化的度量,非常适合动态的过程分析。所谓关联度,实质上就是曲线间几何形状的差异程度,因此曲线间差值的大小,即可作为关联程度的量度[2]。依据曲线间几何形状的拟合情况可以判断出因素间联系的紧密程度。曲线拟合情况越好,关联度就越高;反之,则关联度越低。因素间的关联程度,主要是用关联度的大小次序来描述,因此,关联度排序可用于辨识影响关键变量的主要因素[3]。灰色关联度的计算步骤如下:

(1)确定灰色关联模型的参考序列和比较序列。记某一参考数据为 x_i,第 1 个时刻的值为 x_{i1},第 2 个时刻的值为 x_{i2},……,第 k 个时刻的值为 x_{ik}。那么,此参考序列 X_i 可表示为 $X_i = \{x_{i1}, x_{i2}, \cdots, x_{ik}\}$。记比较序列为 Y_j,类似的,则有 $Y_j = \{y_{j1}, y_{j2}, \cdots, y_{jk}\}$。

(2)原始数据标准化处理。对原始数据进行归一化处理,消除量纲,由于指标不具有恒定性,故而采用极差标准化法,公式为:

$$x'_{ik} = (x_{ik} - \min_i x_{ik}) / (\max_i x_{ik} - \min_i x_{ik}) \tag{5-3-1}$$

$$y'_{jk} = (y_{jk} - \min_j y_{jk}) / (\max_j y_{jk} - \min_j y_{jk}) \tag{5-3-2}$$

式中,x'_{ik}、x'_{jk} 分别为参照序列和比较序列在 k 时刻的归一化值,x'_{ik}、$x'_{jk} \in [0,1]$;$0 \leqslant k \leqslant m$,$m$ 为总时刻数。

(3)计算 k 时刻的灰色关联系数:

$$\xi_{ik} = \frac{\min_j \min_k |x'_{ik} - x'_{jk}| + \alpha \max_j \max_i |x'_{ik} - x'_{jk}|}{|x'_{ik} - x'_{jk}| + \alpha \max_j \max_i |x'_{ik} - x'_{jk}|} \tag{5-3-3}$$

式中,α 为分辨率,一般在 0~1 之间取值,通常取 $\alpha = 0.5$;ξ_{ik} 为 Y_j 对于 X_i 在第 k 时刻的关联系数(用于标度第 k 个时刻比较曲线与参考曲线的相对差)。

(4)计算 Y_j 对于 X_i 的关联度

$$r_{ij} : r_{ij} = \frac{1}{n} \sum_{k=1}^{n} \xi_{jk} \tag{5-3-4}$$

---

① 彭继增,孙中美,黄昕,等.基于灰色关联理论的产业结构与经济协同发展的实证分析——以江西省为例[J].经济地理,2015,35(8):124-128.

② 刘红兵.新疆绿洲城市综合规模与基础设施灰色关联时空分析[J].经济地理,2012,32(4):78-82.

③ 孙艳芝,鲁春霞,谢高地.北京城市发展与水资源利用关系分析[J].资源科学,2015,37(6):1125-1132.

（二）关联度计算

本节研究的重点为不同类型产业的发展对宁波市环境质量影响程度的差异，结合宁波市工业发展实际情况，在比较序列中筛选出宁波八大传统优势产业的产值，即石化产业产值(x_1)、纺织服装业产值(x_2)、能源电力产业产值(x_3)、造纸印刷业产值(x_4)、钢铁冶金业产值(x_5)、机械设备制造业产值(x_6)、计算机通信和电子产业产值(x_7)、橡胶和塑料制品业产值(x_8)作为工业发展的产业指标；根据宁波市环境污染的实际情况以及前人在经济与环境关系方面的研究经验，在参考序列中选取工业废水排放量(y_1)、工业废气排放量(y_2)、工业固体废物产生量(y_3)作为环境质量的测度指标。数据来源于 2003—2015 年宁波市统计年鉴和宁波市环境状况统计公报(表 5-3-1)。

表 5-3-1　宁波市工业发展与环境质量各项指标原始值

指标	2003	2004	2005	2006	2007	2008	2009	2010	2011	2012	2013	2014	2015
x_1	226.3	287.9	460.6	649.7	760.0	797.7	1002.8	860.8	1227.7	1629.6	1520.8	1612.1	1670.2
x_2	138.4	168.7	306.4	372.8	439.3	475.3	537.0	622.5	708.8	737.0	359.2	359.5	376.9
x_3	101.7	117.8	251.1	306.3	387.0	473.5	539.5	600.8	732.0	830.2	849.1	897.3	874.3
x_4	47.0	48.0	64.8	82.2	105.4	136.7	142.7	123.7	154.1	156.8	168.8	156.5	164.9
x_5	32.2	66.1	128.5	159.5	221.0	294.5	409.7	358.5	455.2	510.6	559.0	540.4	524.5
x_6	142.4	202.0	325.0	390.7	478.3	592.8	658.4	573.6	793.5	779.1	678.6	717.5	803.8
x_7	123.2	185.9	213.0	231.7	320.6	606.4	661.3	535.0	692.8	775.8	863.6	808.6	872.7
x_8	8.5	10.8	15.4	15.6	20.2	29.6	27.1	25.2	35.5	32.1	348.1	360.0	405.5
y_1	11376	11751	11528	11895	15827	17726	17290	17735	18970	19797	20125	19666	16546
y_2	1850	2072	2046	2128	2678	3764	3753	4597	5349	5910	6218	6487	6366
y_3	357	354	431	477	618	784	935	970	1154	1422	1247	1343	1196

注：产业指标单位为亿元；废水、固体废物单位为万吨；废气单位为亿标立方米

由于求取差序列和两极最大差、最小差的步骤比较烦琐，运用 Grey Modeling_V3.0 软件进行计算，最终得出所选产业指标与环境质量指标间的灰色关联度矩阵(表 5-3-2)。当关联度 $0 < r_{ij} \leqslant 1$ 时，说明两指标间具有关联性。为了对工业发展中各工业产业与环境质量相关程度的差异性进行直观的比较分析，将关联度在 0 到 1 的区间内分成若干等级(表 5-3-3)。

表 5-3-2　产业指标与环境质量指标间的灰色关联度矩阵

指标	x_1	x_2	x_3	x_4	x_5	x_6	x_7	x_8
y_1	0.611	0.831	0.624	0.764	0.609	0.684	0.676	0.762
y_2	0.604	0.912	0.620	0.822	0.604	0.699	0.686	0.820
y_3	0.613	0.920	0.631	0.860	0.613	0.719	0.705	0.862
均值	0.610	0.888	0.625	0.816	0.609	0.701	0.689	0.815
位序	7	1	6	2	8	4	5	3

表 5-3-3 关联度分级[①]

关联度	取值范围	阐释
r_{ij}	1	两系统指标间变化规律完全相同,完全耦合
	$0.85 \leqslant r_{ij} < 1$	两系统指标间变化规律几乎一致,耦合作用极强,关联程度也为极强
	$0.65 \leqslant r_{ij} < 0.85$	两系统指标间耦合作用表现为较强,关联程度亦为较强
	$0.35 \leqslant r_{ij} < 0.65$	两系统指标间耦合作用一般,关联程度为中等
	$0 < r_{ij} < 0.35$	两系统指标间耦合作用表现为弱,关联程度也较弱
	0	两系统指标间没有关系,无关联度

三、灰色关联度分析

综合表 5-3-2 和表 5-3-3 可以看出,总体上宁波市的工业发展与环境质量间的关联性较大,各产业指标关联度均在 0.6 以上,这是因为宁波市工业发达,工业部门多,产值大,工业产业是宁波经济最主要的组成部分,与环境质量联系密切。通过对表中关联度的比较分析,可以将各产业对工业废水排放量、工业废气排放量和工业固体废物产生量的影响程度进行排序,结果如下:

对工业废水排放量的影响程度:纺织服装业＞造纸印刷业＞橡胶和塑料制品业＞机械设备制造业＞计算机通信和电子产业＞能源电力产业＞石化产业＞钢铁冶金业。其中,纺织服装业对工业废水排放的影响最大,关联度达 0.831,关联程度较强;其次为造纸印刷业、橡胶和塑料制品业,关联度分别达到了 0.764 和 0.762;能源电力产业、石化产业和钢铁冶金业的影响相对较小,但关联度也都达到了 0.6 以上,关联程度为中等。

对工业废气排放量的影响程度:纺织服装业＞造纸印刷业＞橡胶和塑料制品业＞机械设备制造业＞计算机通信和电子产业＞能源电力产业＞钢铁冶金业＞石化产业。对工业废气排放影响最大的是纺织服装业,关联度达到了 0.912,关联程度极强;其次为造纸印刷业、橡胶和塑料制品业,也都达到了 0.8 以上,关联程度较强;能源电力产业、钢铁冶金业和石化产业与工业废气排放之间的关联度均在 0.6 左右,关联程度为中等,较之纺织服装业、造纸印刷业、橡胶和塑料制品业,其对工业废气排放量的贡献相对较小。

对工业固体废物产生量的影响程度:纺织服装业＞橡胶和塑料制品业＞造纸印刷业＞机械设备制造业＞计算机通信和电子产业＞能源电力产业＞钢铁冶金业＞石化产业。对工业固体废物产生量影响最大的依然是纺织服装业,关联度达 0.920,

---

① 刘耀彬,李仁东,宋学锋.中国区域城市化与生态环境耦合的关联分析[J].地理学报,2005,60(2):237-247.

关联程度极强,其次为造纸印刷业、橡胶和塑料制品业,关联度均在 0.85 以上,关联程度等级也为极强,能源电力产业、钢铁冶金业和石化产业对工业固体废物产生量的影响相对较小,关联程度为中等。

总体上看,纺织服装业、造纸印刷业、橡胶和塑料制品业三个产业与环境质量的关联程度最强,因此,得出纺织服装业、造纸印刷业、橡胶和塑料制品业是影响环境质量的三个主要产业。其中,纺织服装业和造纸印刷业长久以来都是环境污染的主要来源,尤其是纺织服装业,在各产业对宁波市工业"三废"排放量影响程度的排名中均列第一,所以在治理环境时,应作为重点整治对象。宁波市纺织服装业和造纸印刷业总量大、数量多、历史久,给环境保护和治理工作带来了巨大的阻力,加之小作坊式的生产企业众多,使治理工作变得愈加困难。机械设备制造业、计算机通信和电子产业与工业"三废"排放量间的关联度也均在 0.65~0.85 之间,对工业"三废"排放量的贡献也很大。因此,除了要对隶属传统机械工业范畴的装备制造业加强整合改造,对附加值较高的电子通信行业也有必要进一步加强管理。出乎意料的是,一直饱受诟病的石化产业、钢铁冶金业和能源电力产业对宁波市工业"三废"排放的影响相对较小,影响程度均为中等,这是因为它们作为重工业产业,多是由投资量大、社会影响显著的大型企业组成,在管理上更加规范和严格;同时,大型企业用于污染治理的资金比较充足,技术也更加先进。以石化产业为例,作为宁波市重点产业类型之一,石化产业以镇海炼化、LG 甬兴(韩国)、大安化学(日本)、中金石化等大型企业为生产主体,虽然污染物的产生量较多,但是各生产主体对污染排放的管理相对于小企业更为严格;并且,近年来,宁波市政府出台了一系列针对石化产业的污染治理措施,全力推进"整合入园一批、规范整治一批、关停淘汰一批"实施方案,积极引导企业采用先进智能化技术改造和提升传统工艺,因此,石化产业对宁波市环境质量的影响并不大。

四、宁波市工业发展与环境质量关系的态势

灰色关联度分析结果表明:(1)总体上,宁波市传统优势产业的发展对宁波市环境质量的影响均十分显著;(2)具体解释为:在所选的八大产业中,对宁波市工业"三废"排放量影响最大的依次为纺织服装业、造纸印刷业、橡胶和塑料制品业,而机械设备制造业、计算机通信和电子产业对环境的影响程度次之,影响最小的依次为钢铁冶金业、石化产业、能源电力产业。

为促进宁波市经济与环境协调发展,依据上述分析结果,提出以下政策建议:

(1)依靠技术效应和结构效应来改善环境质量,将经济发展的重点从规模经济转到技术创新和结构优化上来。首先是要加大清洁技术的研发力度,用前沿高效的先进技术取代传统低效的落后技术,有效地循环利用资源,提高资源利用率,降低单位产出的污染物排放量。其次,要不断优化产业结构,把传统的劳动密集型产

业和能源密集型产业向低污染、低能耗的服务密集型产业和知识密集型产业转变，构建主次分明、布局合理的产业结构模式。

(2)建立更加完善的市场机制。随着经济收入的增长，人们对于环境质量的要求也越来越高，通过市场机制的调节，企业使用自然资源和排放污染的成本相应增加，倒逼企业不断提高自然资源的使用效率，促使传统粗放型企业向更加集约、绿色的科技创新型企业转变，从而减少自然资源使用量和污染物排放量，并最终实现改善环境质量的目的。

(3)完善和改进有关环境的法规制度。伴随着经济增长的环境改善，大多来自于环境规制的变革。因此，宁波市政府应该通过完善环境保护政策，健全包括污染者、污染范围和类型、污染程度及污染损害量化等信息的统计发布制度，同时提高对污染企业及其他污染源的管理和处置能力，并做好环境保护的宣传与教育工作。

第四节　宁波市环保产业与经济发展的时空耦合

环保产业作为战略性新兴产业，对于推进产业结构升级和转变经济增长方式、促进经济社会发展等具有重要意义。1990年以来，中国政府把环保产业列入环境与经济发展的十大领域[1]。狭义的环保产业是指"终端控制"，即为环境污染的控制与治理提供设备、技术与服务的行业；广义的环保产业还包括产品生命周期中的清洁技术与清洁产品、节能技术、生态设计及与环保相关的服务等内容[2]。环保产业内部又可分为环境保护产品生产、环境友好产品生产、环境循环利用产品生产和环境保护服务业四大领域[3]。经过20余年的发展，中国环保产业由快速增长向形成规模化发展过渡，中国政府重点实施了水污染防治、二氧化硫和酸雨防治等环保举措，有力地推动了环保产业的发展。宁波市在1993—2004年组织过五次环保产业调查，初步统计了宁波环保产业发展情况。2011年宁波市环保产业协会遵照国家工作部署，对环保产业进行全面调查统计。学界研究中，国外聚焦于环保产业发

---

① 许力飞,覃佳莉,江晓晗.基于指标体系的我国环保产业区域发展比较研究[J].国土与自然资源研究,2014(2):27-30.

② 叶玉汉,邵颖,徐文军.发展宁波环保产业的研究[J].宁波大学学报(人文科学版),2000,13(1):87-91.

③ 连志东.环保产业发展影响因素的理论分析与实证研究[J].环境科学研究,2009,22(5):627-630.

展的驱动因素、发展阶段、发展方向、经验与启示等[①]；国内相关研究集中在：(1)区域环保产业发展现状研究，包括环保产业结构、布局、评价指标、环境效应及趋势预测[②]；(2)环保产业影响因素识别，包括市场、技术、政策(投融资机制、市场职能、生态补偿等)[③]；(3)发达国家环保产业发展经验与启示研究。

　　当然，部分学者也关注环境保护与经济发展的关系，如王宜虎等以南京为例实证分析指出经济发展与环境保护既对立又统一，需协调发展[④]。可见深入挖掘地区环保产业与经济发展交互影响的特征，发掘影响要素的薄弱环节，对促进两个系统的协调发展具有现实指导意义。在人居环境与经济发展协调研究[⑤]基础上，构建宁波市环保产业与经济发展的指标体系，运用灰色关联分析法，探讨宁波环保产业与经济发展的耦合协调关系，为地方经济增效、环境降压提供参考。

一、研究区、研究方法与数据源

(一)研究区及其环保产业特征

　　宁波市位于东经 120°55′～122°16′，北纬 28°51′～30°33′，陆域面积 9816 km²，是浙江省经济中心之一且为世界第四大港口城市。宁波自 1984 年确立为全国首批沿海对外开放城市以来，依托优良的港口条件发展对外贸易与临港工业。当前宁波市处于工业化中后期，工业重化特征明显，轻重工业比例严重失衡，调查数据

①　ROGER H B, ROBERT M W, PAULA D. Environmental protection, the economy, and jobs: National and regional analyses[J]. Journal of Environmental Management, 2008, 86(1): 63-79; JOEL A T, FRANCIS C M. Environmental legacy: the impact of the manufactured gas industry in the United States[J]. Journal of Environmental Studies and Sciences, 2015, 5(1): 1-10; PRATIKSHYA S, UMESH B. Foreign direct investment, income, and environmental pollution in developing countries[J], Energy Economics, 2017, 4(1): 206-212; MATTHEW A. C, ROBERT J. R, TOSHIHIRO O. Trade, environmental regulations and industrial mobility: An industry-level study of Japan[J], Ecological Economics, 2010(10): 1995-2002.

②　侯勃, 马仁锋, 窦思敏. 长江三角洲城市群经济发展的环境尺度效应分析[J]. 宁波大学学报(理工版), 2018, 31(2): 108-114; 王艳华, 傅泽强, 谢园园, 等. 环保产业发展现状、趋势与对策研究[J]. 环境工程技术学报, 2017, 7(5): 636-643.

③　储成君, 王依, 王晓婷, 等. 环保产业的市场环境变化与制度建设思考[J]. 环境保护, 2017(9): 66-68; 杜雯翠. 环保投资、环境技术与环保产业发展——来自环保类上市公司的经验证据[J]. 北京理工大学学报(社会科学版), 2013, 15(3): 47-53; 郭朝先, 刘艳红, 杨晓琰, 等. 中国环保产业投融资问题与机制创新[J]. 中国人口·资源与环境, 2015, 25(8): 92-99; 黄清子, 王振振, 王立剑. 中国环保产业政策工具的比较分析——基于 GRA-VAR 模型的实证分析[J]. 资源科学, 2016, 38(10): 1988-2000; 卢方元, 海婷婷. 政府在环保产业协同创新中的主导作用研究[J]. 科技进步与对策, 2015, 32(10): 55-58; 戴伟辉, 麻彦春, 葛宝山. 环保产业发展中的政府职能及信息资源配置[J]. 情报科学, 2012, 30(3): 436-438; 王益澄, 颜盈朋, 马仁锋, 等. 沿海石化基地对地方生态环境补偿的科学基础与系统框架[J]. 宁波大学学报(理工版), 2014, 27(4): 53-59.

④　王宜虎, 崔旭, 陈雯. 南京市经济发展与环境污染关系的实证研究[J]. 长江流域资源与环境, 2006, 15(2): 142-146.

⑤　尹昌霞, 马仁锋, 吴丹丹, 等. 宁波县际人居环境与经济发展协调度分异[J]. 世界科技研究与发展, 2016, 38(2): 397-402.

显示,电力、石油、化工与机械设备等重化工业成为宁波经济发展的重要引擎。临港工业重化结构导致能源资源消耗巨大,加重生态环境负担,加快工业结构调整步伐,加大环境保护力度成为宁波市亟须推进的工作之一。"十二五"期间,宁波市积极发展环保产业,先后引进 EPC、BOT、BT、PPP 等环保产业经营模式,环保产业产值逐年递增,国内外市场小幅拓宽,科技创新投入增加,环保产业利润率提高,2015 年利润率最高达 8.26%。《2011 年宁波市环境保护及相关产业基本情况调查技术报告》指出,宁波市环保产业脱胎于市场发育,缺乏统筹规划,导致企业规模小、产业化程度低、市场机制不健全、产业链尚未形成,影响了环保资源的科学配置。另外,宁波市环保产业的龙头企业不强,产业园区培育力度不够,环保企业呈现"小"而"散"的现象,大型企业仅占 8.36%,中型企业占 20.3%,小、微型企业占 71.34%,产业规模效应和集聚效应不明显,仍以小、微型企业为主。

(二)研究方法与指标体系

耦合是两个或两个以上体系或运动形式相互作用的现象,耦合度是对体系间影响现象的度量,描述系统要素彼此作用与影响的程度。系统耦合协调关系常见的研究方法包括耦合协调度模型与灰色关联分析法。其中,耦合协调度模型对样本数据量要求较大,且需要构建数理函数获取评价指数;灰色关联分析法具有较高的精准预测性和计算简便性等特点,能够详细反映各要素间的关联程度,进一步量化发展系统的动态过程与发展态势,具体步骤如下:

(1)选择序列,选取环保产业系统(X_i)与经济系统(Y_j)作为分析序列。

(2)数据标准化,受宁波市环保产业样本数据有限影响采用均值法进行无量纲化处理得到 X'_i 和 Y'_j:

$$X'_i(t) = \frac{x_i}{x_n} \tag{5-4-1}$$

$$Y'_j(t) = \frac{Y_i}{Y_n} \tag{5-4-2}$$

其中,X_i 与 Y_j 分别为环保产业与经济系统的初始数据,X_a 与 Y_a 分别为环保产业指标与经济系统指标在研究期间的均值;均值标准法可放大数据的值域,适合样本数据有限的研究。

(3)计算关联系数。公式如(5-4-3):

$$R_{ij}(t) = \frac{\min_i \min_j |x'_i(t) - Y_j(t)| + p\max_i\max_j |x'Mi(t) - Y'_j(t)|}{|x'_i(t) - Y'_j(t)| + p\max_i\max_j |x_i(t) - Y'_j(t)|} \tag{5-4-3}$$

其中:R_{ij} 为第 i 个环保指标与第 j 个经济指标间的关联系数;p 为分辨率,反映关联系数间差异的显著性,研究表明 $p \leqslant 0.546$ 时,分辨率最好,一般取 $p = 0.5$。

(4)计算关联度。公式如(5-4-4):

$$r_{ij}(t) = \frac{1}{k}\sum_{i,j=1}^{k} R_{ij}(t) \tag{5-4-4}$$

其中,$r_{ij}(t)$为关联度,k为相对应的样本数据量。$r_{ij}(t)$的取值范围为$0\sim1$,$r_{ij}(t)$的数值越大关联性越大,耦合性越强,$r_{ij}(t)$的数值越小则关联性越小,耦合性越弱(表 5-4-1)。

表 5-4-1 关联程度划分标准

关联度	0	$0\sim0.35$	$0.35\sim0.65$	$0.65\sim0.85$	$0.85\sim1$	1
关联程度	完全不关联	低关联	中等关联	较高关联	高关联	完全关联

(5)计算耦合度,基于环保产业与经济系统关联度矩阵分别对行、列求均值,得出系统要素耦合的关联度模型,分析系统要素影响的主要因素,公式为(5-4-5)与(5-4-6):

$$d_i = \frac{1}{n}\sum_{j=1}^{n} r_{ij}(t)$$

$$(i = 1,2,3,\cdots,m;j = 1,2,3,\cdots,n),\tag{5-4-5}$$

$$d_j = \frac{1}{m}\sum_{i=1}^{m} r_{ij}(t)$$

$$(i = 1,2,3,\cdots,m;j = 1,2,3,\cdots,n),\tag{5-4-6}$$

其中:d_i为环保产业第i个指标与经济系统的平均关联度;d_j为经济系统第j个指标与环保产业的平均关联度;m、n分别为环保产业和经济系统的指标数。采用耦合度计算公式(5-4-7)从时空两个角度计算宁波市环保产业与经济发展的时空耦合程度:

$$c(t) = \frac{1}{mn}\sum_{i=1}^{m}\sum_{j=1}^{n} R_{ij}(t)\tag{5-4-7}$$

其中:$c(t)$为耦合度。耦合度越高,说明两个系统关联作用越强,耦合度越低,说明关联作用越弱。

环保产业与经济发展的指标体系构建关乎研究可靠性,薛婕等人以经济社会与环境保护绩效为评估内容构建环保产业绩效评估框架具有参考意义,并参照文献,遵循科学性、统一性原则,结合宁波市各县市区相关指标的可获得性,构建环保产业和经济发展的指标体系(表 5-4-2)。

(三)数据来源

根据宁波市环保产业与经济发展耦合关联的基本要素与研究目的,鉴于相关数据统计单元,沿用旧版行政区划,以 2016 年上半年宁波市总体及其 6 区 2 县 3 市为研究单元。宁波市 2011—2015 年环保产业与经济发展数据来源如表 5-4-3,其中 II 级指标与其所属 I 级指标同源。

表 5-4-2　宁波市环保产业与经济发展耦合的指标体系

环保产业系统		经济系统	
Ⅰ级指标	Ⅱ级指标/单位	Ⅰ级指标	Ⅱ级指标/单位
环保产业规模 A1	X1 环保产业生产总值/亿元	经济规模 B1	Y1 国内生产总值/亿元
	X2 环保产业销售利润/亿元		Y2 第一产业增加值/亿元
	X3 环保产业从业单位数/个		Y3 第二产业增加值/亿元
	X4 环保产值占总产值的比重/%		Y4 第三产业增加值/亿元
	X5 年内新增固定资产/亿元	经济水平 B2	Y5 人均国内生产总值(常住)/万元
环保产业结构 A2	X6 环境保护产品生产总产值/亿元		Y6 在岗职工平均工资/万元
	X7 环境保护产品生产利润总额/亿元		Y7 全社会固定资产投资/亿元
	X8 环境友好产品生产总产值/亿元		Y8 地方财政一般预算收入/亿元
	X9 环境友好产品生产利润总额/亿元		Y9 地方财政一般预算支出/亿元
	X10 资源循环利用产品生产总产值/亿元	经济结构 B3	Y10 农业总产值/亿元
	X11 资源循环利用产品生产利润总额/亿元		Y11 工业总产值/亿元
	X12 环境保护服务业总产值/亿元		Y12 服务业总产值/亿元
	X13 环境保护服务业利润总额/亿元		Y13 重工业产值/亿元
人力资源 A3	X14 高级职称人员数/人	国内外贸易 B4	Y14 社会消费品零售总额/亿元
	X15 中级职称人员数/人		Y15 进出口总额/亿美元
	X16 低级职称人员数/人		Y16 专利申请授权数/项
创新因素 A4	X17 研发经费投入/亿元	经济创新能力 B5	Y17 高新企业数目/个
	X18 专利数量/个		Y18 R&D投入/亿元
	X19 具有研发能力的单位数/个		Y19 高新技术产业产值/亿元

表 5-4-3　宁波市环保产业与经济系统的数据来源

系统	Ⅰ级指标	数据来源
环保产业系统	环保产业规模 A1	宁波市环保产业协会
	环保产业结构 A2	
	人力资源 A3	
	创新因素 A4	

系统	Ⅰ级指标	数据来源
经济系统	经济规模 B1	宁波市统计年鉴 （2011—2015）
	经济水平 B2	
	经济结构 B3	
	国内外贸易 B4	
	经济创新能力 B5	宁波市科技局网站

二、宁波市环保产业与经济发展耦合影响因素的作用特征

运用公式(5-4-3)与(5-4-4)计算可得宁波市 2015 年环保产业与经济发展耦合的关联系数与关联度矩阵(表 5-4-4)。可知,除具有研发能力的单位数 X19 与经济发展的耦合关联度为 0.339 属于低水平关联外,环保产业其他指标与经济发展的关联度都在 0.35—0.85 之间,属于中等关联与较高关联范畴。这表明宁波市环保产业与经济发展存在较高关联因子,同时存在薄弱关联因子,加强环保产业中相对薄弱因子的发展,对宁波市经济可持续发展具有重要意义。

宁波市环保产业要素对经济发展的影响差异显著,存在明显薄弱的环保产业因子。(1)环保产业规模 A1 与经济发展的关联度为 0.790,其中环保产业销售利润 X2 与经济发展的关联度为 0.795。环保产业盈利增加可使政府与市场加大对环保产业的二次投资,促进宁波市经济发展。(2)环保产业结构 A2 与经济发展综合关联度为 0.787。环境保护产品生产总值 X6、环境友好产品生产总值 X8、资源循环利用产品生产总值 X10、环境保护服务业总产值 X12 与经济发展的关联度分别为 0.794、0.795、0.788 和 0.791,都属于较高关联,可知宁波市环保产业的四个领域对经济发展都具有较高影响。(3)环保产业人力资源 A3 与经济发展的综合关联度为 0.719,属于较高关联。环保产业是高新技术产业,人才储备是发展关键,高级与中级技术职称人数直接影响区域环保产业总体竞争水平。(4)环保产业创新因素 A4 与经济发展的综合关联度为 0.508,是宁波市环保产业与经济发展耦合关联的薄弱因子,与环保产业规模 A1、结构 A2 和人力资源 A3 间存在较大差距,其中专利数量 X18、具有研发能力的单位数 X19 与经济发展的关联度为 0.407和 0.339,说明宁波市环保产业缺乏创新创造优势。

经济要素与环保产业关联度差别较小,五个Ⅰ级指标与环保产业的耦合关联度位于 0.60～0.85 之间,除经济规模 B1 与环保产业关联度为 0.64,属于中等关联外,其余均属于较高关联。经济结构 B3 与环保产业关联度为 0.811,其中服务业总产值 Y12 与环保产业的关联度为 0.848,存在较高关联性。其次,工业总产值 Y11、重工业产值 Y13 与环保产业的关联度分别为0.801与0.804。工业与环保

表 5-4-4　2015 年宁波市环保产业与经济发展耦合的关联系数与关联度

指标	X1	X2	X3	X4	X5	X6	X7	X8	X9	X10	X11	X12	X13	X14	X15	X16	X17	X18	X19	关联度
Y1	0.986	0.993	0.966	0.884	0.939	0.986	0.778	0.990	0.974	0.925	0.964	0.960	0.864	0.829	0.592	0.874	0.842	0.403	0.334	0.846
Y2	0.678	0.679	0.673	0.714	0.666	0.678	0.620	0.679	0.675	0.662	0.691	0.671	0.721	0.636	0.550	0.649	0.639	0.450	0.403	0.639
Y3	0.582	0.583	0.578	0.611	0.572	0.582	0.535	0.582	0.579	0.569	0.592	0.576	0.617	0.548	0.477	0.558	0.551	0.394	0.355	0.550
Y4	0.556	0.557	0.552	0.583	0.547	0.556	0.513	0.557	0.554	0.545	0.566	0.551	0.588	0.525	0.459	0.534	0.527	0.381	0.344	0.526
Y5	0.958	0.964	0.938	0.908	0.914	0.958	0.762	0.962	0.946	0.901	0.992	0.933	0.887	0.811	0.584	0.853	0.823	0.401	0.334	0.833
Y6	0.913	0.907	0.933	0.798	0.960	0.913	0.843	0.909	0.924	0.976	0.867	0.938	0.781	0.907	0.619	0.965	0.923	0.408	0.334	0.832
Y7	0.738	0.733	0.752	0.652	0.772	0.738	0.969	0.735	0.746	0.784	0.704	0.757	0.639	0.887	0.690	0.833	0.871	0.418	0.334	0.724
Y8	0.857	0.862	0.842	0.972	0.824	0.857	0.705	0.860	0.848	0.814	0.896	0.838	0.995	0.744	0.558	0.777	0.753	0.396	0.334	0.775
Y9	0.735	0.731	0.749	0.650	0.769	0.735	0.965	0.732	0.743	0.781	0.701	0.753	0.637	0.883	0.693	0.829	0.867	0.419	0.334	0.721
Y10	0.877	0.882	0.861	1.000	0.842	0.877	0.716	0.880	0.868	0.831	0.919	0.857	0.976	0.757	0.563	0.792	0.767	0.397	0.333	0.789
Y11	0.899	0.904	0.882	0.974	0.861	0.899	0.729	0.902	0.889	0.850	0.943	0.878	0.951	0.772	0.569	0.809	0.783	0.398	0.334	0.801
Y12	0.990	0.997	0.969	0.879	0.943	0.990	0.780	0.994	0.978	0.928	0.959	0.963	0.859	0.832	0.592	0.877	0.845	0.403	0.334	0.848
Y13	0.901	0.906	0.884	0.978	0.864	0.901	0.731	0.904	0.891	0.852	0.946	0.880	0.955	0.774	0.571	0.811	0.785	0.400	0.335	0.804
Y14	0.812	0.807	0.828	0.714	0.851	0.812	0.931	0.809	0.821	0.865	0.773	0.833	0.699	0.985	0.653	0.921	0.965	0.413	0.333	0.780
Y15	0.703	0.706	0.695	0.767	0.684	0.703	0.611	0.705	0.698	0.678	0.726	0.693	0.780	0.636	0.511	0.656	0.641	0.387	0.335	0.648
Y16	0.776	0.780	0.765	0.862	0.751	0.776	0.658	0.779	0.770	0.743	0.806	0.762	0.879	0.689	0.536	0.715	0.696	0.394	0.336	0.709
Y17	0.600	0.597	0.611	0.536	0.626	0.600	0.769	0.598	0.607	0.635	0.575	0.614	0.526	0.710	0.809	0.671	0.698	0.434	0.335	0.608
Y18	0.749	0.745	0.764	0.662	0.784	0.749	0.986	0.747	0.758	0.796	0.714	0.768	0.649	0.902	0.685	0.846	0.885	0.418	0.334	0.734
Y19	0.780	0.775	0.795	0.687	0.817	0.780	0.971	0.777	0.789	0.830	0.743	0.800	0.673	0.942	0.668	0.883	0.924	0.415	0.334	0.757
关联度	0.794	0.795	0.792	0.781	0.789	0.794	0.767	0.795	0.793	0.788	0.793	0.791	0.772	0.777	0.599	0.782	0.778	0.407	0.339	
			0.790							0.787					0.719			0.508		

产业并非零和博弈的过程,宁波市的工业发展可以通过节能减排与废弃资源二次利用获得更多的利润空间。经济发展水平 B2 与环保产业的综合关联度为 0.777,人均国内生产总值 Y5、在岗职工平均工资 Y6 与环保产业的关联度分别为 0.833和 0.832,说明区域经济体系越完善,越倾向于发展低碳经济。经济规模 B1 与环保产业的关联度为 0.640,其中第二、三产业增加值 Y3、Y4 与环保产业的关联度分别为 0.550 和 0.526,说明第二、三产业没有极大程度他发挥节能环保的经济效益。

综上可知,宁波市环保产业与经济发展的关联程度以较高关联为主,总计共30 个关联系数数值在 0.65~0.85 之间,较高关联比例达 78.95%,7 个位于 0.35~0.65 之间为中度关联,比例为 18.42%,仅 1 个小于 0.35 为 0.339,占 2.63%,表明2015 年宁波市环保产业与经济发展交互耦合作用较强。

三、宁波市环保产业与经济发展耦合分析

(一)宁波市环保产业与经济发展耦合的空间特征分析

环保产业与经济发展耦合关联具有动态性,可根据关联特征分为 4 个阶段,呈现倒"U"形曲线特征:①低水平协调期,环保产业发展水平较低,与经济发展之间相互作用微弱;②拮抗期,环保产业发展水平提高,结构优化,与经济发展间相互作用加强,耦合度有所提升,两个系统相互交叉与渗透;③磨合期,环保产业与经济发展间作用加强,但是耦合度出现下降趋势;④高水平协调期,环保产业与经济发展间相互协调,耦合度数值逐渐下降。由此可得 2015 年宁波市 11 个县市区环保产业与经济发展耦合度的空间分布特征:

(1)低水平协调耦合型,包括宁海县、镇海区和奉化市,它们的经济总量相对较小,增长速度较慢,可细分为两类,宁海县与奉化市的经济发展水平低,第一产业比重较大,环保产业与经济发展的耦合度数值相对较小,主要由环境保护与经济发展之间矛盾突出、环保举措不及时等导致。第二类如镇海区,化工企业众多、国有企业占比极大,第二产业比重畸高,产业结构不合理,第三产业增速慢。加速发展经济是宁海和奉化的首要任务,镇海区则需要调整产业结构,注重技术创新、减少环境污染。

(2)拮抗型,包括余姚市和象山县,此类地区经济发展水平相对较低,在产业结构以第二产业为主、第三产业比重较低的低水平耦合型地区内,环境保护与经济发展间存在拮抗作用,环保产业发展主要依靠产业规模、结构、人力资源来拉动,而环保创新相对薄弱。环保产业与经济发展间互相竞争与拮抗,因此耦合度数值较大。象山县 2015 年环保产业与经济发展的耦合度为 0.839,而环保产业创新因素 A4 与经济发展的关联度仅为 0.6909,其中专利数量 X18 与经济发展的关联度为 0.3362。

(3)磨合型,包括北仑区、江东区和江北区。此类地区经济发展水平高,人均

GDP 较高,第二、三产业总产值占 GDP 比重超过 85%,环保产业与经济发展处于磨合期,耦合度较小。2015 年宁波市经济增长最快的是江东区,江东区第一、二、三产业的比重为 0:34.46:65.54,第三产业增幅为 13%,地区经济发展速度快,环境保护意识强。北仑区 2015 年环保产业研发经费投入 X17 与经济发展的关联度为 0.8373,较好地发挥了技术创新优势,未来要加快环保产业结构优化,大力发展生产性服务业,为工业结构转型升级提供服务。

(4)高水平协调耦合型,包括慈溪市、鄞州区和海曙区,此类地区经济发展水平最高,环保产业结构比较合理,环保产业与经济耦合协调发展。2015 年慈溪市、鄞州区与海曙区的环保产业与经济发展的耦合度分别为 0.716、0.675 与 0.663。这类地区经济综合实力最强、经济结构最优越,环保产业与经济发展趋于协调,环保产业或经济系统的变化对两个系统的耦合关联影响都降到最小,故耦合度最小。此类地区对人才与资源的集聚作用强,协调好与周边地区的经济互动关系,发挥区域高新技术企业的创新优势是未来发展的首要任务。

(二)宁波市环保产业与经济发展耦合度的时序变化特征

为分析宁波市环保产业与经济发展的耦合度在时序上的变化特征,运用公式(5-4-5)、(5-4-6)与(5-4-7)计算"十二五"期间宁波市总体与各县市区环保产业与经济发展的耦合度(表 5-4-5)。

表 5-4-5　2011—2015 年宁波市总体及各县市区环保产业与经济发展的耦合度变化

区域/年份	耦合度				
	2011 年	2012 年	2013 年	2014 年	2015 年
宁波市总体	0.815	0.761	0.843	0.830	0.733
海曙区	0.690	0.740	0.793	0.737	0.663
江东区	0.711	0.790	0.840	0.797	0.721
江北区	0.792	0.841	0.894	0.847	0.757
镇海区	0.790	0.850	0.891	0.861	0.784
鄞州区	0.759	0.768	0.815	0.787	0.675
北仑区	0.795	0.864	0.892	0.854	0.781
奉化市	0.775	0.848	0.864	0.866	0.717
余姚市	0.866	0.886	0.908	0.904	0.818
慈溪市	0.789	0.839	0.841	0.833	0.716
象山县	0.851	0.893	0.921	0.891	0.839
宁海县	0.780	0.869	0.894	0.828	0.786

由表 5-4-5 可知,宁波市 2011—2015 年环保产业与经济发展的总体耦合度数值分布在 0.733~0.843 间,属较高关联范畴,耦合度呈现波动上升趋势。2013 年

宁波市环保产业与经济发展间耦合协调的关联度最高,其中经济系统 I 级指标国内生产总值 Y1、人均国内生产总值 Y5、农业生产总值 Y10 与环保产业的关联度分别为 0.9015、0.9013 和 0.9026。2013 年宁波市地区生产总值同比增长 8.1%,由于奉化、江北、慈溪等县市区开展农业基地化培育与农业生态管治,年末第一产业产值同比下降 1.2%,环保产业与经济发展相互拮抗与限制。此外,2013 年宁波市部署节能减排工作,去产能去库存,严控工业三废排放,工业产值占比较 2012 年下降 1.10%。2015 年,宁波市经济结构更趋优化,第一产业产值占比 3.56%,第三产业产值占比达到规划期间最高值 25.24%。数据表明,2015 年环保产业净产值 405 亿元,占环保产业总产值的 8.74%,全市环保服务业产值增加至 35.4 亿元,较 2011 年增长了 1293.7%,环保服务业为宁波市第三产业的发展带来新动力。2015 年宁波市环保产业从业单位数为 205 家,较 2011 年翻番,1 亿元以上规模企业 5 家,5000 万元以上且 1 亿元以下规模企业 28 家,环保从业人员数量累积达 35560 人,较 2011 年增长了 79.1%。随着科技创新的投入和环保人才集聚,2015 年环保服务业与经济系统同向促进,相互磨合,两个系统间作用加强但是耦合度数值有所下降。

"十二五"期间,宁波市积极促进环保产业发展:调整产业规划,完善投融资机制;加大执法力度,规范交易市场;扶持骨干企业加速技术研发,淘汰落后产能;支持高校与企业建立创新平台,集聚产业人才;建立环保产业公共信息网,实现资源共享等。

进一步分析表 5-4-5 可得,宁波市 11 个县市区环保产业与经济发展之间的耦合度变化特征为:2011—2013 年耦合度增加,2013—2015 年,耦合度又趋下降。可知,2013 年是宁波市环保产业与经济发展耦合关系变动的关键时期。宁波市各类耦合型地区的环保举措有:(1)低水平协调耦合型地区,淘汰落后产能,整治不环保现象。宁海县开展"腾笼换鸟"工作,单位 GDP 能耗同比下降 4.3%。镇海区投资 1300 万元扩大禁燃区范围,建设垃圾处理体系。奉化市保护生态功能区,推动农业向产业基地转型。(2)拮抗型耦合型地区,企业归类,高效自治。象山县开展国家级生态县建设,余姚市建立企业环保承诺制,对排污企业进行分级管理。(3)磨合型耦合型地区,加大执法力度,引导技术开发。北仑区 2013 年查处环保违法企业 105 家,处罚款 401 万元。江北区强势推进节能减排,重点推进生态农业发展。江东区进行废弃物排放整治。(4)高水平协调耦合型地区,加大环保投入,汇聚创新因素。慈溪市建成污染源刷卡排污系统,鄞州区投入 350 亿元建设生态项目推进环境整治,海曙区关停与搬迁部分高排高污企业。

四、宁波市经济发展与环境保护产业关系的态势

分析宁波市 11 个县市区环保产业与经济发展耦合影响因素的作用特征、耦合

关联的空间特征,以及时序变化特征,得出:(1)宁波市环保产业要素对经济发展的影响存在明显差异,环保产业与经济发展间各要素的关联度较高,耦合作用强。环保产业规模、结构与人力资源与经济发展的关联度较高,环保产业创新因素与经济发展间关联度较低;经济发展要素对环保产业的影响相对均衡,呈现较高关联性。(2)宁波市 11 个县市区环保产业与经济发展的耦合关联分为四种类型,空间分异显著。低水平协调耦合型包括宁海县、镇海区和奉化市;拮抗型耦合型包括象山县与余姚市;磨合型耦合型包括北仑区、江北区和江东区;高水平协调耦合型包括慈溪市、鄞州区与海曙区。(3)时序上看,2011—2015 年宁波市经济发展与环保产业总体耦合度数值波动 2011—2015 下降,各县市区耦合关联度变化特征为:2011—2013 年耦合度增加,2013—2015 年耦合度下降且 2015 年的下降趋势较 2014 年明显。

根据宁波市环保产业与经济发展的耦合关联特征,可知宁波市需推进环保产业规模化发展,合理分配环境保护产品生产、环境友好产品生产、资源循环利用产品生产与环境保护服务业在产业内部的比例。宁波市环保产业创新能力较薄弱,未来需加以引导与支持。低水平协调耦合型地区应加快经济发展,从现象整治入手,优化产业布局,依托地区优势发展特色经济;拮抗型耦合型地区应加大重点企业环保管理力度,促进企业循环利用二次资源;磨合型耦合型地区推进产业技术优化,加快发展生产性服务业;高水平协调耦合型地区应发挥集聚优势,创建高新技术园区,协调经济发展与生态保护的关系。针对宁波市环保产业与经济发展耦合关联的空间分异特征,"十三五"期间,宁波市要加大对低水平协调、拮抗与磨合型耦合型地区的政策扶持,促进区域环保产业与经济系统协调发展。

第五节 宁波县际人居环境与经济发展协调度分异

城市是人居环境和社会经济的集聚地。人居环境与经济的协调发展既是自然环境与社会问题,又是经济问题。国外学者 Kenneth Arrow[1] 分析经济发展与环境承载力关系指出生态环境保护对经济可持续发展的重要性,Marino Bonaiuto[2] 探究了人居环境指标体系;在中国,城市人居环境可持续研究建立三层次指标[3],

[1] ARROW K, BOLIN B, COSTANZA, et al. Economic growth, carrying capacity, and the environment[J]. Ecological Economics, 1995(15): 91-94.

[2] BONAIUTO M, FOMARA F, ARICCIO S, et al. Perceived Residential Environment Quality Indicators (PREQIs) relevance for UN-HABITAT City Prosperity Index (CPI) [J]. Habitat International, 2015(45): 53-63.

[3] 刘颂,刘滨谊. 城市人居环境可持续发展评价指标体系研究[J]. 城市规划汇刊, 1999(5): 35-37.

并向多级衍生[①],研究议题日趋相近[②]。省域层面指标探索以江苏省三层多指标体系为代表,该体系综合评价县域的社会、经济及环境状况,以及三系统协调度[③];地级市层面人居环境和经济发展的协调测度[④]备受重视,指标也从杂糅的两层多指标到明晰的三层多指标,更注重指标从属关系。近年,学界开始重视城市内部人居环境与经济发展协调性,以单个城市[⑤]内部要素协调研究为主,城市群人居与经济[⑥]研究正兴,住宅小区[⑦]也被关注。相关研究多用主成分分析[⑥]、熵值法[④]、剪刀差法等方法,其中城市层面人居环境与经济发展协调测度采用主成分方法与模糊数学法。

　　总体而言,市辖县域人居环境分异研究鲜见。因此,以县际比较为着眼点,借鉴长沙案例[⑧]建立三层多指标体系,采用主成分分析和模糊数学法分析宁波县际人居环境与经济发展协调的时空分异特征,判别影响因素,以提升宁波经济与环境的可持续发展。

一、人居环境与经济发展协调测度模型

(一)指标选取

　　人居环境以人类居住生活为核心,考虑人类居住需求要素可将其细分为居住条件、环境条件和公共服务设施三类。同时,宁波作为沿海港口城市,经济的开放性致使经济呈现高度集中发展、产业结构贸易化的状态,对人居环境产生了诸如产

---

①　张文新,王蓉.中国城市人居环境建设水平现状分析[J].城市发展研究,2007,14(2):115-120;邢兰芹,曹明明.西安城市人居环境可持续发展趋势研究[J].干旱区资源与环境,2011,25(8):59-63;李雪铭,晋培育.中国城市人居环境质量特征与时空差异分析[J].地理科学,2012,32(5):521-529.

②　马仁锋,张文忠,余建辉,等.中国地理学界人居环境研究回顾与展望[J].地理科学,2014,34(12):1470-1479.

③　段七零.江苏省县域经济—社会—环境系统协调性的定量评价[J].经济地理,2010,30(5):830-834.

④　李雪铭,李婉娜.1990年代以来大连城市人居环境与经济协调发展定量分析[J].经济地理,2005,25(3):383-386;熊鹰,曾光明,董力三,等.城市人居环境与经济协调发展不确定性定量评价[J].地理学报,2007,62(4):397-406;申海元,陈瑛,张彩云,等.城市人居环境与经济协调发展[J].干旱区资源与环境,2009,23(9):29-33;张正勇,刘琳,唐湘玲,等.城市人居环境与经济发展协调度评价研究[J].干旱区资源与环境,2011,25(7):18-22;李双江,胡亚妮,崔建升,等.石家庄经济与人居环境耦合协调演化分析[J].干旱区资源与环境,2013,27(4):8-15.

⑤　晋培育,李雪铭,冯凯.辽宁城市人居环境竞争力的时空演变与综合评价[J].经济地理,2011,31(10):1638-1643;王辉,郭玲玲,宋丽.辽宁省14市经济与环境协调度定量研究[J].地理科学进展,2010,29(4):463-470.

⑥　刘洋,杨文龙,李陈.基于DAHP法的长三角城市化与城市人居环境协调度研究[J].世界地理研究,2014,23(2):94-103;杜婷,李雪铭,张峰.长三角优秀旅游城市人居环境与旅游业协调性分析[J].旅游研究,2013,5(3):8-14.

⑦　吴非.宁波市住宅小区人居环境生态评价与优化研究[D].大连:大连理工大学,2006;李雪铭,张英佳,高家骥.城市人居环境类型及空间格局研究[J].地理科学,2014,34(9):1034-1039.

⑧　熊鹰.长沙市人民环境与经济协调发展的不确定性评价[J].地理学报英文版,2011,21(6):1123-1137.

业集聚地环境负效应显著、城乡设施不均衡等影响。因此,考虑宁波的经济实力、经济外向度、居民消费等经济要素,综合人均享有的公共服务设施、居住条件等配置,构建如表 5-5-1 所示的县际人居环境与经济发展协调性评价指标体系。

表 5-5-1　宁波人居环境与经济发展协调性评价指标

目标层	准则层	指标层
人居环境	居住条件	人均居住面积(m²/人)
		人均生活日用水量(升/人)
		人均生活日用电量(度/人)
	环境条件	人均公共绿地面积(m²/人)
		万元能耗(千克)
		万元工业产值下废水排放量(吨)
		万元工业产值下 SO₂ 排放量(千克)
		万元工业产值下固体废物排放量(千克)
	公服设施之医疗卫生	每千人拥有医生数(人)
		每千人拥有医疗床位数(张)
		医保覆盖率(%)
	公服设施之文化教育	师生比(人)
		每千人拥有专任教师数(人)
		每千人拥有图书馆藏书数(册)
经济发展	经济实力	人均 GDP(元/人)
		财政收入(万元)
		全社会固定资产投资完成额(万元)
	经济结构	第三产业从业人员比重(%)
	经济外向度	实际使用外资额(万美元)
		出口额(万美元)
	居民消费收入	人均储蓄存款余额(元)
		人均社会消费品零售额(元)
		人均可支配收入(元)

(二)数据源

　　数据源于宁波市统计局发布的《宁波统计年鉴 2003—2014》,行政区划以 2013 年为准,宁波中心城区包括江北、江东、鄞州、海曙、镇海、北仑六个区,且有县级行政单位 5 个(2 个县、3 个县级市)。考虑城市化水平将六区合并为宁波中心城区,基本评价单元为 6 个(1 个中心城区、3 个县级市、2 个县)。

(三)协调度测量方法

运用主成分分析法将遴选的全部指标简化为几个主因进行研究,运用模糊数学测量人居环境与经济发展之间的协调状态。各指标从统计年鉴中获取原始数据,并据其正负向效应采用 $X' = X - X_{\min}$(X 为正向指标)、$X' = X - X_{\max}$(X 为负向指标)标准化。统计矩阵做主成分分析,Hn 代表人居环境系统,En 代表经济系统。具体步骤如下:

(1)数据标准化处理如式(5-5-1)。i 为某县域,j 为某指标,H_{ij} 为 i 县域 j 指标数据,$\overline{H_{ij}}$ 为 j 个指标的平均值,H'_{ij} 为标准化后的数据,S 为指标的标准差。同理可得经济发展的标准化矩阵 E'_{ij}。

$$H'_{ij} = (H_{ij} - \overline{H_{ij}})/S \tag{5-5-1}$$

(2)据旋转成分系数的分异程度,选取 m 个主成分,并得各主成分值 E_m。$C_{1m}, C_{2m}, C_{3m}, \cdots, C_{jm}$ 是第 m 个主成分下各指标系数,W_m 为第 m 个主成分的贡献率,$W_m = \dfrac{\lambda_n}{\sum_{n=1}^{m} \lambda_n}$($\lambda_n$ 为相应系统标准化矩阵的特征值,n 为某主成分),人居环境系统的综合得分为 H_{score}。同理获得县域经济发展综合得分 E_{score}。

$$F_m = C_{1m} H'_{i1} + C_{2m} H'_{i2} + C_{3m} H'_{i3} + \cdots + C_{jm} H'_{ij} \tag{5-5-2}$$

$$H_{score} = \sum_{m-1}^{m} F_m * W_m \tag{5-5-3}$$

(3)建立协调度函数 D。$C(Hn, En)$ 表示 Hn 系统相对于 En 系统的协调度状态,E'_{score} 表示 En 系统对 Hn 系统要求的协调值,S^2 表示 Hn 系统的实际方差。两个因素决定 E'_{socre} 的大小:一是 H_{score} 的大小,二是两个系统之间综合得分的比例关系。两系统关系可通过线性回归模型模拟,即线性标准式 $Y = a + bX$(a、b 为拟合模型的参数),可得 E'_{score}。同理可得出 E'_{score}。

$$C(Hn, En) = e^{-(E_{score} - E'_{score})^2}/S^2 \tag{5-5-4}$$

$$D = \min[C(En/Hn), C(Hn/En)] \max[C(En/Hm), C(Hn/En)] \tag{5-5-5}$$

二、宁波各县人居环境、经济发展的评价

(一)宁波县域人居环境、经济发展的影响因素判识

据式(5-5-1)～(5-5-3)运用软件 SPSS 19.0 分别分析宁波市人居环境、经济系统的影响因素,求出 2002 年至 2013 年宁波市辖区人居环境与经济两系统的主因子得分(表 5-5-2)。

宁波中心城区人居环境系统经过降维得到 3 个主因子,根据旋转成分系数大小概括得出:住房医疗与环保、文化教育、绿化贡献分别为61.945%、16.763%、

表 5-5-2　宁波县际人居环境与经济发展因子得分

县域	系统	成分	贡献率/%	2002 年	2003 年	2004 年	2005 年	2006 年	2007 年	2008 年	2009 年	2010 年	2011 年	2012 年	2013 年
宁波中心城区	人居环境	F_1	61.945	-1.2142	-1.3921	-1.0855	-0.9783	-0.5059	0.4728	0.2601	0.2817	0.7728	0.8230	0.9221	1.6436
		F_2	16.763	-0.3736	-0.4756	-0.1616	-0.2158	-0.1367	-1.0528	1.2848	0.9926	0.9926	0.7285	0.6286	-2.2108
	经济发展	F_3	13.029	-2.5706	-0.1638	0.6850	1.3808	1.3398	0.1719	-0.1060	-0.1948	-0.1673	-0.2382	0.0356	-0.1725
		F_1	60.949	-0.7101	-0.5960	-0.9529	-1.1279	-0.8416	-0.6727	-0.5567	0.9133	1.6477	0.7133	0.9372	1.2464
		F_2	35.817	-1.4580	-1.2007	-0.2340	0.5089	0.4777	0.6191	0.6607	-0.9673	-1.4234	0.7999	1.0319	1.1852
余姚市	人居环境	F_1	67.817	-1.0363	-0.7270	-1.1659	-1.2074	-0.6567	-0.6887	0.3174	0.9148	0.8870	0.9486	1.4683	0.9459
		F_2	17.246	-1.2812	-1.9012	-0.0695	1.0636	0.5074	1.2421	0.7749	-0.7696	0.0885	-0.2788	-0.5051	1.1289
	经济发展	F_1	75.283	-1.3631	-1.1411	-0.7893	-0.7089	-0.5559	-0.3002	-0.0456	0.2792	0.5009	0.9619	1.4078	1.7542
		F_2	12.387	-0.2169	-0.1753	-2.1305	-0.0878	1.0744	1.3866	1.5041	-0.8893	0.0634	0.0849	-0.1548	-0.4587
慈溪市	人居环境	F_1	62.627	-1.7033	-1.5759	-1.0653	-0.6819	0.0476	0.4174	0.6695	0.4626	0.7442	0.5464	0.9334	1.2054
		F_2	14.959	-0.1182	0.5104	0.4054	0.0819	-1.1116	-1.7043	-1.6635	-0.0438	0.5786	1.3661	0.8674	0.8316
	经济发展	F_3	9.560	1.1597	-1.0187	0.2080	-0.3155	-0.6285	-0.0436	-0.6267	1.1126	1.6626	-1.6854	0.7306	-0.5551
		F_1	65.993	-0.5423	-0.6057	-0.8709	-0.7740	-0.7557	-0.6590	-0.3773	-0.2544	0.2386	0.8831	1.9653	1.7522
		F_2	28.854	-1.9718	-1.4448	-0.4967	-0.0487	0.4939	0.8773	0.9250	1.0969	0.8792	0.3632	-0.8714	0.1980

续表

县域	系统	成分	贡献率/%	2002年	2003年	2004年	2005年	2006年	2007年	2008年	2009年	2010年	2011年	2012年	2013年
奉化市	人居环境	F1	29.213	0.3842	0.0055	-2.0055	-1.3050	-1.2140	0.1969	-0.0310	0.3349	0.6874	1.1345	0.6825	1.1298
		F2	22.512	-1.6426	-0.5075	0.1615	0.1811	0.9258	0.0553	-0.6223	-0.8974	-0.6236	-0.0160	0.7559	2.2298
		F3	19.938	-1.4196	-1.1019	0.3286	0.1565	-0.2741	-1.4793	0.7305	1.3333	0.8993	0.1247	1.3492	-0.6471
		F4	11.433	0.8689	0.2685	-0.2857	-0.5264	1.6834	-1.3436	-1.7040	0.7679	-0.6891	0.9004	0.4739	-0.4143
		F5	10.788	1.0918	0.4350	1.1405	0.7283	-1.8285	-1.2682	-0.7559	-0.8486	-0.2549	-0.0780	1.0751	0.5634
	经济发展	F1	65.620	-1.9216	-1.2614	-1.0442	-0.5618	-0.1231	0.2837	0.3456	0.3088	0.9810	0.9345	1.1803	0.8781
		F2	27.806	0.5943	0.2569	0.3975	-0.5437	-0.9281	-1.1741	-0.6831	-0.2410	-0.9104	0.2498	0.4844	2.4974
象山县	人居环境	F1	36.026	-1.8195	-0.7185	-0.2965	-0.2993	-0.2307	-0.0917	-0.6949	-0.2675	0.3158	1.1226	0.9521	2.0281
		F2	23.758	-0.4752	-0.9513	-1.2626	-1.4482	0.5393	1.8444	1.1484	0.8074	0.3803	0.1125	-0.1070	-0.5881
		F3	23.330	2.0088	-0.6541	-1.1688	-0.8064	-1.1761	-1.1251	0.4217	0.2615	0.6603	0.0388	0.7326	0.8067
		F4	13.360	-1.4058	0.1484	0.0549	0.2471	-0.0835	-1.7463	0.9983	1.5686	0.7729	-0.3756	0.8243	-1.0031
	经济发展	F1	52.950	0.1645	-0.3687	-0.5363	-0.7380	-0.5098	-1.5458	-0.8779	-0.5416	1.0739	1.0253	1.3462	1.5082
		F2	43.599	-2.0055	-1.2723	-0.8446	-0.3304	-0.1816	1.2142	0.9702	0.8398	-0.2252	0.4162	0.4339	0.9853
宁海县	人居环境	F1	57.861	-1.5147	-0.6717	-0.8824	-0.6780	-0.5939	-0.6014	-0.0277	0.1746	0.6575	1.0860	1.5594	1.4923
		F2	18.487	0.5828	-1.3697	-1.1314	-1.5368	0.4889	1.3219	0.8757	1.1006	0.6953	0.1259	-0.4937	-0.6595
		F3	11.536	-1.1440	0.0846	0.1826	0.0319	0.2495	2.4023	-0.9023	-0.8159	-0.9047	0.8932	-0.6375	0.5602
	经济发展	F1	73.524	-0.7421	-0.8309	-1.3274	-0.9335	-0.7542	-0.6745	-0.1381	0.7124	1.2944	1.0662	1.3282	0.9996
		F2	24.596	-1.3290	-0.7730	0.5352	0.1276	0.3410	0.8512	0.2307	-1.1477	-1.4086	0.2222	0.3608	1.9897

13.029%。2002—2013年贡献率最大是第一主因,也是判断人居的主因,第二、三主因也存在影响(表5-5-3)。由宁波中心城区人居得分$H_{score} = 0.6195F_1 + 0.1676F_2 + 0.1303F_3$可知,良好人居建设要重视住房医疗与环保情况,也要加强文化教育力度和绿化建设。宁波中心城区经济发展系统经过降维得到2个主因子,据旋转成分系数大小概括其意义:经济基础与居民收支、高端产业与外向经济分别贡献为60.949%、35.817%。贡献率最大的第一主因是判断城市经济状态的主要因素,第二主因也存在着一定影响(表5-5-3)。由经济发展得分$E_{score} = 0.6095F_1 + 0.3582F_2$得出,经济发展要注重基础经济建设和人民收支的改善程度,也要开拓高端产业和外向经济。同理,计算宁波其他县的人居环境系统与经济发展系统主成分,得如表5-5-3所示的各县(市)人居环境与经济发展的主因子。

表5-5-3　宁波县域人居环境与经济发展水平的主因子

	人居环境的主因					经济发展的主因	
	F_1	F_2	F_3	F_4	F_5	F_1	F_2
宁波中心城区	住房、医疗与环保	文化教育	绿化				
余姚	生活设施	住房					
慈溪	文化生活	绿化	教育			经济基础与居民收支	高端产业与外向经济
奉化	生活耗能	医疗	教育	环保	住房		
象山	文化医疗与生活耗能	住房与土壤环境	空气与水环境	住房			
宁海	生活设施与环境	住房	教育				

(二)县域人居环境、经济发展的水平

据主成分载荷(表5-5-3)及其贡献率,运用式(5-5-3),计算出宁波各县人居环境综合得分及经济发展综合得分(图5-5-1和图5-5-2)。可知:1)县际人居环境、经济发展综合得分均呈较大幅上升趋势,表明各县人居、经济均正向发展,人民生活水平、经济状况渐好;2)县际人居环境较之经济发展综合得分,其值域跨度较小,体现了人居环境发展水平相对较弱;3)比较人居、经济的拟合线性函数(年份~H_{score}及年份~E_{score})系数,得出经济增长速度大于人居环境改善速度,还体现两者发展水平的差异性;4)2002—2013年,奉化市、象山县人居环境水平由初期的较好水平跌至后期的较差水平,也反映了县内人居环境改善不足;5)宁波市中心城区人居环境水平呈现低—高—低的转变,且人居环境综合得分值均落后,表明其人居环境相对欠佳;6)2002—2013年,宁海县、奉化市的经济发展波动较显著,由初期的低迷经济渐入佳境。

(三)各县人居环境、经济发展的总体轨迹与分异特征

由图5-5-1和图5-5-2可知:(1)县际人居环境、经济发展综合得分轨迹大体呈

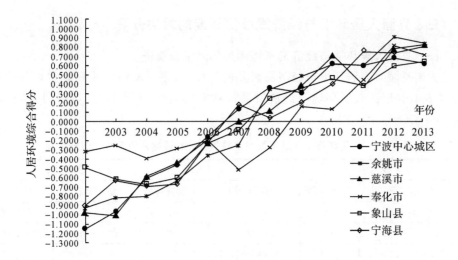

图 5-5-1　2002—2013 年宁波各县人居环境综合得分轨迹

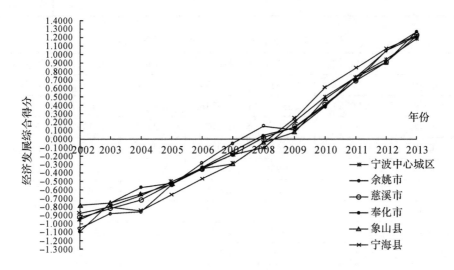

图 5-5-2　2002—2013 年宁波各县经济发展综合得分轨迹

上升状,两者均呈发展态势;(2)县际人居环境轨迹呈离散式轨迹,县际人居环境发展水平不一致,尤以奉化市、象山县为显著,而宁波中心城区的人居环境质量均处低增益状态;(3)相较人居环境轨迹,经济发展轨迹相对集中,县域经济发展水平呈较强一致性;(4)县域间,宁海县经济发展轨迹离散度高,其经济发展波动大。

三、县际人居环境与经济发展协调度的时空分异

(一)县际人居环境与经济发展协调度的测量及演进

为刻画城市人居环境与经济协调发展的程度,建立模糊协调等级和划分标准(表 5-5-4)。宁波人居环境与经济发展的状态协调度 D 运用式(5-5-5)计算而得(表 5-5-5)。

表 5-5-4　人居环境与经济发展系统等级划分和模糊协调等级及划分标准

人居环境系统		经济发展系统		协调度 D	
划分标准	发展等级	划分标准	发展等级	划分标准	协调等级
−1.150～−0.464	滞后	−1.096～−0.307	滞后	0.001～0.200	濒临失调
−0.465～0.222	中等	−0.308～0.482	中等	0.201～0.400	初级协调
0.223～0.909	发展	0.483～1.272	发展	0.401～0.600	中级协调
—	—	—	—	0.601～0.800	良好协调
—	—	—	—	0.801～1.000	高度协调

表 5-5-5　宁波人居环境与经济发展的协调度

县域	宁波中心城区	余姚市	慈溪市	奉化	象山县	宁海县
2002 年	0.8653	0.9841	0.9599	0.1477	0.8943	0.9675
2003 年	0.9020	0.9974	0.9548	0.4732	0.9814	0.9968
2004 年	0.9959	0.9968	0.9770	0.9915	0.9630	0.9958
2005 年	0.9971	0.9867	0.9921	0.9379	0.9232	0.9830
2006 年	0.9579	0.9962	0.9701	0.9876	0.9915	0.9297
2007 年	0.9335	0.9826	0.9686	0.2730	0.9106	0.6796
2008 年	0.9102	0.9877	0.9948	0.4793	0.7159	0.9860
2009 年	0.9876	0.9349	0.9733	0.9779	0.7020	0.9994
2010 年	0.9555	0.9962	0.9836	0.8230	0.9938	0.9710
2011 年	0.9648	0.9784	0.8964	0.9932	0.8294	0.9936
2012 年	0.8746	0.9829	0.9110	0.9453	0.9176	0.9336
2013 年	0.6404	0.8333	0.8223	0.6959	0.5551	0.8744

联合人居环境与经济发展系统综合情况等级划分标准(表 5-5-4)详解县际系统间协调性可得:1)2002 年到 2013 年,县际人居环境与经济发展协调度大体呈双系统滞后的高度协调向双系统发展的高度协调趋势;2)2002 年到 2013 年,余姚市、慈溪市的人居环境与经济发展协调性均处于高度协调状态,两系统渐由滞后型转变为发展型;3)宁波中心城区、象山县两系统渐由滞后型转变为发展型,2007—

2009年、2012—2013年象山县和2011—2013年宁波中心城区双系统协调性呈逆向演变,纵观全时段,其协调程度仍呈逆向演进态势;4)于2006—2007年奉化市、宁海县双系统协调性出现一次逆向,但其协调度大体呈正向演进,尤以奉化市的濒临失调(2002年)到良好协调(2013年)状态为典型。

(二)县际人居环境与经济发展协调度空间态势

整体看,宁波人居环境与经济发展的协调状态在空间呈三大组团:西北部稳定发展,西南正向演进,东部逆向演进。该分异现象不仅是人居环境使然,也是经济发展的呈现。

综合地貌、区位特征发现:奉化市、象山县、宁海县均地处宁波市南部,高山丘陵地势,均不利人居及经济发展。正如早期优越的自然环境固然正向作用于奉化市、象山县人居环境,使其综合得分较高,但人的生活、通行、交流、基础设施开发等受地形约束,使得后期人居环境轨迹相对走低。各县市均拥有临湾或近海优越区位条件,从而经济发展轨迹相对集中,且快于人居环境的增长。

毗邻杭州湾的经济优势、相对平坦的地势及良好的自然环境于西北部稳定的人居环境与经济发展状态功不可没;西南部县域则在经济和自然方面均略显劣势,协调度状态呈正向演进(低—高—低—高);东部县域里,宁波中心城区、象山县的逆向演进(高—低—高—低),多源于人居环境相对缓慢。

(三)重要年份县际人居环境与经济发展协调度的时空分异

重要年份的选取,据均等间断取近五年,即2005年、2007年、2009年、2011年、2013年。宁波人居环境与经济发展的协调度大体呈下降趋势(图5-5-3),表明各县际协调性趋于偏离稳态。该时间断面下,宁波中心城区、象山县的(年份—协调度)趋势线呈较大的下降趋势,其协调性偏离度较大;余姚市、慈溪市的趋势线呈较缓和的下降趋势,则该县域协调性偏离度较平缓;奉化市、宁海县呈现高—低—高—低较大幅波动走势,县域协调性偏向离散型。空间尺度下,宁波县域人居环境与经济发展协调性分异特征存在此类特征集聚性。

四、宁波市县际经济发展与人居环境的空间耦合关系发展态势

城市人居环境与经济发展的协调研究表明:实现人居环境与经济发展的协调,二者均不可忽视,尤以人居环境的改善为主,且人居环境的改善是众多城市建设的重点。不同之处在于:2002—2013年,宁波县际人居环境与经济发展协调度大体处于高度协调,且各系统发展水平均呈低水平向高水平的发展态势,其中奉化市、宁海县协调度正向演进,宁波中心城区、象山县的协调程度逆向演进,余姚、慈溪的协调度较稳定。空间结构上,宁波西北部县人居环境与经济发展状态较为稳定;西南部县域在经济和自然方面均略显劣势,其协调度状态呈(低—高—低—高式)正向演进;东部县域,较之经济发展程度,低发展度的人居环境导致其协调度(高—

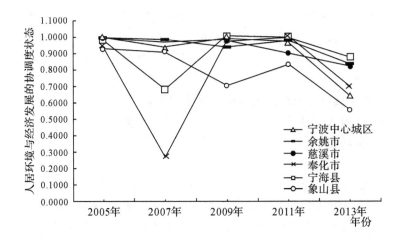

图 5-5-3　重要年份的宁波人居环境与经济发展协调状态趋势

低—高—低式)逆向演进。2005、2007、2009、2011、2013 年,宁波人居环境与经济
发展的协调度大体都呈下降趋势,东部县域协调度趋势线呈高—低—高—低式较
大幅的振荡,西南部县域协调度趋势线下降较为缓和,西北部县域则趋陡坡式下
降。而宁波这座城市的地形地貌、经济发展特色与其区域协调度差异是相符的。
因此,运用该复合方法分析城市人居环境与经济发展的协调状态具有一定指向性。

　　宁波县际人居环境与经济发展协调研究表明:住房、医疗与环保、文化教育、绿
化、生活设施的质量提升,经济基础与居民收支的保障和高端产业与外向经济的提
质是 2002—2013 年宁波西北部县域处于高度协调度状态的成因。这既对宁波中
心城区、奉化、宁海、象山的城市发展具有重要启发价值,又说明宁波市各区县应继
续重视人均住房、民生基础设施的配置及绿化覆盖率等的合理规划,并利用濒海优
势推动产业升级和外向经济发展,以提升经济竞争优势。

第六节　宁波镇海临港石化集聚对城镇
人居环境影响的居民感知

　　中国沿海地区集聚大量的石化企业,尤以大型港口城市最为集中。石化工业
作为临港型产业,在沿海数十个城市已形成石化集聚区[①]。但作为一个高耗能、高
污染、高风险的产业,沿海石化集聚区更是各类有害物质集中排放的场所,而且地

---

　　① 刘鹤.产业空间组织的演进机理与模式[M].北京:科学出版社,2013.

方受现行财税体制无法分享到石化工业的高额税收[①]。宁波市镇海区依托港口优势，大力发展临港产业，业已成长为全国重要的石化基地。不可否认，宁波石化区（Ningbo Petrochemical Economic & Technological Development Zone，NPETDZ）为当地城镇发展和经济增长做出了贡献，然而石化工业排放的污染物不可避免地对当地居住环境造成巨大影响与潜在危害。近几年，因为 PX（对二甲苯）项目落地，在厦门、大连、宁波、漳州、湛江等地发生了严重的居民反污染群体性事件，使得石化工业选址的"邻避（Not in My Backyard，NIMBY）冲突"备受关注[②]。为此，研究地方居民感知环境污染造成的城镇人居环境影响，可以刻画环境风险型产业影响的综合程度，既开拓了"邻避冲突"研究新视角，又有助于揭示城市产业空间组织的人居环境效应，对优化城市产业及其空间组织、实现城市可持续发展具有重要现实意义。

　　近年来，国外研究石化工业的生态环境影响集中在环境外部性、生态补偿及其运作机制[③]，国内关注石化工业的环境影响及其评价方法[④]。学界尚未重视石化企业集聚对地方人居环境的影响以及居民感知[⑤]，已有研究重点探讨小尺度地区人居环境特征及其成因，国外如 Bornstein 等[⑥]、Serrao-Neumann[⑦]、Bradlow 等[⑧]分别研究了海地地震后人居环境的韧性与弹性、澳大利亚昆士兰州沿海定居点的人居环境、南非城市层面人居环境和住房政策关系，国内有李雪铭等[⑨]、吴箐等[⑩]、丛艳

　　① 王益澄，马仁锋，王美.临港工业集聚与滨海城镇生态文明提升机制[M].北京：经济科学出版社，2014.

　　② 周沂，贺灿飞，王锐，等. 环境外部性与污染企业城市内空间分布特征[J].地理研究，2014,33(5)：817-830.

　　③ 王益澄，颜盈媚，马仁锋.沿海石化基地对地方生态环境补偿的科学基础与系统框架[J].宁波大学学报(理工版)，2014,27(4)：53-59.

　　④ 贾倩，黄蕾，袁增伟，等.石化企业突发环境风险评价与分级方法研究[J].环境科学学报，2010,30(7)：1510-1517.

　　⑤ 刘中梅，王续琨，侯海燕.邻避理论与公众接受技术风险的因素识别分析[J].改革与战略，2014,30(1)：86-89.

　　⑥ BORNSTEIN L, LIZARRALDE G, GOULD A K, et al. Framing responses to post-earthquake Haiti：How representations of disasters, reconstruction and human settlements shape resilience[J]. International Journal of Disaster Resilience in the Built Environment，2013, 4(1)：43-57.

　　⑦ Serrao-Neumann S, Crick F, Harman B, et al. Improving cross-sectoral climate change adaptation for coastal settlements[J]. Regional Environmental Change, 2014, 14(2)：489-500.

　　⑧ BRADLOW B, BOLNICK J, SHEARING C. Housing, institutions, money：the failures and promise of human settlements policy and practice in South Africa. Environment and Urbanization, 2011,23(1)：267-275.

　　⑨ 李雪铭，张建丽，杨俊，等.社区人居环境吸引力研究[J].地理研究，2012,31(7)：1199-1208；李雪铭，田深圳，张峰，等.特殊功能区尺度的人居环境评价.城市问题，2014,33(2)：24-30.

　　⑩ 吴箐，程金屏，钟式玉，等.基于不同主体的城镇人居环境要素需求特征[J].地理研究，2013,32(2)：307-311.

国等①分别探究大连市 184 个社区人居环境势能和大连市 10 所高校的人居环境质量、广州新塘镇人居环境要素需求差异、广州市人居环境满意度的阶层分异等。总体而言,小尺度城镇人居环境研究多以满意度为主线,常采用主成分、层次分析等方法,利用问卷调查或国情普查数据②探索主观或者主客观人居环境质量。小尺度人居环境的主观感知虽然发展了满意度测评法,但是未充分考虑居民知识、心理等因素③;虽然当前国内外已有研究核反应堆、辐射性垃圾、采煤、DDT 等 80 余种危险物的风险感知,但忽视了危险物可能是产业空间的组分或重要构成,也未能抓住风险感知之于居民最为关心的居住环境问题。鉴于人居环境研究虽重点关注城市整体或城际尺度,忽视了环境风险产业之于人居环境的重要影响,因此,探索性地将人居环境(满意度)评价引入城市产业空间对人居环境影响的探索之中,构建了小尺度城市环境风险产业空间对其周边城镇人居环境影响感知的评价体系,并以宁波市镇海区为例进行实证研究。

一、研究区域与研究方法

(一)宁波石化经济技术开发区的石化工业发展现状

宁波石化区是 1998 年宁波市政府在原镇海澥浦镇工业开发区基础上批准设立的,于 2010 年 12 月 30 日经国务院批准正式升格为国家级经济技术开发区(命名为宁波石化经济技术开发区,简称石化区)。石化区有全国最大的、年吞吐能力超 500 万吨的镇海液体化工码头,有全国最大的年炼油 2500 万吨和具有乙烯 100 万吨生产能力的炼化企业——镇海炼化,以烯烃、芳烃为主要原料,重点发展乙烯下游、合成树脂和基本有机化工原料为特色的石油化工产业,石化区内主要企业为中石化镇海炼油化工股份有限公司、中国化工进出口宁波中化化学品有限公司、浙江江山化工股份有限公司、宁波巨化化工科技有限公司、韩国 LG 甬兴公司、日本大赛璐化学、美国利安德化学公司等 60 余家石化企业。石化区地处杭州湾南岸,与对岸的上海金山、漕河泾化学工业园遥遥相对,与周边村庄、城镇的空间分布关系密切④。石化区总规划面积 56.22km²,位于镇海区的北部俞范—澥浦区片,地跨镇海区的蛟川街道和澥浦镇,东起威海路,南临万弓塘公路,距骆驼街道约

　　① 丛艳国,夏斌.广州市人居环境满意度的阶层分异研究[J].城市规划,2013,37(1):40-44.

　　② 马仁锋,张文忠,余建辉,等.中国地理学界人居环境研究回顾与展望[J].地理科学,2014,34(12):1470-1479.

　　③ 朱钦丰.居民对土壤重金属污染事件风险感知及冲突消解行为影响因素研究[D].长沙:中南大学,2012;王锋.当代风险感知理论研究:流派、趋势与论争[J].北京航空航天大学学报(社会科学版),2013,26(3):18-24.

　　④ 马仁锋,王美,张文忠,等.临港石化集聚对城镇人居环境影响的居民感知——宁波镇海案例[J].地理研究,2015,34(4):729-739.

7km,西依慈溪龙山大堤,北至规划的滨海高速路与杭州湾口的灰鳖洋相接。

(二)研究方法

1. 居民感知石化区影响城镇人居环境的评价指标遴选

石化区对地方人居环境影响的特性集中体现在[①]:①石化工业产生的"三废"导致镇海区酸雨率与酸雨等级、PM10、近岸海水环境、城市河道水质等日益恶化,降低了环境怡人度;②石化工业产生的环境危害和潜在安全危险,对当地居民健康、居住安全造成了潜在损害,并强化了当地"环境信访"为主的社会不稳定因素;③镇海区受石化工业的环境影响导致区域土地再开发难、产业升级与新兴产业发展缓慢。概而言之,石化区对镇海人居环境的影响涉及自然环境、经济发展、社会稳定、居住舒适、公共安全等。因此,遵循客观、科学、综合等原则筛选居民感知的石化区对镇海人居环境影响的刻画指标。参照国内外城市宜居性或人居环境评价研究文献[②],并结合镇海居民关心的重点和石化区人居环境影响现状,选取环境怡人、城市经济、居住安全、生活设施四类 27 个指标构建主观满意度评价体系(表 5-6-1)。

(1)环境怡人是城市人居环境的本底,包括自然生态和人工建筑。自然生态是宜居城市的首要判断标准。良好的生态环境不仅能够满足居民身体健康的要求,而且能够满足居民心理健康的要求。城镇建筑环境是以人的需求为出发点,需满足居民使用的舒适度,达到人与建筑的和谐。

(2)城市经济活力是城市人居环境的首要条件,经济发展是社会进步的基础,只有具备较高的经济发展水平和雄厚的经济实力,城市人居环境建设才有物质保障,才能创造良好的人居硬环境和软环境。经济发展促进社会文化与政治进步,使居民的精神生活水平得到提高,从而创造良好的居住和工作环境。

(3)居住安全感是宜居城市必备的社会条件,宜居城市建设既包括环境和经济

---

① 王益澄,马仁锋,王美.临港工业集聚与滨海城镇生态文明提升机制[M].北京:经济科学出版社,2014;王益澄,颜盈媚,马仁锋.沿海石化基地对地方生态环境补偿的科学基础与系统框架[J].宁波大学学报(理工版),2014,27(4):53-59;贾倩,黄蕾,袁增伟,等.石化企业突发环境风险评价与分级方法研究[J].环境科学学报,2010,30(7):1510-1517;刘中梅,王续琨,侯海燕.邻避理论与公众接受技术风险的因素识别分析[J].改革与战略,2014,30(1):86-89;李雪铭,田深圳,张峰,等.特殊功能区尺度的人居环境评价.城市问题,2014,33(2):24-30;吴箐,程金屏,钟式玉,等.基于不同主体的城镇人居环境要素需求特征[J].地理研究[J],2013,32(2):307-311;丛艳国,夏斌.广州市人居环境满意度的阶层分异研究[J].城市规划,2013,37(1):40-44;马仁锋,张文忠,余建辉,等.中国地理学界人居环境研究回顾与展望[J].地理科学,2014,34(12):1470-1479;朱钦丰.居民对土壤重金属污染事件风险感知及冲突消解行为影响因素研究[D].长沙:中南大学,2012;王锋.当代风险感知理论研究:流派、趋势与论争[J].北京航空航天大学学报(社会科学版),2013,26(3):18-24;张文忠,尹卫红,张景秋.中国宜居城市研究报告[M].北京:社会科学文献出版社,2006.

② 马仁锋,张文忠,余建辉,等.中国地理学界人居环境研究回顾与展望[J].地理科学,2014,34(12):1470-1479;张文忠,尹卫红,张景秋.中国宜居城市研究报告[M].北京:社会科学文献出版社,2006.

建设,又强调公共安全和社会稳定,将自然灾害和人为灾害等公共突发事件降低到最低程度,提供给居民一个安全的生活和居住环境,消除居民心理恐惧。

(4)生活设施便利是宜居城市的基础条件,要求拥有基础设施完备、居住舒适、生活便捷的城镇硬件,以保障高水平的生活质量,可采用交通、教育、医疗、文化、信息等的硬件设施和服务等衡量。

2. 问卷设计

问卷内容包括三部分,分别为个人属性特征、石化区对镇海人居环境影响的感知(满意度、重要性)、镇海构建宜居城市的开放式问题等。其中,满意度、重要性的感知评价,在梳理前人研究[①]的基础上共设计了 27 个题项,主要涉及石化区三废排放对镇海自然环境怡人影响、居住安全感影响、城市经济活力影响、生活设施影响等;感知重要性包括四个测量题项,分别为"环境怡人性""城市经济活力""居民安全感""生活设施便利度"四项。问卷回答均采用李克特 5 级量表形式,满意度按非常满意、比较满意、一般、不满意、很不满意五个等级,重要性按最重要、重要、一般、不重要、最不重要五个等级,对应评分值 9、7、5、3、1 分。

表 5-6-1 居民感知石化区对城镇人居环境影响的变量

潜变量	观测变量	代码	潜变量	观测变量	代码	潜变量	观测变量	代码
环境怡人	工业排放等空气污染及治理情况	V1	城市经济活力	带动经济发展	V10	生活设施便利	石化等突发事件应急对能力	V19
	污水排放和水污染及治理情况	V2		增加就业机会	V11		居民身体健康	V20
	工厂噪音	V3		加快本地城镇建设	V12		城市交通的方便快捷性	V21
	固体垃圾污染及处理情况	V4		提高个人收入	V13		教育设施	V22
	土壤、沿海滩涂污染及处理情况	V5		改善居住条件	V14		医疗设施	V23
				吸引更多的投资	V15		文化娱乐设施	V24
	自然景观	V6		社会治安状况	V16		电话通信	V25
	人文景观	V7	居住安全感	危化车等交通安全状况	V17		用电状况	V26
	街道景观	V8						
	城市清洁度	V9		食品安全性	V18		商业服务设施及质量	V27

---

① 朱钦丰.居民对土壤重金属污染事件风险感知及冲突消解行为影响因素研究[D].长沙:中南大学,2012.

3. 数据采集

宁波大学调查组于 2011 年 10 月 6—15 日和 2013 年 8 月 20—24 日访谈镇海当地居民,结合当地居民生活关心的重点,选取镇海区招宝山、蛟川、骆驼、庄市四街道和澥浦、九龙湖两镇的居民进行石化区对镇海城市人居环境影响的满意度、重要性的问卷入户调查。共发放 500 份调查问卷,回收问卷样本 327 份,有效问卷样本数 260 份(表 5-6-2),总合格率为 52%,满足研究要求。

采用 SPSS19.0 软件进行信度及效度分析。① 采用 SPSS19.0 中的 Cronbach's α 系数检验问卷变量的可信度,分析得到总量表的 Cronbach's α 为 0.853,各分量表的 Cronbach's α 系数都在 0.8 以上,表明样本数据具有较强的信度(表 5-6-3)。② 采用 Bartlett's 球形检验并观察 KMO 值,确定样本的效度;运用 SPSS19.0 测算样本分布的 Bartlett's 球形检验近似卡方统计值为 191.604、自由度为 99、显著性系数 Sig 为 0.0001,总量表 KMO 值为 0.513,说明样本数据非相关矩阵,效度较差,不适合采用因子分析法。

4. 居民感知综合测量方法

(1)确定指标体系的权重。由于效度检验表明,该样本数据不适宜作探索性因子分析作评价居民感知,为此运用层次分析法(AHP)确定表 5-6-3 中 27 个指标的权重。即采用统计分析法(Delphi)建立判断矩阵、分层次对指标进行比较;运用 YAAHP V7.5 层次分析法软件求解各矩阵的最大特征根和对应的特征向量,并归一化;引入一致性比率对一致性进行检验,当一致性比率 CR<0.1 时,认为判断矩阵的不一致程度在容许的范围之内,可用其归一化特征向量作为权向量,否则要重新构造判断矩阵对其加以调整,最终得出指标的权重(表 5-6-3)。

(2)对镇海区居民感知石化区影响地方人居环境满意度的评价,结合人居环境研究专家和被调查区域的主体(居民)二者的评价得出综合评价值,即采用评价公式,式中 $F = \sum_{i=1}^{n} V_i R_i$ 为综合评分,V_i 为居民对第 i 项指标的评价值,R_i 为第 i 项指标的权重。

二、石化区对镇海人居环境影响的居民感知分析

(一)居民感知对各观测变量的评判

将选择频次加权代入公式 $P_i = (5X_i + 4Y_i + 3Z_i + 2U_i + 1Q_i)/100$,式中 P_i 是第 i 个指标的满意度;X_i、Y_i、Z_i、U_i、Q_i 代表第 i 个指标的所有有效问卷中选择非常满意、比较满意、一般、不满意、很不满意的样本频数,得到各观测变量 V_i 的满意度分值。随后利用公式 $G_i = \sum_{i=1}^{5} i x_i / 5 \sum_{i=1}^{5} x_i$,式中 G_i 是居民感知单个观测变量的满意度得分以及 $x_i (i = 1,2,3,4,5)$ 代表回答非常满意、比较满意、一般、不满意、

表 5-6-2　调查样本统计特征

		样本数	比例/%			样本数	比例/%			样本数	比例/%
性别	男	127	48.846	居住	初中及以下	40	15.385	个人月收入	缺失	5	1.923
	女	127	48.846		缺失	3	1.154		3000 元以下	123	47.308
	缺失	6	2.307		自有房	137	52.692		3000~5000 元	40	15.385
年龄	30 岁以下	29	11.154		工厂集体宿舍	84	32.308		5000 元以上	97	37.308
	30~40 岁	38	14.615		租赁	33	12.692	就业企业性质	国有企业	66	25.385
	41~50 岁	131	50.385		缺失	6	2.308		外资企业	74	28.462
	51~60 岁	52	20.000	户口地	镇海区	168	64.615		本土私营企业	116	44.615
	60 岁以上	8	3.077		宁波非镇海	12	4.615		缺失	4	1.538
	缺失	2	0.769		浙江非宁波	31	11.923	就业行业	石化工业	126	48.462
学历	缺失	8	3.077		省外	45	17.308		废旧金属拆解业	104	40.000
	研究生	130	50.000		缺失	4	1.538		服务业	29	11.154

很不满意选项的样本数,进行标准化得到各观测变量的满意度评价得分,转化成百分制得表 5-6-4。依据张文忠等(2006)城市宜居满意度分组方法[①],设计如表 5-6-5 的五级居民感知满意度分级标准。

表 5-6-3 镇海区居民感知石化区影响人居环境的指标权重

系统层	子系统层	指标层/Vi	指标权重/Ri
居民感知度	环境怡人满意度/0.31	工业排放等空气污染及治理情况	0.22
		污水排放和水污染及治理情况	0.25
		工厂噪音	0.11
		固体垃圾污染及处理情况	0.09
		土壤、沿海滩涂污染及处理情况	0.21
		自然景观	0.04
		人文景观	0.02
		街道景观	0.04
		城市清洁度	0.02
	城市经济活力满意度/0.29	带动经济发展	0.19
		增加就业机会	0.31
		加快本地城镇建设	0.20
		提高个人收入	0.10
		改善居住条件	0.15
		吸引更多的投资	0.05
	居住安全满意度/0.32	社会治安状况	0.13
		危化车等交通安全状况	0.22
		食品安全性	0.17
		石化等突发事件应对能力	0.28
		居民身体健康	0.20
	生活设施便利满意度/0.08	城市交通的方便快捷性	0.15
		教育设施	0.12
		医疗设施	0.18
		文化娱乐设施	0.13
		电话通信	0.09
		用电状况	0.07
		商业服务设施及质量	0.16

① 张文忠,尹卫红,张景秋.中国宜居城市研究报告[M].北京:社会科学文献出版社,2006.

表 5-6-4　观测变量频数分布与得分

指标	得分频数 / %					平均值	得分
	5	4	3	2	1		
工业排放等空气污染及治理情况	0	2.7	10	30.8	56.6	1.59	31.8
污水排放和水污染及治理情况	0.8	3.8	13.1	32.7	49.6	1.735	34.7
工厂噪音	1.9	8.5	38.5	31.2	20.0	2.414	48.28
固体垃圾污染及处理情况	1.2	6.2	32.3	27.3	33.1	2.154	43.08
土壤、沿海滩涂污染及处理情况	0.8	3.1	33.8	29.2	33.1	2.093	41.86
自然景观	0.8	18.5	56.9	16.2	7.7	2.888	57.76
人文景观	1.5	18.8	60.8	13.1	5.8	2.971	59.42
城市景观	2.3	18.8	53.8	17.7	7.3	2.908	58.16
城市清洁度	2.3	17.3	35.4	24.2	20.8	2.561	51.22
带动经济发展	1.9	30.4	52.7	8.1	6.9	3.123	62.46
增加就业机会	1.5	25.8	57.3	8.8	6.5	3.067	61.34
加快本地城镇建设	2.3	23.1	53.5	14.2	6.9	2.997	59.94
提高个人收入	1.2	13.5	49.6	21.9	13.8	2.664	53.28
改善居住条件	1.5	7.7	39.2	31.9	19.6	2.393	47.86
吸引更多的投资	1.5	15.4	62.7	11.9	8.5	2.895	57.9
社会治安状况	1.5	23.5	29.6	28.5	16.9	2.642	52.84
危化车等交通安全状况	0.8	10.4	41.9	24.6	22.3	2.428	48.56
食品安全性	0.0	10.0	30.0	28.5	31.5	2.185	43.7
石化等突发事件应对能力	0.8	5.4	33.1	25.8	35.0	2.115	42.3
居民身体健康	0.4	4.6	24.6	18.5	52.9	1.841	36.82
城市交通的方便快捷性	2.7	25.0	46.2	16.5	9.6	2.947	58.94
教育设施	4.2	33.5	45.4	9.2	7.7	3.173	63.46
医疗设施	3.5	20.0	45.8	21.9	8.8	2.875	57.5
文化娱乐设施	2.3	21.9	55.0	13.1	7.7	2.98	59.6
电话通信	5.4	46.9	38.1	5.4	4.2	3.439	68.78
用电状况	5.8	46.5	37.7	5.4	4.6	3.435	68.7
商业服务设施及质量	1.2	23.1	58.1	11.5	6.2	3.019	60.38

注:处理过程在 SPSS19.0 中运行

表 5-6-5　居民感知石化区影响镇海人居环境的程度分级

等级	一级	二级	三级	四级	五级
满意度得分	90≤C≤100	80≤C<90	60≤C<80	40≤C<60	C<40
满意程度	满意度很高	满意度较高	满意度一般	满意度较低	满意度很低

　　综合表 5-6-4 与表 5-6-5 可知,①镇海居民对通信、用电、教育设施、带动经济发展、增加就业、商业服务等的满意度较高,但各项得分刚过 60,未达到一级满意

程度;②镇海居民对身体健康、工业排放、空气污染、水污染及治理的满意度非常低,得分均在40分以下,说明石化区对镇海人居环境影响非常严重,且被居民感知显著;③镇海居民对石化区影响人居环境的生活设施、居住安全、环境怡人、城市经济活力等各项的满意度评价分别为62.29、44.70、46.67、56.89,可见石化区影响镇海人居环境最显著的要素是居住安全、环境怡人,其次是城市经济活力,对生活设施便利性影响较低。总体而言,石化区影响镇海人居环境的程度是非常显著的,集中表现为居民对本地人居环境的感知评判分值都在满意度一般及其之下水平。

(二)居民感知石化区影响镇海人居环境的年龄分异

不同背景信息的居民对石化区影响镇海人居环境的感知满意度有不同的理解,年龄、学历、收入、性别等都对满意度有不同的影响。在此重点讨论各年龄段被调查居民对石化区影响镇海人居环境的认知差异(图5-6-1)。被调查居民年龄分为30岁以下(青年)、30~44岁(中青年)、45~59岁(中年)、60岁以上(老年)四组,统计显示:①各年龄段居民感知的石化区影响镇海人居环境单要素满意度不同,老年居民的满意度最高、中青年居民的满意度最低,并且中青年居民对环境怡人满意度较低、青年居民对城市经济满意度较高,老年居民对生活设施满意度和环境怡人满意度较高。差异主因在于老年人认为噪音、污水与废气排放相对2005年以前或更早年份有转好趋势;中青年人处于事业发展的高峰,对环境怡人和居民安全要求较高;青年人处于开创事业阶段,注重就业与岗位效益,他们对石化区经济影响较为满意。②各年龄段居民感知石化区影响镇海人居环境总体状况如下:老年人的总体感知满意度好于青年、中青年群体,中青年与青年群体感知分异成因在于就业机遇、生活设施与自然环境、居住安全等需求不同,深层原因既有各年龄段的经济、社会与环境需求差异,又与不同群体对各种媒介的环境保护理念、环境意识与石化环境风险的认知渠道差异有关。如青年与中青年群体以网络论坛、微博/微信为载体,更易接受环境保护的新理论、新工艺,自然对石化影响镇海人居环境产生更为深刻的反思与探索;而老年群体以广播电视、报纸为媒介接受各类环境保护知识和以自身经历反省镇海环境发展过程,相关满意度较为客观。即镇海居民感知石化区影响人居环境的年龄分异呈现文化集团性(Cultural groups of environmental problem perception)。

(三)居民感知石化区影响镇海人居环境的街道尺度分异

根据公式 F 计算被调查各街道/镇居民对石化区影响镇海人居环境的满意度(图5-6-1与图5-6-2)。①如图5-6-2所示镇海区各街道居民感知石化区影响人居环境的单要素满意度:澥浦镇的城市经济满意度最高,主要原因是澥浦镇与石化区相邻,石化区建设在一定程度上给当地居民带来经济效益;蛟川街道的环境怡人满意度和生活设施满意度均最高,是因为蛟川街道作为镇海邻近中心城区招宝山街道,且部分社区作为石化区配套产业发展的集中地,经济发展与城市基础设施建设

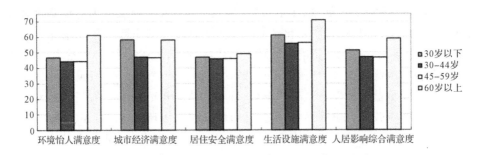

图 5-6-1　居民感知石化区影响镇海人居环境的年龄分异

等方面较好;九龙湖镇远离石化区,且辖区大部分是低山与湖泊构成的风景区,因此九龙湖镇人居环境四要素被石化区影响的居民感知评价较好。②石化区对镇海人居影响的居民总体满意度在城市内部街道之间存在差异,满意度最高的是九龙湖镇,得分为 66.72,主因是九龙湖镇靠近风景区且离石化区相对较远,噪声少,空气质量和自然景观都较好;其他街道/镇的满意度都属于最糟糕级别,其中满意度最低为招宝山街道、澥浦镇、蛟川街道,得分均在 50 以下,它们或是石化区一部分或者与其相邻,空气质量、居住安全等得分较低。显然,这印证了环境感知的空间层进性[①],也符合地理学第一定律。

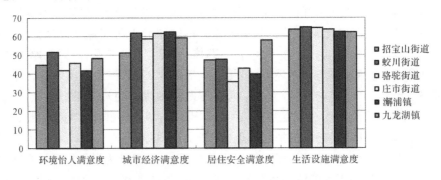

图 5-6-2　镇海居民感知石化区影响人居环境的单要素满意度

　　总体而论,石化区对镇海人居环境影响的居民感知总得分为 52.24,石化区对镇海人居环境的影响集中体现在:①居住安全感为主因,该指标项感知得分为 44.70;②环境怡人为次因,感知得分为 46.67;③城市经济活力为第三影响因素,得分为 56.89;而生活设施的影响感知得分为 62.29,满意度最高。这与各街道尺

　　① CRAIK K H. The Individual and the physical environment: assessment strategies in environmental psychology. In: William M S. Behavior, design and policy aspects of human habitats. Green Bay: University of Wisconsin-Green Bay,1972.

度的居民感知影响基本一致,即石化区对地方人居环境影响的首要因素是居住安全感知,其次是环境怡人等。

(四)居民感知石化区影响镇海人居环境的解决途径

本地居民调查真实反映出石化区对镇海人居环境存在较高程度的负面影响,但是发展现实面临不宜采用"石化区马上搬迁来消除环境负面影响"策略。为此调查过程增设开放问题"有效解决石化区影响镇海居民日常生活最为突出的问题是什么"。该问题应答人数为69,应答率为26.54%(表5-6-6)。可见:①镇海居民深知石化区环境排放危害及其他负面影响,强烈要求降低污染排放;②镇海居民非常关注自身身体健康,期望政府公布石化区相关污染指标,以降低居民的恐慌心理程度;③镇海少数居民开始关注政府环境监管职能转变与相关环境事件的心理疏导功效,提出了诸如注重居民心理引导等建议。因此,如何破解石化区的人居环境影响,镇海居民给出了自己的答案,显然政府或者学界在解决或讨论"PX事件"时需要全面关注环境损坏的直接主体及其感知,才能找到科学可行的策略。

表5-6-6　镇海居民对石化区影响人居环境的解决建议

名次	建议	频率
1	减少污染排放	22
2	重视居民健康	12
4	公布宁波石化经济技术开发区排污指标	10
3	搬迁宁波石化经济技术开发区	9
5	政府加强监管职能	6
6	加强居民心理层面引导	5
7	加强教育、医疗建设	3
8	提供就业机会	2

三、镇海临港石化集聚的人居环境影响微观感知态势

本节以镇海区居民感知石化区影响镇海人居环境的问卷调查数据为基础,通过满意度单要素评价与综合评价,探讨了转型期城市特殊功能区——临港石化工业区的环境影响与人居环境之间关系的居民感知现状及其空间差异,研究结果表明:

(1)尝试构建居民感知人居环境刻画石化区的综合环境影响,问卷调查数据的分析表明身体健康、工业排放、空气污染、污水排放及治理的居民满意度非常低,印证了研究视角的初衷。这表明人居环境质量是城镇综合发展水平与城市产业空间关联的有效媒介,居民感知的人居环境在一定程度上反映出城市产业空间组织的利弊以及可能的解决路径。同时,也初步证实了研究构建的居民主观认知的人居

环境满意度指标体系,沿用主流的人居环境或宜居城市指标是可行、科学的。概而言之,对于城市石化产业区,这一特殊功能区的人居环境主观认知具有理论上的可行性与实践上的适用性。

(2)居民感知石化区影响人居环境的街道尺度分异,既符合地理学第一定律,又表明城市产业空间优化,既要考虑传统的临港工业发展基础,如港口为核心的石化管道或海洋运输,又须考虑新生因素——环境适宜性,或者说是城市内部的综合环境适宜性,这既有居民感知由近及远出现的不同人居环境因素差异,如离石化区较近居民则反映居住安全、身体健康显著受影响,但同时其生活设施便利度比较远街道满意度较高。由此推断,传统的产业空间带动城市空间发展模式会造成居民的人居环境认知悖论,不利于城市集聚人才与社会管理。即如何实现城市产业功能区的"鱼(就业与基础设施完善)与熊掌(高质量的大气、水等自然环境)"兼得,是当前城市产业空间有机嵌入城市总体规划的亟待破解难题。

(3)城市石化区的环境影响,在被城镇不同年龄段居民感知存在差异:老年群体因其本地生活时间较长,评价具有时间序列的变化考量,环境感知相对客观;青年群体与中青年群体因其本地生活时间较短和受各类媒介广泛的环境保护事件传播影响,该群体对石化区的人居环境影响感知较为主观且呈显著矛盾心态——就业与经济收益和居住安全、身体健康、基础设施便利性的同时获得。显然,居民感知石化区影响人居环境初现文化集团特征。为此,破解邻避冲突需要尊重不同阶层的知情权,提升不同阶层认知理性化。

本节选取石化产业空间影响人居环境的居民主观感知为研究对象,初步验证了人居环境作为刻画城市产业空间组及其环境外部性的综合媒介,判别了石化区影响人居环境的首要因素是居住安全与身体健康,这对解决城市产业空间与城市总体规划的耦合、城市发展中"环境事件"的有效化解具有较高的科学价值,但研究还存在一些不足之处。首先,问卷中选取指标数量有限,本地居民环境外部性综合感知评价还欠全面。其次,当前以街道为调查单元,依此来刻画城市居民的石化区环境外部性感知评价和行为意向还显得不够充分,需要后期更多的实证研究来验证。最后,由于人居环境具有变化性与动态性,各个子系统处于不断完善与构建之中,对特殊功能区人居环境感知研究还有待于进一步完善与更新。

第六章　宁波转型发展的关键人居问题治理

本章围绕宁波转型发展动力——产业升级、土地利用优化、基础设施可达性及其协同水平，重点剖析宁波城市转型发展的"水资源与水环境、海湾与海岸带利用优化、教育空间生产与城市创新"等关键人居要素面临问题与趋势，建构保障城市转型发展的关键人居要素治理策略。

第一节　水资源、水环境与水管理的长效治理机制

水是基础性的自然资源、战略性的经济资源和公共性的社会资源，是生态与环境的控制性要素，是一切生物赖以生存发展的最重要物质基础。把治水摆上更加突出的位置，以治水为突破口推进转型升级，是宁波市城市转型发展的关键。

"五水共治"是浙江省委省政府根据浙江"水乡"省情做出的重大战略决策，其含义是通过治污水、防洪水、排涝水、保供水、抓节水来改善整个水环境和水生态，从而推进经济发展方式转型和提升生态质量。水环境是衡量一个城市宜居性的重要标志。随着浙江省各区域社会经济的迅速发展和城市化的快速推进，水资源短缺、水环境恶化、水生态退化等问题日益突出，已成为省内各区域"五水共治"面临的共性问题。从目前各区域实施的情况看，"五水共治"主要涉及水生态设施建设和水环境管理，作为政府职责，通常沿袭传统的政府及其直辖部门主导管理过程；虽然易于操作和能短期见效，但持续性难度较大。其原因在于缺乏可持续性的制度建设和社会参与，未能将"五水共治"融入社会生态系统统筹兼顾地解决相关问题，最终导致"五水共治"难以形成久治。本节选择镇海为案例，剖析其特定的区域环境、特殊的经济发展背景和未来发展目标，审视镇海区随着全域城市化的快速推进和大型临港产业的加快发展，以及镇海居民对品质生活追求的逐步提高，诊断污水、洪水、涝水、供水、节水等"五水"生态环境问题对镇海可持续发展的障碍度，构建长效机制与有效措施加以破解。

一、基于外部性理论的"五水共治"体制机制创新研究①

当前,浙江省"五水共治"取得初步成效,随着我国社会经济进入新常态,居民对生态环境质量提出更高要求。因此,如何创新"五水共治"制度设计,实现产业、人口和水环境协调发展,将是浙江省进一步深化改革,实施创新发展战略所面临的重大课题。故本节从外部性视角分析"五水共治"体制机制创新的框架和路径。

(一)"五水共治"的外部性理论分析

1.外部性的含义

对于外部性理论的研究经历了马歇尔的"外部经济"、庇古的"庇古税"和科斯的"科斯定理"三个阶段,本质是商品生产过程存在私人成本与社会成本的不一致,二者之差构成了外部性。国外学者如史普博、萨缪尔森、斯蒂格利茨等都从不同角度研究了外部性理论,我国学者结合本国国情进一步发展和应用了外部性理论。总体而言,外部性是指私人—社会收益和私人—社会成本不一致的现象。若某一经济活动对他人或社会有溢出效应,且其他经济人不必为此支付任何费用,称为正外部性;相反,若某一经济活动对他人或社会利益有减损的效应,而其他经济人没有因此得到任何补偿,则称为负外部性。

2."五水共治"的外部性分析

具有公地特征的水环境,"五水共治"理应由政府主导。但政府主导"五水共治"产生了严重的外部性问题:一是污染水环境的企业没有受到相应的处罚,使得排污者缺乏治污动力;二是政府有限财政投入"五水共治"会导致滨水区域生产要素的升值,易形成"免费午餐"漫溢该地段经营性主体,造成"五水共治"的投入和收益脱钩,导致私人收益或私人成本通过外部性转移到了社会。"五水共治"首要是治污水,工厂企业在没有约束的情况下为减少生产成本,会选择向河流湖泊排放污水,水环境的恶化给社会和居民产生了负外部性影响,而政府常常又不得不为此"买单",实质上是工厂企业的生产成本分摊给了社会。由于政府财政能力有限,大型的公共污水处理设施供不应求、设备维护成本高、污水处理效率低等问题导致了传统型"五水共治"模式治水成效低下。要改变这种状况,就必须要从"五水共治"体制机制创新上找出路,政府应制定出一系列的治水、管水和"水利益"协调机制,完善"水市场",进一步明确水权,从而形成治水的长效机制。

(二)推进"五水共治"面临的体制机制困境

1.治水主体不明晰,机构设置不合理

《水污染防治法》规定"各级政府的水利、卫生、市政、地矿、重要水源保护等机

① 王益澄,马仁锋,晏慧忠.基于外部性理论的"五水共治"体制机制创新研究[J].城市环境与城市生态,2016,29(2):33-37.

构要结合各自职责,协同环保部门监督管理水污染防治"。2019 年颁布的《水污染防治行动计划》共提出了 76 类举措,牵头部门共有 15 个,其中 11 类举措设置了一个以上的牵头部门。正是由于这么多部门的参与,水环境治理机构存在多个部门纵横交错的现象,多龙治水,分割严重,导致不同地区水事纠纷的不断发生。为此,浙江各地陆续成立了"五水共治"领导小组(或者"五水共治"办公室),统筹协调"五水共治"整体工作,但具体的治水任务还是落实到相关部门和地方政府。以宁波市人民政府网站公布的涉水部门主要职能为例,可以看出宁波市现行水资源与水环境管理权限分散于市政府及其辖区(县/市)政府的职能部门,最为集中在环境保护、水利、农业、国土资源、住房与建设等职能部门,它们不仅负责贯彻国家、省、市三级有关水资源供应与保护、水利工程设施的政策,而且还要依据法律编制本区域相关规划并执行相关监督工作。对于基层水务管理,既有纵向的上级政府指导、管理,又有横向同级部门间的协作,使得水务工作内容交叉重叠、管理效果不尽理想等问题滋生。

2. 治水机制运行不畅,"重建轻管"长期存在

"五水共治"包括地表水与地下水的治理、保护、开发和利用,成熟完善的"五水共治"体制须能涵盖水的资源量、能量、质量及对给排水等进行统一管理、规划和布局,但在实际操作层面上,不少地方在"五水共治"体制机制上存在不少症结,比如水利部门管理水量与水能,市政部门负责城市供排水,环保部门负责水污染,这割裂了水量与水质之间的有机联系,造成了多机构、部门分享权力,权责交叉治水,但环保部门在名义上全面负责水环境保护。从国外的水务管理模式看,虽然形式上不一致,但取水许可与排水许可这两大水务管理职能,都是作为规划和管理的主要内容统一在同一机构中。其中欧美等国及其地方政府,在水治理过程中纷纷将组织机构从"多部门协商的委员会"转为"大部制",在机制设计上从政府强制主导转向政策—企业利益诱导,在实施层面上强调多维网络治理。

另外,目前"五水共治"的治理模式最大的弊端是政企不分,导致"重建轻管"意识长期存在。浙江各级水务部门虽然十分重视水利工程建设,但对于水利社会化管理职能的强化提升、工程管理体制机制的改革创新力度不够,"重建轻管"现象长期存在;同时,缺少高效统一的监测系统和管理平台,相对于智慧城市、水利现代化建设要求,水环境管理手段、体制机制建设尤显滞后。

3. 涉水法规交叉重叠,政策体系不够完善

在"五水共治"实际操作中,目前,国家层面涉水的法律/法规有 40 多部;浙江省层面涉水相关规范、办法及文件逾 50 部。总体看来,国内尚无一部涉及水资源供需与保护的法律,相关内容被切分成多部法律分别实施,既造成法律多却无法完全实施,又造成部门执法易忽视边界或易越界执法,更造成省、市、县等地方或基层政府执法太多,却没有成效。

在"五水共治"的法规和标准方面,各级政府虽然出台了许多政策可供选择,但是尚未形成一个自洽的政策体系,较多手段处于试点阶段,"五水共治"法规、制度、标准尚未完善,行政命令色彩过重,"人治"多于"法治"。除此之外,包括排污许可、总量控制等在内的政策工具与管理制度之间的逻辑也未能理清。现行涉水的法规标准交叉重叠,无法无缝衔接、高效运行。

治水的基层政府处于"多规乱治"阶段,难以统筹水务工作。县是中国治理的基本单元,县域规划的类型体系既是水务工作的核心,又是"五水共治"见效的关键。然而浙江省各县涉水规划多达 40 多部。这些规划,虽有总规、专项规划、建设性控规等层级体系的从属关系,但实际也无法实现完全从属与高效衔接,甚至是地方各部门为完成政府指令性任务凑出的规划,以示政绩。因此,如何破解治水工作的规划编制与实施,既是浙江省"五水共治"的基础工作,也是基层政府有效抓住"五水共治"着力点的核心途径。

4. 市场手段力度不足,投融机制相对滞后

水环境的公共性,使区域发展过程的水环境影响易于产生外部性,实质上是私人收益或成本通过外部性转嫁给社会。目前,推进"五水共治"的核心动力是政府,自愿手段和信息手段不足,存在取水许可证管理不严、对超排企业的处罚不强、排污交易及污水处理收费不规范等严重问题。比如,现行的排污费收取标准相对较低,对排污者惩罚力度不够;而城市供水费率偏低、弹性小,水费被平调与挪用等,供水价格与供水成本严重脱节,水资源水环境的市场价值没有充分发挥。

"五水共治"的投融资机制相对滞后。地方政府财力不足,不能担负治水工程的建设与投资,严苛监管影响企业收益导致投资效率低下,对民间和企业缺乏投资吸引力。"五水共治"是一项投资大、周期长的工程,项目的建设和运营需要大量资金。这就需要对现有的投融资体制机制进行深化改革,拓宽投融资渠道,在更大更广的范围内筹措资金,为"五水共治"提供资金保障。

5. 公众参与重视不够,监督机制有待健全

在公众参与方面,一些部门和地方政府各自为政,对"五水共治"相关信息公示少、更新慢,群众知情权无法得到有效保障;激励措施少,社会各界参与"五水共治"的积极性得不到充分调动。另外,政府与企业、科研机构的通力合作不够,科研成果得不到及时转化和推广,导致一方面科研机构成果束之高阁,另一方面环保部门政令屡发不止,企业排污仍没有很大改观,"五水共治"无法取得最佳效果。

同时,"五水共治"亟待建立由上往下、由下往上的执行与监督体系。在执行体系建设上,主要面临区域水资源总量的分配及其管网建设维护,区域各类水污染源的监测与执法及其设施的管护,区域各类生产生活生态用水的定价机制构建,区域各类涉水自然灾害预警与干预机制等的职能主管部门的建设与日常信息化运营;在监督体系上,主要面临如何完善政府自我监督与制约机制的问题。确保各级政

府在区域"五水共治"中统筹性地位和基本职能得到充分发挥。

（三）基于外部性理论的"五水共治"体制机制创新

浙江"五水共治"的实践表明，"五水共治"是一项系统工程，涉及多个相关利益主体。依据外部性理论，创新"五水共治"体制机制，让市场在资源配置中起决定作用，可以使这些利益主体各司其职，形成良性互动的长效机制。因此，浙江"五水共治"应重点探索基于外部性理论的体制机制创新，提高治理成效。

1. 优化政府在"五水共治"中的职责权限

国际经验表明，市场经济体制下政府仍需要有限主导水环境治理，便利私人投资者的进入和提供可持续的有效公共服务。首先，政府作为监管者，要为"五水共治"提供完善的法律与政策支持。"五水共治"的首要任务是加强涉水相关法律制度的建设。当前，浙江省涉水法律法规看似繁多，实则交叉重叠、执法效力低下，"五水共治"，立法先行，制定完善的涉水法律法规是政府部门决心治水的先行条件。同时要理清部门职责、划分责任边界、消除管理重叠，建立系统化的协调机制，充分调动各职能部门依法治水的积极性。其次，实行水资源的资产化管理。明确水资源的产权和流域水资源的开发主体，实施有偿使用水资源策略，这是减少城市发展对水资源的负外部性影响，实现水环境影响负外部性内部化的有效途径。第三，政府让渡出部分"五水共治"管理和维护权力，引进专业的"五水共治"工程企业进行综合治理，并根据整治成效付费。政府可根据具体情况，向参与"五水共治"项目的企业提供无息贷款或财政补贴，帮助"五水共治"项目顺利进行。第四，改革现行水资源水环境管理体制，建立水资源使用的引导、监管、奖惩机制，完善相关标准与制度，加强监管能力建设，严格执法与追究，形成倒逼机制，促进城市发展。

2. 完善"水市场"，平衡"水利益"

（1）构建"五水共治"的市场化运营机制。建立"水市场"是"五水共治"可持续发展的必由之路，改变传统水资源的公共产品观念，把水作为资产从市场外部纳入市场内部运作起来，建立"五水共治"市场化运行机制，以市场的力量来用水、管水、治水。在明晰水的使用权和开发权的基础上，实施水资源有偿使用制度，将水污染对环境产生的负外部性，即生态成本内化到企业生产成本中。"五水共治"市场化治理的关键就是把水作为商品"明码标价"，以反映水在市场中的供需情况，并以市场供求关系合理制定水价。按照"谁使用，谁付费；谁污染，谁付费"的原则，推动"用水—供水"和"排污—治污"的市场化交易，以利润和成本来驱动相关企业水治理的创新动力和治污动力。除此之外，引入社会资本，尤其是民营资本进入"水市场"，以补充市场资本，形成合理的市场竞争态势。市场竞争一方面能加速淘汰掉污染严重的企业，另一方面又能促使治污企业不断通过研发投入和技术创新来增加企业利润和减少企业成本，从而形成"五水共治"的良性循环。

（2）调整"五水共治"的利益再分配机制。在"水市场"中明确"五水共治"相关利益主体对于水的市场化运营至关重要，与"五水共治"相关的利益主体主要有政府部门、水环境治理和经营企业、流域开发和生产企业、城乡居民。政府作为地方水资源的所有者，将"五水共治"的部分权力下放给相关治理企业，政府通过制定政策确保相关治理企业的合理收益，并负责监管和引导"水市场"的有序运行。其次，政府可以给予水环境治理和经营企业相关政策优惠，例如减少税收、提供补贴等方式，以此鼓励水环境治理和经营企业的发展。水环境治理和经营企业对水的治理，一方面能够产生较好的生态效益和社会效益，对水生态环境和社会产生了正外部性影响；另一方面水环境治理和经营企业通过取得相关涉水经济收益以及政府补偿，实现了正外部性内部化，从而激励了此类企业投入更多的资金去进行技术创新及研发和设备增添及维护，有利于"水市场"的壮大。在市场的作用下，水环境治理和经营企业能够获得更多的利益，同时能为社会提供高效、优质的水环境服务。流域开发和生产企业排放的污水破坏了水环境，不能再让此类企业吃免费的"蛋糕"，通过收取排污费的形式将其对水环境的负面影响内化为企业成本。政府应提升对排污企业的监管，可以以年为时间单位进行考核，如果到期没有降低污水排放量，将对其进行加倍处罚或令其停产。城乡居民作为"五水共治"的直接体验者和参与者，通过"五水共治"，一方面需要支付更高的水费，另一方面也能够享受到更优质的水生态环境。同时，适当提高水费可以让居民更加主动地珍惜水资源、爱护水环境。

(3)引入第三方参与"五水共治"的监控和治理机制。引入除政府和市场以外的第三方参与"五水共治"，也是创新体制机制的一项重要内容。水环境的公共物品属性常导致水资源配置扭曲，水环境产品"市场失灵"，加之政府干预不当，浙江水治理中同时出现"政府失灵"。因此，引入社会团体、居民参与水环境管控能化解政府、市场双重失灵。政府应推动建立水治理的"事前可参与、事中能监督、事后可诉讼"公众参与体制。同时，引导社会组织和民众有序参与水环境监管，化解"邻避效应"，防止爆发环境群体性事件。创新"五水共治"的体制机制，就是要以政府不买工程买服务、引入专业治理企业和第三方机构，并按照治理效果付费的方式推进"五水共治"，创新水质长效提升的市场化运作机制。政府通过招标方式确定水质监测或维护单位，按照合同约定与第三方监测数据，考核水质维护单位。要以长效提升为理念，建立水质日常维护模式，对治理目标进行动态管理。

(4)建立"五水共治"的水生态补偿机制。建立"五水共治"的水生态补偿机制，可以吸引更多社会优质资本参与"五水共治"，推动环保产业的发展，使得环境建设的外部效应内部化。在"五水共治"项目启动前，政府职能部门要联合划定"五水共治"项目受益的区域范围，确定基准地价，核定受益区块土地升值影响系数。由政府土地交易部门从土地交易金中分离出来，支付给"五水共治"项目业主和承担企业。同时，"五水共治"项目业主和承担企业还应获取相应的污水处理费等相关收人作为补偿,以吸引更多优质社会资本参与"五水共治"。

二、宁波市镇海区水环境保护面临的形势与关键问题

(一)黑臭河比重高,营养盐污染严重,平原河网代谢缓慢

镇海河流根据地形分为 5 个水系,其中十字路水库、郎家坪水库、三圣殿水库所在区域位于甬江以北,属于甬江流域,主要河流有中大河、前大河、沿山大河、江北大河和万弓塘河等,组成纵横交错的河网。全区现有"三河(垃圾河、黑河、臭河)"10 条,长 8250 米。镇海"三河"两岸部分区域的规划蓝线存在不同程度的破坏情况,主要为居民、企业、三产单位、畜禽养殖户的违章搭建和垃圾堆放;堵塞的原因主要为河道淤积、工程施工、水利闸门、垃圾倾倒、河坎坍塌。镇海区地表水质评价监测点位数据显示:骆驼点位 2013 年磷、氨、COD 均超标,贵驷点位 COD、磷、氨点位数据均超标;汶溪点位 2012 年为Ⅲ类水质,骆驼与贵驷点位鉴测为Ⅳ类水质,且呈恶化趋势。镇海河网主要由通过张监碶闸入甬江的中大河水系和通过蟹浦大闸入海的蟹浦大河构成,共设置 5 个监控断面。2013 年监测结果表明,镇海河网以Ⅳ类水质为主,属轻度污染,其中汶溪断面符合Ⅲ类水,其余的骆驼、马家桥、广源桥和贵驷 4 个断面均符合Ⅳ类水,无劣Ⅴ类重度污染断面。水质优良率为 20%,功能达标率 100%。平均综合污染指数 P 值为 0.62,其中贵驷河段最高,P 值均为 0.72,汶溪最低,P 值为 0.42。主要污染项目为总磷、氨氮和 COD,与 2012 年相比水质无明显变化。采用单因子评价方法分析镇海区所监测的 10 个"三河"点位,水质均为劣Ⅴ类,可见镇海区的"三河"水质污染十分严重。从不同监测因子的污染程度看,TP、NH_3-N 超标十分严重,DO、COD_{Mn} 次之,表明镇海区"三河"受营养盐污染严重。

(二)国家与浙江省新一轮改革发展要求"五水共治"

2014 年的改革,要从时间表倒排最急迫事项改起,从老百姓最期盼的领域改起,从制约经济社会发展最突出的问题改起,从社会各界能够达成共识的环节改起。抓"五水共治"完全符合这"四个改起"的要求,符合党的群众路线教育实践活动的要求。2014 年,镇海发展面临新形势,改革步入新阶段,必须应对新挑战、体现新要求,根本就在深化改革创新。"五水共治"是牵一发而动全身、推动全面深化改革的一石多鸟举措,既扩投资又促转型,既优环境更惠民生。抓好"五水共治"就是抓改革、抓发展,是推动镇海转型升级的关键抓手,是建设"美丽镇海"的重要内容,是提升人民群众生活品质的迫切需要。要从推进镇海新一轮改革发展的高度来深刻认识"五水共治",要从抓"五水共治"就是对未来负责、对子孙后代负责的高度来认识"五水共治"的重要性、紧迫性。

"五水共治"表面上是水的问题,根源远不在水本身,归根到底,还是在我们的发展模式上。无论是治污水、防洪水,还是排涝水、保供水、抓节水,都直接或间接

地跟产业模式有关系。只有多管齐下,以转型升级的举措抓治水,以"长痛不如短痛"的理念抓治水,以壮士断腕的勇气抓治水,才能从根本上走出"边污染边治理"的怪圈。

三、保育与提升镇海水资源环境的理念、切入点与推进机制

(一)提升镇海区水环境的科学理念与科学选择

改善镇海水环境的当前要务,在于清醒认知五水共治的科学理念与方法选择。

科学理念层面,要做到:①资源化理念。循环可再生性是水资源区别于其他资源的基本自然属性。因此,水环境治理要从保护水资源、合理利用水资源出发,从开发、排放、单向利用向综合利用、循环利用转变;提倡水资源就地循环利用,把"死水""静水"变成"活水""动水"。②生态化理念。水环境治理要从单纯工程治理向水生态整体优化转变;根据水生态容量,实行用水和排水总量控制,建立健全排水许可和取水许可制度,实现水生态的可持续发展。③一体化理念。水环境治理一定要考虑系统性、整体性、连续性,实行一体化管理。理顺管理机制,成立统一的水资源行政管理和执法机构——水务管理部门。④法制化理念。水环境治理要从行政治水向依法治水转变,从政企分开向管养分离转变。严格执法,严格管理。提高公众参与度,让居民有知情权、举报权、建议权和监督权。⑤智能化理念。建立水资源和水环境信息管理系统,采用高科技手段和方法,逐步做到水环境 24 小时实时动态监控,提高水环境管理的智能化水平。

水环境治理技术的理性认知与科学选择层面在于:首先是认识到水环境生态恢复都需要漫长的周期,必须遵循自然规律行事。其次,水环境的主要治理措施有治污、截污、清淤、引水冲污、曝气增氧、微生物治污、化学治污、种植水生植物、养殖水生动物等。但是在众多的方法中,只有"治污"与"截污"的方法最可靠,可以长期使用,其他方法都只能是辅助方法。最好的方法是"无为而治",就是"不让污水进入水环境"。

(二)镇海区"五水共治"的切入点

镇海区的社会与经济发展在全国居前列。过多集聚的人口和产业,总的生态足迹远远大于镇海区的地域面积,这是水环境恶化的最根本原因。那镇海"五水共治"的出路何在?中国文化认为做一件大事必须有"天时、地利与人和"。所谓"天时",即从中央到地方各级政府十分重视,一些大的治水工程措施会得到支持。然而,这种"天时"其他地方也有,并非是镇海区的独有优势。"地利"在水环境治理中非常重要。镇海地处水系末端,源头水质受上游控制,区内水库均为小型水库,库容小,不能供给较多的生态用水。同时,由于镇海区大部分区域地势平缓,水体流动性差,水环境的自净能力弱。因此,镇海区的"五水共治"无"地利"优势。剩下只有"人和"一条路可走。"人和"可以理解为"万众一心""发动群众""发挥人的主观

能动性""练内功提高管理水平"等。因此,镇海区的"五水共治"要做足"人"的文章,充分调动镇海区各级干部与群众的积极性,发挥他们的聪明才智。具体可以从下列几个方面切入。

(1)打一场"五水共治"的人民战争。水环境治理是一项民生工程,关系到每一个人的切身利益。每个人的生活都会对环境产生影响,对水环境的恶化都有责任,因此,人人都有保护水环境的义务。"众心齐泰山移",在"五水共治"中倡导领导带头,各单位、社区和村庄等基层组织通过开展清洁家园、爱国卫生运动、招募环保志愿者等活动发动群众保护水环境。还可以通过对损害水环境行为实行"有奖举报",评选优秀志愿者、先进单位等举措提高群众参与的积极性。

(2)构筑多道保护水环境防线。通过实行"河长制"将保护河道水环境的责任落实到人。环保局、建交局、城管局、工信局、农业局等与水环境有关的部门,各自严格执行环境质量标准,坚守好自己的防线。如环保局严格管控好污染企业,农业局严格管好畜牧养殖污染、农村生活污水的生态化治理,建交局严格做好防洪与给排水管网建设,城管局严格管好居民生活污水排放等。只有每一道防线都没有漏洞,水环境好转才真有希望。

(3)尽快完善治水基础设施。西方发达国家水环境好的一个重要原因是其具有先进、完善的治水基础实施,如欧洲一百多年前的城市污水管网已相当先进与宏大。不仅大城市有污水处理厂,分散的农村民房也有分散式的生态化污水处理装置。要尽快完善镇海各级污水处理厂的建设与扩容,使农村污水生态化处理全覆盖。同时,要配套雨污管网系统,实行雨污分流。"引水冲污"是一个改善水体流动性和应对突发性污染事件的有效方法,镇海要创造条件从余姚江翻水,为河道进行生态补水和水体更新,如果能从水库引水则更佳。

(4)标本兼治,循序渐进。在众多的治理方法中要首选治污与截污,这是治本。同时辅助增氧、种植水生植物、放养水生动物等措施。遵循"先重、后轻、再提标"渐进策略。优先治理垃圾河、黑河和臭河,再治理富营养化程度高的绿河,然后再提升水质标准到Ⅳ类。

(5)严格管理,保持水环境治理效果。从国内其他城市和宁波市区的河道治理经验看,治水工程设施的管理与水质维护是一项长期的、细致的工作。对水环境的静态的、粗放式的管理必须走向动态的精细化管理,不做到这一点再好的基础设施也会形同虚设。如宁波市的截污工程花费了大量的资金与人力,但由于管理工作没有跟上,并没有发挥出应有的作用。

(6)加强宣传教育,培养公民的环境美德。从环境伦理上说环境脏了首先是心灵脏了,只有心灵干净了环境才能干净。因此,要充分发挥宣传机构与媒体的作用,教育广大群众从我做起,提倡节俭生活与适度消费,减少个人的碳足迹与生态足迹,人人争当保护水环境的模范。只有广大群众有了良好的环境美德,我们优良的水环境才有了根本的保证。

(三)镇海区"五水共治"的推进机制

1. 统筹谋划,明确目标

(1)抓紧制定全区层面"五水共治"联动规划。组织开展水环境污染现状调查和全区管网普查,在摸清底数的基础上,以河道水环境容量为重要依据,重点结合城市建设和产业发展规划,高起点、高标准地科学编制全区层面"五水共治"联动规划,统筹谋划"五水共治"的技术路线,总体部署治水作战图和工程项目明细表,做到心中有数,方便群众监督。"五水共治"联动规划要有效衔接镇海分区规划、土地利用规划、产业发展规划、村庄建设规划,与镇海总体发展目标和区域发展方向相衔接。

(2)理清"五水共治"的工作重点和思路。五水共治,治污为先。以城乡水系为脉络,以河道流域为主线,以治污为重点,集中整治"黑、臭、脏、乱"水体,其他"四水"(排涝水、防洪水、保供水、抓节水)齐抓共治、协调并进,营造"水韵悠长、绿意盎然"的生态文明景观,按照"城乡一体、治污为先、多措并举、综合治理"的总体思路,持之以恒,点面结合,持续深入推进城乡水环境的"五水共治"。

(3)明确"五水共治"的工作目标。镇海"五水共治"必须结合镇海实际,根据镇海水环境现状,牢牢抓住主要原因、主要矛盾,把握轻重缓急,分步实施。近期以"消除区域内黑臭脏水体,实现'水清、无味',改善人居环境"为目标,中远期以"持续改善河道水质,逐步恢复水生态,促进全区水环境功能区逐步达标"为目标。

2. 强化措施,加快推进

(1)推进"五水共治"倒逼产业转型升级。以"五水共治"为契机,通过政策引导和环境导向,切实转变经济增长方式,倒逼产业结构层次提升。加快化工、电镀、印染等高污染行业的淘汰和整治提升,"关停并转"一批低效益高排放企业,综合运用市场准入等政策鼓励循环经济发展;着力推进农业转型,坚持生态化、集约化方向,推进种养殖业的集聚化、规模化经营和污物排放的集中化、无害化处理,控制农业面源污染。

(2)启动实施一批"五水共治"重点工程项目。把治水项目列入区内各级政府和部门为民办实事的内容,集中落实一批立时见效的应急项目,启动一批有决定性影响的重大基础设施项目,建设一批"五水共治"大工程大项目。加快实施全区河道综合治理工程和雨污分流管网改造工程。实行河道管网规划与建设管理"全区一张图",提前谋划污水处理厂三期扩建和管网配套工程,在全区实现城镇截污纳管基本覆盖,农村污水处理、生活垃圾集中处理基本覆盖。深入开展河道沿线水环境卫生整治工程,三年基本达到水体不黑不臭、水面不油不污、水质无毒无害。加快防洪水和强排水等水利工程建设。推进节水新工艺、新技术和新设备的应用,大力实施中水回用和再生水利用工程。

（3）制定区域水安全应急处置预案。在水安全方面，要"两手抓"，抓防洪与抓水调控。水果、蔬菜对水淹特别敏感，如果江水倒灌，就会出现阳光下农作物水淹情况，造成农村社会不稳定。另外，"姚江东排"工程对镇海河道补水、泄洪、冲污、改善水质具有重要作用，因此，要认真做好姚江水泄洪和调控工作，必须指挥得当和管理到位，这也是镇海新时期水安全重点之一。同时，在水环境应急处置方面，要调整思路，整合资源，指挥、调度、配合等方面要步调一致，形成合力。

3．理顺体制，完善机制

（1）强化责任。实行"五水共治"地方行政首长负责制和职能部门行政首长负责制，进一步明确区与市、区与乡镇（街道）、区与区级部门责任。构建属地政府负总责、区级部门齐抓共管、社会公众和企业积极参与的联动工作机制，层层签订责任状，层层落实，责任到人，让企业承担起社会责任。做到建设、管理、养护责任分工明确，形成属地化、网格化、立体化监管体系，实现"五水共治"的工作责任全覆盖。

（2）完善机制。一是制定实施"五水共治"工程项目的质量监理保障机制，对治水工程和项目细化责任、强化监管，明确施工、监理、验收各环节责任人，登记在案，有据可依，有责可查，确保工程质量安全可靠。二是实行"五水共治"奖惩激励考核机制，把治水作为区内各级政府各部门重要的实绩考核内容，把治水作为领导干部年终述职的必讲内容。三是建立健全"五水共治"巡查监管工作机制，强化水环境巡查队伍建设，加强对重要水域、重要部位的监测力度和提高监测频次，为"五水共治"提供技术支撑。四是建立行政审批与严格执法联动工作机制，严格依据"五水共治"规划和河道环境容量，强化新上项目的环评审批，严格执法，加大对违法排污企业（单位）监管、查处力度。五是建立健全地方水环境保护的政策法规保障机制，加快治水地方法规和政府规章建设，加强治水政策和对策研究，尽快形成有利于治水的激励机制、惩戒机制和要素保障机制。强化涉水司法保障，严厉打击涉水违法犯罪行为。

（3）强化资金投入。积极争取上级政府对治水项目的资金支持，合理确定区内各级政府的投入比例，争取各类金融机构更多支持，积极吸引各类社会和民间投资。要将水环境治理经费和常态化、日常化的长效管理经费纳入财政预算，保障持续投入。把"三公经费"削减下来的钱用到水利建设上，用到治水的刀刃上。建立政府引导、市场推动、社会参与的水环境治理工程投入新机制。鼓励镇海籍宁波帮人士回归投资治水项目，广泛发动镇海籍商人投身家乡公益治水。

（4）强化宣传教育。充分发挥广播电视、报刊、网络宣传和政务微博等新闻媒体的舆论引导作用，大力宣传"五水共治"的民生目标、重要意义、生动实践和新鲜经验，让人们懂得热爱水、珍惜水、节约水，切实增强全社会的亲水、爱水、保水意识。通过新闻媒体专栏和跟踪报道，对群众关心的"五水共治"中的热点、焦点、难点问题,进行解疑释惑、及时引导,曝光不文明行为。充分结合普法教育,加大水法律法规、环保法律法规的普及教育。建立和完善"村规民约",让村民有爱水、护水的意识。同时,政府在治理实施中,要公开透明,让群众充分参与,从自我做起,形成全民治水、爱水的良好氛围。

(5)加强组织领导。区委、区政府要成立"五水共治"领导小组,专门研究镇海区"五水共治"重大问题。成立统一的水资源行政管理和执法机构——水务管理部门,负责"五水共治"的统筹谋划、日常协调、督查考核等工作。必须广泛发动和组织人民群众参与"五水共治",发挥工会、共青团、妇联等人民团体和社会各界作用,发挥驻地人民解放军、武警部队和民兵预备役人员在建设治水工程、参与抢险救灾中的生力军作用。大力开展"五水共治"志愿者活动,在全社会营造人人参与、人人有责、人人共享的良好社会氛围,以强大的凝聚力和创造力,形成"五水共治"破竹之势。

四、提升镇海区水资源与水环境的具体举措

(一)强化污染源头防控和治理,减少污染物排放量,扭转水环境恶化趋势

(1)企业、园区及污染区块水环境整治工程。深入开展临俞工业区、物流枢纽港区域、风景九园和鑫隆花园周边区域水环境整治,严查偷排漏排,系统梳理、疏通、完善内部污水管网,污水经预处理达标后排入城市管网或污水处理厂。将石化区蛟川片、澥浦片污水管网统一改为明沟、明管,避免污水管网破损导致污水漏排,提高污水收集率。建设九龙湖紧固件工业区截污管网,加快紧固件集中酸洗中心建设,建设全封闭自动化酸洗生产线,酸洗统一纳入酸洗中心处理。加强企业内部排污管网建设,企业生活污水原则上统一纳入城市管网,对于暂不具备纳管条件的企业,其生活污水也要因地制宜限期治理。

(2)城镇截污工程。继续推进城镇截污工程,建设海天路、镇浦路等污水主干管;对城镇农贸市场、餐饮业、洗车业、洗浴(脚)业及其他商业经营网点产生的污水实施整治;加强雨污管道混接区域排查、改造,扩大管网覆盖,提高污水收集率。到2016年,计划建设污水主次干管总长度约54.05km,城镇污水处理率达到96%以上。

(3)农村生活污水治理工程。深入推进农村生活污水治理工作,到2016年,计划再治理62个村庄的生活污水,其中纳厂处理11个,生态处理23个,集居治理28个,农村生活污水治理率达81.5%。

(4)污水处理厂扩建工程。近期安排宁波北区污水处理厂扩建、镇海污水处理厂扩建、石化区污水处理厂扩建等工程,建设总规模16.6万吨/日,扩建后污水处理厂总规模达到32.6万吨/日。

（5）畜牧业环境整治工程。围绕我区"高效、生态、精品"的农业主调，调整畜禽养殖业布局，培育和推广污染小、见效快、科技含量高的特色畜禽养殖。设置禁养区、限养区，禁养区内禁止畜禽养殖，畜禽养殖场（户）限期关闭拆除；限养区内畜禽养殖场（户）进行改造提升或关闭拆除，污水污物达标验收后方可保留。到2016年，全区计划关闭规模畜禽养殖场（户）190个，生态化提升改造规模畜禽养殖场（户）26个以上，区域规模化畜禽养殖场（户）粪便综合利用率达98%以上。

（二）推进河道综合整治，优化水系调度，修复河道生态功能

（1）加快推进骨干河道互联互通行动。继续实施区域骨干河道整治工作，计划完成"姚江东排"镇海段三期整治工程5km，完成"镇海东排"南线工程6km，河道防洪排涝标准提升至二十年一遇水平；结合泥螺山围垦二期工程外移灏浦大闸，建设新泓口泵站。力争在"十二五"末全面完成上述工程建设，继而形成横贯东西南北的排涝通道，优化区域防洪抗涝能力。

（2）继续推进河塘清淤疏浚保洁和清障拆违工作。按照"全面规划、重点突出、系统推进"原则，以增强河道灌排能力、增加河水流动性、减少河底淤泥为目的，扎实做好河塘清淤疏浚工作，至2016年，完成78条100km河道的疏浚和清淤工作。继续开展"双清""四边三化""三改一拆"专项行动，加大河道清障和拆违力度，彻底清除河道内违章搭建的捕捞设施和河岸违章建筑。强化河道保洁工作，实施河道保洁市场化运行机制，做到"河面无杂草、无漂浮物，河内无障碍物，河岸无垃圾，河边无违建"。

（3）实施河道生态修复。开展河道生态治理修复工作，进一步改善水环境质量，至2016年，建设生态河道55公里以上。此外，在确保防洪安全的前提下，尽可能保持河流的自然形态和自然属性，探索应用生态工程和生物技术，综合采用河道造流曝气增氧，种植去污能力强、观赏价值高的水生植物，放养去污能力强的本土鱼类、贝类，消减水体中富含的氮、磷，净化水质，实现河道生态系统的良性循环，保持和恢复河流生态系统的完整性，发挥河道功能的多样性。

（4）控制污水影响，完善生态引水调水能力。由于区域主要水源是姚江翻水，而江北庄桥大河沿线存在大量养殖企业，导致上游水源污染较为严重。此外，宁波大学、宁波纺织职业技术学院、宁波工程学院等院校周边污水管网缺乏，导致路林河水质污染严重，进而影响庄东河、杨家河等河道水质。因此要加强跨区域协调，协调推进庄桥大河沿线畜禽养殖污染、城乡生活污水的整治工作和宁波大学周边污水管网建设工作。

继续以"活水工程"建设推动城乡河道生态用水的有序调节，采取外江内河联动、加大水源补给、推动河道水体流动等措施，通过姚江调水、水源引水、河道输水、降雨换水等手段，争取实现区域从姚江年调水量2000万 m^3，实现生态用水的统一调配，努力提高河网的水动力条件，提高水体调控效果，提升水体质量。

（三）推进河道岸线整治，建设河道水景观休闲带，拓展河道休闲空间

围绕"河道水体"这一中心，在河道两岸空间配套建设景观绿化、休闲游憩、文化娱乐等水景观工程，充分发挥河道生态、景观、休闲、文化等综合功能。建设水景平台、滨水公园等水景观休闲带，改善沿河城镇的环境品质，推动周边地区经济和文化发展，计划新增景观休闲带面积 15 万 m² 以上；推进"水环境示范镇、村"等创建工作，计划完成建设水环境示范乡镇 1 个，新增市级水环境示范村 6 个。

（四）监测管理保障

（1）强化重点污染源监管，杜绝偷排、漏排和超标排放。综合采取法律、经济、技术和必要的行政手段，坚决调整产业结构，关停清退超标排污企业和养殖场（户），逐步淘汰劳动密集型产业、污水无法进入截排系统的企业，逐年减小废水量和主要污染物排放量。对重点污染源实行动态管理，每年根据实际排放量更新重点污染源名单。强化河道及饮用水源检查，加强沿河沿海企业排放口及入海口检查、酸洗行业明沟明管及防渗检查，加大环境违法处罚力度，解决违法成本低、守法成本高的问题，杜绝偷排漏排和超标超量排污。

（2）增加水环境监测点，强化水环境质量监测，并将水环境质量与干部考核挂钩。为防止出现"监管真空"，确保整治方案落实和水质改善，在现有 9 个水质常规监测断面的基础上，新增 17 个监测点，实时监控主要河道水质数据。将河道水环境质量与干部考核相挂钩，加大环境保护责任考核在整个干部责任考核体系中的地位。

（3）加强项目管理，实施区域限批或行业限批。区域限批：对各种禁止开发区域及不符合区域环境准入条件的项目坚决不批。对限制准入区域中，符合环境准入条件的，按污染物特征及周边环境状况实施区域限批。

行业限批：全区范围内原则上不再新批燃煤锅炉、燃油锅炉（包括煤气发生炉）。不再新批代加工电镀、酸洗、磷化等污染项目和生产工艺落后的精细化工项目。

企业限批：对于出现废水偷排、超量排放或水污染物不能稳定达标排放等情况的企业，暂停审批其所有的新建、扩建项目。

规范建设项目环境影响评价的审批和验收工作：在严控工业污水排放的基础上，应严格核算建设项目生活污水排放量，并在环评批复中予以限定；对于不具备纳管能力的企业生活污水，须建设生活污水处理设施，并纳入竣工环保验收内容。严把验收关，对建设项目未经验收擅自投运、久拖不验、超期试生产等违法行为，严格依法进行处罚。

（五）应急工程保障

（1）水源地保护。严格按照国家和省市有关规定，控制在饮用水源保护区内进行各项开发活动和排污行为，对威胁饮用水源的污染源必须优先予以整治，近期对三圣殿饮用水源保护区内的九龙湖秦山石英砂厂、九龙湖盛发高硅材料厂、镇海天龙水业有限公司、镇海九龙饮用水有限公司 4 家企业进行关闭或搬迁,确保饮用水源安全合格,严格控制水源水库旅游开发活动。

（2）水污染灾害应急保障。目前九龙湖镇供水尚没有纳入宁波供水大网,由河头水厂和汶溪水厂供水,需制定饮用水水源污染应急预案,对威胁饮用水水源地安全的重点污染源要逐一建立应急预案,建立饮用水水源的污染来源预警、水质安全应急处理和水厂应急处理三位一体的饮用水水源应急保障体系。

针对沿河工业企业、园区可能发生的爆炸、泄漏及高强度排放事件,需建立重大水环境污染事件防范与应急系统。建设、完善污水预处理设施,确保生产污水经过预处理后达标排放;建设企业直排事故池,确保当受到污染的清净下水或消防水以及溶有化工原料、废液的初期雨水流入厂区雨排系统后进入应急事故池;完善园内片区雨排事故应急池,防止区域内企业污水一旦流入园区雨排管网后直接污染水体。

第二节　宁波发展愿景的海岸海湾治理方略与海岸带利用优化策略

海岸带既是陆地向海洋延伸的陆海相互作用最强烈的地带,又是复杂、动态的地球表层自然系统,也是高强度人类活动和全球气候变化双重影响下的空间单元。全球变化影响和人类活动压力下海岸带陆海相互作用与可持续发展的研究已超越传统地理学和海洋学的范畴,基于海岸带自然与人文因素综合性评估,探索宁波海岸带与湾区经济发展的地域功能及其空间治理,有利于提升宁波海岸带、湾区经济的陆海统筹和可持续发展水平,有助于科学地认识宁波海岸带与湾区经济成长规律,支撑宁波 2049 愿景的践行。

一、面向城市愿景的宁波海岸海湾空间治理方向

改革开放以来,宁波市共开展过三次城市总体规划编制工作,分别于 1986 年、1999 年、2006 年三次经国务院批准,对指导城市发展具有重大历史意义。1986 版城市总体规划,提出了宁波老市区、镇海发展区和北仑开发区的三片区发展模式。1999 版城市总体规划,明确了我国东南沿海重要港口城市、长江三角洲南翼经济中心、国家历史文化名城的城市性质,至今未变。2006 版城市总体规划,在浙江省加快城市化进程,大小洋山港、杭州湾跨海大桥等重大基础设施建设的背景下开展。

随着中央新型城镇化工作的推进,国家"一带一路"、长江经济带和海洋经济等

战略的实施,宁波市积极建设"名城名都",努力提升城市综合实力和国际竞争力。与此同时,现今中心城区人口与用地规模均已突破 2006 版总规的远期目标。面对新形势、新任务、新需要,宁波市委市政府在 2015 年启动了对 2006 版总规的修改,提出"定底线、调结构、强统筹、保民生"的修改目标和任务。2017 年,宁波市政府启动 2049 战略研究。

未来,宁波既要着力推进"建设国际港口名城,打造东方文明之都"的目标,又要提升城市宜居、宜业、宜游之于普通百姓获得感和福祉分享水平。海岸带与湾区经济是宁波经济社会转型发展的重要战略空间,又是宁波落实国家战略的主体阵地。海岸带与湾区的可持续发展,亟待突破如下困境:

一是空间管制能力增强行动。健全与整合市域海岸带、湾区、海域和陆域的空间规划体系,研制市域陆海空间规划一张蓝图,完善规划引导项目布局的管理制度,制定空间规划编制管理办法,规划协调的法律制度。推进部门协同的空间管理机制,探索统一的空间管理体制,增强市域海岸海洋的空间管制能力。

二是海岸海湾生态环境质量改善行动。以改善海岸海湾生态环境质量、推动蓝色经济的绿色发展为根本目标,以机制改革、制度创新、模式探索为行动重点,从源头上控制污染,完善陆源污染防治、海域环境和跨界海域治理机制,建立陆海统筹的海岸海洋污染防治机制和重点污染物排海总量控制制度。科学建立网格化海岸海洋环境监管体系,形成相关部门各负其责、全社会广泛参与的生态环境监管体系。

三是市场作用力度的提升行动。以海岸海洋资源环境市场主体和市场机制建设为重点,通过协调推进海岸海洋资源资产确权登记,加快建设基于地理信息系统的海岸资源环境产品交易和投融资主体审批系统;按照价格调节供需或生态补偿机制思路,加快海岸海洋资源性产品价格改革,完善排污权交易体系、海域有偿使用制度、海洋生态补偿制度,在海岸海洋资源环境市场体系建设中实现率先突破,提升体制机制改革的市场力贡献度。

二、面向不确定性的宁波海岸海湾利用响应重点

经济全球化进程,加速了全球沿海城市和地区之间经济增长和繁荣的网络化。网络化的全球经济发展面临着文明冲突、经济结构惯性、生态环境脆弱性、科技创新周期性等诸多方面综合作用。由此,沿海城市与地区发展产生了复杂性、不确定性。作为全球变化和人类活动双重驱动的海岸带与海湾城镇、产业、居住环境,精确预测其发展是不可能的,未来的不确定性成为沿海城市与区域发展的挑战之一。为此,宁波海岸海湾利用应侧重如下三方面积极响应:

一是立足宁波海岸海湾及其周边区域问题认清现实。对于未来不确定性下的宁波海岸海湾发展战略和发展目标的阶段性、区际趋同性的风险等问题的理解,要立足现实进行渐进性修正,明晰海岸海湾当前所处发展阶段与面对的发展瓶颈。

二是提高宁波海岸海洋生态—生产—生活空间的协调和应对的能力。在长远发展目标和挑战的前提下,海岸海湾地区对未来的不确定性取决于"三生空间"适应能力的高低。因此要为宁波海岸海湾未来发展留有足够的发展空间和余地,增强区域"三生空间"弹性和活力。

三是坚持宁波海岸海湾的基准发展路径。生态环境良好、文化底蕴丰厚等突出的城市最终都将获得经济社会收益与价值,以稳定的海岸海湾基准发展路径来应对未来不确定性将是一种最优策略。对于宁波海岸海湾而言,其最重要的资源是岸线、港口和宁波帮精神,为此应该坚定不移地去保护优良的岸线、港口,传承与彰显海洋文明主导的创新创业、勇闯世界的文化品质。持之以恒地建设稳定平和的社会氛围,为本地市民的宜居、宜业、宜游提供保障。

三、面向本土居民的宁波海岸海湾品质塑造路径

海岸海湾的资源环境条件及其组合,决定了城市与区域海洋经济活动开展的"可能性"。对于宁波而言,海岸海湾利用还受宁波—舟山港腹地的人地关系、海域跨界治理等因素的作用,这类因素促成的自组织作用对于宁波海岸海湾发展往往更具"决定性",驱动着宁波海岸海湾利用的持续演替。宁波靠山濒海,地理区位资源得天独厚,但与国内外著名海湾型城市相比,仍有不小差距。城乡发展与规划需要高起点,需借鉴国际先进经验,建设一座符合宁波人文特色、体现高品位、高档次的国际海湾型城市,从而提高宁波在全国乃至全球的竞争力、辐射力与影响力。

一是确定岸线多功能性,构建多目标适宜性海岸海湾空间规划体系。综合考虑生态红线、休闲旅游、农渔业生产以及港口—工业—城镇开发的多功能土地利用需求,确定岸线多目标适宜性空间管制,引导海岸海湾人类活动塑造"理想图景"。首先强调多功能与多目标的价值导向"融入"海岸海湾地区部门规划之中,"融入"后的空间规划既符合适宜性的导向,又与部门规划"无缝对接"。通过部门规划的实施,明确开发与保护活动执行主体,建立有效行动体系,全面提升宁波海岸海湾综合治理水平。

二是以生态空间的节律性引导生产、生活空间的向海发展结构与轴网。充分对接市域主体功能区规划,彰显城市特色空间资源——山水格局、历史文化廊道、现代都市风貌区块,构筑宁波市"三江口—东钱湖—梅山岛(春晓)"发展轴,致力发展适宜人类居住、生态条件优越、区位优势得天独厚的象山港湾南北两岸宜居宜游区,使宁波成长为"U"字形海湾城市。

三是发力"三海联动"的前瞻性引导作用。宁波从"三江口时代"迈向"海湾时代"的城市规划与建设,要善于科学制定城市规划,实施"三海联动"的城市发展战略。首先,全域统筹城市的海陆资源,突破北仑、鄞州、奉化、象山、宁海等各区(县)行政界线,构建陆海一体的生态保护、产业发展、重大基础设施布局新格局。其次,

通过骨干复合交通廊道,聚集信息流、物流和人流,推进宁波城市"产城融合发展轴"和"生活发展轴"及象山港湾南北两岸梅山、春晓、咸祥、裘村、西周、贤庠等特色小城镇向纵深拓展建设。最后,推动宁波海岸海湾、海港、海岛联动,提升基础设施互联、海岸海湾产业结构层级,构筑陆海统筹发展的海上丝绸之路战略支点、港产城融合的战略基地和海洋经济发展国际科教增长极。

四、宁波海洋经济转型的海岸带多规合一策略

2011 年以来,宁波作为浙江海洋经济发展示范区的核心区,既在海洋国土(海岸带、海岛、海域等)综合利用等方面取得了一定的经验、机制,又在更高层次支撑了宁波参与国家海上丝绸之路战略节点建设。但是,也伴随产生了诸如用海供需矛盾、海岸带资源使用效率低下、各利益主体间冲突凸显等问题,背后深层原因是海岸带管理体制滞后于海洋经济示范区建设进程。针对该问题,进行海岸带相关规划的叠加分析,甄别宁波海岸带规划融合的困境,进而提出破解路径。

(一)宁波海岸带边界识别及其现行相关规划矛盾识别

1. 宁波海岸带范围识别

确定宁波市海岸带范围应综合考虑以下原则:一是测绘部门确定并公布的海岸线及其动态特性,运用 ENVI 软件基于多时相遥感影像结合野外调查解译得到2015 年的宁波市平均高潮位线并将之作为研究所需要海岸线。二是确定海岸带陆侧范围时充分考虑到自然地貌的完整性。三是在平原地区难以确定分水岭(山脊线)情况下,将地基高程相对较高的高等级交通线作为海岸带的陆侧界线。四是综合考虑海岸带地区的河口岸线、自然保护区、生态敏感区、城镇建设区、港口工业区、旅游景区等规划区的具体范围的完整性。五是为了有利于海岸带保护规划的实施,划分海岸带范围时尽量保持沿海乡镇区域范围的完整性。六是以海岸线为基线,向海方向作 3km 的缓冲区作为海岸带的海域范围。当缓冲区遇到海岛时,再以海岛的外侧岸线向海作 3km 的缓冲区。宁波与台州交界的三门湾则以两市的分界线来划定海岸带的分界线。在此基础上再综合考虑宁波市沿海乡镇的行政区划,最终确定本研究所需的宁波市海岸带范围(表 6-2-1)。

2. 基于典型岸线的宁波海岸带相关规划叠加分析

(1)在象山港区域,《宁波市城市总体规划》和《宁波市生态红线保护规划》不一致的区域范围远超两者一致的区域。象山港区域两种规划一致的区域面积共计190.94km²,占比 26.38%,约为两者有冲突面积的三分之一,两种规划有冲突情况共 5 种①。

---

① 马仁锋,李加林.支撑海洋经济转型的宁波海岸带多规合一困境与突破对策[J].港口经济,2017(8):29-33.

表 6-2-1　宁波市海岸带范围

县（市/区）	乡镇名称
鄞州	瞻岐镇、咸祥镇
镇海	澥浦镇、蛟川街道、招宝山街道
北仑	戚家山街道、新碶街道、霞浦街道、柴桥街道、大樹街道、梅山乡、白峰镇、小港街道、春晓镇
余姚	小曹娥镇、杭州湾、临山镇、黄家埠镇、泗门镇
慈溪	杭州湾新区、庵东镇、新浦镇、道林镇区农垦场、附海镇、观海卫镇、掌起镇、龙山镇、宁波市海涂地
奉化	松岙镇、裘村镇、莼湖镇
宁海	一市镇、越溪乡、长街镇、力洋镇、茶院乡、大佳何镇、强蛟镇、桥头胡街道、梅林街道、西店镇
象山	石浦镇、西周镇、贤庠镇、涂茨镇、晓塘乡、东陈乡、丹东街道、爵溪街道、高塘岛乡、鹤浦镇、墙头镇、泗洲头镇、定塘镇、大徐镇、新桥镇、黄避岙乡、茅洋乡

（2）在三门湾区域，《宁波市城市总体规划》和《宁波市生态红线保护规划》有冲突的区域是三门湾区域两种规划叠加图的主体部分。三门湾区域中两种规划完全重合的区域面积共计 134.35km²，仅占 22.06%，两者有冲突的区域面积共计 474.44km²，占比 77.94%，两种规划有冲突的情况共 4 种。

（3）从《宁波市土地利用总体规划》与《宁波市城市总体规划》分别提取的象山港和三门湾区域的数据发现：①象山港区域城规建设用地大于土规允许建设用地的区域与城规建设用地等于土规允许建设用地的区域构成了两种规划建设用地叠加冲突区域的主体，且两者总体面积相差不大，而城规建设用地小于土规允许建设用地的区域规模相对前两者而言则偏小。②三门湾区域城规和土规建设用地规划一致的区域面积小于两种规划发生冲突的面积，冲突面积达 83.41km²，其中城市总体规划适建区大于土地利用总体规划允许的建设用地的区域，面积共计 74.06km²，城规建设用地小于土规允许建设用地的区域面积最小，为 9.35km²。城规允许建设的区域等于土规允许建设用地的区域面积约为两种规划冲突面积的二分之一，面积共计 44.85km²，其中土规建设用地分布在城规适建区范围内的面积为 22.08km²，分布在城规限建区范围内的面积有 22.77km²。

（4）对比杭州湾新区的宁波海岸带 2015 年土地利用现状与《2006—2020 年土地规划》发现，土地利用现状与土地规划存在显著布局差异，如杭州湾新区南部明显存在较多土地规划范围外的自发建设用地，新区中部存在的差异最明显，规划中应为大片草地和沼泽滩涂的区域在现状中却是成片的建设用地，而对杭州湾新区滩涂沼泽地的围垦开发范围已经超出了土地利用规划所划定的范围。可知土地规划在实际实施过程中存在较大的问题,实施与规划各行其是,结果造成了现状实施与规划之间各用地类型的空间布局交叉或错位,难以协调。

(二)面向宁波海洋经济转型的海岸带多规合一的指引

1.宁波海岸带多规合一思路与空间功能配置

以"创新、协调、绿色、开放、共享"发展理念为指导,统领海岸带利用与保护全局,坚持以人为本、尊重客观规律,按照海岸带资源环境禀赋严格保护和合理利用相协调、陆域功能建设与海域功能完善相统筹、生活岸线与生产/生态岸线配置相结合、宜居与宜业/宜游环境打造相促进、海岸建设繁荣与岸线景致美观相融合的要求,合理优化海岸空间结构,着力推进功能分区和功能板块建设,积极培育湾区竞争力和持续发展能力,打造经济发达、社会和谐、生态美好、人民幸福的宁波沿海发展轴。具体而言:(1)宁波海岸带定位于国家"一带一路"与长江经济带战略重要承载区,是长三角南翼宜居、宜业、宜游的蓝色港湾与海洋性都市区,浙江省海岸带持续利用的示范区。(2)远景发展目标宜定于顺沿海发展之势、扬岸线港口资源之长,大胆创新、着力发展,到2049年将宁波海岸带建设成为空间结构有序、海洋经济实力雄厚、人居环境优越、管理高效的海洋性城镇密集带。(3)海岸带空间利用配置应考虑自然本底条件、保护利用现状、开发建设增量,统筹海岸国土空间功能板块与空间结构,形成宁波市海岸带三生空间结构及其六型功能板块。

2.宁波海岸带多规合一的管理体制构建

(1)明晰海岸带多规融合的实施主体。海岸带规划实施的难点和关键之处在于部门间的协调和综合。鉴于宁波海岸带范围内相关土地或海域的管辖主体、依据的法规和政策的差异,从管理可行性角度出发加强行业"条条"和部门"块块"间的综合与协调,对于多规融合至关重要。因此,必须组建具有议事或决策性质的海岸带管理委员会,作为实施多规融合的行政主体。结合宁波实际,建议委托某个主要部门负责和牵头,形成由海洋渔业、城市规划、环保、国土、交通等部门共同组建的海岸带协调管理委员会,制订海岸带规划并实施与管理。有条件时,可以考虑建立独立、常设和有行政能力的海岸带管理委员会,替代海岸带协调管理委员会,负责拟定法规、政策、规划,协调重大开发利用活动、执行检查活动等,并用法律形式肯定海岸带管理委员会的地位与职责。

(2)形成海岸带"多规融合"规划运行机制。加强海岸带"多规融合"顶层设计。抓住政府正在推进的规划改革试点机遇,推进规划管理机构的整合、规划权力运行的法制化建设,逐步推进规划"编制—实施—监督"的权力运行公正、透明与衔接顺畅,创新规划管理。重点围绕建立规划基础数据信息平台、海岸带空间规划体系、海岸带水域功能区划分技术标准、海岸带空间布局规划期限、海岸带规划审批制度安排等问题,开展规划机构、规划事权、规划法律的创新。当前要务是加快整合市属涉海横向规划职能机构与事权,建立"多规融合"的海岸带管理委员会及其议事决策责任机构。构建统一空间信息联动管理和业务协同平台。依托宁波市"多规合一"的推进，利用3～5年建立"一张图"，整合海岸带规划工作底图、管理审批协同信息系统、规划实施监督执法实时查询信息网络，推进海岸带多规合一信息系统建设。推进海岸带"四标"衔接。积极推进经济发展目标、土地使用指标、空间坐标、环境保护质量标准"四标衔接"，研究与这一体系对应的接口设计。

（3）构筑"布局融合、管制边界明确"的层级一体化审批机制。围绕海岸带生态用地、基本农田、城镇建设用地（港口岸段、村庄、城区）实施的相关规划布局融合，促进管制边界融合成"三线"（"城乡建设用地开发边界""永久基本农田保护红线""生态保护红线"），随之界定"四区"（"允许建设区""有条件建设区""限制建设区""禁止建设区"）。基于"三线、四区"，运用地理信息系统实现规划、国土、发改、环保等跨部门的数据共享、交换与更新，形成有效可行的信息机制，确保能够及时发现各规划存在的矛盾冲突，并为多规冲突的解决提供量化的信息参考，逐步促进多规在内容和目标上的一致性，突出强调土地利用"四标"约束性指标为限制，破解围填海项目实施过程的"海域到陆域""陆域到上市土地挂牌出让"的四标衔接与审批标准，增加规划的可实施性。

（三）宁波海岸带多规合一的推进抓手与行动重点

1. 推动海岸带综合管理体制改革

统筹协调滨海县市区国民经济和社会发展规划、城乡规划、土地利用总体规划和环境保护类规划，从规划体系、规划内容、技术标准、信息平台、协调机制和实施管理等方面理顺"涉海多规"之间的关系，有效统筹海岸带空间资源配置，优化海岸带功能布局，切实保护海岸带，提高政府行政效能，确保国家、省、市重要发展片区、重点发展项目顺利落地实施，保障滨海县市区的社会、经济、环境协调可持续发展。

2018年前，以市委市政府推行的乡镇"多规融合"试点工作为基础，实施杭州湾新区、北仑区、象山县等地海岸带综合管理试点，建立海岸带综合管理"一个信息平台""一张规划图""一套多规融合协调工作机制"。

到2020年底，在继续推进海岸带综合管理试点的基础上，全面覆盖滨海县（市、区）的所有滨海乡镇，构建海岸带综合管理的"多规融合"信息联动平台，完善综合管理运行机制，实施部门协同的行政审批流程。

当前的主要任务是全面分析和统筹协调我市海岸带地区"多规"的主要内容、规划目标和重点，尽早启动宁波市海岸带"多规融合"工作，尽快出台宁波市海岸带综合管理相关法规，适时改革滨海县（市、区）海岸带管理行政架构，完成海岸带地区一个空间规划体系、"一张图"、一个信息联动平台、一个协调工作机制、一套技术标准、一套管理规定等"六个一"的主要任务。

2. 建立过渡期海岸带综合管理市级统筹机制

尽快建立相对统一的海岸带综合管理体制，建议设立海岸带规划协调与海岸带综合管理职能非常设议事机构,抑或在宁波市海洋经济工作领导小组中增加该职能并同时增加领导小组办公室人财物编制。

建议成立市海洋专家组,由海洋、法律、经济、港航等方面的专家组成,负责海岸带综合利用问题的咨询与决策前期研究,以及海岸带某些地块利用争议裁定等海岸带规划与用地项目审批。该专家组受宁波市海洋经济与海岸带管理领导小组的委托,组织专家对宁波市有关海岸海洋规划、开发建设和管理执法方面的工作进行咨询和调研,海洋专家组活动经费由市政府提供专项预算。

3. 建立海岸带综合利用的监测评估体系

海岸带综合利用的监测评估工作是宁波市海洋经济社会发展的重要内容,应定位为"公益性"资源环境管理工作的职能。该工作至少应包含监测、研究和应用三个基本内容,三者互相推进。建议依托宁波市相关高校与科研院所,进行海岸带综合利用的监测评估专项机构与职能的长效建设。如可以采用年度海洋经济专项经费预算委托宁波海洋研究院承担相关数据源采集与数据库建设、数据挖掘与咨政服务等;亦可使数据源采集与数据库建设由宁波海洋研究院承担,相关专题研究、应用技术服务纳入宁波市海洋经济专项和全市海洋科技规划中采用招投标体制实施。

4. 建立海岸带综合执法长效工作机制

建议由宁波市海洋经济与海岸带综合管理领导协调小组及其办公室牵头,内设宁波市海岸海洋综合执法协调小组并研究制定《宁波市海岸海洋综合执法工作条例》,构建"海岸海洋执法统一抓、问题处理再分家"的方式进行不定期的综合执法行动,加强宁波市海岸海洋的执法监察工作力度。同时整合宁波市涉海行政主管部门的执法队伍,建立海岸海洋综合执法队伍,充实和加强一线执法力量,依据海岸带管理条例和海域功能区划及有关法规组织、协调、指导、监督海岸海域资源开发和环境保护治理。

第三节　教育空间生产与宁波创新发展路径

教育是人类分工专业化产生的社会现象,教育空间是承载人类教育活动的功能空间。城市与区域可持续发展既依靠教育提供高素质劳动者,又需要教育活动塑造文化特色鲜明的城市或区域常住人口群体,生成地方文化引力。教育发展影响城市经济社会活动的人力资本供给,教育培育人类的知识再生产能力,既可奠定企业创新人力资本,又能引导国家社会文化创新。作为载体的教育空间,不仅集聚大量教育要素,而且在日益开放的校园环境中,企业、社区等周围社会经济要素不断与校园互动、聚合,强化了教育空间与城市的联系,成了新时期城市空间结构优化与生产力要素再配置的牵引力。二十一世纪,中国大、中城市普遍进入发展要素由传统资源驱动转向资本、新技术与高素质劳动力驱动的时期,人才稀缺性日益凸显。城市集聚人才途径中引进日益困难,不得不转向发展地方高等教育,加速人才自我培养。与此同时,学校及公共文体设施建设的话语权,中央政府逐步让渡给地方政府,高校办学自主权也逐步转向省级统筹,这都直接影响了学校(群)与城市发展的互动。学校作为教育空间的主体,不论是古代学校遗址(如各类孔庙、书院、教会学校),还是现代化大学校园或大学城,都是承担教育功能同时也作为人类其他社会活动的重要场所。特别是随着教育的平民化与社会化,大学大门被迫或主动地对社会敞开,逐渐社会化。中国现代大学校园都具有高比例的绿化、文体设施,与邻近社区对自然环境、文体设施的需求相呼应。于是,大学校园作为教学、科研、交流的场所,成为现代城市空间研究焦点与热点。中国宁波高等教育起步晚,经济发展迅速,迫切需要高质量的大学与科研院所驱动城市社会经济转向技术、知识驱动。因此,加强宁波高等教育空间与城市的互动,提升城市战略资源储备,丰富城市多样文化,对支持宁波乃至浙江社会经济至关重要。

一、生产与消费视域教育空间的概念与逻辑

(一)教育空间的内涵

教育研究中的空间观念是教育研究者对空间的知觉和感觉,通过社会生产方式和教育方式所规定的空间经历而形成的空间体验,把握空间特性才能准确地对空间中的教育活动和现象进行描述与分析[1]。法国学者皮埃尔·布迪厄(Pierre Bourdieu)认为教育空间要义在于其内涵一定不能只集中在有形有色的建筑物上或仅仅落在教师与学生身上,而是既有区位,又有区位负载的其他空间关系[2]。教育空间在传递与发展中集中体现了理解、体会和评价国家或地区教育制度,有必要了解区域历史与传统,统治其社会组织的力量和态度,以及决定其发展的政治与经济条件[3]。可见,教育空间内涵的变化是社会空间及其内涵综合影响的结果,教育空间形成过程是一种"社会—教育"的作用过程;学校负载着社会关系和社会规范建构[4],学校空间建构中充满民间社会力量及文化与超地方的政权构成的互动关系[5];互动关系形成固定空间、半固定空间和不定空间3部分[6],继而形成内向性教育和外向性教育空间。内向空间包括了所有教育活动直接参与者的空间,学生免

---

①　田晓伟.论教育研究中的空间转向[J].教育研究,2014,35(5):11-18.

②　顾明远.文化研究与比较教育[J].比较教育研究,2000(4):1-4.

③　艾萨克·康德尔.教育的新时代[M].王承绪译.北京:人民教育出版社,2001.

④　石艳.学校空间与不平等性别关系的再生产[J].当代教育科学,2007(15):6-9.

⑤　王铭铭.教育空间的现代性与民间观念[J].社会学研究,1999(6):103-116.

⑥　苏尚锋.论学校空间的构成及其生产[J].教育研究,2012,33(2):29-34.

受外部社会不良影响;外向空间是由家庭、社会推动的校外教育培训机构和各类社会公共场所等。因此,教育空间是城市空间的重要组成部分,在物质形态上表现为各类学校群落,这些空间受到文化、经济、政治和社会的空间锻造与钳制。教育空间与教育实践活动、其他(社会、历史)空间相互作用,故不同类型教育空间有各自特征。

(二)教育空间的基本特征

学校教育活动的分工和安排是教育运行秩序,与社会需求相呼应,因而不会被随意地放弃或轻易更换,已成为一种既定的规定[1]。列斐伏尔指出空间是社会的产物,空间是一种既包含了传统物质资料生产,又涵盖了社会关系生产的特殊生产要素[2]。故教育活动空间既有物质性(自然环境、建筑、设施等物质元素组成),又有社会性(教师、学生、家庭、邻近社区等元素在不同位置构成彼此交织关系);既是封闭的(院墙围合的校园、相对独立的运作规制等),又是开放的(与家庭、邻近社区、隶属城市或省等的互动)。教育空间的生产与消费是人类教育活动运转关系中密切相关的两翼,随着社会发展,各类形式教育空间不断涌现,城市或国家对教育空间产出——人才、符号价值等的需求日益高涨,即为教育空间消费。教育活动是一种空间存在,有特定教师——学生互动情景及其设施空间,遵循独特生产关系规制,较社会其他空间具有较为独特的空间生产逻辑。相比基础教育学校空间,高等教育学校空间由于在城市中的区位及自身结构、特征,其生产与消费活动更加深刻[3][4]。

(三)教育空间的生产与消费逻辑

空间不仅仅是社会发展演变的静止容器或载体,而且鲜活地参与社会历史的发展过程。教育空间里弥漫着教育活动主导的社会关系,同时也不断孕育新型教育社会关系。当然,当人类教育活动还未形成一种独立的社会分工与空间时,教育空间也就没有受到范围、形式及标志性建筑的规定,教育活动没有场所、时间、政治等方面限定。因此,现代大学出现以前的教育活动及其场所,可归为原始教育空间;它与近代以来以大学为代表的教育空间形态示意性、规制控制性相比,具有自由与伸展的特征。现代学校传承人类特有的"知识系统",学校承担着将其与社会体系重新整合的任务。于是,现代学校教育尤其是高等教育空间往往通过确立区隔于社会的规范和法则,既强化教育空间的独特逻辑秩序,又通过开放的围墙使社会规则渗透至教育空间。纵使城市或区域对教育活动各方面需求波动不稳,现代

①　张品.教育与城市空间生产——基于对城市社会学空间研究的拓展[M].天津社会科学院出版社,2016.

②　李春敏.列斐伏尔的空间生产理论探析[J].人文杂志,2011(1):62-68.

③　苏尚峰.行动研究的三重意涵及学校空间的生产[J].教育学报,2009(4):64-68.

④　王成超.我国大学城的空间模式与区域联动研究[D].上海:华东师范大学,2005.

大学仍与城市或区域经济社会相互影响。由此,大学校园与学生社区无疑是城市发展战略资源,大学生是城市未来公民和高技能阶层。他们不仅保持城市生活多样性,也是多元文化与娱乐设施的消费者。学生流动性是提升城市或地区之间的社会经济凝聚力的重要媒介。但是,关于大学校园与学生社区的信息通常很少,学生社群是一个无形人口,在地方政策中被赋予很小的空间。大学和城市规划者之间往往缺乏主动沟通,探索城市对待大学与学生社群关系,仅在学生成为问题源头的时候才给予关注。尽管如此,人力资本作为城市发展的重要性决定因素,需要针对大学和学生社区的积极城市政策。国家或地区的教育规划往往忽视了该问题"城市"维度,忘记了人力资本是高度流动的,并且需要在本地吸引和管理。大学和高等研究机构已被认定为人力资本形成和科学知识生产增强区域发展的决定因素,但是很少有城市将大学经济社会活动和城市文化/人力资本生产联系转化为战略共同点,继而管理大学校园与学生社区和城市之间的所有接触领域。在新兴的社会经济环境中,增加城市中心与大学社区之间的协同效率,创造知识是地方大学等高等教育、研究中心成为城市与地区基本竞争力的要素。但是,这种依赖性不是单向的。在大学与学生社区日益深入城市专业化分工背景下,中央政府消减财政支持,这时私人赞助商、捐助者、专家商业伙伴便构成当地大学与学生社区的风险投资者。显然,作为当代城市的关键节点的大学与学生社区,越来越成为城市社会经济发展"问题"的来源,不断刺激知识生产成为大学与学生社区主要任务之一。谨慎的城市规划会让大学校园与学生社区进入良性的发展循环,最具吸引力的就是让大学与学生社区可以发挥更高的教育和研究作用,形成城市创新与人才集聚"磁铁",这将培育更具吸引力的城市公民、投资者、游客等环境,最终成为城市经济和社会稳定"增长因素"。如何促进大学校园、学生社区与参与城市发展者的相互作用,成为制约大学校园及以学生社区为内核的教育空间与城市系统互动过程中平衡的难点(图 6-3-1)。大学与公司有直接联系,包括私营商业界。大学为私营部门的知识研究合同、咨询人员和培训计划提供服务,在此产生资源交换,被大学用来扩大教育功能,实现新设施和基础研究项目资金保障。同样,大学将私营部门从业人员纳入教学活动。于是,教育空间"向真实世界敞开",提供实用的专业知识服务与公司越来越高的创新追求。公司也和他们的东道城市有直接关系,因为公司创造就业机会和税收,服务社区与城市;同时也要求城市提供或资助基础设施。显然,以高等教育机构与社区为核心的教育空间和城市之间的关系,往往发生在作为"城市品牌"的大学的声望中,于是教育空间直接或间接参与城市动态竞争力的塑造与培育。高等教育往往"嵌入"城市的杠杆经济,提升城市人力资本的成本,影响城市决策和本地公司生产力,甚至以涓滴效应影响社区发展。这些互动过程不仅仅是机构之间,而且在大学教师、学生和整个城市的企业家、居民等不同行为主体之间交织。换句话说如果基于相互承认、对话、合作实现"一体化"互动构成基础制

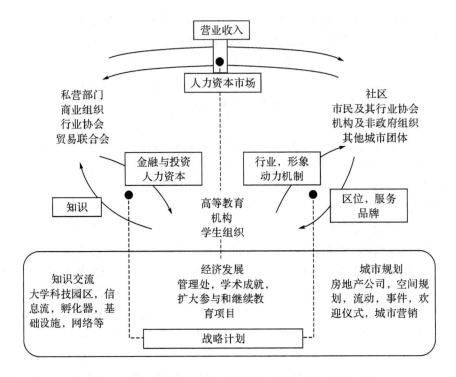

图 6-3-1　以高等教育为内核的教育空间生产与消费逻辑

度安排,将有助于教育空间推动城市真正可持续发展。

二、宁波市教育空间的变迁与扩张

宁波素有"文化之邦"的美誉,7000 年前在杭州湾以南创造了河姆渡文化,先民们口口相传使日常生产、生活技术得到相传与进步,这便是宁波教育的肇始。从公元前 2000 年的夏王朝时期到清朝,宁波地方教育、书院教育科举等在朝代更迭中得到发展,形成了自己独特的文化印记。尤其是唐朝书院教育的萌发与宗教教化的发展、北宋的"兴学运动"、南宋的文化中心南移、明朝地方官学与社学的繁荣等,都是推动宁波教育的大事件。这其中,书院是兼具藏书、教学于一体的教学空间,是宁波古代主要的教育场所。史书记载宁波地区最早的书院是象山的蓬莱书院,自此后历朝历代都开始兴建书院(表 6-3-1),书院兴起初期主要在宁波三江口区域,后逐渐向外扩散,但主要建置地区仍在现鄞州区、海曙区、慈溪及奉化。

表 6-3-1　古代宁波主要书院建置情况

朝代	数量	主要建设地区
北宋时期	5	鄞县、月湖区域、东钱湖区域
南宋时期	17	月湖区域、鄞县、定海县、慈溪县、奉化县、象山县、余姚县
元朝	14	鄞县、东钱湖区域、慈城、定海县、余姚县
明朝	15	鄞县、镇海、慈溪县、奉化县、余姚县、宁海县
清朝	49	鄞县、镇海、大碶、慈溪县、奉化县、象山县、余姚县、宁海县、月湖区域、原宁波府衙附近

资料来源：宁波市教育委员会编：《宁波市教育志》，浙江教育出版社，1996。

　　1840 年鸦片战争爆发后，宁波市被迫开埠，宁波教育开始向近代教育转变。宁波开阜通商后教会教育逐渐渗入，出现了规模不一的各类教会学校，大多数都比较"简陋"，教育场所一般是暂借的民房和教堂。洋务运动时期新式学堂逐渐兴起，西方科学技术、价值观念渗透到宁波的乡绅士子。"中华民国"成立后，宁波迅速发展初等教育和中等教育，大兴学校建设；1927—1937 年宁波教育事业发展较快，义务教育、民众教育得到较大发展。抗战时期，宁波教育事业发展波动较大，战事还迫使许多中小学内迁。"中华民国"成立至 1937 年为宁波义务教育高速发展阶段（表 6-3-2），宁波各县初等教育学校数量均不断增加，但鄞县仍是主要教育场所聚集地。

表 6-3-2　近现代宁波各县属初等（义务）教育场所　　　（单位：所）

	中华民国初期	20 世纪 20 年代	抗战爆发前
鄞县	130	312	540
慈溪	38	120	150
奉化	130	221	244
镇海	87	162	206
象山	35	100	112
余姚	52	228	270
宁海	39	119	138
合计	511	1262	1660

资料来源：宁波市教育委员会编：《宁波市教育志》，浙江教育出版社，1996.

　　1949 年后，宁波教育进入新阶段。首先是旧学校改造、公立私立学校接管的缓冲时期，1957 年底完成了旧教育的改造，全市小学 2652 所，中学 68 所，中等技术学校 3 所；然后为探索社会主义教育发展阶段（1956—1966），兴起了对城市发展具有重要作用的高等教育学校，但这一阶段的教育事业"大跃进"，对宁波学校发展造成了影响；1966 年发生的"文化大革命"使整个国家的教育遭到了严重的破坏；

改革开放 30 年后,幼儿教育、九年义务教育、中等教育、高等教育及成人教育步入正规。宁波全市幼儿园从 1978 年的 423 所增至 2000 年的 1919 所,经过整顿,九年义务教育学校从 1978 年的 3997 所小学、317 所初中、195 所高(完)中发展到 2008 年的 564 所小学、223 所初中 87 所;"十一五"时期,宁波教育进入了一个相对稳定的"高位发展"时期(图 6-3-2),并且从单一人才培养向服务经济社会发展拓展,增强了教育与城市社会经济活动的互动。1956 年我国开始进入社会主义发展探索阶段,宁波市响应中央号召创办了宁波市第一所正规的高等院校——宁波师范专科学校。1958—1977 年宁波市高等学校发展出现了大起大落;"文化大革命"过后,宁波高等教育事业不断扩大,逐步形成了本专科同时发展的新格局;1999 年后宁波高等教育,尤其是职业教育实现了"历史性"的大跨越(图 6-3-3)。

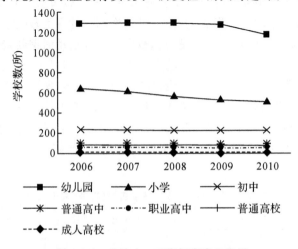

图 6-3-2 宁波十一五期间育事业发展

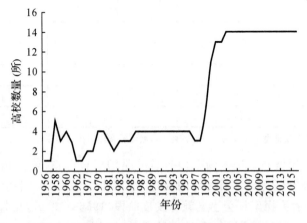

图 6-3-3 宁波市高等学校发展历程

三、宁波市教育空间的生产与消费

(一)1949 年前后宁波教会学校的生产与消费

不同于中国其他城市,宁波被迫开埠通商后,教会组织创办的教会学校对正走向没落的封建教育造成了不小的冲击。教会教育是宁波教育近代化的催化剂,是新式人才的摇篮,是社会风气改善的助推器①,这些传教士对宁波教育所作的贡献是不可磨灭的。1842 年后,宁波成为五个开放口岸之一,西方传教士接踵而至,在宁波涌现了中国最早的一批西式教会学校(表 6-3-3),直到 1925 年五卅运动前后,宁波民国政府开展收回教育权运动,许多教会学校转为官办。

表 6-3-3　宁波教会学校发展

校名	学校创办时间及创始人	学校后续发展
宁波女塾	1844 年,英国传教士爱尔德赛女士来甬开办,这是中国第一所女子学校	1847 年与美国北长老会传教士柯夫人在槐树路设立的另一所女校合并为崇德女校; 1923 年崇德女校与江北滨江圣模女校(1860 年美国传教士罗尔梯设立)合并为甬江女中; 1927 年学校权归国人;1952 年宁波市政府正式接管学校;1958 年女子中学改名为宁波六中;20 世纪 90 年代学校改名为甬江职业高级中学;2006 年甬江职业高级中学搬离这里,后一直作为遗址保留;2015 年宁波教育博物馆在此基础上建成
崇信义塾	1845 年,美国长老会传教士麦嘉谛在江北岸槐树路设立的第一所男子寄宿学校	崇信义塾学校场地租约到期,宁波差会接受葛璘等人的建议,将学校由宁波迁到杭州,并更名育英义塾,后成为之江大学,中国的十三所基督教大学之一,后拆分至浙大、复旦、浙师
三一书院	1868 年,英国圣公会传教士设立义塾,1876 年迁至孝闻坊改名为"三一书院"	三一书院跨越了清朝、民国、中华人民共和国三个不同历史阶段,经历了七易校名、八迁校址、三变性质

资料来源:政协宁波市委员会官网公布的《文史资料》,http://www.nbzx.gov.cn/col/col4037/index.html。

宁波的教会学校初期多是初等小学,后通过扩充、合并、课程调整,向中高等学校发展,成熟期已初步建立涵盖学前教育、初等教育、中等教育和职业教育的较为

---

① 陈君静,吴莉.教会教育与近代宁波社会[J].宁波大学学报(教育科学版),2010,32(5):12-15.

完善且相对独立的学校体系①。虽然传教士的办学宗旨在于传道,但宁波市不少教会学校还设置了不少自然科学和社会科学,西方科学技术和价值观念渗入普通乡绅学子的教育。近代教育萌芽时期,宁波大大小小的教会学校校舍非常简陋,一般借用居民住房及教堂空间,过渡到新教育崛起阶段后,由于自身教育意识的快速提高,教会学校基础设施亦不断得到改善。时至今日,当初的教会教育空间多数融于现代城市而销声匿迹,还有一部分保留下来,或继续留作教育用途,或留作历史纪念空间。

　　作为特殊时期的宁波教育,该背景下宁波教育空间生产及其后续发展过程,显著地表征了教育空间与社会空间及各类其他社会空间在文化、经济、政治等要素作用下相互影响和转换的过程(图 6-3-4)。该过程中,西方文化、知识传授方式、历史遗留建筑、历史故事交织叠加在其中。教会教育在宁波的发展推动了宁波的教育近代化,学生在学习西方先进科学文化知识的同时还接受了近代民主思想的熏陶,影响着宁波教育发展。此外教会教育留下的许多承载着许多历史故事和具有西方文化的特色景观,如具有文物价值的建筑和纪念先人的铜像等,成为现在人们旅游观光、怀念历史的去处,形成了对特殊教育空间的消费。显然,教会教育在宁波教育空间的形成与演化过程中起着不可替代的作用。

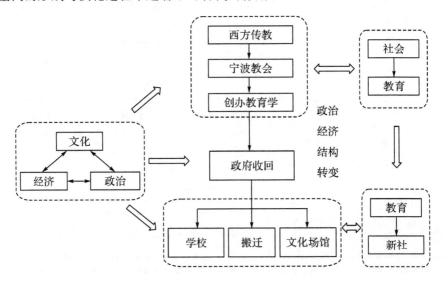

图 6-3-4　宁波教会教育空间生产与消费逻辑

---

①　王益澄,马仁锋.港口城市的空间结构及其影响研究[M].杭州:浙江大学出版社,2014.

（二）宁波高教园的生产与消费机制

1．宁波高等教育园缘起

1980 年以来，宁波社会经济发展迅速，对人才需求日益高涨，计划经济时期人力资本配给制度转型加速了宁波地方政府发展高等教育的决心。"文革"时期宁波高等教育一直滞后发展，与宁波充满活力的经济社会进步不相适应。至 1998 年底，全市仅有 5 所高校，在校学生数为 1.25 万人，毛入学率为 8.8%，低于 9.1% 的浙江省水平和 8.9% 的全国水平，且落后于全国同类城市。1999 年，在第三次全国教育工作会议后，宁波市开始重视高等教育，并开始实施"科教强市"的战略，把教育摆在优先发展的战略地位，致力于走出一条具有宁波地方特色的发展道路。

1949—1986 年，宁波市高等学校集中于中心城区，随着办学规模扩大逐渐外迁，继而出现分散格局，对学校师生日常生活、通勤等带来极大不便。同时，宁波中心城区与郊区县市都存在着高等教育培育人才的需求。为弥补教育空间建构和生产过程未能很好契合社会经济空间带来的后果，需要通过整合和优化集中布局。宁波市于 1999 年启动了高教园建设，把建设宁波高教园作为"一号工程"重中之重，并规划了位于鄞县（现鄞州区）中心区的高教园南区和环宁波大学的高教园北区。2002 年 12 月，总投资 38 亿元，规划建设面积 6500 余亩，建筑面积 110 余万平方米的宁波高教园南区基本建成，成为全国首个高等教育园。2017 年，在甬高校 16 所，在校学生 19.6 万人，毛入学率达 60%，均超过当年浙江省及全国水平，扭转了宁波高等教育滞后局面，实现了跨越式发展，较好满足了宁波市经济社会发展对高层次人才的迫切需求[①]。

2．宁波高等教育空间生产与利用

宁波在高教园建设中提出建设"集教育、文化、旅游、生态于一身的多功能高教园"，这适应了教育发展过程中高校越来越社会化、大众化和地方化，开始与社区、科技园区相结合，高教园建设是高校社会化的产物，而高教园建设使得高校社会功能更加显著，导致了高等教育空间生产现象。高教园内，大学之间没有围墙，只以水系、绿化、道路相隔，以建筑风格和颜色显示区别，许多人在周末到大学里进行简单的文体娱乐，尤其像宁波大学等较开放大学，周末常有人来此度过闲暇时间。有些人将美丽的校园作为背景拍摄婚纱照，有些特殊景观被导演看中选做电影的拍摄地，还有些人作为校友回归母校来寻找以往的记忆；开放的校门，开放的教室，让许多校外人也可以有机会进入大学进行课堂体验，学校之间也互相开放，承认学生在其他学校修读的课程和学分，高校一些专业的实验设备可以互通有无；各校图书馆、体育中心、商务中心等资源向社会开放，每个学校都有宣传栏，宣传学校各种活

[①]　余斌.宁波高等教育发展研究[D].厦门：厦门大学，2006.

动,同时有非常多的广告,包含着招聘、教育机构、购物促销等许多内容,这也是对教育空间的消费方式,商家或公司通过得知学生对兼职、就业信息的需求,考研、考公、四六级辅导的需求以及生活方面的需求来取得商机。一个没有围墙的高教园,完全突破了传统的高校办学模式。对高校校园注入城市文化资源,既保存和发展了城市文化,也使高校师生对所在城市产生强烈的认同感和归属感。另一方面,高校校园资源对城市社区的开放和注入,也有力地促进了城市社区居民整体文化素质和生活质量的提高。同时,高校社会化这一现象可能带来教育空间功能、形态的转变。例如:①许多高校教师在注重知识传播的同时也开始注重知识的社会和经济效益;②宁波许多高校为学生提供了促进研发和成果转化的研发平台、孵化平台和产业化基地,促进学生与社会快速接轨,同时也为城市发展注入了新思维、新活力;③宁波大学、浙江大学宁波理工学院等高校开展了许多为地方和社区服务的培训课程;④校园空间逐渐世俗化,越来越注重经济效益,特别是处于校园中的各种商铺及对外承包的校内日常经营活动。透过这些转变可以看出作为高等教育空间核心主体的老师和学生的社会属性越来越复杂,且发生着快速变化(图 6-3-5)。

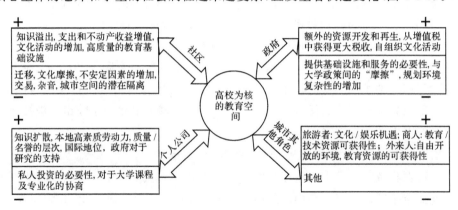

图 6-3-5 教育空间及其与城市利益相关者互动生产逻辑

宁波高教园建设采取"政府投、学校筹、社会助"筹资模式,形成了合理的资金筹措结构,较好地解决了高教园建设中资金问题。在总投入约 30 亿元资本中,"政府投"约 12 亿元、"学校筹"约 12 亿元、"社会助"约 6 亿元,这种多元化投资体制既减轻了政府财政压力,又避免了原来办学体制下政府管理弊端[①]。市场化经营机制让高教园决策者们尝到甜头,宁波市继续在原来整体规划征用 6000 余亩土地基础上,拟将原来规划用于教师公寓等服务设施建设的 2000 亩土地用于市场经营。高教园建设,带动了周围地块开发,土地迅速升值,目前园区地价已经攀升至原来

---

① 魏皓严,郑曦.双重动力机制下的大学空间[J].城市建筑,2010(3):13-19.

的 5～6 倍,而且还在不断升值。为此,宁波市拟将该地块教师公寓建设与商品房开发有机结合起来,将地块按照市场价转让给社会企业,并将筹集到的经费用于园区建设。测算显示可以筹集到 10 亿元资金再用于园区建设,将推动高教园进一步发展。这种高等教育的管理和利用方式很明显地体现了教育空间与社会空间在经济、政策和文化作用下的转化和影响,形成了高校—社区—科研所的互动模式。这其中,威权与资本是潜在控制大学校园空间的双重动力,既主导了宁波大学校园规划的空间形制与空间生产规律,又塑造了学生社区和教师社区的租金形成机制。

四、教育空间生产与城市发展的作用逻辑

以现代大学或大学园为区位核心的教育空间与城市之间互动,已经学会了如何适应城市用户群并从中受益,尽管存在一些问题仍未解决。例如,在城市内部,尚未形成适宜大学生社群的校园、宿舍、文化设施和会场等,以及与学生社群身分离的城市专门设施。同时,伴随国际学生的快速增长,城市本土文化如何与国际学生社群和谐相处,在一定程度上"制度化"并未得到公众支持。但是,这并不影响成功的城市与高绩效大学教育空间的生产与消费,尤其是大学成为城市企业创新、城市政府决策不可分割的一部分,中小型企业往往能够捕捉"学生社群—大学—政府"网络产生的知识溢出,创造就业与社会进步。

本节基于生产与消费视域论证了教育空间的内涵、特征和运作逻辑,继而辅以宁波教会学校和现代高等教育园检视理论建构与诠释。研究认为:(1)教育空间生产过程和承载着社会关系的产物能够满足人们对某些方面的物质需求和心理需求,而教育空间的消费也刺激了人们将两者向着更完善、更符合人们需求的社会功能及能够与城市空间有机结合的方向推进。往往一些有历史的、环境优美的、有人文情怀的以及有特殊文化氛围的教育空间可以成为潜在的消费对象。教育空间的消费方式多种多样,但归根结底都是受教育空间生产塑造的过程和产物影响,无论是生产塑造还是消费都贯穿在人们的生活、生产、休闲中。(2)城市、社区、家庭参与学校管理与发展的逻辑在于:家庭期冀子女获得品牌教育资源机会,形成人力资源累积途径,传承或创造家族价值,城市政府将土地与货币等注入高校,促成高校生产人才供给企业保障城市活力,催化城市营销、群集各种风险性与创造性资本以发展创新经济(业态),继而触发城市(企业园)—高校(群)—社区(家庭)的联动,催生新型教育空间载体与消费品。(3)现代教育空间消费方式繁杂,归根结底都是受人力资本生产主导的空间塑造过程和空间消费,生产或消费都贯穿于普通人家的生活、生产、休闲;教育空间的生产与消费,既源于与教育有关的生产要素聚集于城市特殊区位,又因教育空间的生产过程受社会互动影响但不主导物质形态塑造,并与各城市各发展阶段的经济、文化、政府/居民相互建构。

当然,城市、社区、学生/教师社群参与到了教育空间生产与消费之中,城市资源与规制等注入教育空间,被充分利用使学生学习、教师科研场所扩张到了整个社区乃至城市各类公司实验室,同时公司与社区人士作为资本、人力资源参与现代教育空间规划设计、施工改造及新建过程中,他们的角色也逐渐从辅助角色转化为决策角色,控制着教育空间的生产与消费。

长期来看,城市与教育空间关系可持续发展需要公共部门的某种形式干预。如何积极推动高等教育机构、私营公司、师生社群"知识"溢出的网络得到改善,使得教育空间"扎根"当地城市,以及知识生产留在这个城市? 显然,需要通过繁荣公司与师生社群的创新创业市场,引导投资提高学生的生活质量以及他们的地方认同,继而提升城市吸引力和活力,这有助于实现可持续城市与可持续大学的总体目标。

五、打造海洋智库名校建设宁波城市大脑

建设"智库"从来就不是简单的高校服务社会经济建设问题,根本目的是高校在体制机制上创新探索,促进理论成果产出与转化;以宽视野、跨学科、大融合打造资政育人"智囊团"。2010 年以来,中国智库发展很快,在出思想、出成果、出人才方面取得了很大成绩,为推动改革开放和现代化建设做出了重要贡献。同时,随着形势发展,智库建设跟不上、不适应的问题也越来越突出,尤其是缺乏具有较大影响力和国际知名度的高质量(专业型)智库。2014 年 10 月 27 日,中央全面深化改革领导小组第六次会议审议了《关于加强中国特色新型智库建设的意见》,强调必须善于集中各方面智慧、凝聚最广泛力量,重点建设一批具有较大影响和国际影响力的高端智库,重视专业化智库建设。这既向中国智库发展提出了挑战,又为各类智库发挥作用提供了广阔的空间。当前,在陆域资源不断耗竭的背景下,海洋国土开发与资源环境利用成为沿海国家和地区政府关注的重点,海洋也成为国际政治、经济、军事斗争、文化交流的重要平台。要落实国家海洋战略与海洋强国方针,就必须加快中国沿海省份服务于海洋资源环境、海洋经济、海洋工程技术、海洋权益与国家安全等领域研究智库建设。梳理并反思学界海洋智库研究,聚焦海洋智库的时代需求与国家战略探讨海洋智库的界定、建设现状与困境,并检视典型地方高校——宁波大学创办系列海洋智库的历程,诊断地方高校建设海洋智库的路径惯性与路径锁定,解析双一流与海洋知识生产多情景对海洋智库培育的影响,筹谋区域海洋智库的角色定位、框架等构建逻辑,进而诠释海洋立校、强市之于宁波大学"三次"创业的时代机遇和着力点。

(一)区域海洋智库及其中国建设现状

1. 区域海洋智库界定

智库(think tank)是对政治、商业或军事政策进行调查、分析研究并提供策略的机构。智库运作资金多源于政府、政党或商业公司,于是智库多以"研究所"、"学会"或"咨询公司"等名称出现。全球最早建立的智库,便是 1831 年在英国成立的以海战和军事理论为研究方向的"皇家联合研究所"(Royal United Services Institute),以及随后设立在美国华盛顿特区的布鲁金斯学会(Brookings Institution)(1916 年)。显然,海洋智库是围绕国家海洋战略、海洋工程技术、海岸海洋资源环境管理、海洋经济建设、海洋灾害监测与预警、海洋文化交流与海疆地缘政治、海洋法制等关键问题,开展海洋工程科技研发、海洋人文社会科学信息情报研究和服务工作的机构。

受海洋自然环境本底特征、沿海国家或地区利用海洋的科技水平、国家海洋治理理念等差异性影响,海洋智库建设必须注重本国及其邻近海域的相关议题或纠纷化解。因此,区域性、立体性和地缘性便构成区域海洋智库在培育聚才、启智、资政、强国等重要功能时的显著特色。为此,如何建设好区域海洋智库,对于中国地方高校建设特色新型智库具有重要理论启迪和实践反馈。

2. 中国区域海洋智库建设现状

参照学界智库类型划分,依据机构性质、设置方式、资金来源、运作方式等指标,将我国海洋智库划分为官方海洋智库、半官方海洋智库、民间海洋智库、高校海洋智库四种类型(表 6-3-4)。对比四类海洋智库可知,在研究人员结构、研究水平等方面,高校海洋智库理应成为我国海洋智库的主体与生力军。但是,受高校海洋智库面临海洋数据信息不对称、参与决策咨询的正式制度不健全、与国内各级行政领导的非正式沟通渠道不通畅等的影响,中国高校海洋智库总体处于决策咨询的"后知后觉"状态[①],要么命题式地被动参与,要么决策咨询滞后于实践流于形式。

---

① 邱均平,董西露.高校智库建设的困境与策略[J].重庆大学学报(社会科学版),2017,23(4):64-69.

表 6-3-4　海洋智库的类型体系与中国典范

类型	基本内涵	运作资本主要来源	典型范例	主要缺点
官方海洋智库	由政府及其派出机构设立,从事海洋政策研究和咨询的隶属于党和政府的具有事业单位独立法人资格的智库	国家(中央政府或地方政府)财政拨款	国家海洋局海洋发展战略研究所,中国南海研究院,国家海洋局宣教中心,国家海洋局第一、二、三、四海洋研究所,中国科学院海洋研究所,浙江省水利河口研究院	要么以基础理论和技术研发为主,要么以政府决策咨询研判为主,缺乏横向一体化的海洋自然科学、工程技术科学和人文社会科学的综合研究、转化与咨政实力,过于专业化
半官方海洋智库	介于政府与民间之间的不直接属于政府系统但也会挂靠在官方机构的海洋各分支学科学会、研究会或者研究所	经费支持、人员任命、业务内容依赖于政府系统	中国海洋发展研究会	机构组织松散,人员多以兼职为主
民间海洋智库	由私人或私人团体发起创立,在组织上独立于其他任何机构的海洋议题研究或决策建议组织	自筹,基金会、公司企业赞助,私人捐款,或来源于核准业务范围内开展活动或服务的收入等	国家民政部门备案的行业协会或学会,工商行政管理局注册的海洋科技服务咨询公司,如中国生态经济学会、海洋生态经济专业委员会、青岛市青年蓝色经济区建设研究会等	冠名协会或学会的机构组织松散、人员不固定,无法持续追踪相关研究;冠名公司的研究目的过于商业化
高校海洋智库	中国各类高校内相关学术领军人物自发设立或国家教育或海洋行政系统要求高校整合相关学科设立的各级以海洋为中心的研究机构	学校内部拨款、研究人员的课题研究经费和其他渠道申请的各类资助	北京大学海洋研究院、厦门大学南海研究院、上海交通大学国家海洋战略与权益研究基地、南京大学中国南海研究协同创新中心、武汉大学国家领土主权与海洋权益协同创新中心、宁波大学浙江省海洋文化与经济研究中心、宁波大学东海研究院	隶属于我国各高校的从事海洋政策研究和咨询的研究中心和研究院,具有独立自主性强、学术意识浓厚、研究水平高、咨政意识弱、咨政渠道窄的特点

资料来源:作者整理

(二)地方大学创建区域海洋智库的学科基础、路径惯性与契机

1.地方大学涉海学科群与机构

　　以典型地方高校宁波大学为例,其涉海学科群缘起于1996年宁波师范学院、宁波大学、浙江水产学院宁波分院的合并组建新的宁波大学,以及2000年国家海洋局宁波海洋学校并入、2015 年宁波海洋开发研究院隶属关系变更等事件逐步壮大了宁波大学的涉海学科群和研究生学位授权点。至 2016 年底,宁波大学涉海学科群主要包括水产、轮机工程、应用经济、地理学、法学、历史学、外国语言文学、环境科学、管理学、土木工程、通信工程、力学等多个一级学科;所涉及的二级学科主要包括环境法学、土地资源管理、区域经济、产业经济、自然地理、人文地理、中国近现代史、民商法学、旅游管理等众多人文社会学科,以及以力学、水产、信息与通信工程三个一级学科为基础组建"海洋生物技术与海洋工程"学科群所涵盖的"海洋力学与近海环境工程""海洋工程结构与装备""海洋生物资源增养殖与高值化利用""海洋信息通信"等二级学科应用领域。

检索中国知网中宁波大学相关学科教师发表有关海洋研究文献①的增长趋势可知:1)宁波大学涉海学科研究起步较晚,研究实力增长缓慢,研究核心议题聚集在海洋生物学(海洋微藻/脂肪酸、海洋细菌)、海洋经济/产业、海洋文化与旅游、象山港等方面;2)宁波大学涉海学科的各学科发文结构呈现海洋生物学(水产和渔业、生物学)主导,经济体制改革、农业经济、海洋资源环境可持续利用、旅游、交通运输经济、宏观经济管理位居第二梯队,而海洋工程技术学科产出量较低的结构;3)从作者发文贡献度及其学科归属看,海洋学院水产与渔业及海洋生物学科的严小军等团队稳居第一;地理与空间信息技术系海洋资源环境与经济地理学的李加林、马仁锋团队位居第二;商学院产业经济与国际贸易的胡求光、钟昌标位居第三;旅游系海洋旅游研究苏勇军、伍鹏团队以及法学院资源环境保护法学蔡先凤团队位居第四梯队。总体而言,宁波大学涉海学科群以水产与渔业为主导,海岸海洋自然与经济地理学位居第二,海洋经济与资源环境法学位居第三,涉及学校现行架构的二级学院是海洋学院、地理与空间信息技术系(宁波大学昂热大学联合学院/中欧旅游与文化学院)、商学院、法学院等机构,代表性学者有严小军、李太武、苏秀榕、王国良、杨文鸽、钟昌标、李明云、蒋霞敏、李加林、徐大伦、薛良义、尤仲杰、王春琳、郑道昌、马仁锋等。显然,在不统计 SCI 文献前提下,宁波大学现有海洋学科领域的科研产出中海洋工程技术学科群、海洋自然科学群的相关机构和师生在中文学术界影响乏力。

2. 聚焦东海的海洋智库建设路径惯性

中国东海区相关院所公开档案卷宗显示,宁波大学 2005 年申报并于 2006 年获批的浙江省首批哲学社会科学重点研究基地"浙江省海洋文化与经济研究中心"系首家地方院校创建的东海决策咨询机构。该基地主要以宁波大学的应用经济学、法学、地理学、历史学、外国语言文学、海洋学等多个一级学科为基础,以浙江海

---

① 检索方式:2017 年 10 月 1 日在 www.cnki.net 期刊库中"主题"栏输入"海洋","单位"栏输入"宁波大学",共检索出 747 条。

外经济文化交流、当代浙江海洋经济与管理、浙东文化与区域社会变迁三个研究方向为依托,集聚校内外高水平的研究人员或研究实体,通过承担重大系列研究项目,研究浙江海洋文化与经济领域学术前沿问题和一些重大理论、现实问题,使该领域研究的整体水平和参与重大决策的能力居于省内或国内领先,使支撑该领域研究的相关学科达到全国同类学科的先进水平,成为浙江省乃至国内相关领域的"思想库"、"人才库"和"信息库",全面为建设海洋经济强省、文化大省服务。历经十年建设,该基地年度产出咨政报告 100 余篇(其中获得包括浙江省委书记、省长批示在内的省部级领导批示 10 余项),举行海洋文化、海洋经济、海洋资源环境领域国际会议、全国性学术研讨会 20 余次,以书代刊形式出版《浙江海洋文化与经济》10 期,获得包括国家社科重大招标项目在内的国家社科基金 20 余项,包括国家自然科学重点基金在内的国家自然科学基金项目 30 余项、浙江省社科规划项目与浙江省自然科学基金 100 余项,出版海洋文化与经济系列专著百余部,形成了"海洋资源环境与浙江海洋经济"等高成长型跨学科研究领域。

2014 年以来,浙江省哲学社会科学发展规划领导小组办公室、浙江省教育厅纷纷响应习近平同志倡议的高校智库建设,在各自主管领域开启浙江省高校智库建设新征程,先后听取高校意见并出台智库申报方案。2016 年浙江省教育厅发布浙江省高校新型智库申报建设方案,宁波大学相关学院在校社科处组织下申报并获批"东海研究院"和"中国非公有制经济人士研究基地"两个 2016 年度浙江省高校新型智库,开启了宁波大学智库建设的新征途。其中,宁波大学东海研究院的申报方案架构仍以海洋人文社会科学为主,辅以海洋资源环境学科的咨政应用。

当然,浙江省海洋文化与经济研究中心、东海研究院作为学校层面向省级主管部门争取设立的智库,既凝聚了学校相关学院、学科的优秀学者,又促成学校涉海学科研究方向的聚焦和适应社会现实需求、国家战略导向。浙江省海洋文化与经济中心、东海研究院的创建及发展过程呈现:一是行政主导促成学者打破机构身份、个体"项目"式横向咨询套路,对接国家、浙江省和宁波市战略需求;二是两个智库的设立与建设,明晰了宁波大学相对国内兄弟院校的研究方向及其竞争优势的提升;三是智库运作过程通过方向学术带头人及其项目协作公关,吸引和培育了一支年轻的人才队伍。当然相关智库建设过程存在显著的成长路径惯性制约:一是国家规制下人文社会科学研究与咨政如何适应市场转型成为瓶颈,海洋智库建设成为行政指令与引导性任务需求;二是学术方向凝练和建设推进成效,受学术带头人及其散布于各学院的兼职研究队伍的学术偏好或者利益动向左右,为此宁波大学海洋智库相关学术成果与咨政报告采用率之间存在较大的学术转化偏差;三是智库成长过程缺乏公司型智库或民间型智库的透明运用体系,突出表现在研究成果的公开与科普转化、研究经费严重依赖于省市校财政扶持、研究队伍的个体发展与团队发展沟通机制不畅、研究成果转化咨政报告的渠道单一等。这些成长中的问题,在多数高校智库中均有较深的印记,如何突破成长路径惯性成为浙江省高校新型智库是宁波大学东海研究院亟待面临的难题。

3. 面向双一流学科群建设与海洋知识生产的东海研究智库建设契机

(1)双一流学科与宁波大学"涉海学科"群建设。2017 年 1 月,经国务院同意,教育部、财政部、国家发展改革委印发《统筹推进世界一流大学和一流学科建设实施办法(暂行)》,"双一流"建设进入实施操作阶段。教育部、财政部、国家发展改革委于 2017 年 9 月 21 日下发的《教育部 财政部 国家发展改革委关于公布世界一流大学和一流学科建设高校及建设学科名单的通知》显示,宁波大学力学学科符合国家"双一流"建设专家委员会确定的遴选标准。同时,学校结合优势学科以力学、水产、信息与通信工程三个一级学科为基础组建"海洋生物技术与海洋工程"学科群。学校一流学科建设方案以海洋生物与海洋工程技术研发为核心,虽然未给人文社会学科足够的重视,但是相关自然学科、工程技术学科的快速崛起必然会促成学校海洋工程技术咨政的知识体系储备和转化的巨大需求,有利于应用经济学、法学、公共管理等学科汲取相关科技发展战略筹谋咨政建议主题聚焦和咨政质量提升。此外,海洋生物技术与海洋工程学科群的一流学科建设过程,也面临着基础研究、技术研发与孵化、社会与政府需求的三螺旋博弈,必将催化部分学者将海洋生物技术与海洋工程技术相关研究转化为政府行业规制、技术路线图等范畴咨政的兴趣。

(2)海洋知识生产与东海研究的知识范畴前瞻。现代社会知识生产突破了牛顿模式,更加注重应用环境中利用交叉学科研究方法,旨在强调生产过程的绩效与社会作用[①]。海洋知识生产更具有独特性,不仅表现在海洋知识的感性认知、深海实验、实验室模拟都受到人类活动的辅助工具技术探索滞后影响,而且海洋知识生产受到海域的无边界性、流动性和理化复杂性等自身探索挑战性影响,呈现出知识生产过程的诡谲多变。为此,海洋知识生产必须破除高校知识生产的封闭性,破解学者以自我学术研究为中心的怪圈[②]。结合中国当前东海研究知识图谱可知:①中国学界东海研究非常重视东海海洋科学与地质学、水产和渔业、工业经济、交通运输经济、国际政治、环境科学与资源利用[③];②东海研究机构贡献中,中国科学院海洋研究所、中国海洋大学、中国水产科学研究院东海水产研究所、广东海洋大学、国家海洋局第一、二、三海洋研究所、同济大学、浙江海洋大学(含浙江省海洋水产养殖研究所)、华东师范大学、厦门大学、上海海洋大学、国土资源部青岛海洋地质

---

①　迈克尔·吉本斯,卡米耶·利摩日,黑尔佳·诺沃提尼,等.知识生产的新模式:当代社会科学与研究的动力学[M].陈洪捷,沈钦,译.北京:北京大学出版社,2011.

②　沈国麟,李婪.高校智库建设:构建知识生产和社会实践的良性互动[J].新疆师范大学学报(哲学社会科学版),2015(4):46-50.

③　李加林,马仁锋.中国海洋资源环境与海洋经济研究 40 年发展报告(1975—2014)[M].杭州:浙江大学出版社,2014.

研究所、中国地质大学、南京大学等机构产出逾百篇,而宁波大学东海研究产出仅位居第 16 位,可见宁波大学构建东海研究智库面临国内诸多兄弟院校的竞争;③中国学界东海研究存在重基础学科轻人文社会科学的显著缺憾,伴随国家海洋战略深度实施,该类现象产生的积弊将日益困扰中国东海国土资源与维护海洋权益决策。因此,东海研究的知识范畴体系,既要继续加速推动海洋自然科学、工程技术学的研究,又要适度引导学界对东海人文社会科学,尤其是海洋地缘政治、海洋贸易、海洋体育与海洋旅游、海岛灾害与海洋文明等研究领域的重视。

(3)宁波大学东海研究的基础知识体系聚焦与咨政特色领域培育。东海研究院建设的宗旨就是通过对东海区,特别是浙江海洋资源环境、海洋经济、海洋管理与制度、海洋权益等的研究,成为浙江省乃至整个东海区的从事海洋综合研究的新型智库,服务于东海区的海洋经济社会建设,并通过加强对国际海洋事务中的国际机制和政治议题的创新性研究来获得实现和维护东海海洋权益的话语权。显然,东海研究咨政不限于海洋权益与海洋政策、海洋资源利用与环境保护、海洋经济转型、海外交流与东亚文化等交叉学科领域,而且应当重视海洋科学(海洋地质、海洋气象、海洋地球物理、海洋化学、海洋测绘、海洋环境、海洋生物)、渔业经济与海洋装备制造业及海洋工程技术、海洋交通与海洋旅游等海洋自然科学、海洋工程技术学科群。

(三)"应用情景"海洋知识生产与建设东海智库行动逻辑

1. 建设东海研究智库浙江省内竞争情景

浙江省非命名型的与海洋相关的智库主要有浙江省人民政府咨询委员会、浙江省发展规划研究院、国家海洋局第二海洋研究所、教育部人文社科重点研究基地、嘉兴学院中国共产党革命精神与文化资源研究中心、浙江大学公共政策研究院、浙江大学舟山海洋研究中心、浙江省海洋文化与经济研究中心、浙江舟山群岛新区研究中心、温州人经济研究中心、浙江师范大学环东海海疆与海洋文化研究所、浙江省海洋大学海洋养殖工程技术国际科技合作基地等 10 余家官方与高校涉海咨政研究机构。其中,1)国家海洋局第二海洋研究所以海洋自然科学及其应用技术研发、孵化为主线;浙江大学舟山海洋研究中心主要从事海洋经济与社会发展战略研究、新兴海洋产业培育、传统海洋产业升级改造、涉海产业共性关键技术开发;2)浙江省哲社重点研究基地——浙江省海洋文化与经济研究中心、温州人经济研究中心、浙江舟山群岛新区研究中心分别围绕浙江海洋文化与经济领域学术前沿问题和一些重大理论及现实问题,以重大系列研究课题为纽带,整合校内外相关学科和学者,筹谋浙江省海洋文化与经济、温州人经济、舟山群岛新区战略等事关浙江省科学发展与创新发展的主要平台和开放式研究机构,这些机构以校内外相关人员兼职为主,无专职研究队伍。

总体而论,浙江省内现有海洋领域的各类研究机构存在如下显著特征:一是数量少,影响力较弱。相较北京、青岛等城市而言,浙江省内既有专业海洋科教机构多数只关注海洋问题和海洋政策的某一个方向,未能形成独立的海洋智库。二是既有海洋智库以承接各类政府基础研究项目为主,缺乏长期主动地持续追踪国内外海洋事务的发展动态,尚未完全把握海洋权益的热点领域和咨政的快捷渠道。三是浙江省现有海洋领域的研究机构与人员匮乏。研究队伍主要以海洋系统在职或退休政府官员、高校相关学科研究者为主,来自社会组织和涉海企业的人才较少;已有机构的研究者多善于理论探索,缺乏一线经历和政府决策经验。

2. 海洋知识生产的应用情景

面向公民素质、经济发展、环境保护和国家战略的海洋知识生产,有着多样应用情景,譬如解决人类社会理解海岸海洋资源环境演替规律及其利用技术难题,满足人类对神奇海洋的求知欲,满足国家或地区间勘界或国际纠纷的科学凭据需求,解决人类陆域资源环境枯竭问题。当然这些情景总体可以归为三类:一是增进人类社会对海洋自然规律的认知和提升利用技术,二是帮助涉海企业化解生产工艺难题,提高经济效益,三是帮助各级政府科学决策,提升海洋国土治理效益。这就要求海洋智库建设过程中,必须将人才培养、教师科研、教师与学校社会服务等功能有效纳入智库甚至学校建设方略之中,进而全面提升涉海学科群,培养一流涉海人才,提升学校涉海决策技术水平和咨政影响力,带动学校整体发展。

3. 建设东海研究智库逻辑

宁波大学开展东海研究智库建设,首要任务是通过整合学校法学、应用经济学、水产学科、地理科学、海洋科学、历史学、外国语言文学、环境科学、管理学等多个一级学科的优势确定海洋研究方向与领域,通过学科融合与交叉,提升人才培养质量、高级别项目申请获批数量,进而衍生体系化的东海知识结构与积累,奠定教师咨政的知识储备和东海问题探索前沿,及时响应政府、企业需求并对接决策咨询。

(1)明晰愿景与阶段目标。以宁波大学海洋学院、海运学院的涉海学科为基础,整合法学院、建工学院、商学院、人文学院、外国语学院、昂热大学联合学院等学院的涉海研究人才,并协同汇集省内外相关海洋研究专家,组建东海研究院。聚焦国家“一带一路”、长江经济带建设和浙江海洋战略,全面提升东海海洋资源环境、海洋经济、海洋管理与制度、海洋权益等问题研究水平和产出速度,加强全局研究与区域特色研究,力争十年内建成为浙江省的特色智库,为东海区的海洋事务提供决策咨询。

(2)诊断智库核心要素“人员、条件、技术、客户”结构,提升东海研究要素配置。首先,通过设立东海研究院,凝聚和培育一支专门从事东海事务研究的综合性研究团队,由专兼职研究人员构成。专职研究人员主要是在浙江省哲学社会科学重点研究基地——浙江省海洋文化与经济研究中心现有专职研究人员基础上,引进涉海研究学科带头人、学术骨干和优秀博士。兼职研究人员由校内各学科有志于东海研究的涉海学科专家学者组成，并根据研究需要聘请校外专家参与。其次，制订东海研究院的项目建设规划，提升条件保障和技术累计效率，主要依托浙江省哲学社会科学重点研究基地——浙江省海洋文化与经济研究中心发布年度研究课题，根据项目申报质量，在研究院组织专家初评的基础上，经省社科联评审，可分别被列为省社科规划课题或研究院自设课题，并给予相应的经费资助。第三，围绕浙江省海洋文化与经济研究中心现有系列学术交流活动创建东海研究论坛，发布专题研究报告提升智库影响力拓展客户。每年召开一次学术研讨会，邀请国内外专家开展学术交流或合作研究。此外，结合研究院的项目研究，不定期召开学术交流与研讨，扩大研究院的对外联系与影响。第四，开拓智库与政府职能部门、相关企业的合作机遇，接受政府和企业委托开展课题研究、教育培训等工作，使智库的社会需求市场快速增长，提升服务政府、企业的责任感和条件保障效益。积极对接各级政府部门海洋工作的重大理论和现实问题，完成政府部门亟须解决的项目调研报告，服务咨政需求。

4. 建设东海研究智库抓手

（1）聚焦东海研究方向。借鉴国内外经验，立足东海区为国家、相关省、市政府部门的海洋决策与战略提供服务。

1）研判海洋政策与海洋权益。注重韩、日、美在东海区的海洋法制、战略和行动的系统调查、分析、研判，构建东海区海洋政策与海洋权益研究高地。重点分析海上丝绸之路战略推进过程，中、日、韩、美海洋治理、海上通道安全、海上岛礁、海底资源、专属经济区及大陆架等的邻国/国际海洋权力和海洋权益的发展历程、演变趋势及其主控因素；系统研究东海区面临的较为复杂、棘手的海洋问题，谋划东海区和平发展、可持续发展的海洋政策与海洋权益的重点、实施路径及其推进策略，提出前瞻性、战略性的东海区海洋权益维护思路，构筑学界海洋知识累积与政府行动间的桥梁，影响海洋公共政策的制定。

2）问诊海洋资源开发与海洋经济可持续发展。海洋国土空间资源承载着食品供给、交通运输、滨海旅游、矿产开采等经济活动，东海区亟待系统研究海洋空间资源配置制度和供给结构，探索资源供给趋向消费转变的路径与保障；构建海水养殖转向深海发展技术关键与海域治理体系，探索海岸带地区围填海总量管控制度，寻求化解围填海存量地块推进策略，提升海洋经济可持续发展水平。近期，宜开展东海区各省海洋政策评估活动，针对各省、市政府出台的重大政策，开展政策评估，以影响政府适时调整决策，使决策更为科学。开展海洋重大项目前期评估工作，通过组织专家对海洋重大项目前期的进展进行综合评估，使项目投资和建设更合理。

3）研制海洋文化发展战略。海洋文化战略是海洋战略的重要组成部分，是关于海洋文化的全局性、高层次的重大问题的策略与指导。海洋文化战略具有提高海洋意识、传承海洋精神、创新海洋文化、促进社会发展、丰富文化生活的功能。海洋文化战略研究应尽快推出东海区海洋文化的核心战略、继承战略、创新战略、人才战略、特色战略。深入研究生态文明、绿色海洋、国家与地方认同等影响着海洋意识的普及、海洋精神的传承、海洋资源环境的利用态度与开发观念等方面。系统研究东海区海洋文化战略研究中根本性、长期性、全局性和战略性的内容,研究宜从大处着眼、小处入手、从速设计、优先发展。

(2)架构简洁、高效的智库治理结构。东海研究智库定位于围绕海洋政策与海洋权益、海洋资源开发与海洋经济、海洋文化发展战略等前沿问题和东海区各级政府重要决策事项构建开放式研究平台,形成服务海洋经济文化建设的开放性、态势互补的多元化和富有竞争性的海洋问题决策咨询系统。可围绕以上3个研究方向设立海洋权益与海洋政策研究中心、海洋资源开发与环境保护研究中心、海洋经济与产业转型研究中心、东亚文化研究中心和海洋工程技术研究中心,形成既有分工,又紧密合作交叉的研究体系。

1)海洋权益与海洋政策研究中心,主攻研究内容是梳理和诊断东海区适应海洋经济发展和转型需要的诸种海洋资源环境管理体系与法规,探索海洋方面的地方立法,构建东海区海洋基本政策、海洋管理体制、海上执法力量、海上通道安全和管辖东海海洋权益具体规定,探讨东海区海防与多边海洋防务、东海重要岛屿的地缘政治与海权、边远海岛的开发史与国家海洋权益等问题,推动依法治海、保护海洋和利用海洋等。主要依托宁波大学法学学科和公共管理学科构建。

2)海洋资源开发与环境保护研究中心,主要研究内容为重视海岸带土地利用、海岸带城市发展,人类活动对海岸带资源环境的影响机理,海岸带地区LUCC物质通量研究、海岸带地区环境之间的影响模式以及与海岸带区域可持续发展之间的关系模式等研究,服务于东海区海陆统筹和滨海都市区建设战略。主要依托宁波大学地理学科、环境学科、水产学科构建。

3)海洋经济与产业转型研究中心,主要研究内容为持续追踪国内外海洋产业结构、海洋产业布局、海洋产业集聚与集群、海洋产业竞争力、海洋产业贡献度、海洋产业安全、海洋产业碳排放测度等领域。围绕东海区海洋产业(海洋渔业、港航物流)升级与产业布局优化,探索新兴海洋产业培育机理及其支撑要素营造,选择最优海洋产业发展方式和海洋经济的资源环境、社会、技术装备等综合集成,全面提升海洋产业与经济发展效益。当前重点研究为:①海洋生物资源与渔业经济。全面诊断东海区海洋渔业发展现状及存在问题,探索浙江海洋渔业结构发展方向及其海洋渔业资源、养殖技术需求,研判浙江海洋环境污染趋势、海洋灾害治理策略、渔业发展空间拓展等问题;加强海洋渔业资源监测和海洋环境保护、优化产业结构、提高海洋渔业科技水平等领域研究,保障海洋渔业的可持续发展。②绿色港航与国际海事服务业研究。探究港航规划和使用中的技术难点、管理模式,以及海岸带一体化规划和管理机制;优化港口与海洋环境监测手段,构建智慧基础设施,调整机构职能、环境评价方法和指标体系设计等,塑造绿色、智慧港航物流技术与管理体系;研判市场引导、政策激励和行政管制等手段促进港航产业结构优化升级,实现港航物流业可持续发展。主要依托宁波大学应用经济学、港航物流学科、水产学科构建。

4)东亚文化与海外交流研究中心,主要研究内容为尽早关注民间文化交流途径与保障机制、文化贸易渊源及其发展、文化产业互植、滨海旅游产业发展等,以及亟待提升的交流合作机制、交流合作平台,实现"文都"与"海丝"的互促互进举措等。当前应重点研究:滨海旅游与海洋文化,研判东海区域的海洋旅游资源特征、开发利用模式与多边合作共建超级海岛群景区或海岸带景区现状;海洋旅游业态现状、区域格局、联动或融合发展趋势、升级路径与政策响应;海洋旅游景区空间管治与旅游安全响应,集中探索国际地缘格局动荡对东海旅游业发展生态旅游、邮轮旅游、深海旅游和海洋体育极限运动等影响,探索多源污染对滨海旅游景区的影响及其空间治理策略;此外,要案例式研判海洋旅游的环境影响及保护、社会文化影响、旅游经济影响、海岛旅游,进而识别海洋旅游管理、规划和建设方面突出的问题,谋划东海海洋旅游可持续性发展。主要依托宁波大学历史学、文学、外国语言学科构建。

5)东海海洋工程技术研究中心,主要研究东海岛陆连接工程、港口近海工程和海洋装备制造业发展过程急需的新型技术、绿色技术等,目前重点探索海洋工程和海洋装备制造业的力学、信息传输、新材料、海岸环保技术等研发和孵化。主要依托宁波大学"海洋力学与近海环境工程""海洋工程结构与装备""海洋通信"等双一流重点建设学科。

(3)实施"轻形式,重成果;小机构,大智库"的运行机制,围绕系列海洋前沿和现实问题,凝聚研究队伍,构建正式和非正式咨政辅政渠道,服务东海区海洋经济发展。

1)内部架构与管理可实施理事会决策和学术委员会指导的现代智库决策—技术筹谋双元机制:第一,理事会负责研究院重大决策,审议研究院建设与运行方案、年度工作计划和年度报告,协调研究院建设、运行和发展中的重大事项,实行理事长负责制。理事会是研究院实施与省内外产业界、学术界业务交流的指导机构,由省内外海洋开发、海洋装备、海洋研究相关领域学界、企业界、政府界的资深专家组成。理事会拟聘请国家海洋局或国务院发展研究中心资深学者担任理事长,研究院院长任执行理事长,研究院副院长任理事会秘书长。第二,学术委员会是研究院的学术指导机构,对研究院的发展战略、重大决策、科技成果和国内外合作等重大问题提出意见和建议。第三,综合办公室负责研究院的日常工作,实行执行理事长或理事会秘书长负责制,接受理事会的领导。

2)以系列海洋前沿问题和重要现实问题构建项目库,以项目为纽带,通过对研究项目进行管理,制订一系列的工作制度和项目管理、财务管理等内部管理规章,以确保各项工作的开展。将各有关研究项目委托相应研究所实施科研合同管理,课题完成后由研究院学术委员会进行评估验收。

3)聚集、培养、建设一支具有较高水平、结构合理、相对稳定的专家队伍是研究院可持续发展的基本保证。首先在校内集聚有关学院的相关研究型人才。二是与省内相关研究机构合作,建立研究团队。三是坚持社会力量办研究院,广泛联络对海洋经济研究有造诣的各路精英,凝聚浙江、中国学界/海洋产业界的智慧,聘请他们担任学术顾问、咨询委员、特约研究员,形成一支协调紧密的专家队伍。

4)构建新型激励机制,将根据研究项目的难度与特色,以及研究专家团队的情况,特别是结合新形势、新要求进行新的研究,激励研究热情,对研究人员或研究成果的评估,体现"轻数量、重效果"的原则,即根据对社会发展的贡献、在行业内的影响、对课题的贡献以及与实际工作量的结合来进行绩效评估,以此来调动所有研究人员和工作人员的积极性和创造性。

(4)构建正式与非正式咨政渠道。智库咨政辅政在于通过正式或非正式的渠道及时将研究成果转化为政府决策,并相互高效沟通提高研究质量。核心在于:一是健全研究院参与决策咨询的正式制度,需要健全信息公开机制、健全海洋决策咨询的工作程序、健全研究院成果评价和奖励机制;二是推进非正式沟通,有助于研究院人员与政府官员充分互动交流,增加彼此的共识,促进研究院研究人员深入观察研究海洋决策。首要任务是建立研究院研究人员与政府官员间的双向流通机制,其次是邀请政府官员积极参加海洋研究院举办的各类活动。

(四)打造海洋智库,建设宁波城市发展大脑

海洋智库构建之于宁波大学二次创业建成研究教学型大学和服务宁波经济社会全面发展具有独特效用:第一,海洋智库强调海洋知识生产结构和体系的完备和累积,因此这将激励各学科融合发展积极争取校内外资源(项目)并产出高质量的科研成果,进而孵化或转化为咨政建议,有助于全面提升学校办学条件、办学影响力;第二,海洋智库在推进科研成果累积向社会转化过程中也提供了充裕的项目实践机会,有助于提升学生实习实训和创新创业的实战性、公益性,全面提升学校人才培养素质;第三,海洋智库的咨政渠道建设,全面提升了学校、教师、学生与社会(企业)和市场的接触途径及频率,催化了面向市场需求的科研氛围和学习方式,提升学校教学与科研管理效率。当然,这些独特效用的完全实现,高度依赖于教学(人才培养)、科研(知识生产)、社会服务(技术孵化和咨政)的三元耦合,耦合条件在于学校采取何种管理体制催化相关利益主体的参与程度及其可持续发展。为此,学校在创建海洋智库过程中,必须改革科研评价、人员评聘、机构建设等体制,创新高校智库建设的"旋转门",为高校教师提供更多互动和身份转换的机会,才能使高校基于学科优势的知识生产与决策咨询相联系。对于建设东海研究智库而言,亟待推进"一平台、一网站、一人才库"建设。"一平台",即建立并做强一个从事重大行政决策研究的非营利性的综合性海洋研究院,使其围绕东海区海洋经济社会发展开展独立研究,提出具有创新精神和实用性的政策建议。"一网站",即整合校内相关咨询网络资源,打造具有浙江特色的网上高端"智库"平台,为专家学者、各界群众建言献策、提出意见建议提供网络空间,成为民生决策的民意征集、专家咨询、评估论证的重要途径。"一人才库",即整合校内外现有各类专家学者库,建立一个动态、高端、具有集成意义的容纳海内外各类顶层人才的电子人才库,既为东海区当前海洋发展战略出谋划策,又为东海区未来海洋发展储备人才,提供人才支撑。亦即,通过构建东海研究区域海洋智库,撬动各种办学资源的汇集,拓展科研与学生创新创业空间,全面提升学校特色学科的咨政和企业技术转化品牌,促进人才培养—科技研发—社会服务的三螺旋耦合。

参考文献

[1] 安翠娟,薛全全,刘晓,等.我国绿色矿业发展对策及规划编制研究[J].矿产保护与利用,2014(5):8-11.

[2] 本刊编辑部.以高起点规划引领绿色发展——"科学规划与绿色发展"高端论坛专家发言摘编[J].经济与管理,2017,31(6):12-16.

[3] 蔡倩.工信部印发工业绿色发展规划[J].纺织服装周刊,2016(27):10.

[4] 陈帷胜,冯秀丽,马仁锋,等.宁波城市土地利用综合效益变化计量[J].世界科技研究与发展,2016,38(3):718-723.

[5] 陈祎淼.工业绿色发展规划出炉,五年建成绿色制造体系[N].中国工业报,2016-08-03(A01).

[6] 陈静,陈宁,诸大建,唐利国,吴秀玲.基于灰熵理论的城市绿色转型评价模型研究[J].城市发展研究,2012,19(11):96-102.

[7] 崔璀.永葆生态底色不褪色不变色,迈向绿色发展生态富民科学赶超新征程[N].丽水日报,2016-02-03(001).

[8] 崔小朋,乔观民,马仁锋,等.交通拥堵与学生就学可达性的关系研究[J].生产力研究,2016(4):136-139.

[9] 党普兴.在绿色发展视域下对如何提高湿地公园总体规划质量的思考[J].国家林业局管理干部学院学报,2016,15(4):21-25.

[10] 董佩佩,李积用,马仁锋,等.宁波港口与城市协调发展度分析[J].港口经济,2015(4):8-12.

[11] 窦思敏.宁波市创新集群与产业结构优化互动的典型模式与规律[D].宁波:宁波大学,2019.

[12] 窦思敏,马小苏,马仁锋,等.宁波市重点产业发展竞争态势评判[J].浙江农业科学,2015,56(9):1505-1509.

[13] 杜雯翠,江河.《长江经济带生态环境保护规划》内涵与实质分析[J].环境保护,2017,45(17):51-56.

[14] 杜栋,顾继光.动态投入产出表在城市经济转型评价中的运用[J].沈阳工业大学学报(社会科学版),2014,7(4):351-355.

[15] 范迎春.特色小镇普遍缺乏绿色发展规划[N].经济参考报,2017-02-13(007).

[16] 付允,林翎,高东峰.绿色产品评价方法体系研究[J].中国标准,2017(1):60-63.

[17] 顾朝林,刘晓斌,袁晓辉,等.建设北京世界城市视角下的环首都圈发展规划研究[J].城市与区域规划研究,2012,5(1):53-80.

[18] 高红贵,刘忠超.中国绿色经济发展模式构建研究[J].科技进步与对策,2013,30(24):23-26.

[19] 侯勃,王文恺,胡王玉,等.慈溪产业结构的演化及其经济效应[J].浙江农业科学,2015,56(10):1693-1695.

[20] 胡鞍钢."十三五"规划:引领绿色革命[N].中国环境报,2016-04-07(003).

[21] 胡鞍钢."十三五"规划是典型的绿色发展规划[N].中国环境报,2015-12-10(002).

[22] 胡鞍钢.最典型的绿色发展规划[N].光明日报,2016-01-08(011).

[23] 胡岳眠,刘甲库.绿色发展转型:文献检视与理论辨析[J].当代经济研究,2013(6):33-42.

[24] 韩晶.中国工业绿色转型的障碍与发展战略研究[J].福建论坛(人文社会科学版),2011(8):11-14.

[25] 黄鑫.工业发展:向绿色要动能[N].经济日报,2016-08-30(013).

[26] 黄献明.绿色建筑的生态经济优化问题研究[D].北京:清华大学,2006.

[27] 江汪奇,李伟芳,马仁锋,等.镇(街道)视角下的城镇扩张与耕地压力协调研究——以宁波市鄞州区为例[J].世界科技研究与发展,2016,38(4):855-860.

[28] 江文政,乔观民,邵黎霞,等.基于改进潜能模型的城市居民就学可达性研究——以宁波市海曙区为例[J].生产力研究,2015(5):67-71.

[29] 姜忆湄,李加林,马仁锋,等.基于"多规合一"的海岸带综合管控研究[J].中国土地科学,2018,32(2):34-39.

[30] 黎兴强,田良.回归城市:一种适应气候变化的空间规划新概念[J].现代城市研究,2014(1):42-49.

[31] 蓝庆新,韩晶.中国工业绿色转型战略研究[J].经济体制改革,2012(1):24-28.

[32] 李将辉."十三五"规划中的绿色发展新理念[N].人民政协报,2016-03-31(005).

[33] 李强,胡江."十二五"规划中期绿色发展规划评估[J].经济研究参考,2013(55):48-56.

参考文献

[34] 李妍,朱建民.生态城市规划下绿色发展竞争力评价指标体系构建与实证研究[J].中央财经大学学报,2017(12):130-138.

[35] 李宁宁.中国绿色经济的制度困境与制度创新[J].现代经济探讨,2011(11):19-22.

[36] 李彦军,叶裕民.城市发展转型问题研究综述[J].城市问题,2012(5):97-101.

[37] 梁浩,张峰,梁俊强.中国经济实现绿色转型的重要引擎——绿色建筑产业规划与发展[J].城市发展研究,2012,19(10):137-141.

[38] 廖毛微,朱保羽,凌晶晶,等.基于偏离—份额和区位熵的宁波市工业主导部门甄选研究[J].现代经济信息,2018(6):479-482.

[39] 林丽华,王平,黄华梅.绿色发展理念下区域建设用海规划工作的几点思考[J].海洋开发与管理,2017,34(9):25-29.

[40] 刘萍,何耀明.绿色发展战略背景下的生态农业旅游发展与规划[J].农业经济,2017(7):32-33.

[41] 刘修通,马仁锋.基于公众参与的幸福指数指标体系实证研究——以浙江省慈溪市为例[J].浙江万里学院学报,2012,25(5):6-10.

[42] 刘长松."十三五"规划时期生态文明建设的新思路——兼评《中国的环境治理与生态建设》[J].鄱阳湖学刊,2015(6):21-27.

[43] 刘福森.生态哲学研究必须超越的几个基本哲学观念[J].南京林业大学学报(人文社会科学版),2012,12(4):6-13.

[44] 罗毅.LEED-ND引导下的绿色社区规划设计策略思考[D].重庆:重庆大学,2011.

[45] 马金山.河南省煤炭工业绿色发展的规划及实施保障[J].技术与创新管理,2017,38(2):165-169.

[46] 马仁锋,窦思敏,梁贤军.宁波时尚服装设计业生态圈发展基础与培育模式[J].服装学报,2018,3(2):177-182.

[47] 马仁锋,侯勃,窦思敏.支撑宁波2049愿景的海岸海湾治理方略[J].决策咨询,2018(4):49-50.

[48] 马仁锋,金邑霞,李加林.地方高校创建区域海洋智库的实践路径与新逻辑——以宁波大学为例[J].钦州学院学报,2018,33(7):80-88.

[49] 马仁锋,李加林.支撑海洋经济转型的宁波海岸带多规合一困境与突破对策[J].港口经济,2017(8):29-33.

[50] 马仁锋,王美,张文忠,等.临港石化集聚对城镇人居环境影响的居民感知——宁波镇海案例[J].地理研究,2015,34(4):729-739.

[51] 马仁锋,赵一然,周小靖,等.宁波湾区海洋经济发展差异及其影响因素

甄别[J].宁波大学学报(人文科学版),2019,32(3):44-49.

[52] 马仁锋.宁波湾区产业创新发展的困境与破解之策[J].宁波经济(三江论坛),2018(4):24-27.

[53] 马小苏,窦思敏,袁雯,等.宁波市产业结构的 SSM 分析及趋势研判[J].浙江农业科学,2015,56(7):1126-1129.

[54] 马仁锋,周小靖,窦思敏.城市教育空间的生产与消费[J].宁波大学学报(教育科学版).2020,42(6):1-10.

[55] 牛瑾.北京城市规划设计研究院石晓冬:绿色发展需控制城市规模[N].经济日报,2015-09-21(007).

[56] 裴金红.展望绍兴生态蓝图　打造绿色发展样本[N].绍兴日报,2017-02-28(004).

[57] 彭容,贺曲夫,徐习景."十三五"规划下开展环境会计对绿色生态发展的影响[J].河北地质大学学报,2017,40(4):37-41.

[58] 彭瑗.绿色发展理念在建筑设计和城市规划中的具象化[J].四川建筑科学研究,2015,41(2):212-214.

[59] 潘连公,陈彩能.甘肃省天水市绿色农业示范区建设的思考[J].中国农业资源与区划,2012,33(1):88-92.

[60] 任丽燕,李加林,马仁锋,等.开发区产业用地退出机制研究——基于宁波保税区土地回购实践[J].生态经济,2016,32(4):111-116.

[61] 石蕾,王爱,谭丽萍,等.绿色产业规划编制的实践与探索——以六安市城南片区为例[J].黄山学院学报,2017,19(3):69-73.

[62] 石小伟,邹逸江,马仁锋,等.宁波市轨道交通接驳公交线网的计量模型设计及实证[J].现代城市轨道交通,2019(1):42-49.

[63] 孙秀艳.美丽中国,有赖环保"铁腕"[N].人民日报,2015-12-21(017).

[64] 谭纵波,顾朝林,袁晓辉,等.黑瞎子岛保护与开发规划研究[J].城市与区域规划研究,2015,7(2):52-72.

[65] 唐啸,胡鞍钢.绿色发展与"十三五"规划[J].学习与探索,2016(11):120-125.

[66] 汪玉君,刘静,马仁锋.全域规划视角城市轨道交通与其他交通方式衔接研究进展[J].云南地理环境研究,2013,25(4):98-102.

[67] 王金南,曹东,陈潇君.国家绿色发展战略规划的初步构想[J].环境保护,2006(6):39-43.

[68] 王益澄,马仁锋,晏慧忠.基于外部性理论的"五水共治"体制机制创新研究[J].城市环境与城市生态,2016,29(2):33-37.

[69] 王益澄,马仁锋.推进"五水共治"长效机制的构建——以宁波镇海为例

[J].宁波经济(三江论坛),2015(3):43-47.

[70] 王益澄,颜盈媚,马仁锋,等.沿海石化基地对地方生态环境补偿的科学基础与系统框架[J].宁波大学学报(理工版),2014,27(4):53-59.

[71] 王婉晶,赵荣钦,揣小.绿色南京城市建设评价指标体系研究[J].地域研究与开发,2012,31(2):62-66.

[72] 吴殿廷,胡灿,吴迪.新常态下区域规划指标体系建设研究[J].区域经济评论,2016(4):115-120.

[73] 吴燕妮,董晓春,汪玉君,等.轨道交通与其他交通衔接方式优化研究[J].测绘与空间地理信息,2014,37(12):60-62.

[74] 晏慧忠,马仁锋,王益澄.宁波市经济发展的环境效应研究[J].世界科技研究与发展,2016,38(1):182-187.

[75] 姚波."绿色政绩"成为遂宁考评硬杠杠[N].人民日报,2016-08-03(013).

[76] 杨元华.通往绿色经济之路:低碳化和新能源[J].电网与清洁能源,2010,26(4):1-5.

[77] 尹昌霞,马仁锋,吴丹丹,等.宁波县际人居环境与经济发展协调度分异[J].世界科技研究与发展,2016,38(2):397-402.

[78] 易华,诸大建,刘东华.城市转型:从线性增长到精明增长[J].价格理论与实践,2006(07):66-67.

[79] 俞海,张永亮.加强政策对话促进中国地方绿色经济发展——联合国环境规划署绿色经济倡议中国东营市绿色经济试点项目启动会综述[J].环境与可持续发展,2016,41(3):7-8.

[80] 余猛.绿色城市的指标构建与经济效益[J].城市环境设计,2008(3):116.

[81] 袁雯,马仁锋,王益澄,等.海港门户宁波对外交通与城市发展耦合演变[J].宁波大学学报(理工版),2019,32(2):114-120.

[82] 张鉴权.主体功能区规划下清远市浸潭镇农业发展研究[D].仲恺农业工程学院,2016.

[83] 张茜,王益澄,马仁锋.基于熵权法与协调度模型的宁波市生态文明评价[J].宁波大学学报(理工版),2014,27(3):113-118.

[84] 张赛赛,冯秀丽,马仁锋,等.基于点模式的宁波市城镇低效用地空间格局计量[J].科技与管理,2016,18(6):80-85.

[85] 张赛赛,冯秀丽,马仁锋,等.镇域尺度城镇低效用地空间格局分析——以宁波市为例[J].华中师范大学学报(自然科学版),2017,51(4):542-547.

[86] 张赛赛,冯秀丽,马仁锋,等.宁波市工业发展与环境质量耦合关系的定量分析[J].城市环境与城市生态,2016,29(4):32-35.

[87] 张悦,马仁锋.宁波市文化创意产业园分布影响因子甄别与形成模式优化[J].浙江万里学院学报,2018,31(5):8-13.

[88] 张攀攀.武汉绿色发展的综合评价与路径研究[D].湖北工业大学,2016.

[89] 张文忠,尹卫红,张景秋.中国宜居城市研究报告[M].北京:社会科学文献出版社,2006.

[90] 张文忠,余建辉,湛东升,等.中国宜居城市研究报告[M].北京:科学出版社,2016.

[91] 章力建,侯向阳,朱立志.关于建立亚太地区草地农业产品质量安全合作机制的思考[J].中国草地学报,2011,33(5):1-6.

[92] 章小伟,马卫光.宁波市主导产业选择及结构转换构想[J].浙江经济,1990(5):12-13.

[93] 赵文花,邹逸江,马仁锋.基于GIS的医疗设施可达性测量方法及实证——以宁波市海曙区为例[J].世界科技研究与发展,2016,38(1):143-149.

[94] 周立,王承华.城市型绿色旅游度假区规划探索[J].现代城市研究,2013,28(4):82-89.

[95] 祝海明.城市道路沿线公共空间绿色规划策略研究[D].长沙:湖南大学,2013.